VARDA HASSELMANN

Die Seelenwaage

GOLDMANN
Lesen erleben

Buch

Varda Hasselmann widmet sich in diesem spirituellen Roman einem zeitlosen Thema: Schuld und Vergebung.

Ganze 17 Jahre alt ist Walburga Eichner, genannt »Burgl«, als sie auf die Zwillingsstation von Dr. Mengele nach Auschwitz kommt und dort als Krankenschwester Säuglinge versorgt. An den Verbrechen ist sie nicht aktiv beteiligt, bereits nach vier Monaten wird das Lager aufgelöst. Doch sie war »dabei« – und fühlt sich zutiefst schuldig und verdammt. Sie verschließt sich vor der Welt, verbringt viele Jahre in innerer Erstarrung. Durch eine Wallfahrt nach Santiago de Compostela, so hofft sie, könnte die Last von ihr genommen werden und ihre Seele wieder ins Gleichgewicht kommen … Ergänzt wird der Roman durch zwei Botschaften der »Quelle« zu den Themen »Wirklichkeit und Illusion menschlicher Schuld« sowie »Sünde«.

Autorin

Dr. Varda Hasselmann, geboren 1946, bereitete sich nach dem Studium der Literaturwissenschaft und Mittelalterkunde zunächst auf eine Universitätskarriere vor. Doch sie folgte ihrer Berufung und machte ihre mediale Begabung zum Beruf. Seit 1983 arbeitet sie als Trance-Medium, gibt Seminare und hält Vorträge. Die medial empfangene Seelenlehre legte sie zusammen mit Frank Schmolke in vielen Büchern dar. Als Autorin fiktionaler Stoffe hat Varda Hasselmann »Die Seele der Papaya« und den Erzählband »Aus lauter Liebe« verfasst.

Weitere Informationen unter www.septana.de.

Von Varda Hasselmann sind bei Goldmann erschienen:

Aus lauter Liebe (22048)
Die Seele der Papaya (12214, E-Book)

Zusammen mit Frank Schmolke:

Wege der Seele (22077)
Archetypen der Seele (21929)
Die sieben Archetypen der Angst (21890)
Die Seelenfamilie (21529)
Weisheit der Seele (12262)
Welten der Seele (12196)

Varda Hasselmann
Die Seelenwaage

Roman

GOLDMANN

MIX
Papier aus verantwortungsvollen Quellen
FSC® C014496

Das für dieses Buch verwendete FSC®-zertifizierte Papier *Pamo House*
liefert Artic Paper Mochenwangen GmbH

1. Auflage
Originalausgabe Juli 2015

Umschlaggestaltung: UNO Werbeagentur, München
Umschlagmotiv: © FinePic, München
Lektorat: Christine Stecher, München
CC · Herstellung: cb
Satz: Fotosatz Amann, Memmingen
Druck: GGP Media GmbH, Pößneck
Printed in Germany
ISBN 3-442-22116-5

www.goldmann-verlag.de

Inhalt

Walburga

Mich kennt keiner. Dafür hab ich gesorgt. Täglich, stündlich, gründlich. Fünfzig Jahre lang und länger. Unsichtbar wollte ich sein. Und unsichtbar werd ich bleiben. Gut durchdacht und raffiniert geplant muss mein Alltag sein. Alles soll sich immer im Rahmen des Normalen abspielen. Bloß nicht auffallen. Bin am Ende nur eine wunderliche Alte, der man gern aus dem Weg geht, jaja. Das passt mir. In unserer Stadt ist es nicht ungewöhnlich, ein bisschen merkwürdig zu sein.

Wenn die Leute wüssten, was ich weiß, was wirklich ist, warum und wieso, würden sie mir ein Doppelleben vorwerfen. Doch für mich ist es nur ein Leben, ein nicht gelebtes Leben, eben mein Leben. Es hat nichts Zwiefaches, dieses Dasein. Mein Innen und mein Außen, mein Sein und mein Anschein sind letzten Endes eins. Ich bin ja keine, die heimlich zwei Ehemänner hat. Oder eine Bettlerin mit Millionen unter der Matratze. Auch keine Mörderin, deren Verbrechen nie entdeckt wurde. Meine Anonymität hält sich in bescheidenem Rahmen. Hab nichts zu verbergen, nur mich selbst. Und ein Erlebnis aus dem Jahr 1944, als ich siebzehn wurde.

Vergeben und vergessen heißt kostbare Erfahrungen zum Fenster hinauswerfen.

Arthur Schopenhauer, *Aphorismen zur Lebensweisheit*

Beim Frühstückskaffee Nachrichten wie immer. Was ich hörte, gab mir den letzten Ruck. Wie jedes Jahr am 27. Januar sollte schon wieder in ganz Deutschland und vielen anderen Ländern der Befreiung von Auschwitz gedacht werden. Gedenktag, Gedenkstunde, Gedenkjahr! Wütend strich ich die Brotkrümel von meinem Küchentisch, wischte mit dem Lappen nach und schaute mich um. War alles aufgeräumt? Ich bin nämlich ordentlich und verlass nie das Haus, bevor es tipptopp sauber ist. Meine beiden Puppenkinder, einander zum Verwechseln ähnlich, saßen in ihren Rüschenkleidchen auf der Eckbank und starrten aus dunkelblauen Kulleraugen zur Tür hin. Ich meinte, ihre Angst zu spüren; streichelte ihnen über Haar und Wangen, nickte ihnen zu und sagte, wie um uns alle zu beruhigen: »Horch, Alma, horch, Cora: Jetzt wird alles gut! Heut geh ich hin!«

Die Meldungen hatten mich aufgebracht und auch ein Feuerfünkchen in mir entzündet, so dass ich meine Idee, die ich seit Kurzem bebrütete, in die Tat umsetzen konnte. Ich brauche nämlich keine Gedenkfeiern. Alle Tage kehren meine Erinnerungen zu Herbst und Winter 1944 zurück. Alle Tage begleitet mich würgende Angst. Alle Tage drückt das Gewicht einer gestaltlosen Schuld auf meine Brust. Aber damit wollte ich jetzt endlich Schluss machen.

Ein Reisebüro hatte ich noch nie betreten. Notfalls besorge ich am Bahnhof Fahrkarten nach Augsburg oder Ulm. In meinen mehr als siebzig Jahren ist das selten genug passiert. Während es viele Günzburger nach Teneriffa, an den Gardasee oder sogar nach Kenia zieht, bleibe ich lieber in der sicheren Umgebung. Früher goss ich manchmal wochenlang Blumen oder fütterte die Katzen anderer Leute; in letzter Zeit nicht mehr. Fernweh oder eine Lust am Unterwegssein hab ich mein Leben lang nicht verspürt, und das war auch an diesem 27. Januar 1999 nicht anders. Nie plagt mich die Sehnsucht, unterwegs zu sein, etwas zu erleben, die Erregung durch Fremdes und Neues zu suchen. Außer wegen jener einen großen Fahrt nach Osten bin ich aus Günzburg kaum herausgekommen. Reisewünsche sind mir in den letzten Monaten des Krieges ein für alle Mal vergangen. Was ich damals durchmachen musste, davon weiß die Jugend von heute nichts. Ich verachte sie dafür.

Seit der Sanierung ist Günzburg nicht wiederzuerkennen. Aus unserer grauen, heruntergewirtschafteten Altstadt ist ein schmuckes Vorzeigestädtchen geworden, mit Straßencafés, billigen Kleiderläden und Asia-Imbissen. Nur unsere schöne Pfarrkirche ist noch nicht vollständig restauriert, da genügt ein bisschen rosa Tünche nicht. Trotz des grauen Wetters hat die Stadt gewiss seit hundert Jahren oder mehr nicht so bunt ausgesehen wie an jenem Vormittag vor fünf Monaten, als ich zum Reisebüro ging. Bei Touristen ist Günzburg jetzt beliebt. Ich aber hab manchmal Mühe, meine altgewohnten Wege zwischen all den Blumenkübeln und pastellfarbenen Hausfassaden zu finden. Zum Ende des alten Jahrtausends bin ich ortsfremd geworden. Nein, meine Stadt ist das nicht mehr. Heimatlos. Hier fühle ich mich heimatlos.

In Denzingen, wo ich geboren wurde, wohne ich schon lange nicht mehr. Das alte Dorf ist inzwischen eingemeindet. Du wirst meine neue Anschrift herausfinden, wenn du mich suchst, Vinzenz, das kann ich nicht verhindern. Alois Mengele,

Sohn und Nachfolger unseres Firmenpatriarchen, dessen Fabrik bis vor Kurzem die ganze Stadt beherrschte, hat mir in seiner Arbeitersiedlung, südlich der Ulmer Straße, ein kleines Häuschen besorgt, sozusagen als Wiedergutmachung für ein Leid, um das keiner auf der Welt weiß, nur die Mengeles und ich selbst. Vielleicht ist es auch eine Art Schweigegeld – eigentlich nicht nötig, denn ich hätte sowieso nichts verraten. Als ich den Hof verkaufen und umziehen musste, lebte der Doktor noch. Jedenfalls munkelte man in Günzburg, er sei irgendwo in Südamerika, wie so viele alte Nazis. Journalisten und Geheimdienste fahndeten nach ihm. Geschnappt wurde er nie, wie jeder weiß. Später, im Frühjahr 1985, belief sich die Prämie, die auf seinen Kopf ausgesetzt war, auf annähernd vier Millionen Dollar. So stand es in der *Allgemeinen*. Dabei war er damals schon zwei Jahre tot.

Von Haus aus Genetiker, hatte er es sich zum Ziel gesetzt, eine »Herrenrasse« von blonden, blauäugigen Ariern zu züchten. Dabei hatten die Zwillinge eine Schlüsselfunktion. Die Vererbungslehre bedurfte der empirischen Bestätigung, und wer hätte sich dazu besser geeignet als eine ihrem genetischen Erbgut nach vollkommen identische Gattung, die eineiigen Zwillinge?

Lagnado/Dekel, *Die Zwillinge des Dr. Mengele*[1]

Lange bildete ich mir ein, dass mein Tun oder Nicht-Tun, meine Tat und mein Geheimnis einzig meine Privatsache seien. Hab all die Jahre eine Schuld verborgen, die keine war – oder jedenfalls nicht so schrecklich, dass ich mein Leben hätte drangeben müssen. Jetzt bist du aufgetaucht, Vinzenz Glaser, Teufel im Engelsgewand oder Engel mit Pferdefuß. Reißt mich aus meiner Starre, bespuckst mich mit Barmherzigkeit, hauchst mir Leben ein, um mich zur Hölle zu schicken.

Mein fast vergessener, mein seltsamer Freund! Ich sage seltsam, weil wir ja nie befreundet waren, nicht mal in der Kindheit. Doch plötzlich willst du mein Freund sein, erzählst von damals, glaubst, du könntest mich rumkriegen, gar zu einer Gegenregung von Freundschaftlichkeit bewegen. Du bildest dir ein, dass ein bissle Liebe immer hilft. Aber bei mir wirken solche Tricks nicht. Wenn ich jetzt etwas aufschreibe, dir die notwendigen Bruchstücke meines Lebens erzähle, dann nur, weil ich, nur ich, es so will. Weil ich selbst und ganz allein für mich beschlossen hab, noch ein wenig Heilung und Trost im Schreiben zu finden. Da ich schon fast auf dem Sterbebett liege, versuch ich mir selbst eine Krankensalbung zu spenden. Und am Ende doch noch eine Art Beichte abzulegen, nachdem es beim heiligen Jakob in Santiago nicht geklappt hat.

Die Wallfahrt war umsonst. Meine kleine Hoffnung ist dahin. Deine Bemühungen haben nicht gefruchtet, denn ich war zu bockig und zu feige; ich weiß, ich weiß. Dass ich in den nächsten Tagen mit meiner armseligen Wahrheit herausrücken werde, damit hast du ganz und gar nichts zu tun. Untersteh dich, diesen Sinneswandel deinem Einfluss zuzuschreiben! Du meinst, mich zu kennen, intuitiv zu erkennen, wie du das nennst. Bist aber nichts als ein einsamer Hund, der einer alten Frau nachläuft, die gerade vom Metzger kommt. Hier hast du einen Wurstzipfel, Vinzenz! Ich sag dir etwas, das noch niemand weiß. Also aufgepasst, mach Männchen!

Du ahnst ebenso wenig wie alle anderen hier in unserer Stadt, dass meine mangelnde Bildung, mein schlichtes, ruppiges Gemüt, meine grobgestrickte Art nur gespielt sind. Wer überhaupt an mich denkt oder über mich lästert, hält mich für gestört, betrachtet mich als Psychopathin. Meint sogar, ich sei geistig behindert, vielleicht kriegsgeschädigt durch Verschüttung oder Vergewaltigung. Warum? Weil ich nie jemandem in die Augen schau. Weil ich nur selten und mühevoll den Mund aufmache und die Menschen meide. Es stimmt, dass die Sätze, wenn sie denn von Zeit zu Zeit gesagt werden müssen, nur stockend aus mir herausfallen. Meine Zunge ist es nicht gewöhnt, sich zu bewegen und zu formulieren. Meine Stimmbänder sind verkümmert. Ich wirke verstört, das weiß ich wohl. Aber was ich nicht weiß, ist die Antwort auf folgende Fragen: Bin ich wirklich so – oder doch nicht? Bin ich garstig und irre, oder tu ich nur so? Bin ich längst zu der Person geworden, als die ich seit Jahrzehnten gesehen werden wollte? Oder gibt es noch ein anderes Ich, eine andere Person mit meinem Namen?

Du hast mir gezeigt, dass meine wahre Schuld nicht uralt ist, sondern ganz jung, eine Schuld so unschuldig wie ein Säugling mit üblem Erbgut. Und ich, ich muss mich jetzt vorsichtig sichtbar machen. Du nötigst mich. Du bist der Ansicht, ich solle mich dir anvertrauen. »Mach endlich den Mund auf, Burgl!«, sagst du zu mir. Ob dir wohl klar ist, welch grausame Verantwortung du damit auf dich lädst? Ich soll in Frieden sterben können, ha! Das wünschst du dir, gell, das wünschst du dir. Unterdes wird deine Güte zu einem Spitzpfahl, den du durchs Herz der armen Wiedergängerin treibst. Und hältst derweil das Kreuz über mein Gesicht, um meine arme Seele zu retten.

Eines hast du jedenfalls schon bewirkt: Seit ein paar Tagen fühle ich die Pflicht, mich zu öffnen. Na ja, was man so öffnen nennt. Bin ich nicht wie der Tresorraum einer Bank? Um dort hineinzukommen, muss man entweder die richtigen Schlüssel haben oder eine Bombe hochgehen lassen. Du meinst vielleicht, du könntest den Schlüssel finden, aber glaub mir: Das stimmt nicht. Mich schließt keiner auf gegen meinen Willen. Da muss schon die Bombe her.

Und reden werde ich nicht, dazu kann kein Mensch mich zwingen, oder? Mir zuliebe und nur für dich, Vinzenz, schreibe ich jetzt auf, was ich zu sagen hab. Ich werde dich nötigen, mir mit den Augen zuzuhören, wenn du dies liest. Wahrscheinlich wünscht du dir, dass ich in langen Stunden des Beisammenseins in meiner Stube, bei einem Glas Wein gar, dir alles erzähle. Du möchtest dabei sein. Stellst es dir gemütlich vor. Aber du weißt gar nichts. Nicht einmal das weißt du von mir: Reden kann ich nicht. Das Reden hab ich verlernt in all den stummen Jahren. Hab eine Maulsperre. Nur noch das Nötigste, beim Kaufmann, oder das Oberflächlichste. Aber schreiben, artikulieren mit dem Sprachzentrum in meinem Kopf, das wird schon gehen. Musste ja mit zwanzig Maschine und Steno lernen, um die Stelle im Versorgungsamt zu bekommen. Im Büro waren zum Glück nur Akten zu bearbeiten. Für Publikumsverkehr befand man mich gänzlich ungeeignet. Gut so. Das diente dem Aufbau meiner Fassade.

Du fragst: Was ist das Leben? Das ist, als wollte man fragen: Was ist eine Mohrrübe? Eine Mohrrübe ist eine Mohrrübe. Mehr ist darüber nicht zu sagen.

Anton Tschechow an Olga Knipper, 1904

Während ich dies aufschreibe, schwitze ich vor Angst, und mein Herz stolpert. Das Nitrospray ist mir ausgegangen, doch zum Arzt will ich jetzt nicht mehr so kurz vor meinem Ende. Ein paar Tage wird sie schon noch durchhalten, die altgediente

Maschine. Und wenn nicht, dann nicht. Dann blieben mir die Tabletten erspart, auch gut.

Vielleicht wär es die bessere Lösung, nichts zu erzählen und nichts zu gestehen. Was geht dich das alles an, Vinzenz? Wir kannten uns als Kinder. Jetzt treffen wir uns wieder als alte Leute. Ist das etwa Grund genug, die Schließfächer meines Innern zu öffnen, dir sogar die Schlüssel anzuvertrauen – wie komm ich bloß dazu? Erst sperre ich alles weg, als wären es Juwelen und mittelalterliche Urkunden, und dann zeige ich dir, dem erstbesten Dahergelaufenen, meine Geheimnisse wie ein argloses Kind, das seine kleinen Schätze in einer Zigarrenkiste auf dem Speicher versteckt hat! Ich selbst hab ja erst dieser Tage zum ersten Mal in die Kiste hineingeschaut, als hätte ich sie auf dem Dachboden meines Lebens ganz zufällig wiedergefunden und müsste mich jetzt wundern, welch seltsame Dinge ich dort in Verwahrung gegeben hatte.

Dazu gehört eine Begegnung mit dir, an die ich mich absolut nicht mehr erinnern will, von der nur du allein wusstest, als sei ich gar nicht dabei gewesen, was mich noch heute ärgert! Du wirst es nicht glauben, Vinzenz, aber dafür – das stell ich gerade fest – dafür, dass ich über dich schimpfen darf, ohne dass du mir Widerworte gibst oder versuchst, mich zu beruhigen, ist das Schreiben gut.

Seit Tagen beobachte ich schon, dass ich dich und deine imaginierte Meinung in meine Überlegungen einbeziehe. Dass ich dich denken und dich argumentieren lass, um daran meinen Widerstand zu erproben. Berücksichtige dein gelehrtes Pro und Kontra, deine verständnisvollen Einwände, um sie alsbald als banales Geschwätz abzutun. Ich ertappe mich, dass ich mit dir stumme Dialoge führe, wo ich doch immer Weltspezialistin für gedachte Selbstgespräche war: nur ich mit mir, mit Rechtfertigungen und Erklärungen, Entschuldigungen und wütenden Ausflüchten, die sich in meinem Kopf drehten und wanden, bis mir schwindlig wurde. Ich redete dabei nie laut, bin ja noch nicht ganz verrückt, könnt mich ja jemand hören. Hab immer nur die Lippen bewegt, bis sie ganz trocken wurden und ich sie alle paar Stunden mit Nivea eincremen musste. Ich spreche nach Art derer, denen man die Zunge herausgeschnitten hat, weil sie gelogen haben. Sogar beim Lesen bewege ich die Lippen wie ein mittelalterlicher Klosterbruder und bekomme Durst, wenn ich mich mit stummer Kehle über die Gedanken und Taten erdachter Figuren aufrege. Aber seit du mir vor Augen stehst, mit deinem müden, guten Blick und dem kleinen Vinzenz-Lächeln, hab ich keine Lust mehr zu lesen. Ist das nicht schon Grund genug, dich zu hassen?

Zur Hölle mit dir! Meine einzige Freude, die Bücher. Was soll ich denn jetzt den ganzen Tag tun? An dich denken? Ich nehme einen Band zur Hand und leg ihn wieder weg, weil ich mich auf nichts konzentrieren kann. Auch das Fernsehen ödet mich an, egal wie interessant die Sendungen sind. Ein halbes Leben lang hab ich mich am Geheimnis meiner autodidaktischen Bildungsarbeit ergötzen können. Wie Rumpelstilzchen hab ich frohlockt: Oh, wie gut, dass niemand weiß …!

Meine Wohnung könnte heute so voller Bücher sein wie eine Stadtbibliothek, wenn ich nicht jeden einzelnen Band, sobald ich ihn sorgfältig und nachdenklich gelesen hatte, gleich anschließend gut abgewischt in einen öffentlichen Papierkorb geworfen hätte, am Bahnhof oder in der Innenstadt, stets an jenem Tag, bevor aller Inhalt geleert, zermalmt oder zerrissen wurde. So hätte ein Kriminallabor nicht einmal meine Fingerabdrücke auf den Umschlägen entdecken können, und das war mir recht. Die Bücher bestellte ich im Leseklub und per Katalog, zahlte per Nachnahme oder später mit Abbuchung, ließ sie an die Adresse von der Rosa schicken. Denn auch Postboten können geschwätzig sein und sich lauthals wundern, wie viele Päckchen ich alte Frau bekomme. Einmal in der Woche, wenn ich die Rosa zum Kaffee besuchte, holte ich meine neue Lektüre und steckte die Sendung stillschweigend in meinen Einkaufsbeutel.

Keiner sollte erfahren, dass ich lese und was ich lese. Aus diesem Grund besitze ich eben kein Bücherregal, denn hätte am Ende doch einmal jemand mein Häuschen betreten müssen, ein Notarzt oder die Feuerwehr, dann hätte man womöglich Beweise für meine geistige Gesundheit gefunden. Es sollte aber so aussehen, als sei ich mehr oder weniger Analphabetin. Sogar das eine Buch, das ich gerade las, versteckte ich unter meinem Sofakissen, wann immer ich das Zimmer verließ, um in die Küche zu gehen.

Wer sich der eigenen verschütteten Vergangenheit zu nähern trachtet, muss sich verhalten wie ein Mann, der gräbt. Vor allem darf er sich nicht scheuen, immer wieder auf einen und denselben Sachverhalt zurückzukommen – ihn auszustreuen, wie man Erde ausstreut, ihn umzuwühlen, wie man Erdreich umwühlt.

Walter Benjamin, *Ausgewählte Schriften*

Für mich kam nur ein bestimmtes Reisebüro infrage. Ich war aufgeregt; mein Asthma meldete sich. »Hoffentlich merkt man mir nichts an«, dachte ich immer wieder, »hoffentlich!« Um Zeit zu gewinnen, ließ ich meine Augen auf den Prospekten im Schaufenster ruhen. Ich betrachtete Werbeplakate mit Palmenstränden und rot markierte Sonderangebote. Überall fröhliche Leute, die alle ausschauten, als hätten sie gerade im Lotto gewonnen. Solche Mienen kann ich nicht leiden.

Abschätzige Gedanken gehen mir tagtäglich durch den Kopf, das sind alte Bekannte. Sie kommen jedes Mal, wenn jemand in meiner Nähe glücklich aussieht, auf der Straße, im Supermarkt, sogar im Fernsehen. Lacht mir ein junges, frisches Gesicht aus einer Zeitschrift entgegen oder tun die Leute auf dem Bildschirm gar zu lustig und unbekümmert, legt sich ein Stein auf mein Gemüt.

Ich sage dir, Vinzenz, es tut mir wohl, über mein Schicksal zu murren, ein Schicksal, das keiner kennt und niemand erfahren soll – außer dir jetzt! Aber du bist ja auch verschwiegen, oder? Du bist wahrscheinlich einer von denen, die sich zwingen, alles in christlicher Demut zu akzeptieren und Ja zu sagen zum Schicksal, zum Leid, zum Verlust. Aber ich, ich halte das für verlogenes Gewäsch. Viel ehrlicher finde ich es, meine schlechte Laune in vollem Ausmaß zu fühlen, wenn sie eben schlecht ist. Über die Gegebenheiten hinweglächeln, nur damit es einem ein Quäntchen besser geht, das ist eine Art Selbsthypnose, die Wahrheiten verfälscht. Und wieso sollte ich Ja sagen? Wozu denn? Komm mir bloß nicht mit so was! Sein Schicksal sucht sich doch niemand aus. Ich bin ein Kind meines Jahrgangs, und damit trage ich alles, alles, alles, was damit verknüpft ist, auf meinem Buckel.

Vor dem Reisebüro musste ich mir die Augen abtupfen und mich schnäuzen. Der Wind war eisig. In unserem Alter muss man auf sich achtgeben, gell, Vinzenz? Jede Aufregung schadet. Du wirkst noch recht rüstig, wie machst du das? Hast du schon schwere Krankheiten hinter dir? Mein schwaches Herz und die asthmatischen Lungen verkraften keine Grippe mehr. Leider stirbt man ja nicht gleich davon, wird nur kränker. Die Augen lassen auch sehr nach bei mir.

Frau Taurer, die Inhaberin, kannte ich vom Sehen, wie ich auch die meisten anderen Einwohner der Stadt irgendwie kenne, vom Hörensagen oder aus der Lokalpresse. Schließlich hab ich mein gesamtes Leben hier verbracht, bis auf die wenigen Monate damals im Osten. Das Haus »Zum Stern«, am Marktplatz beim Unteren Tor gelegen, war in unserer Jugend eine Gaststube. Dort holte ich manchmal den Vater ab, wenn er mit Parteifreunden sein Bier trank und ich vom Heimabend kam. Immer noch gibt's dort schiefe Wände, die stehen aber inzwischen voller Regale. Vor dem Tresen mit einem Computer und vielen kleinen Werbetafeln blätterten zwei junge Leute in Katalogen, als ich eintrat. Eine Blondierte mit kurzem Rock und hohen Absätzen, die trotz des trüben Januarwetters ihre Sonnenbrille übers Haar geschoben hatte, saß auf dem Kundensessel. Solche Leute kennst du, und bestimmt magst du sie genauso wenig wie ich. Oder verzeihst du allen alles?

Frau Taurer hielt den Telefonhörer zwischen Kopf und Schulter geklemmt und besänftigte ihre ärgerlich dreinschauende Kundin mit einem Entschuldigungslächeln. Ich ließ mich in einen

Korbsessel fallen und überlegte, ob ich die Mütze abnehmen sollte. Aber mein Haar darunter war zerdrückt und hatte eine Wäsche nötig. Besser einen gepflegten Eindruck machen, beschloss ich, das zahlt sich immer aus. Eine gute halbe Stunde lang beobachtete ich die anderen Kunden und versuchte, daraus noch in letzter Minute zu lernen, wie man sich im Reisebüro verhält. Dabei vergaß ich nicht, immer wieder mein Gedächtnis aufzufrischen, indem ich tonlos die Namen, Daten und Zahlen memorierte, für alle Fälle.

Das Pärchen verließ den Laden. Endlich marschierte auch die Aufgedonnerte aus dem Laden, mit hochhackigen Stiefeln, die bei jedem Schritt knallten. Dieses Geräusch jagte mir Schauer über den Rücken. Ich war an der Reihe. Mühselig stand ich auf und unterdrückte ein Ächzen. Es tut nämlich immer weh, wenn ich länger gesessen hab. Ich war ja nicht daheim, wo ich stöhnen kann, so oft mir danach ist. Ich bückte mich zu meiner Handtasche, noch einmal Schmerzen, und setzte mich auf die Kante des Kundensessels. Die Taurer, eine dralle Person in den Vierzigern, lächelte mir aufmunternd zu. Der Januar war wahrscheinlich ihre beste Saison. Die Reiselustigen geben sich die Klinke in die Hand, wenn es bei uns kalt und nass ist. Mit geübtem Blick versuchte sie Erfahrungen, Bedürfnisse und wirtschaftliche Gegebenheiten ihrer neuen Kundin einzuschätzen. Mit meinem ebenso geübten Widerstand gegen solche Verführungskünste konnte sie nicht rechnen. Ich wusste, die nimmt mich nicht für voll, und begann mein Spiel.

Mein linkes Auge zwinkerte, ich hab da leider so einen Tick, wenn ich angespannt bin. »Also, ich bin die Eichner-Walburga«, sagte ich und hörte vergnügt meine gepresste Stimme. Wie ich es gewohnt war, stellte ich mich absichtlich beschränkt dar und tat, als könne ich nicht bis drei zählen. »Ja, und ich komm heut her zu Ihnen, weil ich unbedingt nach Santiago muss. Also, nach San-ti-ago, das ist in Spanien. Da bin ich doch richtig bei Ihnen?« Ich rieb mir die vom Wind geröteten Augen und schnäuzte mich nochmals, bevor ich weitersprach. »Also, ich muss nach Santiago von Compostela. Also, müssen tu ich vielleicht nicht, aber ich will, also, ich möcht mal verreisen. Nach Compostela. Und zwar schon bald. Über Ostern.«

Sie wollte wissen, ob es eine Touristenreise sein sollte oder eine Wandertour mit Pilgerausweis. Ich hob entsetzt meine Hände. »Um Himmels willen! Also, pilgern möcht ich schon, pilgern ja, aber doch nicht zu Fuß. Ich bitt Sie, in meinem Alter! Eine Wallfahrt soll es trotzdem sein. Also, für den Ablass, hab ich gehört, da macht's ja keinen Unterschied, wie man dort ankommt. Doch eine Bedingung hätt ich schon: Mit einer ganz bestimmten Gruppe zusammen will ich fahren. Also, die haben bei Ihnen reserviert. Also, da sind Bekannte von mir dabei, das ist das Wichtigste. Also, allein schaff ich das nicht mehr.«

Ablass ist der Nachlass zeitlicher Strafe vor Gott für Sünden, deren Schuld schon getilgt ist; ihn erlangt der entsprechend disponierte Gläubige unter bestimmten festgelegten Voraussetzungen durch die Hilfe der Kirche, die im Dienst an der Erlösung den Schatz der Sühneleistungen Christi und der Heiligen autoritativ verwaltet und zuwendet.

Codex Iuris Canonici, 1983

»Na, dann erzählen Sie mal, was Ihre Bekannten gebucht haben.«

»Ach bittschön, liebe Frau«, säuselte ich, »das müssten Sie mir sagen. Nämlich, das hab ich jetzt leider nicht mehr im Kopf, bin nämlich ganz durcheinander, mein Gott, das Alter. Ich weiß nur, dass die zwei hier bei Ihnen waren, um die Anzahlung zu leisten.«

Mir wurde heiß. Ich musste alles riskieren, und nur zur Not würde ich ihr sagen, was auf meinem Zettel stand. Ich lockerte mein wollenes Halstuch, während ich auf diese unverfrorene Weise darauf bestand, einer anderen Person überflüssige Arbeit zu machen. Aber es musste sein, meine einzige Chance.

An diesem Vormittag wagte ich den Sprung ins kalte Wasser und schwamm um mein Leben. Ich holte tief Luft um zu gestehen: »Meine Bekannten, das sind nämlich die Zwillinge, Sie wissen schon, die beiden Fräuleins Stadlmayer, Alma und Cora Stadlmayer.«

»Ach Gott, die Zwillinge, ja natürlich! Die haben beim Bayerischen Pilgerbüro gebucht. Ich glaube, das war eine Busreise. Ich habe es nur vermittelt.«

Ich stellte meine Handtasche wieder auf den Boden. Mein Zeigefinger fuhr zum rechten Augenlid und hielt es hinter der Brille sekundenlang fest, während Frau Taurer auf den Monitor schaute und flink die Tastatur des Computers bediente. Das leidige Nervenzucken quälte mich. Aber der Gedanke an meine zwei Lieblinge war tröstend.

Jeder Einheimische kennt die Zwillinge, aber ich, ich kenne sie besser als alle anderen Menschen auf der Welt. Sie gehören zum Stadtbild wie die Giebelhäuser oder die Barockkirche. Selten läuft eine von ihnen allein durch die Straßen auf dem Weg nach Hause, wo die Schwester wartet. Sie haben ja auch denselben Weg zur Arbeit, machen gemeinsam ihre Einkäufe und ertragen unverdrossen, dass man ihnen gerührt lächelnd oder spöttisch nachschaut, wie sie Hand in Hand den langgestreckten Marktplatz entlangschlendern oder die Geschäfte betreten.

»Oh, da haben wir sie ja schon«, bemerkte Frau Taurer in einem Ton, als spräche sie zu einem Kleinkind. »Man muss eben nur wissen, wie, stimmt's? Außerdem, unter uns gesagt, die zwei vergisst man nicht so schnell. Die sind wirklich lustig anzuschauen, wie sie so absolut gleich daherkommen. Und immer Hand in Hand. Also, die Damen Stadlmayer reisen am Montag den 17. April. Anzahlung war am 12. November. Aber –« Sie hielt inne und machte ihr übertrieben bestürztes Gesicht, eine Miene, die sie wahrscheinlich für begriffsstutzige Senioren reservierte. »Da können Sie leider, leider nicht mehr mitfahren, Frau Eichner, der Bus ist längst voll. Tut mir schrecklich leid.«

Ich bemerkte, wie das Blut mir aus dem Gesicht wich und das Herz einen Moment aussetzte. Meine Hand fuhr vor den halboffenen Mund, und ich erstarrte. Damit hatte ich nun wirklich nicht gerechnet! Mir entwich ein Ächzen. Diesmal war es echt, das kannst du mir glauben. Noch fast drei Monate bis zum Abreisetermin! So früh schon alle Plätze vergeben? Heilige Walburga! Was sollte aus meinem Plan werden? Du musst wissen, Vinzenz, dass ich mir alles ganz genau zurechtgetüftelt hatte. Jeder Schritt war haarscharf überlegt – und nun diese unerwartete Wendung!

Frau Taurer hörte meinen schmerzvollen Laut, und obgleich sie bestimmt gewohnt war, mit den Enttäuschungen ihrer Kunden umzugehen, reagierte sie doch betroffen. Rasch versuchte sie, die schlechte Nachricht abzumildern, was auch in ihrem Sinne war. Sie bot mir eine ähnliche Fahrt an, zeitlich überlappend, mit Unterkunft im selben Hotel. Dann wäre ich nicht die ganze Zeit allein, sagte sie, und die andere Reisegruppe würde sich ganz bestimmt auch sehr nett kümmern. Ihre Stimme nahm einen tröstenden Ton an: »Ein Geistlicher ist sowieso immer dabei. Und Begleitpersonen für Behinderte gibt es außerdem.«

Ich aber schüttelte den Kopf. Wozu brauchte ich einen Geistlichen? Und behindert war ich auch nicht, oder jedenfalls nicht wirklich. Ich holte noch einmal Luft und überlegte, ob ich mein Spray benutzen sollte. Mein Inneres schrie, und doch klang meine Stimme beherrscht und dümmlich wie immer. Ich setzte auf Hilflosigkeit gepaart mit Halsstarrigkeit: »Also, das hat keinen Zweck. Überhaupt keinen Zweck. Also, ich fahr nur mit denen oder gar nicht.« Fast hätte ich angefangen zu weinen, echte Tränen, so verzweifelt war ich plötzlich.

Weil jetzt nicht mehr viel zu verlieren war, entschloss ich mich, meine letzte Karte auszuspielen. Ich rückte ein wenig näher an den Tresen heran und beugte mich flüsternd zu Frau Taurer hinüber, als wollte ich ein heikles Geheimnis ausplaudern – ich und Geheimnisse ausplaudern!

»Soll doch eine Überraschung sein! Sie haben mich so oft gebeten, die Alma und die Cora, und ich hab immer wieder Nein gesagt, weil mir am Reisen nichts liegt. Aber jetzt im Heiligen Jahr, Sie wissen doch, mit dem besonderen Ablass! Ich bin ja schon so alt, und das nächste Mal werd ich nimmer erleben. Nu, hab ich mir gedacht, wenn die zwei mich mitnehmen täten zum heiligen Sankt Jakob, dann würd ich schon den Mut aufbringen. Aber nur mit den Stadlmayers, nur mit den Zwillingen, sonst auf gar keinen Fall.«

Das dreiste Lügen kam mir nicht so leicht über die Lippen, wie ich gedacht hatte. Immer hab ich es vorgezogen zu schweigen, statt Unwahrheiten zu verbreiten. Schweigen und Verschweigen, das ist sicherer, Vinzenz. Man muss nicht fürchten, sich zu verhaspeln, und niemand kann einem was nachweisen. Aber an jenem Januarmorgen galt es, ein besonderes Ziel zu erreichen. Und da war mir jedes Mittel recht, auch wenn es Herzklopfen bereitete und die Wahrheit arg verdrehte. In Wirklichkeit hatte ich mit den Zwillingen noch nie im Leben ein Wort gewechselt.

Dass die Stadlmayer-Mädle nach Santiago gebucht hatten, hatte ich gerade erst von Gertraud, einer Schulkollegin, erfahren. Die wohnt im selben Haus wie die Zwillinge. Mit Gertraud treffe ich mich so oft wie möglich, obgleich man nicht behaupten kann, ich sei mit ihr befreundet. Unauffällig schaue ich alle paar Tage auf ein Schwätzchen bei ihr vorbei. Das heißt, sie schwätzt, und ich nicke. Oder ich lade sie auf eine Fischsemmel bei der Nordsee ein, nur um durch geschicktes Fragen das Neueste über meine Lieblinge zu erfahren. Diese nachrichtendienstliche Tätigkeit hat sich nun schon seit über fünfzig Jahren bewährt, und ich bin mir sicher, mehr über die beiden Frauen zu wissen als sie selbst. Ich hab's ja nie bös gemeint, Vinzenz. Denn die Zwillinge, die waren, die sind mein Leben, meine Familie, meine ganze Daseinsberechtigung. All mein Sehnen, Denken und Trachten hat sich immer nur um diese beiden gedreht. Ihnen gilt der erste und der letzte Gedanke meines Tages. Und die Reise nach Santiago sollte nun der Höhepunkt werden. Endlich würde ich ihnen ganz nahe sein! Sie lachen hören! Mit ihnen reden können!

»Solche Busreisen werden vorzugsweise von älteren Herrschaften gebucht, da kann es schon mal sein, dass jemand zurücktreten muss, wegen Krankheit oder Todesfall. Gar nicht mal so selten. Also, liebe Frau Eichner, geben Sie die Hoffnung noch nicht auf. Im Grunde ist das, was die Stadlmayers gebucht haben, genau die richtige Reise für Sie: keine Hetze, viele interessante Stationen in Frankreich und Spanien, alles ganz gemütlich.«

Ich hinterließ meine Anschrift. Ich hab kein Telefon. Wen sollte ich auch anrufen? Und wer mich anrufen? Schrecklicher

Gedanke, dass es plötzlich klingeln könnte, mitten in meine Stille hinein. Womöglich ein Reporter, der Dokumente studiert und Dinge herausgefunden hat, die kein Mensch wissen soll.

Nachdem ich meinen Mantel wieder zugeknöpft hatte, beugte ich mich noch einmal zu Frau Taurer hinüber. Mit einem verschwörerischen Zwinkern flüsterte ich ihr zu: »Und kein Wort zu den Stadlmayers, hören Sie, kein Wort, versprochen? Es soll doch eine Überraschung werden!«

Gegen meine Gewohnheit beschloss ich, über den Marktplatz zur Frauenkirche zu gehen, um eine Kerze anzuzünden. Seit Jahrzehnten war ich nicht mehr dort gewesen. Schon auf dem Weg durch die scharfe Winterluft und als ich mit schmerzenden Knien auf der Bank vor dem rechten Seitenaltar kniete, betete ich meinen eigenwilligen Rosenkranz, dessen Worte lauteten: »Maria, Muttergottes, mach, dass der Zweck die Mittel heiligt, und vergib mir meine Lügen. Und mach, dass mein Vorhaben gelingt!«

Mariä Nam thut ieder Zeit
Seltsame ding erweckhen
Den fromen bringt er trost und freud
den bösen forcht und schröckhen.

Votivtafel in der Pfarrkirche Mariä Himmelfahrt in Bernried
am Starnberger See

Seit wir uns wiederbegegnet sind, wir zwei Alten, geht es mir so schlecht wie nie zuvor. Leben regt sich in mir, als wär ich ein Golem. Ich spüre Dinge, die ich mit dem Ende der Kindheit verloren glaubte. Vor allem aber eine entsetzliche, akute Furcht vor dem Lebendigen. Hab ich nicht als bröckelnde Mumie meine Jahrzehnte hinter mich gebracht, wartend auf die Erlösung einer endgültigen Bestattung? Ich bin böse auf dich, Vinzenz, weil meine Überzeugungen und Gewohnheiten deinetwegen zu Boden fallen wie Putz nach einem Erdbeben. Mit deinem unerbetenen Beistand fange ich ganz langsam und voller Widerwillen an zu begreifen, wie lustvoll ich mich all die Jahrzehnte lang in vermeintlicher Schuld und absurden Schuldgefühlen gewälzt hab, obgleich ich mich tot glaubte. Du hast mir klargemacht, dass ich gerade dadurch Schuld auf mich geladen hab, aber eben nicht die Schuld, an die ich glaubte und die mir die Kraft zur Versteinerung verlieh. Du ahnst, was mit mir ist. Deine Intuition, deine Anteilnahme, deine Herzenswärme haben sich als Bandwürmer in mein Inneres gefressen und wollen nun genährt werden. Unverschämtheit! Es stört mich, dass du in mir drin bist. Wie konnte ich dir nur zuhören! Solange ich tot war, ging es mir nicht wirklich schlecht. Ich empfand ja nichts.

Mit meinem Dasein als Scheintote hatte ich mich arrangiert. Was fällt dir ein, mich wiederzubeleben? Glaubst du dich von Gott für diese Herzmassage beauftragt? Weil du mich auf Biegen und Brechen erwecken willst, weiß der Himmel, warum, fühle ich mich jetzt bemüßigt aufzuschreiben, was mich ein Leben lang gequält hat, mein langweiliges, chronisches Leid. Ich breche meinen Schweigeeid und gebe von mir, was ich weiß und woran ich mich erinnere. Du hast mich aus einem grausigen Traum erweckt. Ich bin erwacht mit einem blutigen Messer in der Hand und zwei Toten neben mir. Wie gern möchte ich dir alle Schuld dafür in die Schuhe schieben! Hast nicht du mich ermuntert oder gar angestiftet, die Wahrheit zu sagen? Und darum geschah das Unglück. Denn mit Wahrheit kann ich nicht umgehen.

Erst seit ich vor zwei Wochen in Santiago nach einer Umarmung des goldenen heiligen Jakobus versucht hatte, mich endlich, endlich zu entschulden und alles gutzumachen, weiß ich, was wahre Schuld ist. Eine Schuld, für die mich kein Richter verurteilen könnte. Eine fürchterliche moralische Schuld.

Der Gedanke der Schuld bringt Sinn in die Vergangenheit.

Jan Assmann, *Das kulturelle Gedächtnis*

Ein so kluges Herz wie du – nein, das hab ich nicht, Vinzenz. Mir fehlt die Wärme, jegliches Mitempfinden und die Liebe zum Mitmenschen und vor allem zu mir, und ohne all dieses darf sich niemand klug nennen, das weiß ich. Ich kann mich nicht leiden. Aber denken kann ich. Mein Hirn hat immer besser funktioniert, als es mir lieb war, und hätte ich den Mut gehabt, mich dir anzuvertrauen, wären wir zwei uns auf unsere alten Tage wunderbare Gesprächspartner geworden. Denn du bist ebenso einsam. Nicht weil du so bösartig oder bitter wärst wie ich, sondern weil deine Seele allzu selten eine andere fand, die ein Echo auf dein besonderes Sein zurückwarf.

Ich suche nichts und niemanden, hab mich längst abgefunden, dass es nichts zu finden gibt. Du aber suchst, hast niemals aufgegeben. Ausgerechnet in mir meinst du nun, eine Seelenverwandte gefunden zu haben? Ich hoffe sehr, dass du dich irrst und einem Wahn unterliegst, der einem Kindertraum entspringt. Wie kannst du so treuherzig und naiv sein zu glauben, mit ein wenig Herzenswärme und tiefen Blicken in meine verkniffenen Augen die Eisenreifen zu brechen, die mein Dasein umschließen? Ach, bist du etwa doch ein Dummkopf, einer, der glaubt, die Liebe könne über alles siegen? Und Gott sei gütig? Und es sei niemals zu spät?

Seit ich beschlossen hab, dich vor meinem Tod auf keinen Fall noch einmal zu treffen, werde ich von Selbstzweifeln geplagt. Beim Abschied hast du mich so innig und mit feuchtem Hundeblick darum gebeten. Bist du denn doch dumm, begreifst du nicht? Oder ist etwa meine sture, hartleibige Weigerung, dem lieben Vinzenz, der es ja sooo gut mit mir meint, Zutritt zu mir und meinem Sein zu erlauben, noch viel dümmer? Meine allergrößte Dummheit, die eigentliche und dümmste Dummheit, dümmer noch als jede meiner raffinierten, hochintelligenten Strategien, die mir erlauben, als Anonyma zu leben und zu sterben?

Ach, hätte ich nur ein schönes Buch, das mich von all dem hier ablenken könnte! Wenn du nun denkst, Vinzenz, ich hätte mich zeitlebens mit Schund vollgestopft, mit Liebesschmökern vom Kiosk oder Heimatromanen, irrst du gewaltig! Ja, zu Anfang, da kannte ich nichts Besseres. Konnte mir auch nicht mehr leisten als Groschenhefte. Und ich gebe zu, dass ich mir auch später bisweilen Erholung durch leichte Kost gönnte, so wie Leute einen Reistag einlegen, um ihre Verdauung zu entlasten. Deshalb besorgte ich mir von Zeit zu Zeit etwas Gemütliches. Anfangs Konsalik, später dann viel Pilcher oder Utta Danella, Nora Roberts, Charlotte Link. Am liebsten etwas über mehrere Generationen mit viel Schicksal. Schmöker, die von großen Gefühlen, Abschied und Leidenschaft, Intrigen und Treue handeln und von Menschen, die engelsgleich gut oder abgrundtief böse sind. Nichts Zweideutiges. Eindeutigkeit entspannt mich.

Natürlich gab es auch schon früh einen Fernseher. Ich schaffte ihn für den Vater an, damit er etwas hatte nach der Arbeit oder wenn ich im Haus herumwerkelte. Der Flimmerkasten ist ja Kamerad der Alleinstehenden, Alten und Verzweifelten. Peter Frankenfeld! Am Abend schaute ich mit dem Vater, damit er nicht ständig ins Wirtshaus ging. Trotzdem musste ich den Alten nicht selten sturzbetrunken die Treppe hinaufschaffen. Dass ich nach seinem Tod für die neue Wohnung ein besseres Gerät kaufte, vor zwölf Jahren auch einen Farbfernseher – das fiel nicht auf, machte mich noch normaler und unsichtbarer als besäße ich keinen, und Kabelanschluss hatte jeder in unserer Straße. Ich zahle sogar Rundfunkgebühr, damit mir nicht etwa einer dieser bestallten Spione ins Haus eindringt. Kulturfilme, Nachrichtensendungen, Diskussionen und Dokumentationen, 3sat, phoenix und BR-alpha, alles sehr lehrreich. Meine Leidenschaft aber gilt dicken Biografien von Dichtern, Malern, Komponisten, großen Politikern – dem Leben der anderen eben, der sichtbaren Leute. Außerdem Bücher zu Weltgeschichte, Heimatkunde, Geografie, Entdeckungsreisen und deutscher Geschichte.

Meine Lesewut begann, als ich nach Weihnachten 1944 fast zwei Jahre lang krank und meist allein in der Kammer lag. Zuerst reichte meine Volksschulbildung nur für Einfaches, *Emil und die Detektive* oder *Die Biene Maja*. Ich war ja erst siebzehn und hatte noch nicht viele Bücher in der Hand gehabt. Bald brachte mir die Mutter aus einer Leihbibliothek oder von den Nachbarn, was immer sie finden konnte. Ich las und las und gab alles zurück. So fing es an, dass ich nie ein Buch behalten wollte. Geschichten zogen durch mein Hirn wie Wolken, mal hell und dünn, mal Schönwetterhaufen, dann wieder Gewitterfronten mit Blitz und Donner. Dieses und jenes blieb auch hängen wie Regentropfen an dünnen Zweiglein.

Anfang Mai 1945 war die Mutter plötzlich unter der Erde, und Tante Zita musste mich mit Lesestoff versorgen. Ich beschwor sie, niemandem etwas von meiner neuen Leidenschaft zu verraten.

Mein Kopf wurde weiter, das Verstehen tiefer. Tagsüber bewegte ich mich wie ein Automat, sagte Ja und Nein, ging in die Küche, aß mittags mein Butterbrot und ging früh zu Bett, nachdem ich den Vater versorgt hatte. Dann erst begann ich zu leben, von abends neun bis Mitternacht, lebte bald nur noch beim Lesen. Versuchte, die Fremdsprachen der Gefühle zu lernen, Emotionen und Taten in mich aufzunehmen, die ich bis heute nicht aus eigener Anschauung kenne: Liebe, Nähe, Treuebruch, Hass und Verrat, von den feineren Gemütsregungen gar nicht zu reden. Sehnsucht, Zärtlichkeit, Freundschaft, Mitgefühl, Kinderwunsch – das blieben Indianersprachen für mich, ich würde sie niemals verstehen lernen. Nur einen einzigen Dialekt kannte ich, der hieß Heimweh. Heimweh nach der Kindheit, nach der Küche der Mutter, nach allem, was mir vor dem Bruch im Dezember 1944 ein herrliches Leben in Aussicht zu stellen schien. Seither bin ich gefühlsmäßig schwerbehindert. Glaub nicht, dass ich das nicht weiß! Ohne meine Romane aber, die mir zeigen, von welchen Emotionen die

Menschen gebeutelt werden können und wie unterschiedlich sie auf die Tragödien ihres Schicksals reagieren, wäre mir das nicht klar.

Mit den Figuren der Schriftsteller atmete ich und hörte mein Herz klopfen, sonst wär ich nicht die Scheintote, der du begegnet bist, sondern schon vor gut fünfzig Jahren gestorben. Stell dir vor, Vinzenz, sämtliche Werke von Zola, Balzac, Dickens, Thackeray, wenn auch nicht alles von Flaubert und Proust! Kennst du diese Namen? Henry James oder James Joyce waren mir nach mehrfachen Versuchen leider kein echtes Vergnügen, ich gab auf. Aber all die anderen Romanautoren des 19. Jahrhunderts, die Brontë-Schwestern, Jane Austen, Stifter und Fontane! Am liebsten nichts Zeitgenössisches, und weit weg, in fernen Ländern sollte die Handlung spielen. Aber auch Thomas Mann und Heinrich Mann, Fallada, Döblin – welch große Lebensbilder! Den Böll mit seiner Nachkriegstrauer und den *Mann ohne Eigenschaften* – solche Bücher konnte ich allerdings nicht ertragen, es musste fern sein von mir. Ohne Eigenschaften und elend bis ins Mark war ich ja selber. Mehr davon konnte ich nicht verkraften.

Letzthin holte ich mir auch viel Amerikanisches, Updike, Philipp Roth, gerade die vielen herrlichen jüdischen Schriftsteller … Ach, warum soll ich das alles aufzählen? Es geht mir ja nicht darum, dich zu beeindrucken. Nur verständlich machen möchte ich mich, dir andeuten, wie ich die Jahre seit unserer Kindheit und Jugend verbracht hab. Allerdings möchte ich doch, erlaube es mir, behaupten, dass ich in unserer kleinen Stadt wohl die beste Kennerin des Nationalsozialismus und seiner Folgen bin. Denn diese Thematik wird hier in Günzburg aus gutem Grund ignoriert und nahezu totgeschwiegen. Du weißt selber, warum.

Niemand kann aus der Geschichte seines Volkes austreten. Man soll und kann die Vergangenheit nicht »auf sich beruhen lassen«, weil sie sonst auferstehen und zu neuer Gegenwart werden könnte.

Jean Améry, 1975, Plakette an einem öffentlichen Platz in Günzburg

Aufbruch nach Santiago. Am Reisetag war ich recht früh dran. Um halb vier aufgestanden. Kein Frühstück, keine Zeit dafür. Am Morgen brauche ich inzwischen lange für meine kleinen Verrichtungen, und vor meiner ersten Reise ins Ausland war ich viel zu aufgewühlt, um mich noch gemütlich an den Küchentisch zu setzen. Alma und Cora, meine Kindle, schauten mir mitleidig nach, als ich zur Tür hinausging, und mir schien, als würden sie mir winken und gute Reise wünschen. Seit Wochen schon hatte ich Angst, etwas falsch zu machen oder die Abfahrt zu verpassen. In Dunkel und Morgenkälte musste ich auf dem Bahnsteig warten, bis der Sechsuhrzug nach Augsburg einfuhr.

Inzwischen hatte es sieben geschlagen. Ich stand vor dem großen Reisebus des Bayerischen Pilgerbüros. In meinem Wintermantel mit dem Kragen aus Kunstpelz war mir heiß. Gern hätte ich mir noch einen neuen gekauft, aber bei meiner Rente? Und mich schaut ja eh keiner an. Auch der braune Koffer mit den Metallschnallen und brüchigen Gürtelriemen war alt und nur klein. Der Vater hatte ihn im Gefängnis dabeigehabt, ein Vorkriegsmodell, aber noch in Ordnung. War ja nie wieder benutzt worden. Ich konnte ihn kaum schleppen; Rollen hatte er nicht. Was nicht hineingepasst hatte, trug ich am Leib: zwei Unterhemden, die hochgeschlossene Bluse, einen Pullover, darüber eine warme ärmellose Weste. Einen Büstenhalter brauche ich nicht. Meine Brust ist flach und mager. Über den Schlüpfer aus Baumwolle gehört bei mir eine laufmaschensichere Strumpfhose aus Helanca, die man abends schnell auswaschen kann, dann eine wollene Unterhose mit knielangem Bein. Seit meiner Jugend auf dem Hof, vor dem Krieg, bin ich an Wollwäsche gewöhnt und werde sie in diesem Leben nicht mehr ablegen, auch nicht in Spanien. Bloß nicht verkühlen, vor allem unten herum. Doch mit all dem Zeug am Leib sehe ich immer noch verhungert aus und dünn wie eine Bohnenstange. So bin ich eben. Burgl, die Habergeiß. Entschuldige meine schamlose Offenheit, Vinzenz, aber wenn du dies liest, bin ich längst dahin und nicht einmal mehr mager, sondern ein Knochengestell.

Ich bezweifelte, dass jemand mir helfen würde, das Köfferchen zu verstauen. Die Fahrerin, eine kleine Person Mitte dreißig mit strubbeligen rot gefärbten Haaren, saß lässig hinterm Steuer. Die sieht ja aus wie der Pumuckl, fand ich. Wie sollte so eine es schaffen, unseren Bus durch halb Europa zu steuern? Jedenfalls traute ich mich nicht, diesen Kobold zu stören. Am Kiosk stand ein Junge mit Zigarette und Bierflasche in der Hand. Um sieben in der Früh! Den mochte ich auch nicht fragen. Reisegenossen waren noch nicht eingetroffen. Ich stellte also das Gepäck neben die Bustür und kletterte die steilen Stufen ins Innere, indem ich mich mit der Hand am Griff hochzog. Hast du's auch mit die Gnia, Vinzenz?

Die Plätze waren wahrscheinlich vorbestellt. Wo durfte man sich hinsetzen? Ich wollte meinen Koffer im Auge behalten. Unschlüssig verharrte ich ganz vorn. Der Bus sah neu aus und roch auch so. Die Fahrerin nahm keine Notiz von mir. »Hoffentlich raucht die nicht während der Fahrt«, dachte ich, denn sie sah genauso aus, als ob sie das wagen würde. Wie zur Probe setzte ich mich in der ersten Reihe nieder, hinter dem Einstieg. Aus dem Seitenfach der Handtasche, der guten für sonntags, holte ich mein Nitrospray, denn das Herz stolperte wie immer, wenn ich mich anstrenge. Zweimal unter die Zunge, dann konnte ich durchatmen.

Ein Mann mit kurzem grauweißem Kinnbart, tief eingegrabenen Falten und dunkler Kleidung zeigte sich im Einstieg. Er kam nur zwei Stufen hoch, schaute in den leeren Bus und rief wie ein Radiosprecher im Morgenmagazin: »Einen wunderschönen guten Morgen!« Mir warf er einen prüfenden Blick zu. »Sind Sie die Frau Eichner? Freut mich! Ich kümmere mich ums Gepäck!« Das waren deine ersten Worte an mich.

Schon war der Mann wieder verschwunden. Ich war perplex. Meine Lippen bewegten sich ohne Ton. Der kirchliche Reisebegleiter? Mir fiel ein, dass der natürlich eine Passagierliste besaß, deshalb hatte er mich mit Namen angesprochen. Sah auch recht nett aus. Ich fasste ein kleines Zutrauen zu dem Mann. Unwillkürlich schob sich mein Kinn hin und her, auch so eine Angewohnheit von mir, sieht furchtbar aus, ich weiß! Mein angespannter Kiefer lockerte sich. Dann beugte ich den Kopf, streckte die Halswirbel und schüttelte mich, um den Wattenebel von der Schlaftablette zu vertreiben, der mich jeden Morgen umhüllt. Ich befreite mich von meinem Mantel und legte ihn über den Arm, denn ich wollte nicht unverschämt wirken, indem ich gleich zwei Plätze in Anspruch nahm. Auf meinem Haar saß die Strickmütze. Sie wurde in die Tasche gestopft. Mein Haaransatz war feucht. Mit allen zehn Fingern ordnete ich meine steifen Löckchen und bemerkte, dass sie säuerlich nach frischer Dauerwelle rochen.

Nun trudelten auch die übrigen Reisenden ein, manche mit großem Gepäck, andere nur mit einer Reisetasche. Fast alle waren zu zweit. Krumme, Blinde und Lahme im Rollstuhl registrierte ich bar jeder Solidarität mit den Leidenden. Die interessierten mich nicht. »Warum fahren die nicht nach Lourdes?«, dachte ich. Du musst wissen, Vinzenz, ich bin noch um einiges garstiger als du ahnst.

Nur nach den Zwillingen hielt ich Ausschau und wurde nervös. Hatten sie es sich anders überlegt? Der Bus war nahezu voll, als die zwei endlich eintrafen. Erleichtert schnaufte ich und lehnte mich zurück, versuchte, nicht allzu auffällig hinzuschauen. Als die zwei Frauen sich an mir vorbeidrängten, empfand ich ihren Anblick und die leichte Berührung durch ihre Kleider wie eine Weihung. Ein kleiner Wonneschauer durchfuhr mich. So nahe war ich meinen Lieblingen seit Jahrzehnten nicht gekommen. Zuletzt hatte ich sie im Arm gehalten, als sie noch nicht einmal ein Jahr alt waren. Leider mussten die beiden ganz hinten Platz nehmen, weit entfernt von mir, weil sie fast als Letzte in den Bus stiegen. Ärgerlich. Ich blickte mich um, aber in ihrer Nähe war kein Platz mehr frei. Nun war es mir leider unmöglich, die zwei zu belauschen. Aus der Ferne konnte ich auch nichts erspüren und erriechen, und gerade das wär mir doch wichtig gewesen. Aber ich war dann doch einigermaßen zufrieden. Letztlich hatte meine Planung zum Erfolg geführt. Auf dieser Reise würde ich nun Gelegenheit haben, meine beiden Kleinen ganz aus der Nähe zu erleben. Gottfroh war ich, dass ich wegen einer Stornierung doch noch einen Platz ergattert hatte. Vielleicht war ja jemand krank geworden.

Der Bus fuhr los, mit einer Viertelstunde Verspätung. Die Fahrerin gestattete mir, auf dem vorderen Sitz zu bleiben, eigentlich für Behinderte reserviert. »Sie sind ja unsere Seniorin!« Ich war dankbar und zugleich empört, denn außer mir waren noch einige andere klapprige Grauköpfe und Weißschöpfe eingestiegen. Seh ich denn wirklich so uralt aus, Vinzenz?

Auf dem niedrigeren Platz vor mir saß der nette Reiseleiter mit einem Mikrofon in der Hand. »Gut, das ist gut«, dachte ich,

»der wird mir bestimmt helfen, wenn ich in Not bin. Ich brauche nur meinen Arm auszustrecken, um ihn auf die Schulter zu tippen.«

Ich betrachtete sein Haar, das der kalte Wind durcheinandergebracht hatte. Fein und ein bisschen zu lang, das sieht dann schnell unordentlich aus. Seine Ohren waren sehr groß und dünn, fast durchscheinend rosarot. Ein Dufthauch wehte von ihm herüber. Rasierwasser. Ich war überrascht. Vaters Rasierwasser, tatsächlich, Pitralon! Ich hatte es wohl zwanzig Jahre nicht mehr gerochen. Dass es das noch zu kaufen gibt. Ja mei, der Vater! Ich war ein bisschen gerührt, denn wir zwei hatten uns verstanden und gern gehabt, hatten beide den Führer verehrt. Das Fläschchen Pitralon stand immer auf dem Wandbrett über der Schüssel, wo er sich wusch und rasierte. Nach seinem Tod schnupperte ich manchmal daran, um mich an ihn zu erinnern. Erst beim Umzug in den Siebzigerjahren, als der Hof aufgegeben werden musste, hab ich es weggeworfen, schweren Herzens, denn mehr war von ihm, dem Vater, nicht übrig geblieben. Die Mutter hab ich auch lieb gehabt, aber das konnte ich erst in der Mitte meines Lebens verstehen. Denn in der Jugend hatte sie mir immerzu Kontra gegeben, wenn die Rede auf den Hitler oder die Kirche kam. Wir sind oft aneinandergeraten.

Alle waren Hitler und seinem Wahn verfallen. Sie hielten für Recht, was Unrecht war. Und sie gerieten zu Verbrechern, ohne das Bewusstsein zu besitzen, Unrecht zu begehen. Wie war das möglich? Waren es teuflische Jünger, die, einmal vom satanischen Meister wachgeküsst, all ihre böse Energie aus eigener Kraft entfalteten? Ganz besondere Verbrecher also? Oder waren es ganz normale

Deutsche, die allein durch Zufälle zu jenen wurden, die wir kennen: Synonyme einer kriminellen Diktatur?

Guido Knopp, *Hitlers Helfer*[2]

Kaum waren wir auf der Autobahn, drehte sich der Reiseleiter zu den Passagieren um, zählte sie mit dem Zeigefinger ab und verglich sie mit seiner Liste. »Das hätte er lieber vorher tun sollen«, krittelte ich und kniff die Lippen zusammen. Er stand jetzt direkt neben mir, keinen halben Meter entfernt, seine Hüfte auf der Höhe meines Kopfes. Um sein Gesicht zu betrachten, hätte ich meinen Hals verdrehen müssen, aber das ist mühsam und tut meist weh; daher schaute ich weiter geradeaus. Aber ich konnte den Mann riechen. Sein Geruch schien nicht fremd, über den Pitralonduft hinaus. Das verwunderte mich, und ich verstand es nicht. Ich lehnte mich ein wenig nach links, in seine Richtung.

Auf meinen Riechsinn hab ich mich immer verlassen können, mehr als andere Leute. Meine Nase sorgt dafür, dass Vergangenheiten schlagartig Gegenwart werden. Angenehm oder beängstigend, immer stehen mir unmittelbar die Bilder aus Kindheit, Jugend und all den späteren Jahren vor Augen, und die damit verknüpften Gefühle erwachen jäh aus tiefem Schlaf, ob ich es erlaube oder nicht. Ein Fluch! Ich hasse diese Gabe, die mit dem Altwerden nicht abstumpfen will. Während meine Augen trüb und die Beine langsam werden, bleibt meine Fähigkeit zu riechen in ganzer Schärfe erhalten und gerät mir oft zur Pein, denn dagegen kann man sich nicht wehren.

Der Mann machte mich neugierig. Ich wandte den Kopf zum Fenster, weg von ihm, sog die kühle Luft durch die Nase ein, atmete aus, drehte mich dann rasch wieder um und beschnupperte ihn wie ein Jagdhund. So geht es meiner Erfahrung nach am besten. Meine Nase leicht gekräuselt, die Nasenflügel müssen beben. »Ja, hmmm, ja. Ein warmer menschlicher Geruch, längere Zeit nicht gebadet, heute früh Katzenwäsche. Zartes Aroma von Pfeifentabak in Kleidern und Bart wie bei einem, der sich das Rauchen nur selten gestattet. Weiter oben Vaters Rasierwasser auf den glatten Wangen und Menthol von der Zahnpasta. Das Hemd frisch. Jemand benutzt zu viel Waschpulver, Verschwendung, aber es ist das von Aldi, dann geht's wieder. Und die Person nimmt für den Pullover Weichspüler mit Pfirsichduft. Die Pfarrhaushälterin? Die Frau? Oder versorgt er sich selbst?« Ob er einen Ehering trug, konnte ich nicht erkennen, denn seine Hand hielt das Mikrofon, er fingerte daran herum und probierte es aus: »Test! Test!« Ich wurde ruhiger. »Ein bisschen ungeschickt ist er«, dachte ich, »aber sonst in Ordnung.« Ich legte jetzt auch mein Halstuch ab, faltete es zusammen und lehnte mich zurück.

Meist bin ich den ganzen Tag recht müd von den Tabletten, aber an diesem Morgen noch viel mehr, hatte kaum geschlafen, war so früh aufgestanden. Hinzu kam ein flaues Gefühl in der Magengrube, weil ich nicht gefrühstückt hatte, oder war es etwas anderes? Da unter meinem Sitz das Rad lag, fand ich einen Vorsprung, auf den ich meinen Fuß stellen konnte. Gut, dass niemand neben mir saß. Die erste Aufregung war vorbei. Ich schloss die Augen und gab mich meiner Schläfrigkeit hin. Aber ich schlief nicht ein, zu vieles ging mir durch den Kopf. »Heute verlass ich zum zweiten Mal im Leben meine Heimat«, das wurde mir klar, und mir war bang.

Eine neue Unruhe erfasste mich. Ich dachte zum hunderttausendsten Mal an die Nacht im Dezember 1944. Damals war ich von meiner allerersten Reise heimgekehrt. Die nächtliche Ankunft am frostigen Günzburger Bahnhof tilgte ich später aus meinem Gedächtnis so gut es ging. Damals ahnte ich ja nicht, dass ich dir, Vinzenz, eines Tages davon erzählen würde und dass du, ausgerechnet du, mich in jener Nacht gesehen hattest. Du wusstest um einen Teil meines Geheimnisses und hast geschwiegen. Mir war unvorstellbar, einen Mitwisser zu haben. Ein Leben lang wiegte ich mich in der Sicherheit, mit meinem Geheimnis ganz allein zu sein. In jener furchtbaren Dezembernacht war ich ohnehin viel zu kaputt, um mir wegen irgendetwas Gedanken zu machen.

In späteren Jahren hat mein armes Gemüt es vorgezogen, die eisige Heimkehr einzig mit der Erinnerung ans warme Elternhaus zu verbinden. Eine Weile bot mir das Halt und Trost. Im Lauf der Jahrzehnte wurde meine schreckensvolle Erinnerung von den Bildern des Nachhauskommens zur Familie und zur kuchenduftenden Küche überlagert. Die Weihnachtsmesse im Denzinger Kirchlein, die liebevoll-bohrenden Fragen der Mutter, die Fürsorge des Vaters, der Kummer um die Brüder. Vor allem wurde jede Erinnerung überlagert von der Qual, irgendetwas von meinen Erlebnissen zu berichten und doch nichts sagen zu dürfen, auf keinen Fall, wegen meines Redeverbots. Schönes und Süßes vermengten sich mit Bitterkeit und Weh. Alles wurde verrührt wie ein Teig und verbacken zu einer inneren Erzählung, die für die schmerzende und überstürzte Trennung von meinen Zwillingen keine Zeile mehr frei ließ. Von den Ereignissen und Einzelheiten, die sich abspielten, nachdem eine erschöpfte junge NS-Schwester aus dem überfüllten Waggon geklettert war, sollte niemand je erfahren dürfen. Und am besten war, ich vergaß es gleich selber. Das hatte ich mir und Dr. Mengele geschworen. Einen Eid hatte ich geschworen auf den Führer und die Fahne.

Man kann sich dem Sog einer vermeintlich Gutes verheißenden Diktatur nur schwer entziehen. Wenn alle mitmachen, ist man sehr wahrscheinlich auch selbst dabei, denkt schließlich gar nicht mehr darüber nach und verändert sich.

Joachim Gauck[3]

»Schweig, Walburga, schweig!«, das war zeitlebens meine Devise. Und wer kann schweigen wie ich? Ich sage nichts, selbst wenn ich zuweilen Wörter spreche. Meine Tarnkappe hat keine Löcher. Ich halte den Mund, gebe nichts von mir. Mit Fleiß hab ich erreicht, dass die wenigen Menschen, die mich überhaupt je zur Kenntnis nahmen – ein paar Nachbarn, Arbeitskollegen oder ehemalige Schulkameraden – mich derart unsympathisch finden, dass sie mich nicht einmal grüßen möchten. Ja, ich bin eine unangenehme Person, freudlos, schroff. Wer mich anschaut, dem wird die Milch sauer. So will ich es haben. Möchte jemand einmal nett zu mir sein und kommt mir dadurch deutlich nahe, und dazu braucht es nicht viel, denn mir ist alles zu nahe, mache ich umgehend eine giftige Bemerkung. Oder ich beleidige die Person mit Absicht, so dass sie es bestimmt nicht noch einmal versucht. Inzwischen ist das zur Gewohnheit geworden, und ich kann nicht mehr recht sagen, ob ich tatsächlich ein solch widerwärtiges Weibsstück bin oder ob ich diese Rolle nur spiele. Möglicherweise war ich schon immer so, wusste es nur selber nicht, oder? Um herauszufinden, was meine Wahrheit ist und was nicht, müsste ich meine Gewohnheiten und meine Miene ändern, mein Lebenskonzept umwerfen, Menschen an mich heranlassen, mich in ihrem Lächeln spiegeln. Und das hättest du wohl gern, dieser eine zu sein, der mich erlöst, gell, Vinzenz? Ich glaub gar, du bist von uns zweien der Irre.

Heute früh kamen mir die größten Zweifel. Ich wachte auf, noch halb benommen von der Schlaftablette, und mir wurde so heiß vor Angst, dass ich die Bettdecke zurückschlagen musste. Was tu ich hier? Schreibe das ganze Zeug für diesen Vinzenz auf, den ich kaum kenne. Mache alles zunichte, worum ich mein Lebtag gekämpft hab. Ich könnte doch das, was ich in Wirklichkeit zu sagen, zu erzählen, zu beichten hab, auf einer halben Seite unterbringen. Ein Schriftstück hinterlassen: »Eidesstattliche Erklärung. Hiermit gestehe ich, dass ich dabei war. Ich beschwöre, dass ich von allen im Lager die Jüngste und Unschuldigste gewesen bin. Anbei ein Brief aus dem Besitz von Dr. Mengele, der Frau Alma und Frau Cora Stadlmayer alles Notwendige erklärt. Mit der Bitte um Weiterleitung.«

Basta. Interessiert aber keinen Menschen, weil ich ja dann schon tot bin, und die Eichner-Walburga würde es auch nicht aus ihrer jetzigen Not befreien. Vinzenz, mich drückt es in der Kehle, ich muss es hochwürgen wie das Gewöll einer Eule. Ich muss es erbrechen und ausspucken. In deinen Schoß. Sieh zu, wie du damit fertig wirst. Das Brechmittel hast du mir eingeflößt. Sag du nur Ja! Ja! Ja! zu deinem Schicksal, wie ich es dir hiermit bereite.

Noch im Dämmerschlaf überfiel mich die Sorge, dass jemand das Tickern und Klappern meiner Schreibmaschine hören könnte. Tippen auf diesem Ungetüm aus den Dreißigern, das man mir Ende der Sechziger beim Ausscheiden vom Versorgungsamt mitgab. Die übrigen Mitarbeiter hatten längst Kugelkopfmaschinen, und das Verschenken der sperrigen Biester war billiger als das Lagern. Also, das Tippen bin ich nicht mehr gewöhnt. Ich prügle die Tasten, dass es knallt, und ein so ungewohntes Geräusch aus meinem Haus muss ja früher oder später einer mitkriegen, von der Straße. Ich hab nicht einmal Doppelfenster. Dann wird sofort geschwätzt. Womöglich spricht mich jemand darauf an, wenn ich in der Siedlung unterwegs bin. »Ja mei, was machen Sie denn da, Frau Eichner? Das klingt ja fleißig. Vielleicht Heimarbeit? Reicht Ihre Rente nicht?«

Im Morgengrauen warf ich mich von einer Seite auf die andere und stellte mir vor, wie die Nachbarn ums Haus herumschleichen, um herauszufinden, was ich da treibe. Deshalb werde ich mit der Hand weiterschreiben, Vinzenz, und das ist auch gut lesbar für dich. Denn beim Versorgungsamt wurde ich damals nur eingestellt, weil ich eine besonders saubere Schrift hatte. Ich hatte sogar noch Sütterlin gelernt, aber das wurde ja dann abgeschafft. Jedenfalls sind die letzten Zeilen, wie du siehst, schon in Schreibschrift niedergelegt. Noch holprig und ungelenk, weil ich lange keinen Stift mehr in der Hand gehalten hab, um mehr als eine Notiz zu machen. Beim Amt musste ich hauptsächlich Zahlen und Standardsätze schreiben. Jetzt aber, jetzt soll ich mein Herz ausschütten, schriftlich.

Soll ich wirklich? Sapperlot, wer befiehlt mir denn das Ausschütten? Ich bin doch selbst die idiotische Herrin und ihre blöde Magd zugleich. Außerdem: Mein Herz ausschütten, das sagt sich so. Bittschön, das schon gar nicht! Es ist nicht voll, weder von Liebe noch von Schmerz. Da gibt's auch nichts zum Ausschütten. Dieses Herz, mein Herz, das körperliche und das mit den angeblichen Gefühlen, sehe ich vor mir als abgegriffenen Lederbeutel, hart und trocken, schon lange nicht mehr in bestimmungsgemäßem Gebrauch. Nein, ich will mich nur erleichtern, wie jemand, der gallebitteres Glaubersalz schluckt, um seine Verstopfung loszuwerden. Alles auf einmal, auch wenn's Bauchweh macht.

Also weiter, ich muss da durch. Wenn ich so hadere – mit dir, mit mir, mit allem auf der Welt –, dann muss ich mich selber immer aufs Neue daran erinnern, dass mich ja niemand dazu zwingt. Ich will und will auch wieder nicht. Drogensüchtigen muss es so ähnlich gehen. Sie wissen zwar, dass der Stoff ihnen schadet, aber sie können die Finger nun einmal nicht davon lassen.

Allein beim Gedanken an dich wird mir himmelangst. Dir wär es tatsächlich beinahe gelungen, zu mir durchzudringen. Und deshalb musste ich dich zurückweisen. Hab mich mit Händen und Füßen gewehrt, als wolltest du mir etwas antun. Nicht einmal dir konnte ich gestatten, mir eine Nettigkeit zu entlocken, obgleich du der Einzige bist, der sich noch erinnert, wie ich war, als Kind, bevor ich mich ermordet hab. War ein fast fröhliches, fast unbeschwertes Mädchen, keineswegs verschlossener als andere, nicht unfreundlich oder gar geistig minderwertig, wie man es damals nannte, sondern einigermaßen aufgeweckt und lebhaft, wenn auch halsstarrig bis zum Gehtnichtmehr.

Als ich dich wiedererkannte, nach Jahrzehnten, wär ich am liebsten im Erdboden versunken. Als du mich wiedererkanntest, vor vier Wochen, Ende März, da erschrak ich bis ins Mark. Denn ich merkte, dass du deine lebendige Erinnerung von damals auf mein verschrumpeltes Wesen von heute legen wolltest wie ein Wundpflaster, das drohte, mich mit einem Wunderbalsam zu heilen. Als könntest du nicht anders und würdest dich strikt weigern zu glauben, was so offensichtlich aus mir geworden ist: ein abstoßendes altes Weible. Ich musste befürchten, dass du mein vergessenes Gesicht unter der grässlichen Maske entlarven könntest, und wandte mich ab. Kenn doch selber dieses Gesicht nicht mehr! Auch solltest du mich für abweisend und unnahbar halten, für ungebildet und primitiv, so wie alle anderen das tun. Nur auf diese Weise fühlte ich mich sicher. Dir etwas vorzumachen, das war nicht leicht und wurde von Tag zu Tag schwieriger. Denn unverdrossen und mit zärtlicher Geduld hast du an meinem Selbstbild herumgekratzt wie ein erfahrener Restaurator, der unter dicken Schichten von Kalkanstrich und hässlichen Dekorationen ein Fresko aus frühester Zeit vermutet, ja sogar über Hinweise und Quellen verfügt, die seine Vermutung zur vorläufigen Gewissheit werden lassen, so dass er keinesfalls das Kratzen und Schaben aufgeben kann, wenn es auch Jahre dauert, bis die alten Bilder zu Tage treten.

Nur allzu gern werde ich mich namenlos verscharren lassen, hab ja weder Angehörige noch trauernde Freunde, will auch kein Kreuz und kirchliches Geleit. Gestorben bin ich schon seit Ende 1944. Bin ein Wesen, das nichts fühlt und nichts sagt. Doch jetzt wirst du womöglich bald an meinem Grab stehen. Das durchkreuzt meine Planung, und ich würde es auch gern verhindern, wenn ich nur wüsste, wie.

Das letzte bissle Christenglaube, bester Vinzenz, ist mir auf unserer Wallfahrt nach Santiago vergangen, ganz und gar. Ich hatte noch ein ganz klein wenig Hoffnung, ich weiß nicht einmal, worauf, aber auch das ist jetzt dahin. Seit ich mit deiner Hilfe, mit deiner verfluchten, aufgedrängten, unerbetenen Hilfe erkenne, was meine wahre Schuld ist, bin ich keine apathische Scheinleiche mehr, sondern eine todtraurige Wiedergängerin mit Gefühlen.

Unsere Pilgerreise ist so bös zu Ende gegangen, und wir haben uns im Unfrieden trennen müssen. Sonst wär meine Abwehr vielleicht irgendwann geschwunden. Ich hätte meine Maske selber zertreten, mein Schweigen gebrochen, hätte angefangen zu reden. Und wer weiß, ob ich je wieder aufgehört hätte. Was wär aus mir geworden? Ich weiß es eben nicht, weil ich es nicht ausprobiert hab. Jetzt sitze ich hier und bin ein Haufen Elend. Die Panzerung knackt schlimmer als meine Gelenke, und ich kann nicht einmal entscheiden, ob ich dem Schicksal dafür dankbar sein soll, dass sich unsere Wege wieder gekreuzt haben, oder ob ich dich hassen soll für das, was du mir mit deiner arglosen Zuneigung angetan hast.

Am Morgen und am Abend und in der Nacht spüre ich, wie du an mich denkst und überlegst, du Hund, wie du mich erweichen kannst. Weißt du nicht, dass eine halb geöffnete Muschel zuschnappt, wenn man sie berührt? In mir findest du ohnehin keine Perle, nur Sand und Wunden. Du könntest ein Brecheisen ansetzen, um nachzuschauen. Aber durch diese Methode bräche ich vollends entzwei, das darfst du mit mir nicht machen. Ich hoffe, du bist klug genug, das zu erahnen. Ja, du bist klug. Dein fester Glaube und deine Jahre als Seelsorger haben die Intelligenz deines Herzens nicht zerstört.

Weißt du überhaupt, dass du elender alter Kerl der Einzige bist, zu dem ich Du sage? Die Rosa und die Gertraud, meine sogenannten Freundinnen aus Schultagen, die zählen nicht, weil sie kein Du sind. Nie hab ich der Gertraud etwas anvertraut, und der Rosa schon gar nicht, während ihr eigenes Geschwätz sich jeden Samstag wie ein Wasserfall über mein Schweigen ergoss. Dass mir überhaupt einer das Du wert ist, obgleich ich ihn nicht wirklich kenne, ist mir unheimlich. Noch vor vier Wochen wusste ich nichts mehr von dir! Erinnerungen an die Jugendtage waren bedeutungslos und vergessen. Oder derart peinlich, dass – ja, was? Ich will nicht daran denken.

Du wirst mich vorerst in Ruhe lassen. Traust dich nicht, den Mut aufbringen, allzu bald meiner Anweisung, meiner Abweisung zuwiderzuhandeln, mich etwa aufzusuchen, mich anzusprechen. Deshalb weiß ich, ich hab noch einige Tage oder Wochen Zeit, bis dich Sehnsucht und Mitgefühl übermannen und du vor meiner Tür stehst. Du wirst klingeln wollen, aber die Klingel ist abmontiert. Du wirst klopfen und rufen: »Burgl, Burgl! Bist du da, Burgl?« Nein, ich bin nicht da. Sollte ich noch am Leben sein, werde ich dir nicht öffnen, sondern hinter der Tür lauschen, bis deine Schritte sich entfernen. Doch fortan weiß ich, du wirst wiederkommen, wirst mich niemals aufgeben. Hast nichts Besseres zu tun, als dich um meine arme Seele zu bekümmern. Irgendwann werde ich fertig sein mit meinen Aufzeichnungen. Die wird man finden, neben mir auf dem Nachttisch, wahrscheinlich erst lange nach meinem Freitod, wenn ich tatsächlich als Mumie unter dem Federbett liege, nur noch ein klein wenig trockener als in den letzten fünfzig Jahren.

Niemandem hab ich je gefehlt, und kein Mensch hat mich bemerkt, solange ich noch mit einem Quäntchen grauen Lebens im Leib zum Einkaufen ging. So wird mich auch keiner vermissen und nach mir schauen, wenn ich lange Zeit nicht mehr auf der Straße war. Mir soll's recht sein. Für die Polizei hinterlass ich einen Abschiedsbrief. Aber der Umschlag mit dem Aufgeschriebenen, dieser Umschlag ist nur für dich, Vinzenz. Ich schreib deinen Namen drauf und kleb ihn fest zu. Lies du als Erster, was ich aufgezeichnet hab. Lies meine Beichte, du mein

Beichtvater. Die Absolution erwarte ich nicht. Anschließend kannst du damit machen, was du willst. Verbrennen, dem Stadtarchiv übergeben, bei deinen Papieren aufbewahren, die Unterlagen den Zwillingen überlassen. Bin ich erst einmal richtig dahin, in der Hölle, im Nichts, oder ein Haufen sich windender Würmer und krabbelnder Käfer, gibt es für mich weder Schuld noch Scham. Aber vielleicht gibt es dich, einen einzigen Menschen, der an mich denkt, der erfahren und begreifen will, wie mir zu meinen halbtoten Lebtagen zumute war und was ich über fünfzig Jahre lang beschwiegen hab. Ach, wüsstest du, wie wütend ich auf dich bin!

Mein Elternhaus in Denzingen, vier Kilometer außerhalb Günzburgs, nahe der Landstraße, lag geschützt hinter hohen Fliederbüschen. Im Hof stand ein dickstämmiger Lindenbaum. Damals war das von rotbunten Ziegeln gedeckte Bauernhaus mit seinen umlaufenden Holzgeländern gut hundert Jahre alt. Es steht immer noch, ist jetzt ein Biohof und noch einmal sechzig Jahre älter. In sommerlichen Friedenszeiten blühten dort prächtige Geranien, doch in der Dezembernacht, von der ich erzählen muss, war alles kahl. Das Gehöft kam von der Mutter her. Sie hatte es mit in die Ehe gebracht, unverhofft, nachdem zwei Brüder im Ersten Weltkrieg gefallen waren. Eine mit Efeu und Fetthenne bewachsene Trockenmauer aus Feldsteinen umgab die angrenzende Scheune. Unsere Tenne wurde seit dem zweiten Kriegsjahr nicht genutzt, weil wir längst kein Brotgetreide mehr ernteten. Aber einen Heuboden, den gab es für das Futter von den Wiesen. Das wurde an die wenigen Bauern verkauft, die gegen Kriegsende noch Rinder besaßen.

Ich war wieder daheim. Als ich am Morgen die Treppe hinunterstolperte und mir den Schlaf aus den Augen rieb, wünschte ich, ich hätte eine ganze Woche im Bett bleiben können, so zerschlagen fühlte ich mich an Herz und Gliedern. Ein Duft von frischem Hefeteig hatte mich dann doch aus den Federn gelockt, und vielleicht auch die Sehnsucht nach der Mutter. Ich wusste, sie war an diesem Wintertag glücklich wie lange nicht. In ihrer Küche hantierte sie mit großen Schüsseln, wärmte die Milch, rührte die Hefe an. Sicher hörte sie mein Tapsen auf der Treppe, bevor ich die Küchentür öffnete. Ihre Burgl war wieder da. Ihre Freude füllte den ganzen Raum. Sie wünschte mir einen guten Morgen, und ich, ihre Kleine, die längst kein Kind mehr war, lächelte sie verschlafen an. »Mach schnell die Tür zu, die Wärme zieht ja in den Flur!«, rief sie mir zu.

Ich gehorchte, und in meinem Arm zuckte es automatisch. Ich wollte ihn hochreißen und »Heil Hitler!« rufen. Konnte mich gerade noch beherrschen. Lieber sagte ich gar nichts, und dass die Mutter mich in der vergangenen Nacht nicht sofort erkannt hatte, tat immer noch weh.

Länger als zwei Stunden war ich, die stolze NS-Krankenschwester Walburga Eichner, mitten in der Nacht vom Günzburger Bahnhof durch den Schnee nach Denzingen gelaufen und hatte auf einen freudigen Empfang gehofft. Mein brauner Uniformmantel mit den Abzeichen starrte vor Schmutz. Die Schürze, vor der Abreise aus dem Lager frisch gestärkt, hing schlaff herunter. Das gefältelte Häubchen war grau geworden und mit ein paar Drahtklemmen schief auf meinen hochgesteckten Zöpfen befestigt. Nein, ich sah bei Weitem nicht so adrett aus wie es Vorschrift war. Nach acht Tagen und Nächten in verdreckten Waggons und übervollen Bahnhöfen war der durchdringende Geruch nach Entlausungspulver und Kohlenruß mir selbst unerträglich. Ich stank wie ein Obdachloser. Am Ende meiner Fahrt quer durch das Deutsche Reich, von Krakau bis ins Donauries, war ich erschöpft bis auf die Knochen. Ich hämmerte an die Hoftür, immer wieder, bis der Vater auf seinen Krücken endlich erschien.

Die Mutter erzählte mir Tage später, als sie mich nach oben in meine Kammer begleitete, um mir einen Gutenachtkuss zu geben – das galt als erlaubt, und sie tat es, obwohl ich doch kein kleines Mädla mehr war –, sie habe sich fast zu Tode erschrocken, als ihr Alois sie wachrüttelte. Im Schein der Kerze hatte sie vor ihrem Bett eine Person in Uniform stehen gesehen. Wollte man sie abholen? Was hatte sie denn verbrochen? Das waren nämlich die Zeiten, als es üblich war, die Leute nachts zu verhaften und auf Nimmerwiedersehen verschwinden zu lassen. Doch das wusste ich nicht. Schließlich waren wir keine Juden, da hatte man so etwas schon gehört, uns ging das aber nichts an.

»Mutterl, i bin's! I bin's doch, dei Burgl!«, musste ich mehrmals rufen. Ich schrie fast. Meine Stimme bebte vor Enttäuschung und Erschöpfung. Erst nach quälend langem Zögern konnte sie ihre Tochter unter der verrutschten Schwesternhaube ausmachen, so groß und wichtig, so amtlich in ihrem schweren braunen Mantel mit den Schulterstücken. Da endlich setzte die Mutter sich auf. Ihr Gesicht wurde hell. Sie streckte mir beide Hände entgegen und küsste meine Stirn. Nicht nur einmal, es war mir fast peinlich. Ich roch ihre Freudentränen und spürte das warme Nass auf meinem Gesicht. Der Vater war derweil hinunter in die Küche gehumpelt, um eine kupferne Bettfläscha mit heißem Wasser zu füllen, damit seine Kleine es warm hatte in der Nacht. Er war immer gut zu mir, zu seiner Jüngsten. Doch mich konnte vor Müdigkeit nicht einmal mehr die Brotscheibe verlocken, die er noch rasch mit Griebenschmalz bestrichen hatte. Mein Schlaf war dann bleiern gewesen, und von allem, was ich auf der langen Reise gehört und gesehen hatte, wollte ich nie wieder etwas wissen.

Die Mutter bearbeitete ihren Teig und versuchte, sich ihre Freude nicht anmerken zu lassen. Ich spürte sie trotzdem, und der Tonfall, in dem sie rief: »Jetzt erzähl doch mal!«, war fröhlicher als sonst. Das fiel mir auf. Aber ich ging nicht auf ihre Bitte ein, sondern musterte sie, wie sie sich über die Schüsseln beugte. Alles an ihr sah grau aus, die Haut, das Haar. Dabei war ich doch nur ein paar Monate fort gewesen. Wie die meisten Frauen ihrer Generation war sie von der schweren Arbeit auf dem Hof früh gealtert. Diesen Anblick kannte ich. Aber sie hatte sich noch viel mehr verändert, sah verhärmt aus, trotz ihrer von der Wiedersehensfreude und der Backwärme geröteten Wangen. Ich hätte sie umarmen wollen, doch ich tat es nicht. Seit ich denken konnte, und mit Beginn des Krieges umso mehr, war es allgemein unerwünscht, sich gefühlvoll zu zeigen. Laute Begeisterung oder Freudentränen blieben den ganz großen Gelegenheiten vorbehalten, zum Beispiel wenn die Familie sich um den Volksempfänger versammelte, um den famosen Reden des Führers zu lauschen.

Die Tür des mächtigen Backofens aus Eisen und Emaille stand einen Spalt offen, damit zwei Laibe Rosinenbrot auskühlen konnten, ohne zusammenzufallen. Die Mutter machte sich am Herd zu schaffen. Die Uhr über der Anrichte zeigte Viertel nach zehn. Sie warf einen Blick zu mir herüber. Ich hockte mit hochgezogenen Knien auf der Bank und wärmte mich an der Ofenwand. Nur mit einem Nachthemd aus geblümten Flanell und meinem großen gestrickten Dreiecktuch bekleidet, kaute ich abwesend an dem Stück Brot, das ich beim Aufwachen auf dem Marmor des Nachtkastens gefunden hatte. Ich betrachtete meine lang vermissten Pantoffeln aus dickem braungelbem Filz, die unterm Bett gestanden hatten, dort, wo sie hingehörten. Es schien ein Morgen wie viele andere zu sein, als sei ich gar nicht fort gewesen.

Die Mutter füllte den Wasserkessel nach. In unserer großen Wohnküche war es mollig warm. Es roch nach Mehl und roher Teigmasse, nach Hefe und süßer Milch. Auf dem Wandkalender stand der 20. Dezember. Vater riss jeden Morgen in der Früh das

Blatt vom Vortag ab, auch später noch. Das ließ er sich nicht nehmen. Nur in dem Jahr, als er im Gefängnis saß, hab ich es für ihn getan.

Ich möchte nicht an die Vergangenheit denken, da sie ihre Bedeutung verloren hat. Die Welt hat nichts aus ihr gelernt – weder die Schlächter noch die Opfer oder die Zuschauer. Unsere Zeit ist wie ein Totentanz, dessen unheimlichen Rhythmus wenige verstehen. Alle wirbeln verwirrt herum, ohne den Abgrund zu sehen.

Lagi Gräfin Ballestrem[4]

Der Motor dröhnte, das Metall des Fahrgestells zitterte fast unmerklich unter meinem Fuß. »Ich möchte wohl wissen, ob mir das Verreisen dieses Mal besser bekommt«, überlegte ich im Halbschlaf. Wieder wehte der Duft von Pitralon zu mir herüber. Und wie aus dem Nichts sah ich mich vor der alten Jahn-Halle, auf einem Feuerwehrfest: Ich lehne am Geländer des Tanzbodens, unwillig und gerötet. Gerade hab ich einen Verehrer abgewimmelt, der wütend abzieht. Rasierwasser, Bierdunst, Steckerlfisch und Erbrochenes.

Hoi, so was, das konnte nur 1954 sein! Denn danach bin ich niemals mehr zum Tanzen gegangen. »Was für eine Zeit!«, wunderte ich mich, lehnte meine Stirn an das kühle Busfenster und zog die Mundwinkel nach unten. Obgleich meine Augen anfangs offen blieben, war mein Blick ganz nach innen gewandt. Unangenehm, diese Erinnerungen. Das fing schon damit an, dass ich nicht gut tanzen konnte, obgleich Burgl Eichner wie alle anderen Günzburger Mädchen im Lamm-Saal die Tanzstunde absolviert hatte, die nun einmal zum Frauwerden gehörte wie Kochrezepte und Strickmuster. Von säuerlich schwitzenden Kerlen im Arm gehalten und gedrückt zu werden – grauslich. Angesichts der drängenden Männlichkeit, die ich stets aufs Neue zurückweisen musste, war ich meist ganz zerquält und starr, so dass ich den Rhythmus verlor und stolperte.

Meine Güte, der Feuerwehrball! Hinter den jetzt geschlossenen Lidern brannten meine Augen, als würde ihnen der beißende Rauch von der Bratwurstbude entgegenwehen, die man fünfundvierzig Jahre zuvor am Eingang der Festhalle aufgestellt hatte.

Die Unbeholfenheit der Kleinstadtburschen hat etwas Brutales, wenn sie ein Mädla umwerben. Sie wissen es nicht besser. Ein paar sind spindeldürr, andere schwammig-korpulent. Seit ein paar Jahren gibt es wieder genug zu essen, das schlägt sich nieder. Einen Wohlstandsbauch nennt man das. Ich will keinen von denen, mag mich von ihren klebrigen Händen nicht anfassen lassen. Zuckerwatte, rosa und weiß, gebrannte Mandeln und scharfer Männergeruch. Feuchtes Sägemehl klumpt unter meinen Schuhsohlen. Ich registriere die beklemmenden Ausdünstungen von Furcht und Hoffnung, Sehnsucht und Vergessenwollen. Um meine Tanzpause zu rechtfertigen, ziehe ich zwei Haarnadeln aus meinem hellbraun-goldenen Flechtkrönchen, stecke sie zwischen die Lippen und befestige umständlich meine halb aufgelösten Zöpfe, die Augen zu Boden gesenkt.

Lang ist es nicht her, da hab ich mir auf mein arisches Aussehen etwas eingebildet. Stolz und herb musste ein deutsches Mädel sein, kein blasses Käthchen oder gar ein alberner Backfisch. Sehnsüchtig hab ich von einem Ehemann aus der SS geträumt, von einem bewundernswerten deutschen Herrenmenschen, um mit ihm eine Familie zu gründen, eine fruchtbare Sippengemeinschaft. Aus der Traum.

Unser ganzes Volk müssen wir erziehen, dass immer, wenn irgendwo einer bestimmt ist zu befehlen, die anderen ihre Bestimmung erkennen, ihm zu gehorchen, weil schon in der nächsten Stunde vielleicht sie selbst befehlen müssen und es genauso nur dann können, wenn andere wieder Gehorsam leisten. Nie wollen wir vergessen, dass

Freundschaft nur der Starke verdient und der Starke gewährt. Und so wollen wir uns denn stark machen, das ist unsere Losung.

Adolf Hitler im »Jahr der Ertüchtigung«, 1935

Die Mutter beugte sich nieder zum Ofen und zog das Blech zum Auskühlen hervor. Ich spürte, dass sie dem Bedürfnis, die Arme fest um ihre Jüngste zu schlingen, sie zu herzen und zu küssen, kaum widerstehen konnte. Doch man hatte uns allen beigebracht, derartige Regungen zu unterdrücken. Wahrscheinlich hätte sie gern meine damals noch samtigen Wangen wieder einmal unter ihren Lippen gespürt, ihr eigenes Gesicht in meinem weichen Haar vergraben. Aber ich war nie ein Schmusekind gewesen. Außerdem roch ich nach der langen Reise. Ja, ich stank wie ein Tier. Es war kaum zum Aushalten. Ich brauchte dringend ein Bad, aber bei all der Arbeit, die so kurz vor Weihnachten im Haushalt zu erledigen war, würde ich es mir selber richten müssen.

Mit ihren einundfünfzig Jahren war die Mutter nach außen hart geworden. Aber anders hart als ich heute. Sie hatte doch letztlich viel mehr Kummer gehabt als ich, und es war weder ihr natürliches Bedürfnis noch ihre Entscheidung gewesen, sich zu verschließen. Sie entsprach aber den Anforderungen ihrer Zeit. Ich tat es damals auch, war mir dessen aber in keiner Weise bewusst. Angesichts Millionen gefallener Männer hatte sich der Führer alles Jammern und Trauern verbeten. Wenn die Mutter um ihren dritten Sohn, den Karli, weinen musste, verkroch sie sich in der Milchkammer hinter dem Stall. Ich wusste das, aber ich kam nie auf den Gedanken zu fragen, wie es ihr ging. Hitler hatte uns Deutsche angewiesen, in allen Lebenslagen Tapferkeit zu beweisen, sich keinesfalls gehenzulassen. Diese Ansicht teilte ich als seine glühende Verehrerin, ohne zu überlegen. Ihr fiel das nicht so leicht. Aber sie gab sich Mühe und zwang sich zur Heiterkeit. War sie allein, brannte ihr das Ungeweinte in den Augen, ich sah es wohl und achtete nicht darauf. Aber an diesem Morgen durfte sie sich freuen. Ihr Kind war wieder daheim. Wie weit fort ihre Burgl gewesen war, das konnte sie sich allerdings gar nicht vorstellen.

Von Günzburg nach Augsburg sind es etwa sechzig Kilometer. Meine Mutter Gundelinde Eichner hat vier Mal in ihrem Leben die Fahrt in die große Stadt gemacht. Davon erzählte sie gern. Einmal hatte sie dort in Begleitung ihres Zukünftigen kurz nach dem ersten Krieg die Verlobungsringe in Auftrag gegeben. Bei einem Goldschmied an einer breiten Straße, gesäumt von vielstöckigen Bürgerhäusern mit herrlichen Stufengiebeln. In Günzburg gab es damals kein Gold mehr, es war längst gegen Eisen getauscht. Die meisten Leute zeigten als stolze Patrioten ihre billigen Trauringe, Broschen und anderen eisernen Schmuck, der von der Regierung ausgegeben worden war. Der Augsburger Juwelier hatte sich bemüht, Altgold aufzutreiben, das er sich teuer bezahlen ließ. Gundis Bräutigam, der Eichner-Alois, hatte nun einmal auf einem ordentlichen Ring bestanden, selbst wenn man damit unangenehm auffiel und monatelang warten und darauf sparen musste. »Als Entschädigung«, sagte er treuherzig, für seinen Beinstumpf. Die junge Braut trug zur Kirche nur ein dunkelblaues Kleid mit weißem Schleier, dazu einen Strauß von Kornblumen und Wiesenmargeriten. Sie war sich mit ihrem Schatz einig gewesen, dass ein weißes Brautkleid eine ganz überflüssige Ausgabe sei. Seine Prothese besaß ihr Alois damals noch nicht, die gab es für ihn erst Ende der Dreißigerjahre, denn Hitler mochte keine Einbeinigen in Uniform sehen. Zum Altar war er deshalb nur auf Unterarmkrücken gehüpft.

Mädchen in Gundis Altersgruppe waren heilfroh, überhaupt einen abzubekommen. Junge deutsche Männer waren 1918 selten geworden. Die meisten waren gefallen, andere erblindet oder von Giftgas nervengeschädigt. Sie zuckten und zitterten, manche warfen Kopf oder Arme von rechts nach links, den ganzen langen Tag. Nachts schrien sie, dass es Gott erbarmte, litten entsetzliche Traumängste oder Schmerzen an Gliedmaßen, die nicht mehr da waren. Viele wurden bald morphiumsüchtig, um ertragen zu können, dass sie noch lebten. Mit vierundzwanzig konnte Gundi ganz zufrieden sein mit ihrem Verehrer und sagte Ja. Denn er war einigermaßen gesund, trank nicht, spielte nicht, konnte arbeiten und trotz der Amputation Kinder zeugen. Er schlug sie nie. Das hob Gundi ihren Söhnen gegenüber immer hervor. Offensichtlich war es etwas Besonderes.

»Mutterl, tätst' für dei Burgele de Blätzla mit de Haferflocke backe?«, bettelte ich in die warme Stille hinein und rieb mir meine müden Augen. Ich schämte mich für solche Kindlichkeit. Aber wie oft hatte ich Hunger auf etwas Süßes gehabt! Wo ich gewesen war, bekamen nur Ärzte und Lagerleitung manchmal Kuchen und andere gute Sachen. Und sie gaben davon gar nichts ab.

Man musste … vorsichtig sein, wenn man sich aus den Paketen an die Toten bediente. Die standen eigentlich nur den Herrenmenschen zu; für Häftlinge waren sie bei Todesstrafe verboten. … Einmal wurden wir Häftlinge aus der Paketstelle beim Verlassen des Arbeitsplatzes durchsucht, und bei sieben von uns Weißbrot, Butter und Zucker gefunden, die aus den Paketen der Toten stammten. Alle sieben wurden noch am gleichen Tag erschossen.

Witold Pilecki, *Freiwillig nach Auschwitz*[5]

»Herrje, hättst' doch geschrieben, mei Mäusle, dass du Urlaub bekommst! Dann hätt ich viel mehr Vorräte gehortet. Der Vater kann zwar dies und jenes organisieren, hat ja Einfluss, trotzdem ist's schwer, die einfachsten Zutaten zu bekommen. Haferflocken? Ich werd's ihm sagen, wenn er heimkommt. Ein kleines Blech voll für dich ganz allein, das werd ich schon noch schaffen. Damit dir das Weihnachtsgefühl aufkommt. Ich hab doch solche Angst um dich gehabt, und nun bin ich froh, so froh, dass du da bist, und noch ganz heil.«

Ich kauerte auf der Ofenbank, nahm den Zopf zwischen die Zähne, spuckte ihn aber sofort wieder aus. Er roch entsetzlich und schmeckte ekelhaft. Die Mutter wischte ihre Hände an der Schürze ab und goss kochendes Wasser auf den Ersatzkaffee aus Zichorie und geröstetem Getreide. Ich nahm das heiße Getränk dankbar entgegen. Es tat gut auf der Brust, gegen den Husten, der sich anbahnte.

»Nun erzähl doch endlich, Burgl!«, forderte sie mich zum dritten oder vierten Mal auf. »Die Nachbarn, die fragen ständig nach dir. Ein jeder will wissen, was du machst und wo du bist. Und ich sag immer: Ja, unsere Walburga, die ist Kinderschwester in Schlesien. Dann sind sie schwer beeindruckt, weil du noch so jung bist. Was für ein Glück, dass du schon letztes Jahr diese Ausbildung zur Braunen Schwester machen konntest. Wie war's denn nun?«

Von der weiten Welt wusste sie nicht mehr als das, was ihr Mann abends vom siegreichen Vorrücken oder Zurückweichen der Front berichtete. Aber wo Schlesien, Polen, Weißrussland oder Sizilien lagen, konnte sie trotz ratlosen Nachforschens im Schulatlas ihrer Kinder nicht wirklich erfassen. Sie hatte ja nie gelernt, eine Landkarte zu lesen.

Ich schwieg eisern. Zwar hatte ich ein gewisses Maß an Verständnis für ihre Fragen, und natürlich brannte auch ich darauf, alles zu erzählen. Aber das ging nun einmal nicht. Also musste ich reden und schweigen zugleich. In meiner wortkargen Familie hatte ich früh lernen müssen, von heiklen Themen abzulenken. Gefühlsstumme Eltern und schwere Pflichten hatten zur Folge, dass Nichtgesagtes und Unsagbares sich schon früh wie ein Mehltau auf meine kleinen Freuden und Ängste gelegt hatten und arglos-kindliche Regungen des Gemüts verdorren ließen. Genau das hatte sich im Osten allerdings bewährt. Denn Fragen durfte man dort auf keinen Fall stellen, und Gefühlsduselei war nicht gestattet.

Eine gewalttätige, herrische, unerschrockene, grausame
Jugend will ich. Jugend muss das alles sein.
Schmerzen muss sie ertragen.
Es darf nichts Schwaches und Zärtliches an ihr sein.

Adolf Hitler, Rede NSDAP-Parteitag 1937

Den Eltern hatte ich noch nicht einmal verraten, dass ich vorerst zu Hause bleiben würde. Das ganze Lager im Osten stand damals kurz vor der Auflösung. Deshalb hatte man mich heimgeschickt.

Endlich kamen mir ein paar Worte über die Lippen: »Ich war wohl die Einzige aus Günzburg. Das verdanke ich der Edda und der Tante Wally.« Edda war meine Scharführerin beim Bund Deutscher Mädel gewesen. Und Walburga Mengele, die Mutter des Doktors, Tante Wally genannt, war meine Taufpatin. Vinzenz, an die kannst du dich doch erinnern, oder? Eine Walküre, herrisch und herablassend, gegen die man keine Chance hatte. Der alte Mengele und alle seine Söhne kuschten vor ihr, sie hatte letztlich die Firma in der Hand und zog die Fäden. Der Doktor war ihr sklavisch ergeben, gehorchte wie ein Schoßhund, damit sie ihn von Zeit zu Zeit streichelte, und tatsächlich – er war ihr Liebling, der Besondere, Musische, Gebildete, ihr liebster Beppo.

Ich richtete mich von der Küchenbank auf und hörte den Stolz in meiner Stimme. »Alle im Lager haben mich gelobt!« Zurück in Denzingen war ich jetzt leider wieder niemand, nur eine siebzehnjährige Bauerntochter. Aber meine Leistungen als Braune Schwester würden sich bald herumsprechen; ich stand sozusagen unter dem Schutz der hoch angesehenen Fabrikantenfamilie, galt fast als Angehörige, obgleich die alte Frau Mengele noch viele andere Patenkinder hatte. Meine Brüder waren sämtlich nach Männern in der Mengele-Familie getauft: Ludwig, Alfons und Karl. Der Vater hatte schon vor dem ersten Krieg und auch nach seiner Heimkehr aus dem Feld in der großen Firma einen Posten gehabt.

Ich bemühte mich, munter weiterzuplappern in betont fröhlichem, gehärtetem »Wochenschau«-Tonfall, als hätte ich den Sachverhalt schon mehrmals formuliert, was übrigens auch wirklich der Fall war. Während der Bahnreise hatte ich es schon mehreren Leuten so erzählt. »Als der Herr Doktor plötzlich eine Säuglingsschwester auf seiner neuen Station brauchte, hat man gleich an mich gedacht, weil ich die kleinen Kindle so mag. Natürlich war ich dort überall die Jüngste, kannst dir vorstellen, Mutterl.«

Dann verstummte ich wieder wie eine Sprechpuppe, die neu aufgezogen werden musste. Mir war klar, dass die Mutter es gut meinte. Aber von diesem lästigen Nachbohren fühlte ich mich in die Enge getrieben. Ich wollte ja nicht lügen. Ich zog es vor, zu schweigen oder die Rede auf anderes zu lenken. Wahrhaftigkeit, das hatte man mir gepredigt seit der Kindheit, sei eine urdeutsche Tugend. Wahrhaftigkeit und Treue. Was war nun wichtiger, die Treue zu jenem Größeren, dem ich angehörte und diente, oder das Vertrauen innerhalb meiner engsten Familie? Was bedeutet überhaupt das Wort Wahrhaftigkeit, Vinzenz? Du wirst es besser wissen als ich. Damals meinte ich, die Antwort genau zu kennen. Was Edda oder der Herr Doktor dazu gesagt hätten, war sowieso klar wie Kloßbrühe. »Meine Ehre ist Treue«, das war der Wahlspruch der SS. Unser Führer musste uns jederzeit mehr bedeuten als Vater und Mutter.

Ich druckste herum, drehte meinen dunkelblonden Zopf verlegen um die Finger, biss wieder hinein, ekelte mich vor mir selber und verschränkte dann die Arme vor der Brust. Ich wechselte das Thema. Beiläufig erzählte ich dieses und jenes von den Reisegefährten, beschrieb die vielen Unterbrechungen, die Bombenangst, die langen Wartezeiten auf fremden Bahnhöfen, Hunger und Durst. Von den zwei Flaschenkindern in meinen Armen sagte ich kein Wort. Und dass meine innere Welt in Trümmern lag wie die Städte, durch die der Zug gefahren war, seitdem ich in den Begleitakten der Kinder geblättert hatte, behielt ich für mich. Seit damals. Immer.

Wen die Gedanken vom Walten der Götter erfüllen,
dem schwindet
Schweres Leid von der Seele,
Aber die heimliche Hoffnung
Heiliger Ordnung
Wankt mir, wenn ich die Leiden und Taten
der Menschen betrachte:
Alles im ewigen Wechsel!
Leben, in ewigem Wandel
Unstet getrieben.

Euripides, *Hippolytos-Chor*

An einem Mittwoch in der zweiten Dezemberwoche 1944 nahm Dr. Mengele mich beiseite. Das geschah nach der täglichen Visite in der Zwillingsstation, die nur eine Art flüchtiger Begehung war. Ich strich mir die weiße Schürze glatt und rückte mein Häubchen zurecht. Ich wusste ja, wie viel Wert der Doktor auf ein properes Erscheinungsbild legte. In seiner Abteilung war immer alles blitzblank, was man von den anderen Krankenbauten nicht sagen konnte. Das hatte ich nur gehört, gewesen war ich dort nie. Mein täglicher Weg führte immer nur von den Wohngebäuden des Personals zu Dr. Mengeles Station – in einem geschlossenen Kastenwagen, am Morgen hin, am Abend zurück. Auch das angrenzende Labor, für das er damals berühmt war und heute berüchtigt ist, hab ich nicht ein einziges Mal betreten, denn wie es sich gehörte, folgte ich gehorsam den strikten Anweisungen. Ich wusste zwar, dass ich in Auschwitz war, die Bezeichnung wurde im Gespräch durchaus verwendet, aber mir sagte dieser Ortsname damals gar nichts. Ich hätte genauso gut in Wanne-Eickel gewesen sein können. Jahre nach dem Krieg, und im Grunde erst mit den Auschwitz-Prozessen, erlangte der Name Auschwitz seine grauenvolle, symbolträchtige Bedeutung. Für mich wie für die meisten anderen Deutschen.

»Horch einmal, Nesthäkchen«, sagte er mit gedämpfter Stimme. Wie gewöhnlich blickte er mir dabei nicht in die Augen. So schien auch dieses besondere Gespräch wie beiläufig zu sein, so als wollte er mir etwas ganz Unwichtiges oder vollkommen

Nebensächliches mitteilen. Ich hatte es übrigens niemals erlebt, dass er seinen Gesprächspartner anschaute. Wenn er redete oder Befehle gab, sah er träumerisch in die Ferne, irgendwie »nebenbei«. Direkte Blicke gab es nie. Er vermied auch sonst den unmittelbaren Kontakt mit Menschen, ganz gleich wer es war, Kollege, Jude, Zigeuner oder Krankenpfleger. Er schüttelte niemandem die Hand, außer es war unvermeidbar. Er strafte nicht selbst, bis auf Ausnahmefälle, sondern ließ es erledigen. So hütete er sich auch über Jahre hinweg, als Arzt irgendjemanden anzufassen oder gar die Häftlinge körperlich zu untersuchen. Operationen ausgenommen. Wohl deshalb trug er immer Handschuhe, den ganzen Tag, nicht selten sogar weiße, die seine Hauswirtschafterin penibel waschen und glätten ließ. Unter uns Schwestern hieß es scherzhaft: »Der Mengele, der hat panische Bazillenangst.«

Er war auch der Einzige, der unentwegt aussah wie aus dem Ei gepellt, die Uniform tadellos maßgeschneidert, die Hemden frisch gebügelt, die Stiefel auf Hochglanz gewichst. Ich bewunderte ihn aus tiefstem Herzen. Es war eine Jungmädchenschwärmerei, das weiß ich heute, Vinzenz, aber damals erglühte ich jedes Mal, wenn er den Raum betrat. Wenn er geruhte, das Wort an mich zu richten, erbebte ich vor Ehrfurcht und Wonne und wünschte mir nichts sehnlicher, als von ihm als ein weibliches Wesen zur Kenntnis genommen zu werden. Mehr wagte ich nicht zu denken und zu hoffen, denn schließlich war er nicht mehr frei, hatte schon ein Kind und war außerdem der Sohn meiner Patentante. Er stand so weit über mir wie ein kaiserlicher Prinz, und ich war nichts als ein Aschenputtel. Natürlich verbarg ich meine Heldenverehrung so gut wie möglich, doch ich bin heute sicher, er wusste davon und genoss sie auf seine Art. Ich war wohl wirklich verknallt in ihn, wie man eben als junges

Ding zu empfinden pflegt. Mein siebzehnter Geburtstag lag gerade hinter mir.

Heute wundere ich mich ein bisschen, denn Dr. Mengele, der Beppo aus Günzburg, Sohn meiner Patentante Wally, wirkte zwar außerordentlich appetitlich, wie ein Gentleman, doch er entsprach keineswegs dem nationalsozialistischen Schönheitsideal. Weder war er blond noch war er blauäugig. Ja, nicht einmal hochgewachsen, sondern von eher zierlicher Statur, ein oder zwei Zentimeter kleiner als ich sogar, wenn ich ehrlich bin. Mein eigenes Äußeres hingegen entsprach in allen Kriterien der arischen Rasse, und ich durfte mir Hoffnungen auf eine gute Partie machen. Ich war groß und schlank, hatte eine helle Haut, einen gut geformten Kopf, graublaue Augen und dazu Zöpfe, die zwar nicht nordisch blond waren, aber immerhin als dunkelblond galten. Wie alle Mädchen meiner Generation spülte ich sie möglichst oft mit Kamillentee, um sie aufzuhellen.

Er sprach so leise, dass ich mich anstrengen musste, seine Worte zu verstehen: »Horch einmal, Burgl, diese ganze Abteilung und meine schöne Säuglingsstation werden in Kürze aufgelöst. Das wurde heute bei der Besprechung bekannt. Deshalb werde ich wohl auch bald versetzt werden. Andernorts arbeite ich sicherlich nicht mit Zwillingen oder Kleinkindern, ewig schad! Und dich kann ich unmöglich mitnehmen, Burgl, obgleich du hier treue und gute Dienste geleistet hast und ich dich vielleicht für eine Auszeichnung vorschlagen werde. So leid's mir tut! Bei dir hatte ich immer so eine Art Heimatgefühl, woisch, und wir sind ja auch fast wie verwandt, weil doch mei Mama deine Gottin ist.«

Mengele tötete Zwillinge mit Chloroform-Spritzen, entnahm lebenden Körpern Organe, verpflanzte Knochenmark, nähte Zwillinge am Rücken aneinander. Gleichwohl war dieser junge Mann kein mörderischer Sadist, der am Schmerz seiner Opfer Freude empfand. Mengele war eher ein kühler Zyniker, den die Leiden seiner »Meerschweinchen« [so nannte er die Zwillingskinder] nicht sonderlich interessierten. Nach seinem Selbstverständnis war er nicht als Mörder in Auschwitz, sondern als Forscher. … Als die Rote Armee im Januar 1945 das Lager Auschwitz befreite, hatten von Mengeles 3000 Zwillingen 180 überlebt.

Guido Knopp, *Hitlers Helfer*[6]

Natürlich konnte keine Rede davon sein, meinem freundlichen Vorgesetzten zu widersprechen, wenn es doch für ihn bereits beschlossene Sache war, ganz von oben auf Befehl von SS-Standortarzt Wirths. Doch die Kleinen, meine süßen Kleinen zu verlassen war mir schon sehr arg. Ich spürte, wie der Trennungsschmerz mir wie ein scharfer Dolch durchs Herz fuhr. Tränen schossen mir in die Augen, und ich musste mehrmals schlucken. Es war ja so, dass ich es nicht gewöhnt war, von meiner Familie körperliche Nähe zu erfahren. Überhaupt Nähe! Das Wort kannte ich nicht einmal. Wie war es wohl bei dir, Vinzenz? Wie waren deine Eltern? Haben sie dich geherzt, als du klein warst? Ich kann mich gar nicht erinnern, ob du überhaupt Geschwister hattest. Jedenfalls bist du deinen Eltern zuliebe aufs Priesterseminar gegangen, vielleicht gegen deine Neigung. Drum hast du sie wahrscheinlich gerngehabt.

Ich jedenfalls war von zu Hause keine Zärtlichkeit gewöhnt.

Ich vermisste sie auch nicht. Aber irgendwie, denke ich heute, war es wohl doch anders, als ich meinte. Denn damals auf der Zwillingsstation nahm ich mir davon so viel, wie es eben ging. Mit den Säuglingen war es gar nicht anders möglich, und daher hab ich dort, um mein Heimweh nach Günzburg und der Mutter zu beruhigen, so oft ich wollte oder es brauchte, einen greinenden oder lächelnden Winzling auf den Arm genommen, seinen Geruch nach Milch und Puder in der Nase gehabt, kleine Tränen getrocknet und so manches Küsschen auf Wange oder Pobacke gedrückt. Das war für mich ein ganz neuartiges und herzwärmendes Erlebnis. All dies würde mir fehlen, sehr fehlen, das wusste ich sofort. Einen Verlobten hatte ich unter den vielen feschen jungen SS-Leuten auch nicht gefunden, wie ich es still erwartet hatte, weil ich nicht nur für den Doktor, sondern auch noch für diesen oder jenen anderen Uniformträger zu schwärmen wusste.

Traurig blickte ich zu Boden und verschränkte fest meine vom vielen Waschen und Baden der Kinder geröteten Finger.

»Ja, Burgl, ich hätt dich wirklich gern weiter dabei, ehrlich, doch das geht nun einmal nicht«, fuhr der Herr Doktor fort, dem mein Gefühlstumult durchaus nicht entgangen war. »Du musst also heim nach Günzburg, und zwar ganz bald, schon übermorgen. Pack dei Sach. Die Reise wird lang, nimm auch Proviant mit, hörst! Lass dich aus der Kommandantenküche versorgen, ich sag dort Bescheid.«

»Aber was wird aus die Kindle? Wer soll's übernehmen, das Baden und Füttern, die Wundpflege und das Windeln? Die müssen doch versorgt werden, die armen Kleinen«, wagte ich als pflichtbewusste Krankenschwester noch einzuwenden. »Könnt ich nicht trotzdem hierbleiben, auch wenn Sie wegmüssen, lieber Herr Doktor? Bitte, bitte!«

»Das mit den Meerschweinchen, das lass mal meine Sorge sein, ich kümmere mich schon darum«, entgegnete Dr. Mengele. Und ich meinte zu verspüren, dass auch ihm der Abschied von seiner Abteilung, vom Labor, dem Operations- und Seziersaal, eben von seiner ganzen famosen Zwillingsforschung und Genetik alles andere als leichtfiel. Wie oft hatte der Herr Doktor gerühmt, dass er nirgends auf der Welt so günstige Bedingungen für seine Untersuchungen hätte vorfinden können wie hier in Birkenau. Waren doch wöchentlich umfangreiche Sendungen nach Berlin ans Kaiser-Wilhelm-Institut für Anthropologie abgegangen, die das neueste Untersuchungsmaterial enthielten, alles in Formalin oder Schraubgläsern mit Alkohol. Gewebe, Skelette und weiß Gott was noch. Ich wusste es nur vom Hörensagen, denn das Labor zu betreten war mir ja untersagt. Einmal hatte der Häftlingsschreiber, der die Pakete fertig machte, etwas von einer Augensammlung und von abgetrennten Kinderköpfen angedeutet. Doch ich konnte bei solch makabren Scherzen nur grinsen. Ich rief »Iiiiihh, jetzt hör aber auf!«, lachte mit einer Mischung aus Fröhlichkeit und Empörung und war mir sicher, dass auch jeder andere so reagiert hätte.

Hin und wieder war ich abkommandiert worden, die Pakete im Sanka mit dem großen roten Kreuz auf dem Dach bis zur Poststelle zu begleiten, damit bloß nichts verloren ging. Meine Arbeit im Lager war doch insgesamt recht abwechslungsreich gewesen und nicht so schwer wie das ewige Heuen und Melken und Backen und Kochen und Saubermachen daheim. Auch das war ein Grund, warum mich die Rückkehr nach Denzingen nicht besonders reizte. Ach Vinzenz, lach mich nicht aus, ich war einfach ein naives Ding.

Glaube nichts, nur weil du es gehört hast. Glaube nicht einfach an Traditionen, weil sie von Generationen akzeptiert wurden. Glaube an nichts, nur aufgrund der Verbreitung durch Gerüchte. Glaube nie etwas, nur weil es in heiligen Schriften steht. Glaube an nichts nur wegen der Autorität der Lehrer oder älterer Menschen. Aber wenn du selber erkennst, dass etwas heilsam ist und dass es dem Einzelnen und allen zugutekommt und förderlich ist, dann magst du es annehmen und stets danach leben.

Buddha Shakyamuni, *Kalama Sutra Anguttara-Nikaya*

Einer meiner Schützlinge begann in diesem Augenblick zu schreien. Es war ein blondes Mädchen mit dunkelblauen Kulleraugen, etwa neun Monate alt. Es lag mit seiner Zwillingsschwester in einem mit Mull ausgelegten Bettchen. Mengele warf einen irritierten Blick hinüber. Er war ja ein nervöser Mensch. Ich beeilte mich, das Kind hochzunehmen, was eigentlich gegen die Erziehungsrichtlinien verstieß, die Johanna Haarer in ihrem Buch festgelegt hatte, das – wie ich heute weiß – in Millionenauflage gedruckt wurde. Es hieß *Die deutsche Mutter und ihr erstes Kind* und verbat sich jede Verhätschelung und Verzärtelung, um den ersehnten arisch-deutschen Nachwuchs nicht zu verwöhnen. Diese Regeln hatten auch wir zu befolgen, aber ich tat es nicht immer, das gebe ich zu. Sobald ich den Säugling auf den Arm genommen und einige begütigende Laute zur Beruhigung geäußert hatte, indem ich ihn schaukelte, zeigte das kleine Mädchen ein erfreutes zahnloses Lächeln und wurde still. »Diese zwei hier sind mir die liebsten«, vertraute ich meinem Vorgesetzten an und deutete mit dem Kopf auf das Bettchen, in dem das andere Zwillingskind lag und nun ebenfalls lächelte.

Wegen der gemeinsamen Günzburger Heimat fühlte ich dem Dr. Mengele gegenüber eine gewisse Zutraulichkeit, die ich bei anderen Ärzten nicht empfand, auch wenn alle noch so reizend mit mir, der jungen NS-Schwester, waren.

Dank der strengen Geheimhaltung, der die Experimente unterlagen, konnte Mengele sehr effektiv arbeiten. Diejenigen Zwillinge, an denen er seine perversesten Versuche durchführte, nahmen seine Geheimnisse mit ins Grab. … Niemand in Auschwitz – weder die Häftlinge noch die SS-Aufseher, ja nicht einmal die anderen Ärzte – wusste genau, was Mengele mit seinen Zwillingen tat, solange sie lebten und nachdem sie gestorben waren. In den Zwillingsbaracken wirkte er entspannter. … Nur mit diesen kleinen Kindern konnte er lachen und scherzen. Bei ihnen war er der Beppo, als den ihn seine Freunde und Angehörigen in Günzburg gekannt hatten – der liebe, reizende, bezaubernde Beppo. Besonders hing Mengele an den allerjüngsten Zwillingen, die noch nicht einmal richtig sprechen und laufen konnten und völlig von ihm abhängig waren.

Lagnado/Dekel, *Die Zwillinge des Dr. Mengele*[7]

»Ich habe da eine Idee!«, rief der Doktor. »Lass mich mal nachdenken.« Er legte den Kopf schief und schloss die Augen. Einen Augenblick lang war es ganz still, ich wagte kaum zu atmen, und auch die Kinder machten ausnahmsweise einmal keinen Mucks. Er stieß einen merkwürdigen Seufzer aus, schlug die Augen auf, richtete sie auf die gegenüberliegende Wand und sagte: »Nesthäkchen, warum nimmst du diese beiden dort nicht mit nach Günzburg? Sind ja arische Kinder, rassisch unbelastet, alle Papiere einwandfrei. Könntest sie dann bei der Bahnhofsmission oder bei der dortigen Vermittlungsstelle für Kriegswaisen abgeben, und ich schreibe meinen lieben Eltern einen Brief. Sollen für eine Adoption bei einer zuverlässigen, erbgesunden SS-Herrenmenschen-Familie sorgen. Kennen gewiss die Richtigen. Ich gebe dir auch noch ein hochoffizielles Schreiben mit, dass die Zwillinge aus dem Lebensborn-Heim Hochland in Steinhöring bei München-Ebersberg stammen, dann gibt's bei der Adoption überhaupt keine Probleme. Sind ja immer hoch erwünscht bei Eheleuten, die nicht genug eigene Kinder bekommen können. Der Leiter dort, Dr. Ebner Gregor, ist ein guter Bekannter von mir, der macht das Spiel schon mit. Du darfst nur nix verraten, Burgl! Totale Verschwiegenheit! Kein Wort, hörst? Na, was sagst denn du dazu?«

Ich errötete vor Freude und legte mir beide Hände auf die Ohren, als wagte ich nicht zu glauben, was ich da hörte. »Das wär ja ganz wunderbar, lieber Herr Doktor! Ich dank Ihnen vieltausend Mal und von ganzem Herzen. So hätt ich doch wenigstens eine schöne Erinnerung an meine Zeit hier mit Ihnen. Und wenn die Kleinen es gut haben, bin ich's auch zufrieden. Ich kann sie ja dann mal besuchen oder wenigsten von Weitem sehen. Also, wenn das geht, wenn das wirklich geht, dann machen Sie mich glücklich.« Ich knickste, rot vor Seligkeit, als hätte er mir einen Heiratsantrag gemacht.

Dann kamen mir trotz aller Begeisterung eine Reihe praktischer Bedenken. Schließlich war ich Krankenschwester, trug Verantwortung, war nicht irgendein dummes kleines Huhn: »Aber für die zwei brauche ich viel mehr Gepäck, Windeln und Milch und so weiter. Lieber Herr Dr. Mengele, Herr Hauptsturmführer, wie soll ich das alles tragen?«

»Da lässt du dir von den Soldaten im Zug helfen, das sind doch alles Kavaliere.«

»Und ich müsste im Offiziersabteil reisen, ob das überhaupt erlaubt ist? Sonst werden die Zwillinge mir auf der langen Reise noch krank. Es ist ja eisig kalt, und dann wär alles umsonst, die ganze Mühe, nicht wahr?«

»Keine Sorge, Nesthäkchen, wird alles geregelt. Hab beim Kommandanten noch was gut, der schätzt ja meine Arbeit enorm. Hat mir gerade das Kriegsverdienstkreuz 2. Klasse mit Schwertern verliehen.«

Damit drehte er sich um, räusperte sich, hängte den weißen Kittel, den er lässig über der Uniform trug, an den Haken und verließ die Station erhobenen Hauptes durch eine nur von außen zu öffnende Tür.

Ich herzte das Kind auf meinem Arm noch einmal ganz besonders zärtlich, legte es ins Bettchen, nahm dann das andere hoch, schaukelte es, bis es vor Vergnügen gluckste, küsste es mit einem kräftigen Schmatzer und sagte laut: «Und weißt du was? Wenn wir erst unterwegs sind, dann geb ich euch beiden auch endlich mal ordentliche Namen. Ist ja furchtbar, richtig gottlos, dass ihr nicht getauft seid und nur Nummern habt, so süße, liebe Kindle. Da werd ich mir schon was Schönes ausdenken für euch, versprochen! Ich fang schon mal an mit Nachdenken, und auf der Reise hab ich ja auch noch viel Zeit.«

Dann musste ich mich um ein etwas älteres Zwillingspärchen kümmern. Die Kinder brüllten herzerweichend. Doktor Mengele hatte die kaum mehr als ein Jahr alten Buben irgendeiner Augenoperation unterzogen. Jedenfalls waren die Köpfchen so mit weißen Mullbinden umwickelt, dass sie ausschauten wie winzige kriegsblinde Soldaten. Gewiss litten sie Schmerzen; die bleichen Gesichtchen waren völlig verzerrt. Ich hatte aber keine starken Mittel. Sie zahnten auch schon seit Tagen und schrien häufig.

Ich stopfte den kleinen Wesen Schnuller in die weitgeöffneten Mäulchen und versprach ihnen, dass das Fläschchen bald fällig sei. Ich wollte nur hoffen, dass die beiden bald wieder sehen würden. Aber Dr. Mengele war ja ein erfahrener Arzt, er würde schon die richtige Therapie anwenden. Darauf konnte man sich verlassen. In meiner Naivität verließ mich auf seine Kompetenz wie auf den Lauf der Gestirne.

Jeden Sonntag gab es Konzerte auf freiem Gelände. Sie wurden für uns zum größten Erlebnis, wir warteten die ganze Woche darauf. Inmitten des Konzerts kam es manchmal vor, dass eine SS-Aufseherin sich laut zu unterhalten begann, fluchte oder kicherte. Alma hörte plötzlich zu spielen oder zu dirigieren auf und ging fort. Das war mehr oder weniger Sabotage. Alma begriff das nicht, sie seufzte kurz auf und bemerkte: »So kann ich nicht spielen.«

Margita Schwalbová, »Alma Rosé in Auschwitz«[8]

Meine Zwillingsstation würde aufgelöst! Die Plötzlichkeit der Mitteilung setzte mir zu. Natürlich ließ ich mir nichts anmerken. Aber erst wenige Tage zuvor war mir klar geworden, wie wohl ich mich in Auschwitz fühlte, seitdem ich mich dort eingelebt hatte. All die netten Kollegen, das schöne Zimmer, das ich mit nur zwei anderen jungen Frauen teilen musste. Und die vielen Gespräche an den Kameradschaftsabenden, das fröhliche Gemeinschaftssingen, die interessanten Schulungen über die neue Weltanschauung und die Rassenlehre, die Filme jeweils am

Donnerstag. Sogar einen dreitägigen Ausflug ins SS-Erholungsheim hatte ich bald nach meiner Ankunft mitmachen dürfen. Da wurden Blaubeeren gesammelt; wir badeten im See und lachten immerzu. Abends hockten wir alle ums Lagerfeuer. Ich hatte mir einen Badeanzug ausleihen müssen. Einer der jungen Offiziere hatte Fotos gemacht, das war der Höcker-Karl gewesen. Zwei Wochen später schenkte er mir einen Abzug, wo die ganze fröhliche Mannschaft drauf war. Das Foto hab ich heute noch, ich werde es meinem Lebensbericht beilegen. Jetzt ist es noch unter dem Schlafzimmerschrank versteckt, zusammen mit dem Dokument.

Neben den attraktiven Momenten [in der Hitlerjugend] gab es eine Vergewaltigung des jungen Menschen, der nicht zum selbstständigen Denken erzogen wurde, sondern eben zu einem Gehorsam, der keine Orientierungspunkte für die eigene Beurteilung mehr kannte.

Hans-Jochen Vogel, Jahrgang 1926[9]

»Das blöde Denzingen!«, dachte ich, als ich hörte, dass ich wieder heim müsste. Hier in Auschwitz genoss ich den Respekt der Verantwortlichkeit, etwas ganz Außergewöhnliches für eine so junge NS-Schwester. Alle waren furchtbar lieb zu mir, wo ich doch die Allerjüngste vom gesamten Personal war. Und die Entfernung vom Doktor, die würde auch wehtun, mein schüchternes Mädchenherz schlug an manchen Tagen nur für ihn. Aber ich wusste ja, bei Tante Wally würde ich ihn zum nächsten Urlaub in Günzburg wiedersehen. Damit tröstete ich mich, auch wenn ich meine Gottin nicht ausstehen konnte.

Eine etwas ältere Braune Schwester, die Maria Stromberger,

arbeitete bereits seit 1942 im SS-Revier und konnte viel erzählen. Mit ihr freundete ich mich in den ersten Tagen ein wenig an; solch eine mütterliche Gefährtin tat mir wohl. Doch bald darauf war sie verschwunden, ohne ein Wort des Abschieds. Man munkelte, die Maria sei morphiumsüchtig, man habe sie in eine Entzugsanstalt eingewiesen. Mehr wusste man nicht, schade! So eine Nette! Ich vermisste sie. Doch die anderen Kolleginnen waren auch schwer in Ordnung.

Das Leben im Lager war doch mal ganz was anderes als das langweilige Dasein in Günzburg. Du musst wissen, Vinzenz, für die Mädchen war es damals nicht so leicht wie heute. Man hatte allgemein noch sehr altmodische Ideen von der Rolle einer Frau in Familie und Gesellschaft. Aber ich war schon durch den BDM und die Ausbildung zur Braunen Schwester früh mit neuartigen, wenn auch noch unklaren Vorstellungen von weiblicher Selbstständigkeit in Berührung gekommen. Wie meine Kolleginnen war ich erfüllt von einem starken Wunsch nach Gleichwertigkeit mit dem männlichen Geschlecht, eine Gleichstellung, die viel mehr bedeutete als die Überwindung einer kleinen Rivalität mit den älteren Brüdern. Meiner Mutter wär ein solcher Wunsch noch völlig fremd gewesen, und sie billigte ihn auch später nicht, dieses Zeichen einer neuen Zeit. Eine junge Frau wie ich war daher heilfroh, als BDM-Mädel von zu Hause wegzukommen, um in sozialer Tätigkeit meine Selbstständigkeit ausprobieren zu können. Gleichwertig sein, das bedeutete, an der Front seinen Mann zu stehen. Ich träumte davon, in Zukunft in einem Feldlazarett Dienst zu tun, irgendwo im Ausland: Frankreich, England, Italien. Die Siege des Führers würden mir die Welt öffnen.

Du irrst, wenn du den Mienen derer traust, die dir gegenübertreten: Von Menschen haben sie die Truggestalt, die Wesensart von Raubtieren, mit dem einzigen Unterschied, dass bei diesen das Verderben nur beim ersten Angriff droht. … Einzig die Not ist es ja, die diese Tiere zum Reißen und Töten treibt; durch den Hunger oder durch die Furcht sehen sie sich zum Kampf gezwungen. Einen Menschen befriedigt es, einen Menschen zu verderben.

Seneca, *Briefe an Lucilius*

Zwei Tage nach meinem letzten Gespräch mit Dr. Mengele wurde ich morgens um halb fünf mit den beiden Kleinen auf dem Arm in einen halbwegs sauberen Waggon verfrachtet. Es herrschten einige Grade unter null. Ein freundlicher Wachmann in SS-Uniform band seinen Schäferhund an einen Laternenpfahl und hob mein Gepäck hinauf, das außer den Kindersachen und meinen eigenen Habseligkeiten auch zwei Wolldecken und ein großes, weiches Kissen enthielt, mehrere Laibe Kommissbrot, drei Liter Milch, zwei lange Dauerwürste, einen Trinkbecher, eine Thermoskanne mit heißer Erbsensuppe und zwei Flaschen Wasser. Kalte Pellkartoffeln waren auch dabei. Mehrere Schwestern aus anderen Abteilungen und auch meine Zimmergenossinnen waren zum Abschied an den Zug gekommen. Der Wachmann musste den Hund festhalten, der mir am liebsten hinterhergesprungen wäre. Auch Zvi, den wir Zwillingsvater nannten, winkte mir trotz nachtschlafender Stunde von Weitem zu. Im Licht eines Scheinwerfers erkannte ich seine klapperdürre Gestalt. Ich wunderte mich nicht, dass er bereits wach war, denn er musste die Kinder, die er betreute, zum Morgenappell ja schon in aller Herrgottsfrühe versammeln, sie zählen und kontrollieren, ob auch jeder Zwilling Schuhe und Mütze trug. Ich hatte ihn liebgewonnen, obwohl er ein jüdischer Häftling war. Geradezu wider Willen musste ich mir eingestehen, dass dieser Zvi Spiegel trotz seines unreinen Bluts ein freundlicher, guter Mensch war, der sich mit Leib und Seele seinen älteren männlichen Zwillingen widmete. Am Ende, das hab ich später erfahren, hat Zvi sogar viele von seinen Schützlingen gerettet.

Wenn man die Zwillinge von ihren Eltern getrennt hatte, führte man sie durch das Lager. Unterwegs mussten sie die grausigsten Dinge mitansehen. Überall Berge von Leichen… Überall stank es nach Verwesung; der Fäulnisgeruch, der durch die Hitze noch verstärkt wurde, nahm einem buchstäblich die Luft. … Die Kinder klammerten sich an ihre Zwillingsgeschwister, die letzten Bindeglieder zu ihren verlorenen Familien. … Sie schrien vor Schmerz, wenn ihnen die Häftlingsnummern ins Fleisch gebrannt wurden. Doch im Unterschied zu den anderen Gefangenen, denen die Köpfe kahlgeschoren wurden und die Häftlingskleidung tragen mussten, durften die Zwillinge ihre eigene Kleidung und ihre langen Haare behalten. So waren sie jederzeit als »Mengeles Kinder« zu erkennen.

Lagnado/Dekel, *Die Zwillinge des Dr. Mengele*[10]

Auch Dr. Mengele schien den Zvi Spiegel zu schätzen und scherzte oft mit ihm, wenn man Kinderleichen in den Sezierraum karrte. Oder vor den Eingriffen und Spritzen. Er lachte dann gern über Zvis sympathischen ungarischen Akzent. Für sich selbst war der Doktor bemüht, seinen schwäbelnden Dialekt in ein etwas gebildeter klingendes Deutsch zu verwandeln.

Unter vielen Hunderten junger Zwillinge war Zvi die Ausnahme, denn er zählte schon fast dreißig Jahre. Wenn er Meldung machte, hielt er sich trotz seines vom Hunger gekrümmten Rückens stets vorbildlich gerade, er hatte nämlich als Offizier in der Armee gedient. Das gefiel dem Doktor. Er lobte den jungen Mann für seine »tadellose Haltung«. Zvis Zwillingsschwester Magda war für das Putzen im Haus der Mengeles zuständig. Eine fleißige, aber völlig verdruckste Frau, die ihren siebenjährigen Sohn betrauerte. Mehr wusste ich nicht. Geredet hab ich nie mit ihr, das tat man nicht, es war sogar verboten. Der Putzdienst beim Doktor bewahrte sie auch nicht, wie ich erst lange nach dem Krieg erfuhr, vor gewissen Experimenten mit Blutentnahmen und Transfusionen, die ich seinerzeit nicht verstand. Aber ich traute mich nicht zu fragen, warum das nötig war. Nie hätte ich als kleine Braune Schwester gewagt, die Anordnungen des allwissenden Arztes zu beurteilen. Beide Spiegels hatten immerhin, obwohl jüdische Häftlinge, eine Art Sonderstatus und konnten sich nahezu frei auf dem Lagergelände bewegen. Vielleicht weil sie aus Ungarn stammten.

Ich bedauerte damals sehr, dass nur die männlichen Zwillinge einen solch väterlichen Betreuer wie Zvi hatten. Die kleinen Mädchenpaare, die aus dem Säuglingsalter heraus waren, blieben nämlich sich selbst überlassen, und hätten nicht die Zehnjährigen sich um die Kleinkinder gekümmert, wären sie vollständig verwahrlost. Keine erwachsene Frau brachte ihnen etwas bei, spielte mit ihnen oder erzählte Geschichten, wie Zvi es bei den Knaben tat. Manchmal erhielt eine jüdische Gefangene oder eine Zigeunerin die Erlaubnis, sich ein paar Stunden lang um ihre kleinen Zwillingsmädchen zu kümmern, solange sie am Leben waren. Doch als Lehrerinnen waren diese verzweifelten, ausgemergelten Gestalten nicht gut einzusetzen, das leuchtete mir ein. Meist sprachen sie nicht einmal Deutsch. In den zwei Tagen seit meiner Entlassung aus der Säuglingsstation hatte ich mir manches Mal überlegt, ob ich nicht um Erlaubnis bitten sollte, diese pädagogische Aufgabe bei den Zwillingsmädchen zu übernehmen.

Und dann gab es noch einen Bereich, den kein Zwilling je gesehen hat: Dr. Mengeles Sektionsraum, der aus Gründen der Bequemlichkeit unmittelbar neben dem Krematorium lag. Dort sezierte sein Assistent, der ungarische Häftling Dr. Miklos Nyiszli, still und unauffällig die Leichen der Zwillinge, die bei den Experimenten gestorben oder getötet worden waren.

Lagnado/Dekel, *Die Zwillinge des Dr. Mengele*[11]

Im BDM hatte ich mich stets durch exzellente Führung bei den Jüngsten hervorgetan. Das war, bevor man mich auf die lange Reise geschickt hatte. Die kleinen Mädchen zum Lernen, Singen und Spielen anzuleiten, das wär doch etwas für mich gewesen! Aber bei einem Wechsel ins eigentliche Zwillingslager, das nur durch einen Lattenzaun getrennt direkt neben den Krematorien lag, hätte ich auf meine Säuglinge verzichten müssen – und dort stank es auch ganz besonders fürchterlich, eine Tortur für meine feine Nase. Schade, trotzdem. Nun, die Auflösung der Forschungsstation von Dr. Mengele war beschlossene Sache, ich musste das KL Birkenau verlassen. Und jetzt saß ich im Zug, und es war zu spät für das Hin und Her der Überlegung. Aber noch hatte ich die zwei Kleinen.

Im Sommer versengte die Sonne die Erde. In der stickigen Luft hing der beißende Gestank von verbranntem Fleisch. Im Winter fegten Schneestürme von der Weichsel herüber.

Holzbaracken und ungeheizte Backsteinhallen boten nicht den geringsten Schutz vor der Eiseskälte. Als die Mordmaschinerie 1943 und 1944 auf Hochtouren lief, waren fünf Krematorien und Gaskammern in Betrieb. Täglich konnten dort mehr als 9000 Menschen vergast und verbrannt werden. An klaren Tagen waren die aus den Krematoriums-Schornsteinen schlagenden Flammen und der schwarze Rauch kilometerweit zu sehen.

Guido Knopp, *Hitlers Helfer*[12]

Ich konnte mich auf einer verschlissenen grünen Wachstuchbank niederlassen. Meine zwei Kleinen fanden vorerst Platz in einem Korb auf dem Abteilboden, ganz eng beieinander. Die notwendigen Papiere für mich und die Kinder hatte ich in einem breiten Brustbeutel verstaut, den ich unter der Kleidung trug. Meine braune Schwesternuniform war frisch gewaschen und gebügelt. Stolz trug ich das Häubchen mit dem NS-Abzeichen. Ich, siebzehn Jahre alt, war sehr zufrieden mit mir und freute mich fast auf die Heimkehr nach Günzburg. Die würden staunen! So ging es nach Westen, immerfort nach Westen, Stunde um Stunde, Tag für Tag, mit großen Umwegen, langen Unterbrechungen, Angstpartien wegen Bombenangriffen des alliierten Feindes auf die fahrenden Züge, die man in Todesschrecken über sich ergehen lassen musste, weil weit und breit kein Bunker zu finden war. Meine Reisegenossen wechselten von Station zu Station. Alle waren freundlich und hilfreich, schienen froh, ein weibliches Gesicht zu sehen, sich über Frau und Familie daheim unterhalten zu können. Als Arbeitsmaid im Osteinsatz und Absolventin der Frauenorganisation »Glaube und Schönheit« genoss ich als hübsche Braune Schwester in schmucker Uniform allerseits Achtung und Verehrung, trotz meiner jungen Jahre. Viele der Männer lechzten nach einem weiblichen Lächeln und ein wenig mütterlicher Wärme. Sie beobachteten mit Rührung, wie ich junge Frau die Kleinkinder koste und fütterte. Einige waren auch verwundet und amputiert, gerade aus dem Lazarett entlassen, auf Genesungsurlaub. Man sah es so manchem unter den meist noch ganz jungen Soldaten an, dass er am liebsten für immer zu Hause bleiben, nie mehr an die Front zurück wollte, Vaterland hin, Vaterland her. Die meisten waren kaum älter als ich. Ob sie wohl hofften, dass der Krieg bald zu Ende sein würde? Sagen durfte man das nicht, natürlich nicht. Und in meiner Gegenwart schon gar nicht. Darauf stand Todesstrafe wegen Wehrzersetzung. Deutsche Menschen zeigen keine Gefühle und keine Angst, das wusste jeder. Die deutsche Frau nicht und der deutsche Mann nicht. Denunzianten gab es überall. Stillschweigen war die Devise, dann konnte nicht viel schiefgehen.

Damals, beim Anblick all der Unglücklichen und Versehrten, dachte ich zum ersten Mal auf neue Weise an meinen Vater. Noch niemals war mir in den Sinn gekommen zu fragen, ob er vielleicht im ersten Krieg gelitten hatte. Verstümmelt! Seine Beinprothese war mir zur Selbstverständlichkeit geworden. Ich kannte ihn nicht anders.

1917 war er als Feldwebel Eichner mit einer Tapferkeitsmedaille heimgekommen; sein linkes Bein hatte ihm der Franzos weggeschossen. Schon in Jugendjahren hatte er als Lagerist in der Landmaschinenfabrik Mengele Arbeit gehabt, und nach dem ersten Krieg sorgte jemand dafür, dass er dort als Pförtner sein Auskommen fand. Der Betrieb der Mengeles war in den Dreißigerjahren zum größten und großzügigsten Arbeitgeber der ganzen Gegend aufgestiegen. Die Unternehmerfamilie war hoch angesehen und machte überall ihren Einfluss geltend. Fünfzehn Jahre später hatte mein Vater das Parteiabzeichen erworben und in der Ortsgruppe eine zunächst bescheidene, ab 1943 sogar führende Stellung eingenommen. Denn alle Männer, die beide Beine hatten, waren im Feld. Unsere Mutter war froh, mit Haushalt und Hof nicht ganz allein dazustehen. Eine klassische NS-Mutter wurde sie dennoch nicht.

Und wieder einmal erinnerte ich mich an die Heimkehr nach Günzburg im eisigen Dezember 1944. Vor allem aber an meine Zwillinge, die nun zehn Meter hinter mir im Bus saßen und doch für mich unerreichbar schienen. Gerettet hatte ich sie aus dem fürchterlichen Lager, aus dem grausigen Labor von Josef Mengele, vor einem Tod in Feuer und Asche. Und wer hat mir das je gedankt?

Nicht das kleinste bisschen Kontakt hatte ich in den mehr als fünfzig Jahren zu ihnen aufnehmen können, ja, es dauerte lange, bis ich die Adoptivkinder der Stadlmayers überhaupt als meine Zwillingsmädchen identifizieren konnte. Nur durch den Blick in eine Sportkarre war mir das gelungen. Ein fremdes Kindermädchen schob sie durch die zerbombte Altstadt. Diese Augen! Ich rief: »Oh, wie süß!« Ich sagte, was jeder sagte, wenn er die beiden Kleinen erblickte, beugte mich tief hinunter, streichelte, ohne um Erlaubnis zu bitten, die kleinen Gesichter und prüfte, ob eine von ihnen das Erkennungszeichen am Ohr trug. Dann schnupperte ich verstohlen an meinen Händen und erkundigte mich nach ihren Namen. Meine Alma, meine Cora! Sie waren es wirklich!

Für sie lebt er. Sie sehen ihn in seiner makellosen Uniform vor sich stehen und lächelnd beteuern, dass er ihnen ganz bestimmt nicht wehtun wird. Wie gern nimmt er sich die Zeit, mit ihnen zu spielen! Er freut sich, wenn sie die schönen Sachen tragen, die er ihnen höchstpersönlich in ihre Baracken bringt – weiße Kniehosen für die Jungen und Seidenkleider für die Mädchen. Doch ebenso wenig können sie sein schreckliches Labor vergessen, die Blutversuche, die Spritzen, die Experimente, die mörderischen Operationen. … Mengeles Zwillinge sind dazu verdammt, den schrecklichen Widerspruch auszuhalten, dass sie – »seine« Kinder – demselben Mann, der sie so grausam gepeinigt hat, ihr Leben verdanken.

Lagnado/Dekel, *Die Zwillinge des Dr. Mengele*[13]

Ankunft in Günzburg gegen elf Uhr nachts. Nagender Hunger quälte uns alle drei, denn der Proviant war längst zu Ende gegangen, und was mitleidige Reisende uns schenken konnten, war nicht viel gewesen. Übermüdet wie ich war, hatte ich kaum noch die Kraft, den Schaffner, der mir beim Hinunterklettern half, nach der Rotkreuzstation zu fragen. Am Bahnsteig war niemand, der mich mit den wimmernden Säuglingen und dem Gepäck in Empfang genommen hätte. So musste ich die Sachen auf dem Perron stehen lassen, nachdem der Zug wieder angerollt war, und hoffen, dass keiner sich daran vergreifen würde. Die Not war allenthalben groß, das wusste ich inzwischen, und wenn jemand uns die Decken gestohlen hätte, wär das trotz der strengen Gesetze nichts Ungewöhnliches gewesen. Doch es war keine Menschenseele zu sehen, und so machte ich mich mit den zwei lebendigen Bündeln auf die Suche. Eine Auffangstelle gab es damals an jeder Bahnstation, nur war sie nachts wegen der Verdunkelung schwer zu finden. Endlich schimmerte ein Lichtstreifen durch blauschwarz verklebte Fensterscheiben. Ich klopfte und wurde eingelassen.

Eine gut fünfzigjährige Frau, die erste korpulente Person, die ich seit Monaten gesehen hatte, saß hinter einem Schreibtisch voller Aktenordner. Ihr Uniformmantel war zu eng geworden, aber die Schwesternhaube saß korrekt. Sie schlürfte Muckefuck. Der Duft stieg mir in die Nase, mir wurde noch schwächer. Zwei Kerzenstummel brannten in Untertassen. Die Vorsteherin fühlte sich offensichtlich zu dieser späten Stunde gestört und erkundigte sich ruppig nach meinem Anliegen. Ich murmelte: »Grüß Gott, ich soll die zwei hier abgeben.«

Wie ungern ich das sagte, kannst du dir vorstellen, Vinzenz. Mir war, als würde ich mit beiden Armen in eine Sägemaschine geraten. Meinen Brustbeutel mit dem Ausweis hervorzunesteln war nicht möglich. Ich sah auch keine Stelle, wo ich die Kinder hätte ablegen können.

»Sie kommen von Steinhöring und sollen in Günzburg zur Adoption vermittelt werden.« Ich sagte es genau so, wie ich es auswendig gelernt hatte. Im selben Augenblick überlegte ich, was wäre, wenn ich die beiden einfach mit nach Hause nehmen würde, einfach so. Ich konnte zwar nicht gut behaupten, ich hätte sie geboren, das hätte mir niemand geglaubt, die Zeit war ja auch zu kurz. Aber lügen wie der Doktor, einfach irgendetwas von Kriegswaisen erzählen – vielleicht hätte die Mutter mir geglaubt, vielleicht hätte sie sich sogar gefreut, etwas Kleines im Haus zu haben, wer weiß das? Vielleicht, vielleicht, vielleicht. Wie dem auch sei, ich betete mein Sprüchlein her, obgleich ich ein starkes Empfinden von Unrecht und Unheil hatte, aber ich war zu müde und zu schwach um zu kämpfen.

Die Kollegin konnte unter meiner Vermummung mit wollenen Tüchern weder mein schlimm zugerichtetes Häubchen noch mein NS-Abzeichen an der Uniform erkennen, sonst wär sie wohl mir gegenüber ein bissele freundlicher gewesen. Sie wirkte förmlich, rau und abweisend, bis sie entdeckte, was ich da in meinen Armen hielt. Plötzlich hörte ich Entzückensrufe, Schnalzlaute, Dadadudu und Didididi, wie sie während meiner Reise beim Anblick der Zwillinge noch jede Frau hervorgebracht hatte. Dieses Getue begleitete von da an ihre Handlungen und Fragen: »Ja, was bringt uns denn das Mammale da? Ja, wer bist denn du, du kleiner Süßer, und du auch, ja, was haben wir denn da? Oder bist du vielleicht ein kleines Mädelchen, oder seid ihr gar ein Pärchen, nein, was sind die süß!«

Offenbar hatte sie nicht wirklich mitbekommen, was ich über Steinhöring und Adoption gesagt hatte, oder vielleicht meinte sie, ich wolle meine zwei Unehelichen loswerden.

Meistens experimentierte Josef Mengele mit Zwillingen.
Eltern sind auf Zwillinge besonders stolz. Jeder normal
empfindende Mensch findet sie lieb, wonnig, herzig.
Mengele spritzte ihnen Chemikalien in die Augen,
entnahm ihnen so viel Blut, dass sie vor Schwäche starben,
tötete sie mit Evipan- und Phenol-Spritzen.

Guido Knopp, *Hitlers Helfer*[14]

Ich hatte mich, einer Ohnmacht nahe, auf eine Holzbank am Ofen gesetzt. Meine Augen tränten wegen des Temperaturunterschieds. Im Freien herrschte strenger Frost; hier auf der Rotkreuzstation war es zwar nicht wirklich warm, aber doch geheizt. Mit dem linken Ärmel meines schmutzstarren Uniformmantels wischte ich mir die triefende Nase. Die resolute Frau hatte sich längst meiner Kinderchen bemächtigt, schob zwei Stühle zusammen und legte die beiden nebeneinander darauf ab. Um mich kümmerte sie sich nicht.

Von der lauten, ungewohnt kreischenden Stimme waren die

Kleinen aufgeschreckt und begannen im Duett zu heulen. Mir war weh. Jeder ihrer Schreie durchbohrte mich. Die Bahnfahrt hatte viel länger gedauert als vorgesehen. Seit mehr als einem Tag hatte ich die Windeln nicht wechseln können, die sauberen waren ausgegangen. Meine Lieblinge waren wund und litten Schmerzen. Wir alle drei konnten einfach nicht mehr. Es war zu viel für uns gewesen: die überlange Reise, schlaflose Nächte, die Verantwortung, das ganze Kriegselend, auf das ich in den vergangenen Tagen zum ersten Mal mit aller Macht gestoßen worden war.

»Jaja, ist schon gut, ist schon gut. Ihr habt gewiss Hunger, gell? Ja, hat denn euch das böse Mutterl nichts zu essen gegeben, ihr armen, armen Würmchen?« Und an mich gewandt: »Stillen Sie noch?« – Ich schüttelte den Kopf. – »Na, da woll'n wir doch mal schauen, was wir für euch zwei beiden auftreiben können.«

Sie kommandierte einen jungen Mann herbei, der sich bislang in der hinteren Schreibstube aufgehalten hatte. Ich hockte stumm dabei und musste mich sehr zusammennehmen, um nicht einfach die Hand nach dem dampfenden Getränk auszustrecken, das die Dicke achtlos neben den Aktenstapeln stehen gelassen hatte. Doch für solchen Wagemut war ich zu müde.

»Mach mir mal ein Grießbreiele für die beiden Püppchen, wir haben da noch einen Rest in der Alete-Dose. Milch gibt's nicht mehr, aber das geht mit heißem Wasser auch«, befahl sie ihm.

Er war ein großer, schlaksiger Junge, vielleicht zwanzig Jahre alt, sehr mager und schon ein wenig gebeugt, mit tiefen Schatten unter den Augen, auf dem Kopf die Mütze des Rotkreuzhelfers mit heruntergezogenen Ohrenklappen. Nach einem Blick auf die schreienden Kinder wandte er sich um und machte sich daran, Wasser auf einem Spirituskocher zu erhitzen. Ich hatte kaum die Augen geöffnet, da fielen sie schon wieder zu. Nach einigen Minuten kam er zurück, um mir einen Becher Pfefferminztee in die Hand zu drücken. Erst jetzt nahm ich seine Anwesenheit zur Kenntnis. Ein mattes Lächeln huschte über sein Gesicht. Ich wärmte meine blaugefrorenen Finger an der Tasse, bevor ich dankbar den ersten Schluck nahm. Meine Lippen waren aufgesprungen, die Augen von der beginnenden Erkältung schon geschwollen. Das tat gut, das Warme.

Erst heute, Vinzenz, danke ich dir für deine Fürsorge in jener Nacht. Ich wusste ja nicht, dass du es warst. Wir sahen alle so anders aus als noch ein paar Jahre zuvor. Hast du mich denn damals erkannt? Aber eher nicht, denn sonst hättest du mich gewiss angesprochen. Du warst wohl auch todmüde, und ich war kaum zu sehen unter den Tüchern, die ich wegen des Frosts um meinen Kopf gewickelt hatte. Und in Santiago hast du mir erzählt, dass selbst du dir erst später, viel später, erst auf dieser Reise die Geschehnisse jener Nacht zusammengereimt hast.

Der kleine Raum der Auffangstation war warm im Vergleich zu der eisigen Luft im Waggon. Nach einer Weile holte ich die Papiere für die Kinder unter meinen Kleidern hervor. Alle, bis auf ein einziges Dokument, das ich aus der Akte entwendet und klein gefaltet in meinem privaten Brustbeutel verborgen hatte. Wahrscheinlich hatte der Doktor in seiner Eile vergessen, es herauszunehmen. Im Zug hatte ich Zeit genug gehabt, die Unterlagen zu studieren. Ein Schreiben, das mir dabei in die Hände fiel, buchstäblich, denn es rutschte aus der Akte, hat damals in drei Sekunden meine Glaubenswelt zerstört. Wahrscheinlich war das der Grund dafür, dass ich nach meiner Rückkehr nach Günzburg immerzu krank war, und letzten Endes hab ich mich nie ganz davon erholt. Ich werde den Brief meinen Aufzeichnungen beilegen, denn ich besitze ihn immer noch. Vielleicht hätte ich ihn vernichten sollen, ja, vielleicht wär das besser gewesen, wer weiß das schon? Zwar hab ich weiterhin geschwiegen wie ein Grab, wie ein Grab – das sagt man doch so? Aber das war eben auch mein Grab, und ich wurde durch mein Schweigen zur Wiedergängerin.

Die Namen der Eltern waren in den übrigen Unterlagen verzeichnet, beide als verstorben angegeben, was wahrscheinlich den Tatsachen entsprach. Die Kinder hatten allerdings nur Nummern, ein Geburtsort war nicht verzeichnet. Aber ich wusste ja, was ich zu behaupten hatte: »Steinhöring, Steinhöring. Die Kinder sind aus dem Heim Hochland in Steinhöring, der Doktor Ebner schickt sie. Die Familie Mengele soll benachrichtigt werden.« Das hatte ich auswendig gelernt. Ich hatte gehört, dass das Heim Hochland ein Lebensborn war, in dem hochwertiger arischer Nachwuchs für Deutschland auf die Welt kam, besonders auch von ledigen Müttern, geradezu gezüchtet, gezeugt von blonden Norwegern und anderen Idealmenschen. Damals kam mir das ganz sinnvoll und auch normal vor. Ich kannte sogar zwei BDM-Mädel, die zur Entbindung dorthin geschickt worden waren. Himmler hatte gesagt: »Heilig soll uns sein jede Mutter guten Blutes.«

Mit Schrecken stellte ich fest, dass es nun gleich meine Aufgabe sein würde, den beiden ganz offiziell ihre Vornamen zu geben, in der Hoffnung, dass diese verspätete Eintragung von den Behörden akzeptiert würde. Die unangenehme Frau hier an der Auffangstelle war die größte Hürde. Standen die Namen erst einmal mit Stempel in der Urkunde, blieb mir nur noch zu hoffen, dass die Adoptiveltern sie nicht noch einmal umändern wollten. Hedda und Edda, Inka und Anke, Helga und Hulda – das alles gefiel mir nicht im Geringsten, trotz des germanischen

Klangs. Erst im Gespräch mit einem verwundeten Offizier, der sich während der Stunden in unserem gemeinsamen Abteil als »alter Lateiner« vorgestellt hatte, konnte ich mich nach langem Überlegen und Verwerfen mit ihm auf zwei besonders noble Vornamen einigen. Ich wollte nun einmal, dass meine Zwillinge so hießen wie sonst niemand.

Jetzt kam die Dicke mit zwei Tellern voll flachgestrichenem heißem Brei aus der Nebenstube, drückte mir einen davon in die Hand, einen Kaffeelöffel dazu, und ich hoffte einen Atemzug lang, er sei für mich bestimmt. Da brachte sie mir aber schon eines der Kinder und ordnete mit barscher Stimme an: »Füttern! Aber nicht naschen!« Sodann ließ sie sich mit dem anderen Säugling hinter dem Schreibtisch nieder.

»Hab selber sechse hochgepäppelt«, gab sie selbstzufrieden von sich und fing an, mit tausendfach geübter Technik auf den Grießbrei zu blasen, ihn einzufüttern, den Überrest mit dem Löffelrand von den kleinen Lippen zu schaben und mit einer neuen Portion wieder von vorn zu beginnen. Derweil tat ich dasselbe, nur dass ich, statt zu pusten, jedes zweite Mal von dem Brei kostete, um die Temperatur zu prüfen. So behielt ich, wenn die Frau nicht in meine Richtung schaute, eine Winzigkeit der Säuglingskost auf der Zunge. Meinen Hunger und meinen Kummer stillte das nicht. Ich sah dem verweinten Kind in die blauen Augen und lüftete zur Sicherheit noch sein Mützchen, um am Ohr zu prüfen, welches der beiden ich gerade im Arm hielt. Aber im Grunde wusste ich es, auch ohne nachzuschauen, denn bei aller Ähnlichkeit hatten die Zwillinge einen unterschiedlichen Blick. Daran konnte man sie am besten auseinanderhalten. Meine Tränen tropften auf das kleine Gesicht. Mir wurde bewusst, dass ich dieses liebe kleine Wesen zum letzten Mal im Arm hielt.

Guten öffnen die Götter das Tor ihres Tempels.
Hier braucht es keine Entsühnung,
denn Schuld haftet der Tugend nicht an.
Wer aber böse im Herzen, der weiche von hinnen.
Denn niemals spült die Waschung des Leibs
Flecken der Seele hinweg.

Hellenistischer Orakelspruch, vielleicht Delphi

»Würden Sie bitte mitkommen? Ich nehme dann die Personalien auf.« Der junge Mann stand neben mir. Ich zuckte zusammen, war mit dem gesättigten Kind eingenickt. Verwirrt sah ich mich um, legte den Säugling zurück auf die zusammengeschobenen Stühle und folgte ihm in den hinteren Raum. Dort nannte ich meinen Dienstgrad und händigte die Begleitpapiere aus.

»Man hat sie mir anvertraut, ich bin aber nicht die Mutter. Die letzten drei Monate hab ich sie als Krankenschwester betreut und gepflegt. Die Eltern sind leider beide tot. Sie werden jetzt zur Adoption freigegeben. Das Lebensborn-Heim in Steinhöring schickt sie nach Günzburg, man soll gute, parteitreue neue Eltern aus SS-Kreisen für sie finden, wurde mir gesagt. Bitte schreiben Sie unbedingt auf, dass die Kleinen von Dr. Ebner überstellt worden sind, Dr. Ebner Gregor.« Ich merkte, dass meine Stimme vom Schnupfen schon heiser wurde.

Der Sanitäter fischte einen grünlichen Pappendeckel aus einem Stapel und versah ihn mit einem Aktenzeichen. Sorgfältig prüfte er die Unterlagen, besonders den Großen Abstammungsnachweis mit den Vorfahren bis 1800 sowie den Erbgesundheitsbogen und die rassische Beurteilung, heftete sie ein, versah sie mit einem Eingangsstempel und spannte endlich mit langen, mageren Fingern ein Formular in seine Schreibmaschine ein.

Ich vergaß nicht, wieder und wieder darauf zu bestehen, dass die Mengeles benachrichtigt werden sollten. Das war sehr wichtig, der Doktor hatte es mir eingebläut. Deshalb achtete ich darauf, dass der Mann es in der Akte genau vermerkte.

Er blickte auf. »Gleiches Geburtsdatum, aber keine Vornamen?«, erkundigte er sich verwundert. »Wo gibt's denn so was? Sind denn die Kleinen gar nicht getauft?«

»Sind ja Vollwaisen, die Armen. Mutter starb bald nach der Geburt, war irgendwo im Heim; dort gab es keine Taufen, auch keine Lebensborn-Weihe. Nur Nummern für die Kleinen, und der Vater im Feld, siehe eidesstattliche Erklärung der Mutter. Beide arisch. Ein Wunder, dass sie überhaupt am Leben sind. Aber sie hätten schon eigene Namen, nur nicht aktenkundig, wenn Sie bitte notieren wollen: Die eine heißt Alma, die andere Cora.«

»In Ordnung.« Der junge Sanitäter trug die Angaben in das dafür vorgesehene Feld ein. »Das sind schöne Namen für Zwillingsmädchen: Seelchen und Herzchen.« Er zeigte wieder sein kleines Lächeln. »Aber wer ist nun wer?«

»Alma ist die Ältere, nur ein paar Minuten. Deshalb A, weil sie die Erste ist. Und die Cora erkennt man an dem kleinen Knick im linken Ohr. Bitte unter ›Unveränderliche körperliche Merkmale‹ eintragen.«

Jetzt war es heraus. Hoffentlich klappt nun auch der Rest, flehte ich lautlos. Ich machte den obersten Knopf meines Uniformmantels auf, erleichtert. Es herrschte sicherlich keine Hitze in der Amtsstube, doch mir war vom Flunkern und vom Pfefferminztee warm geworden, und auch weil ich mich auf jedes Wort stark konzentrieren musste. Dieser junge Bursche schien allerdings freundlich gesinnt, obgleich auch ihm eine kolossale Müdigkeit ins Gesicht geschrieben stand. Der Wecker auf seinem Schreibtisch war halb in meine Richtung gedreht. Ich erkannte, dass er auf zwanzig nach zwölf stand. In Anbetracht der späten Stunde stellte er keine weiteren Fragen. Wer wollte um diese Zeit noch schwätzen? Er erkundigte sich nicht einmal nach meinem Namen.

»Ach, der kann noch froh sein, dass er hier Dienst schieben darf«, dachte ich. »Warum er wohl nicht an der Front ist? Vielleicht Schwindsucht oder ein anderes Leiden?« Ich hörte ihn mehrmals trocken hüsteln. Andere Burschen ab vierzehn Jahren und alte, nicht mehr wehrfähige Männer patrouillierten nachts auf den Landstraßen, um ausgebrochene Kriegsgefangene zu schnappen. Tagsüber halfen sie im gesamten Reichsgebiet dabei, angefeuert zu einem »Kampf bis zur letzten Patrone«, Deutschland zum Endsieg zu führen, mit Messern und alten Flinten, ohne Mütze, in geflickten Halbschuhen. Wenn zu nachtschlafender Zeit Geschwader feindlicher Bomber mit großem Gebrumm die Dörfer überflogen, um bei der furchterregenden Illumination von »Christbäumen« nach dem geplanten Ziel für ihre todbringende Last zu suchen, was ich auf der Reise mehrmals erlebt hatte, waren schon Zehnjährige und nicht mehr Wehrtaugliche beauftragt, unter Sirenengeheul und Angstgeschrei Alte und Hilflose in die Schutzkeller zu zerren. Jedes ältere Kind wurde zu diesem Dienst verpflichtet. Alle bangten dabei um ihr Leben, nicht nur in den großen Städten, denn Blindgänger gab es häufig. Jeden Augenblick konnte ein Bombenhagel niedergehen, Mensch und Vieh vernichten, alles war dann dahin. Ein Bahnhof – und damit auch die Baracke, in der wir gerade saßen – war besonders gefährdet. Meine Gedanken schweiften ab, ich war kurz davor, wieder einzunicken.

Plötzlich fiel mir das Zeug wieder ein, das ich auf dem Bahnsteig deponiert hatte. »Gott im Himmel, mein Gepäck!«, rief ich und wollte hinausstürzen. »Keine Sorge«, meinte der junge Mann, »das hat der Stationsvorsteher bestimmt schon eingesammelt und sicher verwahrt. Das können Sie ja heute Nacht sowieso nicht mehr heimschleppen. Seien Sie froh, wenn Sie ohne Last durch den Schnee marschieren. Sie haben bestimmt noch einen weiten Weg. Die Sachen können Sie morgen abholen lassen, ich gebe Bescheid.«

Nett war er ja, dieser junge Mann, das musste man ihm lassen. Er kam mir auch ganz entfernt bekannt vor, irgendwo, irgendwann hatte ich ihn schon gesehen, aber ich besaß nicht die Kraft, darüber nachzusinnen. Es biss und nagte in meinem Magen wie eine hungrige Ratte. Der erschlichene Brei hatte alles nur noch verschlimmert. So überwand ich mich und fragte ihn nach einer Scheibe Brot.

Mitleidig schaute der Sanitäter mich an. »Essen ist aus, das tut mir schrecklich leid. Wir kriegen erst morgen wieder was geliefert, es kommt aus der Zentrale. Und wir mussten tagsüber schon viele Ankömmlinge speisen. Ein jeder ist heutzutage ausgehungert, viele haben ihre Lebensmittelmarken verloren oder wurden bestohlen. Ich hab rein gar nichts mehr für Sie, armes Fräulein. Ihr Zug hat ja auch außerplanmäßig hier gehalten, wahrscheinlich nur wegen Ihnen. Ich könnte Ihnen aber noch einmal heißen Tee machen.«

Ich winkte ab, weil ich fürchtete, die Pfefferminze würde meinen hohlen Magen nur noch stärker reizen. »Meine Pflicht hab ich getan, nun will ich nichts als heim.«

Ich stand auf, mühselig wie eine alte Frau, konnte mich kaum auf den Beinen halten. Auf frostbeuligen Füßen wankte ich ins vordere Zimmer. Beide Kinder waren jetzt eingeschlafen, und die Rotkreuzfunktionärin hatte ebenfalls ihren Kopf auf den Schreibtisch gelegt. Sie schaute nur noch einmal unwillig auf, als sie hörte, wie ich mich schluchzend über meine Zwillinge beugte, sagte aber nichts. Ihre Kritik angesichts solcher Sentimentalitäten stand scharf im Raum. Wieder und wieder drückte ich zarte Abschiedsküsse auf vier gerötete Wangen, ganz sachte, um die Kleinen nicht zu wecken. Prüfte noch, ob die Stirnchen heiß wären. Als ich die Tür schloss und auf den verlassenen Bahnhofvorplatz hinaustrat, wo der Nachtwind den Schnee verwehte, kam mir ein Reim in den Sinn: »Wo ist mein Kind, wo ist mein Reh? Jetzt komm ich noch einmal und dann nimmermeh!« Und wie die verhexte Königin aus dem Märchen stand ich unter dem Bann meines Schweige-Eids für alle Zeit.

Sünde ist eine freie Tat. Der Mensch ist für sie verantwortlich. Wer sündigt, wird schuldig vor Gott. Je bewusster die Entscheidung und je gewichtiger die Sache, umso schwerer die Sünde. »Denn es gibt Sünde, die zum Tod führt.
Jedes Unrecht ist Sünde; aber es gibt Sünde, die nicht zum Tod führt.«
(1 Joh 5,16f.)

Gotteslob[15]

Der betagte Reisebegleiter redete bereits seit ein paar Minuten mit der Fahrerin. Ich hörte gar nicht hin, war mit meinen inneren Bildern beschäftigt. Man würde schon erfahren, wann die Pausen sind. Weil ich in der Früh keinen Kaffee getrunken hatte, war ich noch nicht in Nöten. Es gab zwar eine Bordtoilette, aber die würde ich tunlichst meiden, das war doch arg peinlich. Die Stimme des alten Mannes klang angenehm, leicht gebrochen vom Alter, aber noch kräftig. Draußen war es hell geworden, nichts als Wälder und spätwinterliche Wiesen, verharschte grauschwarze Schneereste entlang der Nordhänge, an sonnigen Bachläufen schon Hahnenfuß und Vergissmeinnicht. Morgenverkehr. Bald sollten wir zum Bodensee gelangen. Den kannte ich noch nicht.

Jetzt griff der Mann zum Mikrofon und rief: »Liebe Gäste, meine lieben Pilgersleut'! Können Sie mich gut hören, auch ganz hinten?« Er pochte auf das Mikrofon, so dass die Lautsprecher knackten. »Im Auftrag des Bayerischen Pilgerbüros wünsche ich Ihnen einen recht fröhlichen Morgen und ein herzliches Willkommen auf unserer Wallfahrt! Ich werde Sie während der gesamten Reise betreuen, in praktischen Dingen, aber auch geistlich. Darf ich mich vorstellen? Mein Name ist Vinzenz Glaser.«

Alle Passagiere applaudierten und riefen »Grüß Gott!«, nur ich nicht. Vinzenz Glaser. Mein Rücken wurde steif vor Schreck, und mein beunruhigtes Herz stolperte heftig. In meinem Aufruhr vergaß ich, das Nitrospray zu suchen. Meine linke Hand wanderte zum Hals und verkrampfte sich dort. Ich wandte den Kopf gegen das Busfenster und riss die Augen auf, um mir nichts anmerken zu lassen. Von der Landschaft sah ich nichts, registrierte ohne Anteilnahme einen Unfall mit Krankenwagen und Blaulicht, hörte nichts mehr von den Auskünften des Reisebegleiters über Routen und Etappen, über Messen und Beichtgelegenheiten. Auch dass meine Augen trocken wurden, bemerkte ich erst, als ich meine juckenden Lider zu reiben begann. In der dicken Glasscheibe erblickte ich das mehrfach gebrochene Spiegelbild des alten Mannes, der neben mir stand und immer noch redete, pure Freundlichkeit verbreitete und gestikulierte. Und gleich daneben, näher dran, mein eigenes, um Beherrschung ringendes Gesicht.

Das sollte der Vinzenz sein? Der Vinzenz? Mein Vinzenz? Ich wollte es nicht wahrhaben. »Wer weiß«, überlegte ich ungläubig, »wie viele Leute aus der Gegend diesen Namen tragen!« Doch der Gedanke tröstete mich nicht. Abrupt richtete ich mich auf, durch den Schrecken hellwach. Dieser Herr Glaser stand wieder nah bei mir. Ich schnupperte noch einmal an ihm. Meine Nase trog mich nie. Also deshalb! Deshalb kam mir der Geruch vertraut vor! Jeder Mensch riecht, wie er riecht, ein für alle Mal. Und tatsächlich! Das war der Vinzenz, genau, das war er.

Neben mir stand der einzige Mann, von dem ich je in meinem Leben einen Kuss bekommen hatte. Kein Schmätzle, nein, einen einzigen richtigen, echten Kuss. Ich errötete so heftig, dass es keinen Zweifel mehr geben konnte, nur Gewissheit. Jessas Maria! Vor Entsetzen und Scham wollte ich wegrennen. Aber ich war ja in diesem Bus gefangen, konnte nirgendwohin. Wie ein Kind, das glaubt, dadurch unsichtbar zu werden, schlug ich die Hände vors Gesicht. Minuten später wagte ich einen schrägen Blick in seine Richtung. Wusste der womöglich, wer ich war? Erinnerte er sich etwa auch?

Der Reiseleiter redete einfach weiter, als sei nichts geschehen.

Sag, Vinzenz, hast du in diesem Augenblick schon geahnt oder gar gewusst, wer die alte Frau neben dir auf dem Sitz war? Hast du dich gar an meiner Überraschung, an meinem Schrecken geweidet? Nun, ich werde es nie erfahren.

Jede Diktatur hinterlässt dadurch, dass sie »Normalität« für den Diktator und seine Wächter in Anspruch nimmt, intakte, geschädigte und zerbrochene Menschen. … Wer heute sagt, er habe es verdrängt, der lügt. Denn egal wie viel Zeit vergeht, egal wo man hineinschlüpft, man tut es mit der eigenen Person. Denn bei wem soll man leben, wenn nicht bei sich selbst. Die Lüge, die Verharmlosung kommt aus dem Wissen um die eigene Schuldigkeit, nicht aus der Lücke in der Erinnerung. … Das Gedächtnis lässt vielleicht manche Erlebnisse der Leichtigkeit fallen. Aber es behält die Dinge der Angst. Gerade da, wo Ohnmacht war, wo man damals in der Defensive stand, wird Erinnerung offensiv. Sogar aggressiv.

Herta Müller, *Hunger und Seide*

Feuerwehrball 1954. Knallig rot glänzende Spritzenwagen. Der Kommandant in voller Montur, gewichtig, die Doppelreihe der Uniformknöpfe aus Silber frisch poliert. Seine Feuerwehr gehört zu den ältesten in Deutschland, bald wird hundertjähriges Jubiläum gefeiert. Einmal war Günzburg schon vollständig abgebrannt, das ist aber lange her. Und bei den letzten großen Einsätzen, nach den Fliegerangriffen 1944 und 1945, da mussten alte Männer die Autos schieben, denn Benzin gab es nicht mehr. Jetzt ist es wieder besser. Laute Rufe, stolze Ansprachen. Sirenen, Leitern und aufgerollte Schläuche, Eimer aus blankgescheuertem verzinktem Eisen. Den ganzen warmen Sommertag hab ich an einer einzigen Maß Bier genippt, bin trotzdem beschwipst und schwindelig vom vielen Drehen und Schwenken in der Sommerhitze. Ich mag besonders die Ziehharmonika, auch Quetschkommode genannt, die erinnert mich an die Heimabende vor dem Krieg.

In einem fort hat man mich aufgefordert. Aber wer da mit mir tanzt und poussiert, das bekomme ich gar nicht recht mit. Fast könnte ich vergessen, dass ich ein spätes Mädchen bin, so viele Männer bemühen sich um mich. Zu mir kommen Einarmige und Burschen mit Augenklappe. Manche tragen Hosen und Hemden aus Uniformstoff, die Rangabzeichen abgetrennt, oder Nadelstreifenjacketts von Vätern, die gefallen sind. Foxtrott, Polka, Ländler, langsamer Walzer. Ein Sänger mit schmeichelndem Tenor imitiert Fred Rauch, den man aus dem Radio kennt: »Oh, Mister Swoboda, was machen's da in USA?« Das ist ganz modern. Dann imitiert einer den Willy Schneider und singt »Schütt die Sorgen in ein Gläschen Wein«, begleitet von der Ziehharmonika. »Ach Gott, der hat gut reden«, denk ich mir, aber ich trällere mit, obwohl mir die Tränen in den Augen stechen. Die blauen Uniformen der freiwilligen Feuerwehr mit den silbernen Tressen sehen toll aus. Toll ist ein neues Wort, das nur junge Leute sagen, wenn sie sich ganz modern fühlen möchten. Ich selbst hab es noch nie über die Lippen gebracht. Es passt zu einem verrückten neuen Tanz aus Amerika, dem Rock und Roll, den ich bewundere, aber ganz gewiss nicht ausprobieren werde. Ein übermütiges Paar versucht es mit akrobatischem Überschlag. Die Umstehenden machen Platz. Das Mädchen im raschelnden Petticoat stürzt schon bald und biegt sich vor Lachen, während es sich die aufgescheuerten Knie reibt.

Wer bei der Feuerwehr dient, darf kein Krüppel sein; aber Männer, die nicht im Feld waren, sind viel zu jung für mich oder aber weit über fünfzig. Ledige gibt es kaum. Den einen oder anderen Witwer wohl, verhärmt und überarbeitet. Wird Damenwahl angesagt, verziehe ich mich. Ich will keinen – von den Alten nicht und von den Milchbärten auch nicht. Und einen Krüppel hab ich ja schon daheim. Doch ich muss wenigstens so tun als ob, wegen der Mengeles. Mir ist klar, dass man dem Patriarchen alles zu Ohren bringt, was mich betrifft. Tante Wally, meine Patentante, verschied – dem Himmel sei Dank! – schon im Januar 1945 an einem Herzanfall. Die wenigstens kann mir keinen Ehemann mehr aufdrängen. Von ihrem Beppo, dem vielgeliebten Doktor, hat man schon seit Jahren nichts gehört. Ich vermisse ihn nicht mehr, seitdem man in Günzburg dieses und jenes munkelt, böse Dinge, die zu dem Dokument passen, das sich in meinem Besitz befindet.

Jetzt spielt die Kapelle »Eine weiße Hochzeitskutsche«, und

ich lass mich noch einmal auffordern. Die Musik wird langsamer, ist mehr fürs Schmusen gedacht, nicht so wild zum Hüpfen und Stampfen wie am frühen Abend. Es ist dunkel geworden, nur ein paar Glühbirnen beleuchten das Fest. Paare drängen sich eng aneinander, lüsterne Zungen lecken Halsansätze und Ohrmuscheln. Ich, die Eichner-Burgl, ekle mich davor. So etwas würde ich niemals erlauben. Knochige Männerknie drängen beim Schieben gegen pralle Schenkel unter dünnen Stoffen. Ich sehe das und halte mich raus. Ein neuer Schlager ertönt: »Wir kommen alle, alle, alle in den Himmel, weil wir so brav sind, weil wir so brav sind!« Hundert Kehlen grölen. Frauen in kurzen Kleidern mit hohen Hacken kreischen überlaut, wollen sich ausschütten vor Vergnügen, werfen hungrige Blicke umher. Und wieder singt jeder ein beliebtes Lied mit: »Kinder, das Leben ist wunderschön!«

Wir haben ein Jahr hinter uns gebracht, wie es einzigartig ist in der deutschen Geschichte. Das deutsche Volk zeigt in diesem Krieg eine Höhe seiner moralischen Widerstandskraft, die nur Bewunderung verdient. Sie ist das Unterpfand unseres schließlich kommenden Sieges.

Joseph Goebbels, Weihnachtsansprache 1944

Als Reisebegleiter wirktest du gut gelaunt und routiniert, Vinzenz. Ich versuchte, in den Furchen deines Gesichts unter dem grauen Bart den jungen Vinzenz von damals zu erkennen. Es fiel mir nicht leicht. Hatte ich mich auch so arg verändert? Fast hoffte ich es, damit du mich nicht erkennst, und dann wieder kränkte mich der Gedanke, du könntest mich vergessen haben. Beiläufig schautest du zu mir herüber. In deinem Blick konnte ich kein Zeichen der Vertrautheit lesen. Ich machte die Augen zu, ganz fest zu, und dachte wieder an meinen allerletzten Ball.

Als junge Frau bin ich hochgewachsen, größer als mancher Tänzer, und ein bisschen knochig. Kein liebes Trutschele. Meine Wangen sind rot von der Arbeit im Freien, doch die Augen haben keinen Glanz, und so ganz gesund bin ich auch nicht. Mein Rücken ist immer leicht gekrümmt, als würde ich Prügel erwarten. Tante Zita hat mir ein hellblaues Dirndl aufgearbeitet und die passende Schürze dazu genäht. Auf der Haut an meinem Ausschnitt und am Gummisaum der Puffärmel kratzt mich die grobe weiße Häkelspitze der Bluse, steif von einem Bad in Hoffmanns Wäschestärke. In den auf Glanz geputzten Haferlschuhen, die ich trage, weil es meine einzigen sind außer den Holzpantinen für den Stall, stecken neue weiße Söckchen. Meine Beine mit den feinen blonden Härchen sind gebräunt vom Heuwenden, die sehen nicht schlecht aus.

Ich will aber trotzdem nicht dort sein, hab mich drängen lassen. »Du musst unter die Leut', Burgl, hörst. Bist hübsch, brauchst dich nicht schämen. Also, jetzt gehst, Mädla, und Schluss! Willst etwa eine alte Jungfer werden?«

Ich gehorche, wie immer. Tante Zita vertritt die verstorbene Mutter und meint es nur gut, das weiß ich. Und ich bin schon fast sechsundzwanzig.

Wie die Tante es seinerzeit befürchtet hat, genau so ist es gekommen. Ich ahnte es schon damals und wollte es nie anders. Heute weiß ich: Ich werde als Jungfrau sterben. Unberührt. Aber das macht mich nicht zur Heiligen. Keuschheit allein verleiht keinen Heiligenschein. Ganz bestimmt nicht. Ich kenne meine gemeinen kleinen Gedanken nur zu gut, Vinzenz, und auch die größeren Boshaftigkeiten, die mir ständig durch den Kopf schießen, meine Missgunst und üble Laune; denn so dumm bin ich nicht, Gedachtes für harmlos zu halten, bloß weil es nicht in die Tat umgesetzt wird. Lediglich technisch gesprochen bin ich »rein« geblieben, »unbefleckt« – so salbadern die Pfaffen –, einfach aus Angst vor den Männern und dem, wozu sie fähig sind. Aus Angst vor Leben und Lust. Aus lauter Angst, es könne einer herausfinden, wo ich gewesen bin und mit wem ich dort gewesen bin. Sapperlot!

Hier Ligt in einer Krufft ein ganzes Gschlecht
Elisabetha und Eleonora
Reichsgräfinn' von Graffenegg
Dessen leztere zweige sie waren
Beede haben ihren Stammbaum in den garten
ord. S. Franc. ybersetzet, und allhier begraben
der Stamen ist zwar erloschen
doch bleibt unsterblich der Namen
Elisabeth
Durch ihre gemachte ewige Stiftung.
Sie ist gestorben als ein Jungfrau; aber nicht ohn' Erben
Jene so ohne mackel empfangen ist ihre stamhalterin
was wunder das Sie Vnsterblich.
Der Altar, Kelch und Ampel die unaufhorlich brinn
Macht ihre gedächt uns unausloschlich
Sie erwarthet mit dieser brenenden ampel
ihren Brautigam
Du o Leser folge dem licht ihrer Beyspiele
so wirst du den weg zu dem Himel nit verfehlen
mort. 1744 21 September aet. 30

Inschrift auf einem Grabmal in der barocken Pfarrkirche
Günzburg

Während der Motor brummt und die Landschaft vorbeisaust, versuche ich, meine Gedanken in eine unverfängliche Richtung zu lenken. Dafür rufe ich mir wieder den Tag der Heimkehr nach Günzburg ins Gedächtnis, das funktioniert fast immer als tröstliches Wendemanöver, so vielleicht auch heute.

Die Mutter hörte nicht auf, in mich zu dringen: Wo liegt das Krankenhaus, in dem ihre Burgl arbeitet, auf dem Land oder in der Stadt? Wie sind diese Leute in Krakau oder Kattowitz, kann man deren Dialekt überhaupt verstehen? Gibt es immer genug zu essen für Burgl und die Kleinen?

Ich hielt wacker stand, indem ich Nichtssagendes antwortete. Aber als sie immer weiter bohrte, entfuhr mir mit rabiater Schroffheit: »Jetzt hör endlich auf! Bei der Gesundheit unseres Führers musste ich schwören, nicht darüber zu reden, versteh doch! Ich kann und ich darf und ich werde nichts mehr sagen.«

Die Mutter schüttelte verwundert den Kopf. Sie war zunehmend verärgert, das merkte ich. »Ihrer eigenen Mutter darf sie nichts von ihrer Arbeit erzählen?«, zürnte sie leise, »Und dann dieser gereizte Ton! Jaaa verreck! Ich verlang ja nicht, dass sie Staatsgeheimnisse ausplaudert. Wir durften ihr nicht schreiben, hatten nicht mal eine Anschrift, und sie hat sich auch kaum gerührt. Herrgott im Himmel, wie weit ist es mit uns gekommen! Ich muss doch wissen, was meine Tochter tut, wo sie ist und wie es ihr geht! Du siehst ganz hohlwangig aus, und gewachsen bist du auch.« Sie schaute wieder zu mir hinüber, wütend und besorgt. »Kind«, fing sie noch einmal an, »monatelang hab ich gebangt und gewartet. Und jetzt sagst du nichts? Und hast keinen Brief geschickt. Nur zwei Postkarten. So weit fort, und noch nicht großjährig. Da lauern viele Gefahren, das weiß ich besser als du, glaub mir!«

Ich schwieg. Mein Gesicht verschloss sich, ich starrte auf meine Hausschuhe. Die Mutter wandte sich ab. Sie holte eine Schüssel vom Herd, wo sie vorgewärmt worden war, schlug zwei Eier hinein und vermischte sie mit kleinen Flöckchen unnatürlich graugelben Fettes. Man mochte schon lange nicht mehr fragen, aus welchen Bestandteilen dieser Butterersatz hergestellt wurde. Das Wichtigste war der Nährwert, damit man nicht zu sehr abmagerte. Geschickt siebte sie Mehl in die Mischung, rührte flink ein weiches Päckchen Kunsthonig darunter, gab vier gestoßene Nelken, drei Pimentkörner und eine Prise Hirschhornsalz dazu. Nun begann sie, den Teig kräftig zu schlagen und zu kneten, und versuchte so, ihren aufsteigenden Zorn loszuwerden.

»I bin no immer todmiad«, sagte ich wie nebenbei und hoffte damit auf Nachsicht. Die Mutter wusste ja nicht, was ich hinter mir hatte. Ich beschloss, von Unverfänglichem zu reden, und fragte sie nach dem Rezept. Dann fügte ich hinzu: »Damit ich's später auch für meine Kinder backen kann«, weil ich wusste, dass sie sich darüber freuen würde.

»Der Honig ist aus der Sonderzuteilung. Das werden die Kriegslebkuchen von der Oma, weißt du noch? Das Rezept stammt aus dem Weltkrieg, dem ersten natürlich, mit ganz billigen Zutaten. Damals gab es auch nicht viel zu essen, 1917 war es besonders schlimm. Dabei ist das noch gar nicht so lang her. 1918 haben wir geheiratet, als der Vater wieder zurück war. Erst wollte er ja nicht, weil er doch nur noch ein Bein hatte, aber mir war's recht so. Ein Jahr später ist dann der Ludwig auf die Welt gekommen. Und jetzt haben wir schon wieder fünf Jahre Krieg. Wie lang soll denn das noch dauern?«

Ich dumme Siebzehnjährige zuckte mit den Achseln. »Was ist das für eine blöde Frage«, dachte ich. Es würde eben so lange dauern, wie es zum Endsieg nötig war. An Friedenszeiten konnte ich mich kaum erinnern. Verdrossen schlürfte ich meinen Ersatzkaffee.

Der Verlust der Ostgebiete bedeutet für die Ernährung Ausfall von zwei Monaten Brot, einem Monat Fett, einem Monat Fleisch. Die Rationen werden gekürzt... Es gibt keine Kunstglieder mehr für die Versehrten, das Material ist zu Ende. Es gibt keine Schnürsenkel mehr und keine Gebisse, keine Mullbinden und keine Uringläser. Es fehlt an Ärzten. Ganze Divisionen rücken ohne einen Chirurgen ins Feld, die Zivilbevölkerung ist stellenweise mit fünfundzwanzigtausend Einwohnern auf eine Ärztin angewiesen, und die hat kein Benzin. Aber der Führer verleiht Ärmelstreifen und bestimmt die Breite der Kranzschleifen für Militärbegängnisse.

Gottfried Benn, *Doppelleben* [16]

Während du, Vinzenz, ein paar nette Scherze machtest, wie sie jedem Reisebegleiter geläufig sind, beäugte ich dich mit wachsendem Missvergnügen. Ich traue grundsätzlich keinem Menschen. Darin gleiche ich wohl vielen Frauen meines Alters. Seit meiner Jugendzeit hatte ich mit niemandem über die letzten Kriegsjahre und meine Reise in den Osten geredet, auch nicht mit meiner sogenannten einzigen Freundin Rosa Führholz. Die Rosa gilt als schwatzhaft; sie ist eine rechte Tratschtrutschn. Aber gerade aus diesem Grund bin ich jede Woche samstags bei ihr zum Kaffee. Denn so genieße ich auf bequemste Weise den gesamten Günzburger Klatsch, Neues und Abgegrastes, Aufgewärmtes, frisch Erfundenes und Schwaden aus der Gerüchteküche. Nach der Rückkehr aus Santiago hab ich aber nicht einmal einen kurzen Anstandsbesuch gemacht. Hab gesagt, dass ich erkältet bin und sie nicht anstecken will. Vielleicht geh ich nie wieder hin.

Rosa hat vor der Rente bei Dr. Reinhardt als Sprechstundenhilfe gearbeitet und schon damals alles über jeden gewusst. Das verstand ich für mich und meine Zwecke gut zu nutzen. Auch ich bin bei Dr. Reinhardt in Behandlung, er verschreibt mir das Nitro fürs Herz und die Schlafmittel, die ich schon seit Jahrzehnten brauche, sonst könnte ich weder einschlafen noch durchschlafen. Wegen der Tabletten bin ich zwar den ganzen Tag schlapp, ich schrieb es wohl schon, aber besser als wach liegen und grübeln ist das allemal. Dem Herzarzt hätte ich eines schönen Tages fast, aber nur fast, ein paar Andeutungen gemacht und ihm aus dem Osten erzählt, denn er war immer recht nett zu mir und wirkte verständnisvoll. Gerade noch rechtzeitig fiel mir ein, dass er trotz aller ärztlichen Diskretion anschließend wohl eine Notiz ins Patientenblatt schreiben musste. Die neugierige Rosa hätte das zwar nicht mehr herausfinden können, doch bei ihrer Nachfolgerin kann man nicht recht einschätzen, was das für eine ist. Daher hab ich dem Doktor nicht erzählt, warum ich so schlecht schlafe. Du, Vinzenz, wirst es als Erster und Einziger erfahren, und wenn das so weit ist, liege ich verfault im ewigen Schlaf, dann ist mir eh alles egal. Bei Dr. Reinhardt war es letztlich aber besser gewesen, den Mund zu halten. Schweigen ist Gold. Und mein Vertrauen in die Ärzteschaft ist aus gutem Grund begrenzt – nach allem, was ich erleben musste.

Das, was wir ein schlechtes Gewissen nennen, ist immer ein gutes Gewissen. Es ist das Gute, was sich in uns erhebt und uns bei uns selbst verklagt.

Theodor Fontane

Kurz hinter Bregenz hielt unser Reisebus an einem großen Rastplatz. »Eine halbe Stunde, zum Frühstücken und so weiter, für alles Nötige!«, hörte ich dich rufen. Du stiegst aus und strecktest den Passagieren eine helfende Hand entgegen. Ich wär am liebsten sitzen geblieben, doch ich konnte nicht mehr länger warten, musste zum Klo. Der Appetit war mir über all der Aufregung vergangen. Ich würde mich zwingen müssen, etwas zu essen, hatte außer meinen Bonbons auch keinen Proviant dabei. Brustkaramellen aus Malzzucker und rosa-weiß gestreifte Pfefferminzkissen, die es immer noch auf Jahrmärkten wie unserem Gontia-Fest zu kaufen gibt, besorge ich mir bei Gelegenheit in großen Mengen und verwahre sie in der Speisekammer. Stets hab ich einen Vorrat davon bei mir, zum Trost bei den Kümmernissen des Alltags. Doch wenn es mir einmal wirklich schlecht geht, wenn mein Herz schrecklich wehtut und die Knochen auch, wenn das Treffen mit der Rosa erst am Samstag wieder dran ist und gar nichts anderes mehr hilft, greife ich zu Katzenzungen aus Milchschokolade. Die muss mir der Tabak-Müller in der Augsburger Straße extra bestellen, gleich in einem Kilogebinde, denn im Sortiment hat sie keiner mehr. Ein Wunder, dass sie überhaupt noch hergestellt werden. Die Kinder heutzutage wissen ja gar nicht, was Katzenzungen sind. Sie naschen lieber Gummibärchen und Hubba Bubba. In meinem kleinen Koffer lagen vier Schachteln Katzenzungen, für alle Fälle. Jetzt hätte ich sofort welche gebraucht, um den Schreck über dieses unerwünschte Wiedersehen zu dämpfen. Doch mein Gepäck steckte tief im Bauch des Busses.

Inzwischen waren alle Mitreisenden die Stufen hinuntergeklettert, auch die mit Krücken, zwei Blinde mit Begleitung und eine dicke Frau, die sich nur mit Mühe durch den Gang zwängen konnte und ihren Hintern gegen meinen Ellenbogen presste. Unangenehme Person! Der Pumuckl wollte den Bus absperren, klimperte schon mit dem Schlüsselbund. Notgedrungen packte ich meine Sachen, als Letzte. Die Zwillinge waren schon längst irgendwo verschwunden. Der Glaser-Vinzenz stand unten bereit, geduldig, nahm mir Mantel und Handtasche ab, damit ich mich festhalten konnte, und reichte mir lächelnd die Hand: »A bissle steil, gell?«

Ich berührte dich und ließ sofort wieder los, als hätte ich mir die Haut versengt. Auf deinem Gesicht forschte ich noch einmal nach einem Zeichen deines Erkennens, fand aber keines. Du wirktest neutral nett. Vier Warzen entdeckte ich, zwei am Kinn, eine an der Oberlippe und eine auf der Nase. Ich bemerkte einen Brotkrümel in deinem Schnurrbart. Ich lächelte nicht zurück, tat so, als nähme ich dich nicht zur Kenntnis. Außerdem schämte ich mich für meine eingerosteten Knie.

In der Raststätte saß ich allein vor meinem Kaffee und kaute abwesend an einer Käsesemmel, um mich herum die gut eingeübte Aura von Missmut. Als ich einen Moment lang meinte, du wolltest Anstalten machen, dich zu mir zu setzen, griff ich rasch nach einer herumliegenden Reklamezeitschrift und studierte sie akribisch, dabei hatte ich nicht einmal meine Brille auf der Nase.

Wider Willen musste ich später im Bus ständig auf dich achtgeben, auf die Stimme dieses Begleiters, die ich gar nicht hören wollte, denn von den hinteren Sitzreihen forderte jemand, das Mikrofon lauter zu stellen. Hinweise auf die Stationen des ersten Reisetags und eine Ankündigung, dass man im Laufe des Tages gemeinsam alte Pilgerlieder singen würde. Dann nahm er wieder Platz, der Mann, den ich erkannte und doch nicht kannte, kramte in seiner Reisetasche und wickelte ein belegtes Brot aus. Es roch nach Leberwurst, einer billigen, fetten, groben Sorte. Dazu der Duft von Pitralon. Mir wurde übel, doch konnte ich woanders hinriechen? Die Fahrerin stellte auf Musik um, modernes Zeug, das wahrscheinlich niemandem im Bus gefiel.

Und ich ließ meine Gedanken wieder zum Feuerwehrball schweifen. Nein, sie schweiften mich, ich konnte sie nicht daran hindern …

Noch einmal wiegt man sich im Tanz. Es herrscht schon Aufbruchsstimmung, obwohl noch keiner heimgegangen ist. Nach den schweren Jahren will man das kleine Samstagabendglück bis zur letzten Minute auskosten. Ich werde ein letztes Mal aufgefordert und willige ein. Diesen Tänzer kenne ich aus der Schulzeit. Inzwischen ist er hoch aufgeschossen, schmal gebaut, ein blasser junger Mann, sauber gewaschen und rasiert. Betrunken ist er nicht, das merkt man. Ich bin beruhigt. Er verbeugt sich. Ich lächle ihn an zum Zeichen des Einverständnisses, da er mir ja ein bisschen vertraut ist. Er ist ein Anständiger, der Glaser-Vinzenz, kein Goggolore, tritt mir nicht zu nahe, führt mich auf Distanz, scheint in Ordnung. Die Musikanten in ihren schmucken Feuerwehruniformen mit den schweren, breiten Ledergürteln erheben sich umständlich. Feierlich nehmen sie ihre silbern betressten Helme und Mützen ab. Gleich ist Schluss. Die Tänzer halten inne, Paare nehmen sich an der Hand, Schweißrinnsale im Nacken. Man bläst zum Abschied nur Posaunen und Trompeten, ein Zapfenstreich ertönt. Die goldenen Instrumente glitzern im Halbdunkel, tröstlich und verheißungsvoll wie in alten, guten Zeiten.

Eigentlich wollte ich die Fahrt nur nutzen, um mich den Zwillingen unauffällig zu nähern. Mit den beiden wär ich irgendwohin gefahren, nach Schottland oder Neapel, das war mir völlig gleich. Nun aber reisten die Frauen nach Santiago de Compostela, weiß der Himmel, warum. Bald aber wollte mir die Idee einer Busfahrt zum spanischen Wallfahrtsort wie eine himmlische Verheißung erscheinen. Von dem speziellen Plenarablass in diesem Jahr 1999 hab ich zuerst gar nichts gewusst, und der Ablass wär mir eigentlich auch wurscht gewesen, denn ich wollte bloß mit den Zwillingen zusammen sein. Aber wenn ich zwei Fliegen mit einer Klappe schlagen konnte, sollte es mir recht sein. Kurz nachdem ich erfahren hatte, dass sie die Reise nach Spanien machen wollten, sah ich nämlich im Fernsehen eine Dokumentation über das Heilige Jahr in Santiago und dachte mir: »Sapperlot, das ist doch der beste Vorwand, um mit dem Pilgerbüro im Bus zu fahren!« Ich würde recht fromm tun und vielleicht dadurch auch etwas von meinen Schuldgefühlen abschütteln. Das Problem mit der Beichte würde ich schon irgendwie lösen.

Dieses Festjahr findet in unregelmäßigen Abständen statt, hat was mit Sonntagen und dem Tag des Heiligen zu tun, du weißt das ja, hast im Bus davon erzählt. Dass man den vollständigen Ablass auch dann erlangen kann, wenn man nicht zu Fuß nach Santiago pilgert, das war mir neu. Denn sonst ist ja immer nur die Rede von den Leuten, die sich mit Pilgerstab und Rucksack Tausende Kilometer bei Hitze oder strömendem Regen den

Weg entlangquälen. Nun aber plötzlich die Aussicht auf eine Busfahrt, die kirchenrechtlich gleichwertig ist! Einfach ideal, besser hätte es nicht passen können. Alle zeitlichen Sündenstrafen sollten mir erlassen werden! Und vorher würde ich die Ohrenbeichte bei irgendeinem ausländischen Priester ablegen. Dazu wär ich verpflichtet. Nicht dass ich es mir wünschte. Es war nun einmal die Vorbedingung für den Ablass.

Allerdings hatte ich seit Jahrzehnten nicht mehr die Beichte abgelegt, wusste kaum noch, wie man das macht. Ein BDM-Mädel tat so etwas nicht. Zu beichten bei einem, der nicht aus Günzburg war, vielleicht nicht einmal Deutsch verstand, kam mir daher leichter vor. Daheim wär ich nie sicher gewesen, dass der Ortspfarrer mein Geheimnis bewahrt. Diese Beichtväter, die tun doch nur so, als seien sie ganz Ohr in ihrer Funktion als Mittler der Vergebung Christi. Doch wehe, wenn sie etwas Interessantes zu hören bekommen! Einer von den verfluchten Pfaffen wär wahrscheinlich der Erste, der eine anonyme Notiz an die *Günzburger Zeitung* oder die *Augsburger Allgemeine* senden würde. In München oder Lindau, da hätte ich vielleicht jemanden gefunden, der nicht gleich alles weitererzählt. Aber kennen sich die Pfarrer nicht auch untereinander? Letztlich kann man niemandem trauen. Die ratschen doch wie die Waschweiber. Und ich wollte ja nicht wirklich beichten. So ein Beichtgeheimnis lässt sich viel zu leicht brechen. Schweigen und Geheimnisse bewahren – das kann ich selber am besten, lieber Vinzenz. Daraus hab ich ein Leben lang meine halsstarrige Kraft bezogen. Jedenfalls glaubte ich das bis vor Kurzem. Ich hab mich stets gefürchtet, mein Schweigen zu brechen. Denn dann … Ja, was dann?

Bist jetzt beleidigt, Vinzenz, weil du ja auch zu diesem Heuchlerklub gehörst? Wahrscheinlich hast du ganz andere Ansichten als ich, du arme reine Seele! Aber ich traue keinem, der eine Soutane mit einem Plastikkragen trägt. Daran wirst du nichts ändern. Außerdem, und ich weiß nicht, ob du das schon selber bemerkt hast, die Pfarrer und Prälaten, die riechen alle so, als täten sie sich nur selten den Hintern waschen. Ist ja auch keine Frau da, die drauf achten würde. Und sich selber nackt zu sehen soll ja eine Sünde sein. Die Mutter, die gut katholisch war, hab ich niemals ohne Kleider gesehen, nicht mal in der Unterwäsche – außer kurz vor ihrem Tod, als ich sie waschen und abputzen musste. Sie erzählte mir, als ich meine erste Regelblutung bekam, dass sie bis zur Hochzeit im Hemd gebadet hätte, so keusch war sie erzogen. Erst mein Vater hat ihr diesen Unsinn ausgetrieben.

Nachdem die Feuerwehrkapelle ihren Abschiedstusch trompetet und das Fest sich aufgelöst hat, bringt der Glaser-Vinzenz mich heim, wie es sich gehört. Es ist spät. Ich hab keine Bedenken. Jahrelang bin ich morgens früh um sieben eine Stunde Wegs mit ihm und ein paar anderen zur Volksschule marschiert, von Denzingen, wo man keinen Lehrer hatte, zur Altstadt. Er bog am Ende links zur Knabenschule ab. Ich musste noch weiter, zu den Betschwestern. Später hat er das Günzburger Gymnasium besucht. Seit jener Zeit, also seit über zehn Jahren, hab ich ihn nicht mehr gesehen. Aber man sagt, dass er bald auf Wunsch der Eltern zum Priester geweiht werden soll. Sein Kolleg ist in Dillingen. Noch hat der Vinzenz kein Gelübde abgelegt. Wahrscheinlich darf er deshalb tanzen gehen. Und vielleicht fordert er nur Mädchen wie mich auf, die einen tadellosen Ruf haben.

Gesittet laufe ich im Dunkel der Augustnacht neben ihm her. Es ist schon nach zwölf. Der junge Mann erzählt von der Stadt, in der er lebt, nennt mich »Fräulein Walburga«. Ich weiß nichts zu sagen. Ich mag ihn, vertraue ihm. Er riecht gut. Meine Hände stecken tief in den gerüschten Dirndltäschchen; meine Finger spielen mit zwei übrig gebliebenen Groschen. Rinder und Schweine regen sich schläfrig in den Ställen am Weg; die Wiesen sind schon zum zweiten Mal gemäht. Unser Gang wird von einem Viertelmond erleuchtet. Es duftet nach Getreidestoppeln, Heublumen, Kuhfladen und Disteln. An den Bäumen färbt sich bereits das Laub. Ich kann die Nachtfeuchte in den

Blättern erschnuppern, mit einer Ahnung von frühherbstlichem Moder. Am Wegrand riechen die roten Vogelbeeren säuerlich-herb. Trockene Blätter rascheln und brechen unter unseren Schritten, auf dem schmalen Fußpfad zum Haus knirscht der Kies.

Bei der Hoftür angekommen, strecke ich dem jungen Mann mit erwachsener Miene die Hand zum Abschied hin. Meine Stimme klingt fest und leise, ich rede schriftdeutsch: »Gute Nacht. Und recht schönen Dank auch, Vinzenz.« Mein Tanzpartner wendet sich zum Gehen. Ich schau ihm nach. Da dreht er sich plötzlich um, macht ein paar schnelle Schritte auf mich zu, legt seinen Arm um meine Schultern, reißt an meinem Zopf, dass die Spange herausspringt, und dreht mein erschrockenes Gesicht zu sich hin.

Mit der freien Hand greift er an meine rechte Brust. Ich verspüre einen Stromschlag wie am Weidezaun. Und noch bevor ich weiß, wie mir geschieht, drückt dieser fromme, anständige Vinzenz seine Lippen auf meinen Mund, der vor Erstaunen offen steht, und stößt mit einem scharfen Klicken gegen meine Zähne.

Vinzenz! Darauf bin ich nicht gefasst. Gurgelnd schieb ich ihn von mir, doch sein Arm hält mich fest. Er löst sich auch nicht von meinen Lippen, nein, jetzt drängt er seine nach Bier und Pfeifentabak schmeckende Zunge in meinen Mund hinein. Bäh! Ich versuche, meinen Kopf fortzudrehen, weil das fremde Fleisch und der Speichel mir eklig sind. Und eine glühende Angst um meinen guten Ruf beherrscht mein Denken. Schreckliche Sätze rasen in meinem Kopf herum: Jessas Maria, wenn die Mutter das noch erlebt hätt, und der Vater wird mich schlagen, wenn er's erfährt! Der Familie Schande machen! Und wenn der Kerl es herumposaunt, was ich für eine bin? Ein Flittchen, leicht zu haben, eine Bubi-drück-mich? Nichts wär mir schlimmer, als auf solche Weise verschrien zu sein. Dieser Heuchler, dieser Schuft könnte meinen Ruf ruinieren. In Denzingen und Günzburg spricht sich so etwas herum, ein jeder weiß nach ein paar Tagen Bescheid und weiß noch mehr, als passiert ist.

Da packt mich eine Riesenwut. Denn der darf das doch überhaupt nicht! Er versündigt sich an mir, der Glaser-Vinzenz! Hat er nicht Keuschheit gelobt? Oder ist kurz davor? Aber gleichzeitig spüre ich auch mit lustvollem Entsetzen, wie die schmalen Finger des Priesterschülers meinen Busen kneten. Und während ich das Schlimmste denke, immer noch einmal denke, wilde, fiebrige Gedanken denke, ergreift eine andere, ganz neuartige Empfindung von mir Besitz. Die macht, dass mein Körper nachgiebig und biegsam wird. Mein Mund öffnet sich weit, die Lippen werden immer weicher, meine Knie geben fast nach, und eine seltsame Feuchtigkeit benetzt meinen Schlüpfer. Ich kenne das nicht, ich will das nicht. Ich will das nicht! Aber wie soll ich das sagen, wenn der Kerl mich küsst? Mein Widerstand, mein Widerwille lassen nach. Dieses Neue, das ist gut, so gut, dass ich den Vinzenz noch ein Weilchen gewähren lass trotz aller Angst und Scham. Er riecht so anders als die Brüder und doch vertraut, er benutzt ein Rasierwasser wie der Vater, und sein Hals ist mit Kernseife gewaschen. Seine Haartolle hat er mit Frisiercreme in Form gebracht, extra für die Tanzerei. Ich grause mich noch immer ein wenig, doch der Tabak in seinem Mund, gemischt mit süßbitterem Festbier, beginnt mir zu schmecken, und die fremde Spucke auch.

Meine Arme können den Burschen nicht mehr wegstemmen. Meine Hände legen sich auf seine beiden Ohren, große, dünne Ohrwatschln. Dann finden sie sich in seinem Nacken wieder. Und plötzlich herze ich den Vinzenz, ich ziehe ihn zu mir heran wie im Kino, oder als wären wir verlobt. Und ich lass mich küssen, und küssen, ein schönes Weilchen, eine ganze Ewigkeit.

Sünde ist etwas anderes als Schuld im juristischen Sinne. Sündig ist der Mensch seit seiner Vertreibung aus dem Paradies, und damit aus der ungestörten Nähe zu Gott. Sünde ist dem biblischen Verständnis gemäß also eine Beziehungsstörung zwischen Gott und Mensch, sie ist der Verlust des Heilsanspruchs. Der säkulare Mensch kennt Sünden allenfalls in der Eisdiele …

Dirk Pilz, »Der Sünde Lohn«[17]

Über diesen Erinnerungen muss ich wohl irgendwann eingenickt sein, obwohl sie aufregend genug waren und auch traurig. Drei Stunden später hielt der Bus zum Mittagessen in einer Schweizer Raststätte. Ich setzte mich zu anderen Reisenden. Dieser Herr Glaser, der dabei war, mein armes Leben ein zweites Mal zum Zusammensturz zu bringen, sprach seelenruhig am Nebentisch das Gebet. Schweigend verspeiste ich Rahmgeschnetzeltes mit Kartoffelpüree und Gurkensalat. Dabei dachte ich an die Mutter und bildete mir ein, bei ihr hätte es besser geschmeckt. Die anderen Pilger erzählten von Kindern und Enkeln, zeigten Fotos herum, aßen Eiscreme zum Nachtisch und amüsierten sich über den Ausdruck »Glace«, den die Schweizer Kellnerin verwendete. Ich fand das albern und sorgte mit mürrisch-abweisender Miene dafür, dass keiner mich ansprach. Inzwischen befand man sich auf fremdländischem Terrain. Freuen konnte ich mich darüber nicht. Diese Busfahrt war wie eine Geschäftsreise, lästig, nicht mehr aufzuschieben, beileibe kein Urlaub, sondern unvermeidlich. Und jetzt noch das ärgerliche Wiedersehen mit dem Vinzenz. Ich wollte mich nicht mit ihm befassen müssen. Die Reise galt doch einzig und allein den Zwillingen! Ständig schielte ich hinter ihnen her, versuchte Wortfetzen aufzuschnappen, aber das war sehr kompliziert, weil sie immer hinten ausstiegen und rasch ihrer Wege gingen, so dass ich sie nicht beobachten konnte. Aber der Gedanke an den Ablass gewann nach und nach an Wichtigkeit. Damit die Angst, die Lebensangst, die Höllenangst endlich aufhörte.

Die Gedanken in meinem armen Kopf, die sich dem Mann auf dem Sitz vor mir verweigern wollten, obgleich mir sein Menschengeruch so sehr in die Nase stach, dass sie juckte, zogen es vor, mit einem Willensakt zurück in die Denzinger Küche zu wandern. Wieder und wieder zu jenen Tagen, als ich von der langen Reise in den Osten zurückgekommen war und mich der zudringlichen Fragen von Familie und Verwandtschaft erwehren musste, um meinen Diensteid nicht zu brechen. Ich dachte an die Mutter, ans Elternhaus, an den Ort, wo ich meinte, noch einmal eine schützende Heimat zu finden; an die Zeit, als ich glaubte, alles könnte wieder gut werden.

Hatte ich denn etwas Böses getan? Lange Zeit wollte ich glauben, dass man sich nicht schuldig macht, wenn man sich heraushält. Wenn man keine Fragen stellt, einfach den Mund hält. Verstehst du mich, Vinzenz? Dabei sagt schon die Beichtformel das Gegenteil. Und von Parzival hab ich auch gelesen, dass er Elend über das Land bringt, weil er dem Oheim keine Frage stellt. Nicht die einfachste menschliche Frage: Wie geht es dir, Onkel?

Unterlassung, das weiß ich jetzt, ist auch eine Sünde. Ich hätte es ja schon vorher wissen können, denn in der Jugend hatte ich es bei der Beichte oft als Reuegebet vor mich hin geplappert: »Ich bereue, dass ich Böses getan und Gutes unterlassen hab. Erbarme dich meiner, o Herr.«

Parzival bemerkte wohl alle Pracht und das ganze wunderbare Geschehen, doch seine höfische Erziehung ließ ihn auf jede Frage verzichten. Er dachte nämlich bei sich: Gurnemanz hat mir wohlwollend und unzweideutig eingeschärft, keine unnützen Fragen zu stellen. Soll ich durch ungeschicktes Benehmen Missfallen erregen? Auch ohne Fragen werde ich schon erfahren, was es mit dieser

Rittergesellschaft auf sich hat. … Wehe über ihn, dass er auch jetzt nicht fragte! … Als man nämlich das Schwert in seine Hände legte, wollte man ihn zum Fragen ermuntern. Auch fühle ich [Wolfram der Erzähler] Mitleid mit seinem freundlichen Gastgeber, der an einer unheilbaren Wunde dahinsiecht und durch eine einzige Frage hätte erlöst werden können! … Der Knappe aber rief ihm zu: »Ihr seid nicht einmal wert, dass Euch die Sonne bescheint! Zieht ab, Ihr beschränkter Dummkopf! Hättet Ihr doch Euren Schnabel aufgetan und den Burgherrn [nach seinem Leiden] gefragt! Ruhm und Ehre habt Ihr verspielt!«

Wolfram von Eschenbach, *Parzival*

Trotzdem fand ich, dass das Leben verdammt ungerecht mit mir umsprang. Was hatte ich denn verbrochen? Und ich schwör's, auch wenn es in den Ohren der Heutigen abgedroschen klingt, ich hab nicht gewusst, was jenseits meiner Säuglingsstation vor sich ging. Ich wollte es auch gar nicht wissen, hab nie gefragt, wenn mir etwas seltsam oder widersprüchlich vorkam. Dem Doktor glaubte ich aufs Wort. Er hätte mir jeden Bären aufbinden können. Er war aber auch derart charmant! Und so appetitlich, so fesch, so gebildet. Du hättest ihn singen hören müssen, wenn er beim Heimabend seine Opernarien zum Besten gab. Wie wir ihn bewunderten, wie wir applaudierten!

[Zur Frage: Was hat man wissen können?] Auch legen wir solchen Fragen meist eine unrealistische Vorstellung zugrunde: das Ideal des umfassend gebildeten, politisierten Menschen, der zu allem eine klare Meinung hat. Aber das ist ja in der Realität häufig nicht so: Viele sind nur

halbwissend oder haben widersprüchliche Ansichten, sagen hier dieses, dort jenes. Gerade in einer Diktatur ist das offiziell verbreitete Stimmungsbild von nicht zu unterschätzender Bedeutung. Es gab im »Dritten Reich« fast keine Möglichkeit, abweichende Meinungen öffentlich zu äußern. Mein Eindruck ist, dass die Bevölkerung durch das Regime immer wieder angehalten werden musste, Zustimmung zur Verfolgung zum Ausdruck zu bringen – und dass sie sich diesem Druck mehr oder weniger willig fügte. … Sehen Sie, die einen sagen: Man hat nichts gewusst, und wenn doch, hielt man den Mund, sonst ging's ab ins KZ. Die anderen behaupten: Alle haben alles gewusst, wer etwas anderes behauptet, lügt. Beides ist zu simpel.

Peter Longerich, Historiker[18]

An jenem 20. Dezember 1944 war es Mittag geworden in Denzingen. Ich kauerte noch immer im Nachthemd auf der Ofenbank. Die Mutter wärmte nun Kartoffelsuppe mit Rüben vom Vortag auf und reichte mir einen Teller herüber. Sie selbst hatte keine Zeit, sich an den Tisch zu setzen, sondern aß nur zwischendurch einen Löffel, während sie weiterhin mit den vielen Küchenarbeiten vor den Feiertagen beschäftigt war. Langsam, ganz langsam, konnte ich mich ein wenig entspannen. Ich fühlte, wie sich meine Züge glätteten, wenn ich von Zeit zu Zeit mein Gesicht rieb und mir die Nase putzte. Ich schaute mich in der Küche um. Gesagt wurde nichts. Wir waren keine gesprächige Familie. Das Holz knackte in der Feuerstelle.

Vom Hof her drangen plötzlich Kinderstimmen, dann war die Reißschelle am Hauseingang zu hören, Türen klappten, schnelle Füße liefen die Treppe hinauf. Ich fuhr von der Ofenbank hoch, kalter Schweiß auf Stirn und Rücken. »Wer ist das?«, flüsterte ich. Mir war, als wären da böse Geister im Haus. Gespenster, die mich verfolgten. »Was sind das für Kinder?«

»Ach Gott«, rief die Mutter. Sie hatte bemerkt, wie ich zusammengezuckt war, und sah meinen starren Blick. »Muscht kei Angst haben, mei Burgele! Das sind bloß unsere Einquartierten, ich hab's dir noch gar nicht erzählt. Du hast ja das alles nicht mitbekommen, weil du fort warst. Aber kaum bist du weg, da gab es hier im Dorf einen Luftangriff der Amis, aber nicht in der Nacht, nein, mitten am Tag. Das war am 12. September. Nie werden wir das vergessen. Vorher kein Alarm, niemand hat damit gerechnet. Wir waren bei der Arbeit, und dann so ein furchtbarer Schreck. Acht Höfe sind zerstört, viele Nachbarn tot oder verletzt. Kinder und alte Leute meterweit durch die Luft geschleudert von den Explosionen. Die Bomben waren wohl für die Fabrik in Wasserburg bestimmt, die hatten sich bloß hierher verirrt. Aber trotzdem, unser armes Denzingen wurde hart getroffen. Deshalb hat man die Obdachlosen irgendwo unterbringen müssen. Die Dorfgemeinschaft musste Wohnraum bereitstellen. Da haben wir Frau Langer und ihre zwei Buben aufgenommen, Sie wohnen in Karlis Zimmer droben, weil er ja doch nimmer wiederkommt, unser armer Karli. Jetzt sind die Buben grad von der Schul' gekommen. Die Frau Langer hat nichts mehr, gar nichts mehr, alles ausgebrannt. Jetzt geht sie bei den Nachbarn betteln für ein bisschen Brot und Milch. Wir geben ihr, was wir geben können, viel ist es ja nicht, Gott sei's geklagt!«

»Hier bei uns daheim?« Meine Stimme klang heiser, ganz ungewohnt, ich hörte es selber, vielleicht war es der Schnupfen. »Sogar Tote hat's gegeben? Und ich hab immer geglaubt, in Denzingen wären wir ganz sicher!«

Ich kniff die Augen fest zu, zog das dicke Tuch enger um meine Schultern und kreuzte die Arme schützend vor der Brust, denn ich zitterte trotz der warmen Ofenwand in meinem Rücken. Meine Knie waren so eng an den Körper gepresst, dass man mich für ein Ungeborenes hätte halten können.

»Kind, mein liebes, gutes Kind«, hörte ich die Mutter, »keiner ist sicher, der lebt. Das wirst du schon auch noch erfahren.«

Inzwischen nähert sich das Weihnachtsfest. Es gibt hundert Gramm Streichmettwurst als Sonderzuteilung und zum Wochensatz Fleisch fünfundzwanzig Prozent

Bratlingspulver. Ferner, wer auf dreißig Gramm Margarine und hundert Gramm Zucker verzichtet, kann eine Stolle bestellen. Weihnachtlieder sind verboten, Wintersonnenwendbetrachtungen dienstlich erwünscht mit Betonung der Erneuerung des Lichts aus dem Schoß der Allmutter Natur, die Kommandeure haben dementsprechend zu verfahren.

Gottfried Benn, *Doppelleben* [19]

Mit dem Handrücken berührte ich meine Stirn, um zu prüfen, wie hoch mein Fieber war. Als ich die Augen wieder aufmachte, sah ich, wie die Mutter an das niedrige Küchenfenster trat, beide Fäuste in ihren Rücken presste, sich dann mit einem leisen Stöhnen niederbeugte und hinausschaute in den Schnee. Die Stimmung in der Küche, gerade noch geschäftig und vorweihnachtlich angeregt, wurde unvermittelt bleischwer.

»Was hast du denn, was ist los?«, fragte ich ganz gegen meine Gewohnheit, weil ich spürte, dass sie noch trauriger war als sonst. Aber so recht anteilnehmend war mir nicht zumute.

»Burgele, wer weiß, wo deine Brüder jetzt stecken? Ob sie zur Christnacht auch etwas Gutes zu essen bekommen und einen Baum anzünden? Vom Alfons haben wir zuletzt im August einen Feldpostbrief bekommen, der kam aus Frankreich.«

Die Stimme der Mutter war so leise, dass ich auf meinem Platz am Ofen sie kaum verstehen konnte. Ich war so sehr mit meinem eigenen Zustand beschäftigt, dass ich von ihrem Leid jetzt nicht allzu viel wissen wollte. Solche persönlichen Worte war ich von ihr ohnehin nicht gewöhnt. Trotzdem ging ich darauf ein und fragte: »Und Ludwig, habt ihr vom Ludwig was gehört?«

»Der Ludwig«, sagte die Mutter, »der hat ja noch nie viel geschrieben. Aber zu Weihnachten, da hatte ich doch auf eine Nachricht gehofft. Dein Vater lässt sich nichts anmerken. Aber es wurmt ihn sehr, dass er von seinem Ältesten nichts hört, das sehe ich ihm an. Und woisch was, Burgele? Dass der Karli nie mehr heimkommt, darüber redet er überhaupt nicht. Oder höchstens sagt er, wir dürfen sehr stolz drauf sein, dass wir einen Sohn fürs Vaterland gegeben haben. Ich versteh den Mann nicht mehr. Unser Karli! Dahin für immer, Gott sei ihm gnädig.«

Mit ihrer bemehlten Hand schlug sie ein Kreuz vor ihrer Brust. Ein weißer Tupfer blieb auf ihrer Stirn zurück. »Der war doch kein großer Held, mit seinen zwanzig Jahren, und nun soll er den Heldentod gestorben sein.«

»Aber Mutter, so darfst du nicht reden!«, fiel ich ihr ins Wort. »Der Vater hat recht. Wir müssen alle dankbar und stolz auf unsere Gefallenen sein. Jeder Deutsche muss nun mal seinen Beitrag leisten.«

Die Mutter warf mir einen Blick zu, der mir sagte, dass sie mich am liebsten geohrfeigt hätte. Ihre Stimme nahm eine schneidende Schärfe an: »Sag, macht's dich denn gar nicht traurig, dass dein Bruder tot ist? Fehlt er dir nicht? Ich find's furchtbar, einfach furchtbar, wie du daherschwätzt.«

Jetzt war ich doch erschrocken. Es geschah selten genug, dass sie so aus sich herauskam, fast die Beherrschung verlor. »Doch, Mutterl, natürlich fehlt er mir«, versuchte ich sie zu besänftigen. Einer Auseinandersetzung war ich nicht gewachsen, überhaupt nicht und in diesem Augenblick schon gar nicht. »Ich hab ihn doch auch lieb gehabt. Aber der Krieg ist nun einmal notwendig für das Heil des deutschen Volkes! Das weißt du doch. Und wir stehen kurz vor dem Endsieg. Da ist jedes Opfer recht, das unser Führer von uns verlangt. Deutsches Blut muss fließen bis zum letzten Tropfen, wenn es zur Verteidigung des Vaterlandes dient, das hat er oft genug gesagt. Und ich bitt dich, Mutter, wenn dich jemand hört! Man wird dich noch anzeigen, so wie du redest!«

»Jaja, schon recht, Burgl«, grummelte sie über den Herd gebeugt und kniff die Lippen zusammen. Dann hörte ich, wie sie hinzufügte: »Wer soll mich schon anzeigen, wenn nicht mein eigen Fleisch und Blut? Du verdirbst mir die Freude an unserem Wiedersehen, du dummes Mädla.«

Seit Jahren schon gab es diese Streitereien über die richtige Einstellung. Ich war eben ganz anders aufgewachsen und erzogen als sie. Anfangs hatte sie immer streng darauf geachtet, dass ich keine Messe versäumte und regelmäßig zur Beichte ging, aber bei der Jungmädel-Schar und später beim BDM waren ganz andere Werte gefragt. Kinder in Uniform waren immerzu im Dienst. Da blieb dann kaum noch Zeit für den Kirchgang. Zur Beichte ging ich schon seit zwei, drei Jahren nicht mehr.

In der Hitlerjugend ersetzte »Führer«-Glaube das Vertrauen auf den himmlischen Vater. Das »Feierjahr der HJ« folgte dem Kalender der nationalsozialistischen Fest- und Gedenktage. Vom »Tag der Machtergreifung« über den »Geburtstag des Führers« bis zum Jahrestag des gescheiterten Putschs vom 9. November 1923 fungierten Millionen Jungen und Mädchen als Messdiener einer »nationalen Religion« im Zeichen einer neuen Dreifaltigkeit: »Unser Bekenntnis: Deutschland! Unser Glaube: Der Führer! Unser Wille: Das heilige Reich deutschen Glaubens!«

Guido Knopp, *Hitlers Kinder*[20]

Für meine zwei Brüder im Feld brannte im Herrgottswinkel der großen Küche von früh bis spät eine Flamme in einem roten Glasbecher, und der Karli hatte sein Grablicht auf dem Gottesacker. Unter dem Kruzifix stand der Volksempfänger, vor dem die Eltern abends saßen, um Nachrichten oder eine Rede zu hören, manchmal auch Musik.

Die Mutter hatte sich anscheinend beruhigt. Sie wandte sich zu mir und wollte schon wieder wissen, wie es im Osten gewesen war. Ich hatte keine Lust, über meine Kleinen im Lager zu reden. Oder über die zwei, die ich am Bahnhof abgegeben hatte. Überhaupt wollte ich nie wieder mit Kindern etwas zu tun bekommen. Auch keine eigenen Kinder kriegen. Bei dem Gedanken, was denen im Lauf des Lebens zustoßen könnte, wurde mir speiübel.

Seit ich heimgekommen war, hatte es mich fast zerrissen zwischen dem Bedürfnis, von meinen Erlebnissen zu erzählen – von den Aufgaben und dem Alltag im Lager –, und dem Wunsch, alles zu vergessen, was in den vergangenen Monaten geschehen war. In diesem Augenblick wollte ich nichts anderes, als schweigend bei der Mutter sitzen, mit allen Zehen in den warmen Hausschuhen spielen und einfach zu Hause sein. Ich holte das Taschentuch mit der grünen Häkelspitze, das mir die Tante Wally zum Namenstag geschenkt hatte, aus meinem Ärmel und schnäuzte mich.

Die trügerische Beruhigung darüber, dass mir hier zu Hause nichts passieren würde, dass ich zur Not sogar in der warmen Küche auf der Bank schlafen könnte, vermengte sich mit kindlicher Adventsfreude zu einer empfindlichen Rührseligkeit, die mir nicht recht gefiel und die ich nicht wahrhaben wollte, weil sie gegen alles verstieß, was ich gelernt hatte. Ich schluckte. Meine Kehle war durch die Erkältung rau geschwollen und schmerzte schon. Bloß keine Schwäche zeigen! Niemals!

Später, als ich endlich in der Zinkwanne gebadet hatte, versuchte die Mutter es ein letztes Mal, während sie mir wie in Kinderzeiten den Rücken trocknete und das frisch gewaschene Haar mit dem Nissenkamm nach Läusen absuchte. »Wie ist denn deine Arbeit? Ist der Doktor nett zu dir? Wie viele Kleine hast du denn zu betreuen?«, wollte sie erfahren.

»Ach, der Herr Doktor«, wiegelte ich ab, »der ist immer nett zu allen, und besonders zu denen, die aus seiner Heimat sind wie ich. Als seine Frau im Herbst zu Besuch kam, hab ich im Haushalt geholfen, beim Kochen und Servieren. Die Frau Irene, die ist auch sehr freundlich. Und schön sieht sie aus. Ganz blond. Sie kam aber nur kurz, leider. Zweimal durfte ich auch in der Kommandantenvilla aushelfen. So einen Luxus hast du noch nie gesehen, Mutterl! Lauter Kaviar und Gänsebrust geräuchert, dazu Champagner und feinste Zigarren. Beeindruckend! Und vor lauter Ehrfurcht musste ich vor den hohen Herren andauernd knicksen. Die fanden das aber ganz goldig. In unserer Wohnsiedlung gab's viele Offiziersfrauen mit kleinen Kindern. Die Häuser und Baracken waren auch gar zu hübsch. Mit Herbstblumen und bunten Farben, stell dir vor. Das hat der Führer selbst veranlasst, damit sie ihren Ehemännern beistehen können. Die Arbeit ist ja doch recht schwer. Wenn's geht, sollen sie ein normales Familienleben haben, hat er gesagt, und auch Reichsführer Himmler hat das noch mal betont, bei seinem letzten Besuch im Osten. Sonst hatte ich nicht allzu viel zu tun. War ja eine besondere Abteilung, nur für Zwillinge, gell. Und ich war auch bloß für die Allerkleinsten da, füttern und wickeln und so.«

»Oh, Burgl, wie schön, lauter Zwillinge! Was du für ein Glück hast! Aber du weißt ja noch gar nicht, dass die Frau Meurer von gegenüber auch zwei herzige kleine Buben bekommen hat. Vielleicht kannst du die mal einhüten oder mit ihnen spielen. So was hätt ich auch gern gehabt. Vielleicht kriegst du ja selbst Zwillinge. Später einmal. Aber wieso sind denn die süßen Kindle nicht bei ihren Müttern, wo sie hingehören?«

Mir wurde angstvoll zumute. Hatte ich schon zu viel verraten? Ich stand auf und tauchte den Zeigefinger in die Backschüssel. Die Mutter schlug mir spaßeshalber mit dem Rührlöffel auf die Hand und ließ mich gewähren. Dann zog ich mich wieder auf die Bank zurück und leckte sorgfältig einen Pappbecher aus, der Kunsthonig enthalten hatte. Aber die Mutter ließ nicht locker. »Also sag doch, wo sind die Mütter?«

»Jetzt hör schon auf«, fuhr ich sie an, »ich bin zu müd zum Erzählen. Die haben eben keine Mütter mehr.«

Sofort tat mir der unwirsche Ton leid. Ich faltete die Hände, presste sie vor die Brust und fügte beschwörend hinzu: »Und nun darfst du nicht mehr fragen, bitte! Ich musste beim Ankommen dort gleich einen Diensteid leisten. Keine Auskünfte an Dritte! Alles ist streng geheim, woisch. I werd nix sagen und Schluss.« Ich holte tief Luft und räusperte mich wie vor einer offiziellen Ansprache. »Der Dr. Mengele und seine Mitarbeiter dienen der Volksgesundheit, Mutter. Er ist ein berühmter Forscher und Genetiker. Das ist alles.«

Wir hörten das Holzbein im Flur poltern, und sie gab vorerst auf, etwas über meine Erlebnisse erfahren zu wollen. Der Vater rief wie jeden Tag: »Gundi!« Und nach einer Pause, als fiele es ihm jetzt erst wieder ein, dass ich daheim war: »Burgl! Burgl!«

Er war an diesem Morgen unterwegs gewesen. Als Leiter seiner NSDAP-Ortsgruppe musste er die Sonnwendfeier vorbereiten. Von der Kirche hatte er sich schon vor Jahren abgewandt. Gespräche über die Kinder fanden selten statt. Er war trotzdem kein schlechter Mann. Seine Familie liebte er auf ernsthafte, stumme Art, wie er es von seinem Vater und von seinem Großvater und von allen anderen im Dorf gelernt hatte. Die Mutter hing an ihm. Aber politisch gingen ihre Ansichten weit auseinander. Ihm machte das nichts aus, denn die Meinung von Frauen interessierte ihn nicht. Sie aber litt unter der Kluft, die sich immer tiefer zwischen ihnen auftat, das ist mir heute klarer denn je. Es war ihr bitter, dass sie niemanden hatte, der ihre Trauer um unseren Karli wirklich teilte. Es gab ja keinen Menschen, mit dem sie über ihren Kummer einmal reden konnte. Zita, ihre jüngere Schwester, kam dafür nicht in Frage. Die hatte nämlich schwache Nerven. Selbst nach fünf Jahren war sie noch nicht über den Verlust ihres Mannes hinweggekommen, der gleich in den ersten Tagen des Krieges bei Danzig gefallen war. Mit eigenem Leid durfte man sie nicht belasten, sonst weinte sie nächtelang. So verschloss die Mutter immer wieder ihr wundes Herz.

Der Vater kam in die Küche, nickte mir zu, legte seine Pranke auf meine Hand und setzte sich an den Tisch. Die Mutter stellte ihm einen Teller Suppe hin und schnitt eine Scheibe Brot ab, die er hineinbrockte. Beim Essen schmatzte er genüsslich. Sonst war es still. Behutsam hob die Mutter mit einem Messer das erkaltete Gebäck vom Blech, tat es in einen blauen, mit Engeln verzierten Steinguttopf, bedeckte es mit Wachspapier und legte einen Deckel drauf. Es waren Zitronenherzen, gesäuert mit künstlicher Zitronensäure und einem Tupfer Vierfruchtmarmelade in der Mitte.

Zwei Tage später, am 22. Dezember, stieg ich spät am Morgen die Treppe hinunter in die warme Küche. Endlich fühle ich mich ausgeschlafen und hatte wieder etwas Farbe im Gesicht. Das Fieber hatte sich beruhigt. In den zwei Tagen nach meiner Rückkehr aus dem Osten war ich nicht gut zu haben gewesen, redete nur das Nötigste, ruppig und fast unhöflich in meiner Einsilbigkeit, missgelaunt, widerspenstig. Die Eltern ärgerten sich über mich, sagten aber nichts und riefen sich gegenseitig zum Verständnis auf, wenn sie abends im Bett über mich sprachen. Ich hörte ihr Flüstern durch die Wand. »Sie ist doch noch so jung! Und die weite Reise!« Das konnte vieles entschuldigen, darin waren sie sich einig. Aber jetzt schien es mir besser zu gehen. Ich hatte die BDM-Kleider aus meinem Kleiderkasten angezogen: weiße Bluse, blauer Rock und eine blaue Strickjacke. Die Säume und Ärmel waren zu kurz geworden, aber die Weite ging, weil ich einiges abgenommen hatte. Ich trug meine braune Schwesternuniform über dem Arm. Das Zeug stank immer noch. Die Mutter lachte über meine angeekelte Miene. Sie wusste, wie geruchsempfindlich ich bin.

»Oje, Burgl«, seufzte die Mutter, »schon bald elf Uhr, und es ist noch so viel zu tun! Du kannst mir helfen, das Rotkraut zu hobeln und die Gans zu rupfen. Das arme Vieh ist nicht grad gut gemästet, wovon auch. Das Gänseschmalz muss bis zum Sommer reichen. Die Tante Zita hat sogar neulich Kartoffeln in Nähmaschinenöl gebraten. Die hat solch ein Bedürfnis nach Fett gehabt. Und hinterher hat sie sich übergeben müssen. Kartoffeln für die Klöße an Heiligabend müssen wir auch noch reiben und schwefeln. Haben aber Frost bekommen, und viele taugen nicht mehr. Nun, solch eine Menge Klöße wie sonst brauchen wir ja nicht. Nur für den Vater, Tante Anna, Tante Zita, dich und mich ...« Sie dachte wohl an Karli und die beiden Söhne im Feld und seufzte dann: »Mei, Burgele, bin ich froh, dass du da bist, und heil und gesund! Nur eine böse Erkältung hast du mitgebracht.«

Ich lächelte. »Mein rechter Mantelärmel ist unten ganz steif, weil ich mir immer die Nase daran abgewischt hab. Ich hatt ja kein Taschentuch dabei. Als ich in Krakau in den Zug gestiegen bin, hab ich mir nicht vorstellen können, dass ich eines brauchen würd. Ich war noch kerngesund! Aber die Fahrt hat ja auch doppelt so lang gedauert wie geplant. Kannst du den Mantel saubermachen? Der Ärmel sieht aus, als wären hundert Schnecken drübergekrochen. Und meine Uniform müsste auch mal gewaschen werden.«

»Das wird schon gehen, aber erst nach Weihnachten. In deinem Beruf muss man immer adrett aussehen, da hast du recht. Und für den Kirchgang, da hole ich dir meine Pelzjacke aus dem Schrank, die wird dir ein bisschen zu groß sein, ist aber schön warm.«

»Eine Pelzjacke? Seit wann hast denn du eine Pelzjacke?«

»Die hat mir der Vater von einer Judenauktion in Ichenhausen mitgebracht, stell dir vor!« Die Mutter zeigte ein verschämtes, aber stolzes Lächeln. Sie mochte es, wenn ihr Mann sie wie eine richtige Frau behandelte. »Eigentlich wollte ich sie selber zu den Feiertagen anziehen, aber bei deiner Erkältung – da gebe ich sie dir gern. Günstig hat er sie bekommen. Im Oktober wurden die letzten Judenwohnungen aufgelöst; die Leute sind inzwischen alle umgesiedelt. Nachher darfst du mal in die

Stube schauen. Wir haben jetzt wunderschöne Mahagonimöbel. Die werden dir gefallen, besonders die Stühle. Der Vater hat eine Uhr aus echtem Gold. Die wird er an Weihnachten tragen. Und die Jacke, das war sowieso unrechtmäßiges Gut. Diese Frau Zuckermann hat sie einfach heimlich einbehalten, obwohl alle Pelze schon im Jahr zuvor hätten abgegeben werden müssen. Die Verordnung war doch seit über einem Jahr heraus, aber solche Leute halten sich ja nicht an die Gesetze. Nun sag endlich, wie lange hast du Urlaub? Wann musst du wieder fort?«

»Gar überhaupt nicht, Mutter«, sagte ich, und es tat mir leid, das zuzugeben. »Man musste die Station nämlich auflösen, es wurde zu gefährlich. Du weißt ja, der Frontverlauf ändert sich alle Woche, der Russ' rückt näher. Wenn ich wieder gebraucht werd, wird man's mir schon sagen. Der Doktor kommt vielleicht auch bald heim. Da wird sich die Tante Wally freuen!«

Die kleine Stadt Ichenhausen zählte 1933 einen jüdischen Bevölkerungsanteil von 40 Prozent und war somit eine der größten jüdischen Landgemeinden Deutschlands. Die Ichenhauser Juden hatten eine führende Rolle in der deutschen Textilbranche inne. Ab 1933 wurden die jüdischen Geschäfte sabotiert. Aufgrund des »Gesetzes zum Schutze des deutschen Blutes und der deutschen Ehre« (1935) mussten dreißig christliche Frauen ihren Arbeitsplatz in jüdischen Haushalten verlassen. Seit Oktober 1941 wurde Auswanderungsgesuchen nicht mehr stattgegeben. Anfang 1942 wurden die letzten achtzig Ichenhauser Juden deportiert.

Aus einer Broschüre des Landkreises Günzburg, 2001

Als ich noch klein war, wanderten die Eltern mit mir und meinen Brüdern jedes Jahr im Herbst nach Ichenhausen, um die ganze Familie neu einzukleiden. So taten es alle Denzinger und die meisten Günzburger. Nirgends fand man so gute Stoffe und eine solch solide Schneiderarbeit wie in diesem Städtchen. Dort lag eine Textilmanufaktur neben der anderen. Jüdische Tuch- und Kleiderhändler schickten ihre Reisevertreter durch ganz Deutschland, um die feine Ware abzusetzen, und hatten damit so großen Erfolg, dass nicht wenige von ihnen zu Wohlstand, ja sogar zu Reichtum gekommen waren. In Ichenhausen gab es eine gute Schule, die auch Christenkinder unterrichtete, eine prächtige Synagoge und einen uralten Friedhof, der seit Generationen die letzte Heimstatt für alle Toten der jüdischen Kultusgemeinde war. Christliche und jüdische Bürger lebten in traditioneller Eintracht zusammen. Sie gehörten denselben Vereinen an, machten miteinander Geschäfte und Politik. Wenn es einmal brannte, rückten sie gemeinsam zum Löschen aus. Und alle zusammen sangen sie Volkslieder oder patriotische Gesänge im Männerchor.

Das alles wusste ich damals natürlich nicht, Vinzenz. Aber vor Jahren, als ich noch radeln konnte, bin ich ein paar Mal dorthin, um mir alles anzuschauen. Die Synagoge ist restauriert, und es gibt ein Museum. Euer Haus lag ja noch näher, da bist du als Kind sicher auch in Ichenhausen eingekleidet worden, und weil du schon älter warst, hast du vielleicht mehr von den Jahren nach 1933 mitbekommen. Haben deine Eltern eigentlich je über

Juden und ihr Schicksal geredet? Wie standen sie zu den Deportationen? Und im Priesterseminar – habt ihr dort mal darüber gesprochen, nachdem alles vorbei war?

Als Kind von sechs, sieben Jahren hätte ich die Juden oder Christen unter den Einwohnern kaum ausmachen können. Ganz Ichenhausen kam mir seltsam vor, heute würde ich sagen: exotisch. Ich sah merkwürdig gekleidete alte Männer mit Bärten. Ich trottete brav an der Hand der Mutter von einem Laden zum anderen, bis alle Besorgungen erledigt waren. Stets war der Gang nach Ichenhausen ein schöner, abwechslungsreicher Ausflug an einem sonnigen Tag im September. Man traf allerlei Bekannte aus anderen Dörfern. Der Vater führte seine gesamte Familie ins Wirtshaus und trank dort sein Bier, gern zwei Maß, während wir Kinder uns über Sauerkraut und Würstl hermachten. Sie waren aber nicht aus Schwein, sondern aus Rind. Die Mutter war an solch seltenen Tagen selig, weil ihr Mann sie einmal ausführte. Mit seiner neuen Beinprothese konnte er auch längere Wege laufen, und überhaupt machte er eine stattliche Figur. Sie zog eine helle Bluse an und steckte ihren besten Hut ein wenig keck auf dem Haar fest, um ihm zu gefallen. Am Abend setzte man sich mit den prallen, gut verschnürten Paketen auf die Bimmelbahn und kehrte erregt und hochzufrieden nach Hause zurück.

Später, als man mir einbläute, dass Juden stinken und kleine Kinder schlachten, schaute ich genauer und neugieriger auf die Unterschiede. Plötzlich wurden mir die Ichenhauser Juden in ihren Sabbatgewändern und den feierlich-altmodischen dunklen Hüten unheimlich. Hitler erließ dann eine Verordnung, dass sie alle nur noch Sara oder Israel heißen durften. Aber da kam es mir schon gar nicht mehr darauf an. Denn nach der Machtergreifung ächtete man die jüdischen Fabrikanten in Ichenhausen und trieb sie in den Ruin – so lange, bis kein Einziger mehr dort wohnte. »Entjudung der deutschen Wirtschaft« wurde das genannt. Die fröhlichen Herbstausflüge fanden nicht mehr statt.

1936, mit zehn Jahren, durfte ich endlich dem BDM beitreten. Meine Brüder waren selbstverständlich bei der Hitlerjugend. Auf Vaters Weisung kaufte die Mutter nur noch bei Günzburger Ariern ein. Dass die Ichenhauser Juden allesamt bis aufs Blut schikaniert oder deportiert wurden oder vor 1933 Hals über Kopf ausgewandert waren, hatte ich gar nicht richtig mitbekommen. Es wär mir auch gleichgültig gewesen.

Für uns war es das Selbstverständlichste auf der Welt, dass der Jude böse ist. Das kam immer wieder, und wir hatten uns nichts dabei gedacht. Das war Geschichtsunterricht, das mussten wir lernen.

Hans Negel, Jahrgang 1927[21]

Aber später, da hab ich doch noch einmal an Ichenhausen gedacht, und das war im Lager. Von Zeit zu Zeit erhielt ich nämlich den Auftrag, das Rotkreuzauto mit Dr. Mengeles Postsendungen zu begleiten, die an das Kaiser-Wilhelm-Institut in Berlin gingen und angeblich wertvoller waren als Diamanten. Zuweilen geschah dies am frühen Morgen, während das Mädchenorchester am Tor spielte, um mit schmissiger Marschmusik oder heiteren Schlagern die Kolonnen todmüder Gefangenen zum Arbeitseinsatz zu begleiten. Da meinte ich einmal, die Gesichter von zwei jungen Burschen zu erkennen. Brüder waren es, vielleicht so alt wie die meinen. In Ichenhausen hatten sie unsere Familie in einem Laden für Konfektionsware mehrmals bedient. Ich erschrak. Doch rasch redete ich mir diese seltsame Vision aus, denn wie sollte das möglich sein? Das waren ja bestimmt keine Verbrecher gewesen, diese jungen Männer, so viel meinte ich zu wissen. Jedenfalls taten sie immer recht anständig und wohlerzogen, und deshalb konnten sie auch nicht im Lager eingesperrt werden wie die gemeinen Kriminellen. Gewiss, Juden waren sie allemal. Aber soweit mir bekannt war, hatte man die Juden aus Ichenhausen doch nur umgesiedelt, irgendwohin, wo sie kein Unheil anrichten konnten. Wahrscheinlich, beruhigte ich mich, spielt mir das graue Frühlicht einen Streich. Die dürren Gestalten sahen ja auch von Weitem alle recht ähnlich aus mit ihren kahlgeschorenen Köpfen und abstehenden Ohren unter den Sträflingsmützen. Und heute, wo ich so viel mehr erfahren hab über die vielen Lager und die Vergasung und die grausamen Verbrechen an diesen armen Menschen, die nichts, aber auch gar nichts verbrochen haben, als Juden zu sein, einfach nur geboren zu sein, denke ich, dass man sie schuldlos schuldig gesprochen hat für etwas, das sie nicht hatten verhindern können: zu sein, wie sie sind. Ich bin ja sonst kein sehr mitleidiger Mensch, Vinzenz, aber da versagen mir nicht nur die Worte, sondern sogar die Gedanken.

Es begann mit den Nürnberger Prozessen, über die ich in der Zeitung las. Damals war es mir noch völlig unmöglich zu glauben, was man dort erfuhr. Siegerjustiz! Das dachten auch die meisten anderen. Niemand wollte wirklich diese grauenhaften Geschichten hören, die man Fakten nannte. Ich hatte volles Verständnis dafür, dass die Angeklagten sich auf Rang und Befehl beriefen. Doch irgendetwas begann in mir ein leises Echo zu erzeugen. Mir fielen Gesprächsfetzen ein, die ich halbbewusst mitbekommen hatte, wenn die Mengeles hohen Besuch bekamen und ich zum Servieren eingeteilt war. Nach dem Essen sang er gern und spielte Klavier. Da hörte ich lieber zu, als wenn sie die Judenfrage erörterten.

Ende der Vierziger bis in die Fünfziger gab es mit der Zeit immer entsetzlichere Enthüllungen, das zog sich über Jahre hin. Von den Lagern, nicht nur im Osten, war immer häufiger die Rede, einige waren ja sozusagen nebenan. Es gab Fotos in der Zeitung, die nicht gefälscht sein konnten. Man suchte auch nach dem Doktor. Die Journalisten stürzten sich auf immer neuen Horror. Es gab Darstellungen und Gegendarstellungen. Ich reagierte mit Verwirrung und Abscheu, Ungläubigkeit und entsetzter Ahnung. Der Geruch von Verbranntem! Die armseligen Gestalten in ihren Häftlingskleidern. Man hatte mir eingeredet, sie hätten Strafe und Schläge verdient und Hunger und Pein und Tod. Ich hatte das geglaubt, unbesehen. Als sich mein Blick nach und nach enttrübte, war mir zumute, als würde ich erfahren, meine eigene Mutter sei eine bestallte Massenmörderin gewesen. Unvorstellbar! Ebenso ging es mir anfangs mit dem Doktor Mengele. So vertraut, ja verehrt, und seine Mama, meine Gottin! Seine Familie unsere langjährige Wohltäterin! Der Alte war der Firmenchef meines Vaters und immer gut zu uns. Tante Wally persönlich hatte für meine Lieblinge Alma und Cora gesorgt. Und er selbst war doch immer so reizend gewesen, gerade zu mir!

Eine Frau, die in Auschwitz als Krankenschwester
gearbeitet hatte, bezeugte,
daß sie gesehen hatte, wie Mengele zwei Zwillinge
»zusammennähte«,
um sie zu siamesischen Zwillingen zu machen.

Lagnado/Dekel, *Die Zwillinge des Dr. Mengele*[22]

Hätte ich nicht etwas bemerken müssen von den Gräueln, die dem Doktor nachgesagt wurden, und von dem, was an diesem ganzen Ort des Schreckens, an dem ich den schönen Herbst 1944 verbracht hatte, um mich herum geschah? Stimmt es, dass der Mensch nur sieht, was er sehen will? Stimmt es, dass ich eine Brille mit Seitenklappen trug, durch die ich nur geradeaus schauen konnte? Hätte ich Fragen stellen müssen, um zu erfahren, was der elegante Herr im weißen Kittel hinter seiner Labortür wirklich für Experimente vornahm? Warum so viele Zwillingspärchen, die ich zuvor gepflegt und betreut hatte, plötzlich verstarben oder verstümmelt in ihre Bettchen zurückgelegt wurden, blieb mir noch lange Zeit ein Rätsel. Ich stellte aber damals keine Fragen und wollte auch ums Verrecken nichts Genaues wissen. Das steht fest, und ich mache es mir zum Vorwurf. Noch lange Jahre nach dem Krieg war ich später in diesen Dingen auf Halbgehörtes und Halbgesehenes angewiesen. Aus vielen Einzelscherben, aus Vermutungen, Ahnungen, Gewissheiten und Hinweisen setzte sich nach und nach ein schillerndes Mosaik zusammen.

Und da war das Dokument, dieses fürchterliche Dokument, an das ich so oft denken musste und das ich doch aus meinem Gedächtnis verbannen wollte, verbannen musste, um weiterleben zu können. Das Papier, das ich unerlaubterweise aus der Akte von Alma und Cora entfernt hatte, ein schriftliches Zeugnis des Unfassbaren. Der Beweis, dass alles, was ich für Lüge hielt, um nicht wahnsinnig zu werden, die Wahrheit war – nichts als die Wahrheit. Es befand sich in meinen Händen.

Obgleich ich mit aller Kraft versuchte, den Inhalt des Dokuments zu leugnen, zu beschönigen, zu verdrängen – es gelang mir nicht. Ich war gezwungen, der Wahrheit über meinen verehrten Doktor ins Auge zu sehen. Und seither kann ich mir nicht mehr in die Augen sehen und auch sonst niemandem.

Meine Scham ist zu groß. Deshalb musste ich mich vor aller Welt verbergen.

Hier ist das Blatt. Ich füge es dem Päckchen bei, das ich für dich, Vinzenz, vorbereiten will, zusammen mit dem Foto, das mich lachend mit vielen anderen beim Picknick an einem Moorsee nicht weit von Auschwitz zeigt. Seit Jahrzehnten klebte beides in einem Umschlag versiegelt unter dem Boden meines Kleiderschranks. Seit Dezember 1944 hab ich nicht mehr gelesen, was in dem Brief stand, doch ich konnte mich stets an jedes Wort erinnern. Denn jedes einzelne Wort dieses Schreibens hat meine Illusionen, meine Jugend, meinen Mut, meine Lebenshoffnungen und meinen Frohsinn zerstört. Aus meinem Herzblut, das auf den schmutzigen Bohlenboden eines Eisenbahnwaggons geflossen war, wuchs bald ein Schierlingskraut des Misstrauens gegen alle Welt. Menschenhass begann mich zu erfüllen, Verzweiflung, Vereinsamung und viel unerfüllbare Sehnsucht nach einer heilen Welt. Meine heile Welt war auf einen Schlag für immer dahin.

Du wirst dir selber ein Bild machen, Vinzenz, wenn du das Dokument liest. Und du wirst verstehen, vielleicht, warum ich schwieg und schwieg. Ich bitte dich, Vinzenz, um ein bissle Barmherzigkeit. Mach mir keine Vorwürfe. Schelte mich nicht, dass ich in Selbstmitleid bade. Angst schüttelt mich seither Tag und Nacht. Doch ich durfte nicht reden. Ich hatte geschworen, das Geheimnis nicht zu verraten. Ich hatte geschworen auf die Fahne und auf den Führer, und dieser Eid war uns Kindern des Tausendjährigen Reichs heilig. Heilig. Mir hat er nur Unheil gebracht.

SS-Hauptsturmführer / 1. Lagerarzt
Dr. phil. et Dr. med. Josef Mengele
KL Auschwitz II (Birkenau)

7. Juli 1944

Sehr geehrter, lieber Herr Kollege,

unser beider verehrter Lehrer, Herr Professor von Verschuer, berichtete mir kürzlich von Ihrem Besuch im Kaiser-Wilhelm-Institut und von einem gemeinsamen privaten Abendessen. Bei dieser Gelegenheit referierten Sie ihm auch vom Fortschritt Ihrer hochinteressanten Forschungen, die in unser aller Augen die junge Wissenschaft der Genetik in puncto Zwillinge ein gewaltiges Stück vorwärtsbringen werden. Sie sehen, Ihr exzellenter Ruf verbreitet sich in Windeseile! Gratulation, und meinen herzlichsten Glückwunsch ebenfalls zur Verleihung des neuen Ordens für die eindrucksvollen Erfolge bei der Fleckfieberbekämpfung im Lager, von der ich leider erst vor wenigen Tagen erfahren durfte.

Heute erlaube ich mir aber, Ihnen auch deshalb zu schreiben, weil ich mir einbilde, ein klein wenig zum Gelingen Ihrer brillanten Arbeiten beitragen zu können. Bei uns in Dachau wurden nämlich vor gut drei Wochen weibliche Zwillinge geboren, und zwar ausnahmsweise und nachweislich deutschstämmige, reinrassige Arier. Die gesunde 29-jährige Mutter, eine zwischenzeitlich verstorbene Kriminelle, hatte sich erfrecht, Juden in ihrem Pfarrhaus zu verbergen. Diesen Hochverrat kann man heutzutage keinesfalls durchgehen lassen. Mit solchen Subjekten macht man kurzen Prozeß. Sie kam vor etwa einem Monat hochschwanger bei uns an. Da dachte ich mir, daß es schade um das schöne Material sei, und möchte es Ihnen hiermit anbieten. Es wäre doch einmal etwas Besonderes, nicht wahr? Sozusagen zur Gegenprobe. Die Zwillinge sind offenbar eineiig, jedenfalls gleichen sie sich aufs Haar. Sie haben blonde Haare, blaue Augen, sehr helle Haut, bestes Material also. Der Vater, Pastor der Evangelischen Bekenntnisgemeinschaft, ein verdammtes Rattennest, z. Zt. an der Front, wird sie nicht vermissen, hat er sie doch nie gesehen. Da sollten wir nicht zögern. Ich bin sicher, verehrter Herr Kollege, Sie werden sich freuen, wenn ich sie Ihnen nach Birkenau schicke.

In Erwartung Ihrer Antwort werde ich die Säuglinge vorsichtshalber ein Weilchen päppeln lassen, auch wenn es schwerfällt in diesen Zeiten. Sie bekamen zehn Tage lang die Brust, anschließend Flaschennahrung. Falls Sie Verwendung für dieses Erprobungsmaterial haben, werde ich dafür sorgen, daß es bei nächster Gelegenheit einem Transport zu Ihnen beigegeben werden kann. Es wird nicht schaden, wenn das Zwillingspaar bei der Ankunft in Auschwitz schon einige Wochen älter ist, dann könnte es umso besser verwendbar sein und immer noch jung genug für Übungsoperationen, Transplantate etc. pp. Weitere Einzelheiten (Eltern, Großeltern, Großer Abstammungsnachweis, Erbgesundheitsbogen, übrige Daten) entnehmen Sie ggf. der Akte, die dem Transport ordnungsgemäß beigegeben wird.

Sollten mir demnächst wieder einmal Zwergwüchsige geliefert werden, werde ich sie mit Ihrer freundlichen Erlaubnis ebenfalls nach Birkenau überstellen. Meine eigenen Experimente zu neuen Impfstoffen der Fa. Bayer, zur Malariaforschung, mit dem 2516 der Fa. Boehringer, werden übrigens in Bälde ebenfalls schöne Erfolge verzeichnen. Vor allem aber die Kälte- und Erfrierungsforschung meiner geschätzten Kollegen (mit und ohne Eiswasser) mit den dafür eingerichteten Kältekammern und Becken hat gewaltige Fortschritte gemacht, was besonders bei der Luftwaffe auf großen Widerhall stößt. Berichten Sie doch bei Gelegenheit einmal, wie es bei Ihnen mit der Zwillingsforschung weitergeht. Ein Gruß von Ihnen ist mir stets hochwillkommen. Der Herr Professor soll stolz auf uns sein. Ich wünschte, ich könnte ebenfalls im Institut arbeiten. Von den anderen Mitarbeitern am Berliner KWI, Dr. Gebhardt und Dr. Lehmann sowie von der Frau Doktor, die zu den Augenfarben forscht, höre ich nur das Allerbeste. Sie ist begeistert von dem Material, das Sie ihr ständig schicken.

Übrigens: Zur Geburt Ihres Stammhalters Rolf nachträglich meine Glückwünsche! Möge er zum Stolz seiner Eltern und von Führer und Vaterland heranwachsen!

In der Hoffnung, Ihnen gewissermaßen ein verlockendes Angebot gemacht zu haben, verbleibe ich, mit besten Grüßen an Ihre Gemahlin, die hochverehrte Frau Irene, sowie an SS-Sturmbannführer Dr. Wirths mit aufrichtiger Gratulation zum Kriegsverdienstkreuz 2. Klasse mit Schwertern!

Heil Hitler!

(gez., n. Diktat verreist)

Dr. Fritz Hintermayer

SS-Hauptsturmführer / Erster Lagerarzt

z. Zt. KL Dachau /Obb.

Das Ungeheuerliche konnte ich damals, als ich diese Worte zum ersten Mal las, noch nicht wirklich in Betracht ziehen. Es war die Geschichte von Fremden. Was sollte ich damit zu tun haben? Erst nach Jahren setzte sich das Halbe und Verdrehte und Nichtgewollte zu einem schemenhaften Bild zusammen, und meine Angst wurde immer größer, dass ich als Mitwisserin, als Mittäterin gar, entlarvt werden könnte. Der Eichmann-Prozess – und das war zwanzig Jahre nach meiner Zeit im Osten! – öffnete mir endgültig die Augen. Und später gab es Erlebnisberichte von Zwillingsmädchen, die Mengeles Experimente überlebt hatten; ich meinte sogar, einige von ihnen wiederzuerkennen, doch wahrscheinlich stimmt das nicht.

Wie die Rosa, die ihrer Vergangenheit kein bisschen nachhing, und wie viele andere, die ich kannte, und auch wie mein Vater, der seine politischen Überzeugungen, zu denen er verbissen schwieg, bis zum letzten Lebenstag gewiss nicht änderte – so war ich nun einmal nicht. Nicht mehr lügen und nie mehr belogen werden, das wünschte ich mir. Widerwillig wurde ich vom Leben gezwungen, die Wahrheit zu sehen und mich einzurichten in der Kerkerzelle meiner Einsamkeit, mit den Ratten der Schuldgefühle, der Folter unsäglicher Zukunftsangst und ohne das Licht der Hoffnung. Schweigen ist auch Lüge, das weiß ich inzwischen. Schweigen ist nicht Gold, sondern Gift.

Es gibt keine wahre Aussage, denn die Position des Menschen ist die Unsicherheit des Schwebens. Wahrheit wird nicht gefunden, sondern produziert. Sie ist relativ.

Friedrich Schlegel, *Philosophische Lehrjahre*

Den Rest der Tagesstrecke verbrachte ich in gedrückter Stimmung, schlummerte auch während der Busfahrt. Aber die meiste Zeit war ich mit diesem Mann beschäftigt, der sich zum zweiten Mal in mein Leben gedrängt hatte. Sein Kopf mit dem schütteren, fast weißen Haar ruhte an der Rückenlehne, so nah bei mir, dass ich ihn hätte streicheln können. Immer wieder einmal sprach er ins Mikrofon. Zuerst erzählte er den Reisegefährten noch etwas über die Eidgenossenschaft, über katholische und reformierte Kantone, dann machte auch er ein Nickerchen. Ich beugte mich vor und schnupperte. Die Frisiercreme von damals benutzte er nicht mehr.

Am Abend machten wir Pilger aus dem Schwäbischen kurz vor Lyon Station. Wir wurden in einem halbverlassenen Kloster mit einer warmen Mahlzeit erwartet. Die wenigen Nonnen, die dort übrig geblieben waren, hatten leerstehende Zellen zu Gästezimmern umgewidmet. Es war spät geworden, wir waren erschöpft. Wo man übernachtete, ob in Frankreich oder sonst wo auf der Welt, war den meisten im Moment gleichgültig und mir auch. Vom fremden Land hatte ich kaum mehr gesehen als Autobahnen, Raststätten und wieder Autobahnen. Als der Bus in Burgund anhielt für die Besichtigung eines berühmten Kirchenbaus und du, Vinzenz, versuchtest, uns für dieses Weltkulturerbe zu begeistern, dessen Namen ich nicht behalten hab, weigerte ich mich auszusteigen. Die bunte Barockkirche in Günzburg ist mir sowieso lieber als die schwere, graue Romanik. Schwer und grau war mir selber schon, das reichte.

Meine Gedanken waren nicht auf die Welt vor den Busfenstern gerichtet. Ich war mit mir selbst beschäftigt – ärgerlich, wütend, traurig, bitter, erbost. Die ganze Reise verdorben! Anstatt mich mit voller Aufmerksamkeit auf meine Lieblinge, die Zwillinge, konzentrieren zu können, endlich einmal ihre Nähe zu genießen, vielleicht mit ihnen zu reden, sie aus nächster Nähe zu beobachten, musste ich mich unaufhörlich mit dem Glaser-Vinzenz beschäftigen, die ganze Zeit direkt hinter ihm sitzen, ihn und seine Leberwurst riechen, über sein Leben spekulieren und mir überlegen, wie ich mit dem Unerwarteten umgehen sollte.

Ein Priester, der die alten Benediktinerinnen betreute, zelebrierte vor der Abendmahlzeit eine kurze Messe ohne Eucharistie. Teilnehmen musste ich, anstandshalber. Wieder kamen die Zwillinge zu spät und saßen ganz hinten, so dass ich sie nicht beobachten konnte. Anschließend verzog ich mich in mein Zimmer. Karg war es dort. Ein eisernes Bettgestell, als Kopfkissen eine seltsame Federwurst, ein Stuhl mit geflochtener Sitzfläche und zerbrochenem, wieder angenageltem Bein, ein Kruzifix. Wenigstens war ich wohl die Einzige in der Gruppe, die kein Doppelzimmer mit einer wildfremden Person teilen musste. Dafür war das Einzelzimmer aber auch teurer. Du hast gewiss auch allein geschlafen, Vinzenz, musstest als Reisebegleiter aber nicht zahlen.

Ich legte mein Köfferchen auf den Stuhl, um mich beim Auspacken nicht bücken zu müssen, setzte mich auf die harte, dünne Matratze, verharrte unschlüssig und fühlte mich nicht in der Lage, das Gepäck zu öffnen. Mir war alles zu viel. Wär ich bloß daheimgeblieben! Sollte ich überhaupt zum Essen gehen? Nun, ein wenig Hunger meldete sich jetzt, trotz all der Unannehmlichkeiten, die mir im Laufe des Tages auf den Magen geschlagen waren. Ich dachte an meine Katzenzungen. Später, vor dem Einschlafen, würde ich ein paar davon naschen. Der Zahnprothese würd's nicht schaden.

Widerwillig kam ich zu Tisch. Nur ein Platz war frei an der langen, hufeisenförmig aufgestellten Tafel aus schwerem dunklem Holz, die für mehr als vierzig Leute Raum bot. So kam ich zwei Stühle von diesem vermaledeiten Herrn Glaser entfernt zu sitzen. Kruzitürken!

Vinzenz, ich schreib's dir auf, wie's war. Wirst mir schon nicht böse sein. Und wenn, dann wenn schon!

Die Mutter Oberin sprach ihr fremdländisches Tischgebet. Dann wurde passierte Gemüsesuppe gereicht, typisch französisch, hieß es. Hinterher gab es eine schuhsohlendünne, zähe Scheibe Fleisch mit Pommes, die kleiner waren als in Günzburg an der Bude, aber besser schmeckten. Dazu matschigen grünen Salat, angemacht mit einer scharfen Senfmarinade. Und wieder konnte, ja musste ich ihn riechen, den Glaser-Vinzenz. Ich nahm seine Duftspur auf, über und neben dem Dunst der Gemüsesuppe und den penetranten Schwaden von Brat- und Frittierfett, die aus der nahen Klosterküche drangen. Ich identifizierte ihn nicht wirklich mit meiner Nase, sondern mit einem anderen, einem achten Sinn, einer fast übermenschlichen Wahrnehmungsfähigkeit. »Wie die Königspinguine am Südpol«, dachte ich, »die können so was auch.« Ich hatte gelesen, dass sie unter hunderttausend frisch geschlüpften Küken ihr eigenes herausfinden, sogar noch nach Monaten der Abwesenheit.

Ich arbeite mit meiner hochempfindlichen Nase wie ein Spürhund, auf Menschenfleisch abgerichtet. Bin nicht besser als ein Tier mit meinem ewigen Riechenmüssen, Vinzenz! Mein Organ, musst du wissen, funktioniert für mich als Radargerät. Doch am liebsten hätte ich mir dieses Ding schon längst abgeschnitten. Nur wär ich in Günzburg ohne Nase auffälliger als die Zwillinge.

Beim Essen wurde nicht viel geredet, die Pilger waren zu müde. Ich hörte gar nicht hin, bekam aber mit, wie der Herr Glaser höflich nach rechts, links und gegenüber Konversation machte. In seiner akustischen Reichweite war ich nicht, dem Herrn sei's gedankt. Ich sagte nichts. In meinem Alltag sitze ich immer allein am Küchentisch über meinem Teller, da gibt's nichts zu reden; manchmal hör ich Radio.

Nach der Suppe war ich schon satt. Beim Hauptgang stocherte ich lustlos auf meinem Teller herum. Doch dann gab es als Nachtisch eine Süßspeise, die noch keiner von uns Deutschen je gesehen hatte. Weiße Batzen aus stark gezuckertem, steifgeschlagenem Eiweiß schwammen auf heißer Vanillecreme. »Neige flottante« nannte die Mutter Oberin das, und jemand übersetzte: »schwimmender Schnee«. Kannst du dich daran erinnern? Für mich sahen die Batzen in den ovalen Schüsseln aus wie zarte Schwänchen auf einem himmlisch süßen See aus Milch und Eigelb. Ich liebe ja das Süße. Was wär mein Leben ohne Zuckerzeug und Pudding!

Als ich mein Schälchen erhalten hatte, vorsichtig den Löffel eintauchte und ihn ableckte, wurde ich hellwach. »Olala!«, rief jemand. Dann herrschte andächtige Genießerstille. Auch ich wandte mich ganz meinem Nachtisch zu. Alles Übrige war nicht mehr wichtig. Endlich konnte ich meinen Hunger auf Zucker befriedigen. Den ganzen Tag schon waren mir die Katzenzungen abgegangen; die Schokolade hätte ich dringend gebraucht bei all der Aufregung. Aber das hier war auch ganz wundervoll! Als ein Nachschlag angeboten wurde, reichte ich die Glasschale rasch wieder hin und ließ sie bis zum Rand füllen. Köstlich! Ich wurde fast fröhlich. Der Glaser-Vinzenz konnte mich zwar nicht sehen, aber ich meinte zu spüren, dass er mein kindliches Vergnügen mit einem wohlwollenden Schmunzeln zur Kenntnis nahm.

Einer nach dem anderen murmelte seine Entschuldigung und zog sich zurück. Auch ich hatte vor, mich schnell zu verdrücken. Doch mir war, als würde der Glaser-Vinzenz oder sonst etwas mich festhalten wie ein Magnet, und so blieb ich ein paar Minuten zu lange auf meinem schweren geschnitzten Lehnstuhl sitzen. Sollte er mich inzwischen erkannt haben? »Heilige Walburga, steh mir bei!«, ich mühte mich hoch, rannte die steile Steintreppe zu meinem Zimmer hinauf, als hätte ich keine wehen Knie, und sank atemlos auf die Bettkante.

Später lag ich unruhig wach auf meinem Nachtlager unter einer dünnen Wolldecke. Und wenn er jetzt gar nichts mehr von mir wusste, dieser Herr Glaser? Er war ja auch alt geworden. Das Ganze lag bald ein halbes Jahrhundert zurück. Sollte ich etwa eine Andeutung machen, sozusagen den ersten Schritt? Nein, ich würde mich hüten, schlafende Hunde zu wecken. Seit dem Kuss hatte ich den Vinzenz niemals mehr getroffen, und falls ich ihn in der Stadt von Weitem ausgemacht hätte, wär ich im nächstbesten Hauseingang verschwunden. Das Wiedersehen mit einem, der mir viel bedeutet hat und dem ich vielleicht überhaupt gar nichts bedeutet hab, versetzte meine Nerven in höchste Anspannung.

»Nun ist er also doch nicht Pfarrer geworden, sonst würde er einen weißen Stehkragen tragen.« Und ich fragte mich, wie es ihm wohl in all den Jahren ergangen war. Eigentlich hätte das Priesteramt gut zu ihm gepasst, ein würdiger Monsignore wär er geworden, mit Bart und Soutane. Aber seine Redeweise hatte, außer der exakten, überhochdeutschen Diktion eines Günzburgers, der das Predigen gelernt hat und die Sprache des Evangeliums beherrscht, nicht den verbreiteten salbungsvollen Singsang, der mich immer sofort misstrauisch macht. Er drückte sich, wenn es nicht allzu offiziell war, in einem gepflegten Honoratiorenschwäbisch aus. Auch das unentwegte Händereiben und -vor-der-Brust-Falten, das man von jungen wie alten Geistlichen kennt, war mir an ihm nicht aufgefallen. Ich hätte ihn also kriegen können! Oder vielleicht auch nicht, wer wusste das schon. Das Unvorstellbare, die Idee, mit dem Vinzenz verheiratet zu sein und eine Familie zu haben, hielt mich lange wach. Es hat eben nicht sein sollen. Es hat nicht sein dürfen. Ich lag in der Klosterzelle auf der harten Matratze und spürte dem Kuss nach, oder vielmehr der Wahnsinnsangst, die er in mir ausgelöst hatte.

Gern wüsste ich, wie du unsere Berührungen damals erlebt hast, Vinzenz. Genossen? Schnell vergessen? Als Sünde, vielleicht als süße Sünde verbucht und verschwiegen? Oder gebeichtet?

Weil mir das Küssen mit dir nach einer Weile zu gefährlich wird und die Furcht vor dem Verlust meines guten Rufs überhandnimmt, reiße ich mich los, renne zur Haustür, stoße sie auf und wieder zu, schiebe den Riegel vor und lehne mich keuchend mit dem Rücken dagegen. Der Vater schläft. Ich hör ihn schnarchen, weil er seit dem Krieg und dem Tod der Mutter die Schlafzimmertür nachts nicht mehr zumacht. Mit dem Handrücken wische ich mir den Mund ab. Was ist denn das bloß, warum macht dieses Küssen so verrückte Dinge mit mir, so komische Gefühle? Und woher hattest du das überhaupt, Vinzenz?

Ich ahne, dass du als junger Seminarist nicht schwatzen wirst, weil du am Ende um deine eigene Reputation besorgt sein musst, und gewiss wirst du schon am Montag wieder in Dillingen sein. So beruhige ich mich ein bissle. Mein Herz schlägt langsamer, aber immer noch viel stärker als gewohnt. Ich spüre das Pochen oben im Hals und unten im Bauch.

Oben in meiner Kammer ziehe ich mein langes weißes Nachtgewand über, putze mir die Zähne über der Waschschüssel, ohne die Petroleumlampe anzuzünden, und schlage das Federbett zurück. Jetzt noch auf den Nachttopf. Aus dem Strahl dringt der warme Geruch meines bierigen Urins, und wie ich mich aufrichte, spüre ich beim Abwischen zwischen den Beinen etwas

Sonderbares. Mein ganzes Untenherum, von dem keiner je redet und das ich noch nie gesehen hab, ist geschwollen, samtig, flüssig, weich. Blut? Das kann nicht sein. Ich prüfe mit den Fingern und rieche daran, lecke sie sogar ab. Dieses Salzige, fad, wild und erregend, werde ich im Leben nicht vergessen. Und den Geruch von dir, diesen unschuldigen Manngeruch, Vinzenz, den vergesse ich auch niemals.

Es ist eine warme Nacht im August. Aber ich mache die Läden und das Fenster zu, zerre den Vorhang davor und werfe mich aufs Bett. Zitternd ziehe ich das Plumeau über meinen Kopf und zwinge mich, nicht zu heulen. Dann bete ich mit aller Kraft. Lieber Gott, behüte mich vor der Sünde! Bewahre mich vor den Männern! Und ich schwöre mir: Nie, nie wieder! Sonst kommt am Ende alles heraus.

Schuld hat jeder auf sich geladen, durch die Sünde der Unterlassung, die Sünde, unseren Blick abzuwenden und nicht zu sehen, was direkt vor unseren Augen geschieht.
Die Sünde, nicht wissen zu wollen.
Die Sünde, alles zu wissen und nichts dagegen zu tun.
Die Sünde, etwas auf Papier zu wissen, es aber nicht ins Herz vorlassen zu wollen.

John Burnside, *Glister*

Meine Jugend. Damit ging sie zu Ende. Der letzte Tanz, der erste und der letzte Kuss. Waren das wirklich gute Zeiten? In den Fünfzigern musste man zwar keine Angst mehr haben vor Bombenangriffen oder Vergewaltigungen durch den Russen. Dafür gab es viele andere Sorgen und Nöte: Hunger, Arbeitslosigkeit, Trauer. Die Leute rannten wieder in die Kirchen. Moralinsaures Getue allenthalben und Kinder der Schande zuhauf. Man hätte seine Jugend schon genießen wollen, aber es ging nicht.

Ich war nach dem Krieg hinfällig, jahrelang. Schon die Erkältung, die ich aus dem Osten mitgebracht hatte, quälte mich monatelang mit Wechselfieber und Husten. Man dachte, ich hätte mir die Schwindsucht geholt, so grün und hohläugig sah ich aus, mit Flecken auf Wangen und Ausschnitt und entzündeten Augen. Niemand wollte sich bei mir anstecken; die Leute gingen mir aus dem Weg, besuchten mich nicht. Ich mied aber von selbst die alten Freundinnen und Bekannten. Nur mit der Rosa hatte ich manchmal Kontakt.

Der BDM war zerschlagen. Ich, die einst so stolze Braune Schwester, zeigte mich kaum noch. Lag allein in meiner Kammer auf dem Bett, während die anderen Mädchen Geburtstag feierten oder fröhlich einen Badeausflug machten. Sie vergaßen, mich mitzunehmen. Nur anfangs hatten sie mich noch zu Hochzeiten eingeladen, weil sie anstandshalber nicht anders konnten.

Ich war krank. So sagte man es den Nachbarn und Verwandten. Ich erfuhr, dass Tante Wally sich nach mir erkundigt hatte, kurz nach meiner Heimkehr. Ich suchte sie nur einmal auf, um etwas über meine Zwillinge in Erfahrung zu bringen. Dann starb sie ganz plötzlich. Das Herz, so hieß es. Mir fehlte sie ganz gewiss nicht, aber ich wusste, wie sehr der Doktor an ihr gehangen hatte. Von ihm selbst war nichts zu hören. Ich dachte oft an ihn und meine Zeit im Lager, aber ohne Freude und mit wachsender Furcht. In mir breitete sich ein ungutes Gefühl aus wie ein Bazillus, gefährlicher als jede Tuberkulose. Gegen Mai hin wurde mir der Gedanke, er könne mich noch einmal zu sich holen, wie er versprochen hatte, zu einer zittrigen Besorgnis. Noch war der Krieg nicht zu Ende, alles war möglich, der Endsieg fern und nah zugleich.

Wie gern hätte ich Alma und Cora wiedergesehen, meine Kindle! Auch von ihnen wusste ich nur, dass sie am Leben waren. Wohin hatte man sie gebracht? Waren sie in Gefahr? Die Bomben fielen jetzt häufig auf Günzburg nieder, überall brannte es. Waren sie adoptiert worden, wie Dr. Mengele und ich es geplant hatten? Wie sollte ich in Erfahrung bringen, was aus ihnen geworden war, jetzt, da Tante Wally tot war? Ich ging ja kaum aus dem Haus, und diese Dinge galten als Verschlusssache.

Und als die Mutter wenige Tage vor Kriegsende plötzlich tot war, verfiel ich in eine Schwermut, die mich gefangen hielt wie einen bleichen Wurm unter einem Feldstein. Jahrelang tat ich nur so, als lebte ich. Jetzt, Vinzenz, mit meinen dreiundsiebzig Jahren und den vielen Altersbeschwerden, fühle ich mich gesünder als damals, kannst du dir das vorstellen? Nicht lebendiger, nur gesünder. Die Unbeschwertheit meiner Jugend ist aber niemals zurückgekehrt. Sie ging auf der Rückreise aus dem Osten verloren wie ein Koffer, der auf dem Bahnsteig stehen gelassen wird. Und tief in dem Koffer lag verborgen das Dokument, das vermaledeite Dokument. Dieses Schriftstück war eine Handgranate, die mein Dasein schon zerstört hatte, bevor sie gezündet wurde.

Seither bin ich ein Zombie, der den Schalter zum Abstellen der Mechanik nicht findet. Die Lebensfreude meiner frühen Jahre? Als ich mich auf dem Feuerwehrball im Tanz drehte, war sie längst dahin. Auch als du mich küsstest, Vinzenz, bin ich nicht aus meinem vergifteten Schlaf erwacht.

Täter sind auch bloß Menschen. Und eine Gesellschaft, die ihre Täter nicht angucken kann, Täter, die sie ja selbst produziert hat, ist eine Angst-Gesellschaft … Wir wissen, dass hinter den Begriffen »Opfer« und »Täter« Schicksale stehen, Menschen. Und jeder Mensch ist anders. Und jeder Mensch hat viele Facetten.

Liane Dirks, »Die Macht der Missbrauchten«[23]

Wie die Mutter umgekommen ist? Du willst es bestimmt wissen, hast sie ja gekannt, wenigstens vom Sehen. Es geschah ganz plötzlich, aber sie war nicht krank. Erinnerst du dich an den Bombenhagel, der im April 1945 über dem Günzburger Bahnhof niederging, Vinzenz? Sie erlitt schwere innere Verletzungen durch die Druckwellen und starb wenig später trotz all meiner verzweifelten Versuche, sie gesund zu pflegen. Ich war sicher, dass ich das schaffen würde – war ich nicht ausgebildete Krankenschwester? Aber nach einer Woche war sie tot, da war nichts zu machen. Es ließ sich auch kein Arzt auftreiben in jenen Tagen. Bevor sie für immer die Augen schloss, wisperte sie mir ins Ohr: »Ich wollt doch nur zu die arme Russ'. Essen bringen.«

Erst viel später machte ich mir einen Reim darauf. Diese Russen waren elende Kriegsgefangene und halb verhungerte

Zwangsarbeiter, kaum einer älter als ich selbst. In Günzburg wie überall im Reich war es strengstens verboten, ihnen Lebensmittel zuzustecken. Doch das war es wohl, was die Mutter im Schutz der Verdunkelung gewagt hatte. Bei Luftangriffen durften die Fremden, die als Untermenschen betrachtet wurden, nicht in die betonierten Keller hinunterrennen, in denen Frauen, Kinder und Greise Zuflucht nahmen. Gerade in solchen Augenblicken aber passte auch niemand auf, ob einer auftauchen würde, sie im Namen der Barmherzigkeit zu versorgen. In jener Bombennacht im April waren die Fremdarbeiter allesamt abkommandiert gewesen, um im Verborgenen einen langen Zug mit Flugzeugteilen zu beladen, der schon auf den Gleisen bereitstand. Aber die Amerikaner bekamen Wind von der Sache. Als die Sirenen zu heulen begannen, wurden die Russen von den Aufsehern mit vorgehaltenen Maschinengewehren gezwungen weiterzuschuften. Alle kamen sie dabei um und ihre Bewacher ebenso. Es blieb ein Rätsel, wie die Mutter von dem bevorstehenden Angriff erfahren hatte und wie sie nachts zum Bahnhof gelangt war. Es durfte auch niemand etwas wissen. Der Vater hatte keine Ahnung davon, was seine Frau dort gewollt hatte. Er wär auch sehr zornig geworden, hätte er es erfahren.

Ich blieb mit ihm allein auf dem Hof zurück. Ludwig, der Älteste, war gefallen, ebenso mein Bruder Karl. Alfons, der Mittlere, galt in Russland als vermisst, wahrscheinlich in Kriegsgefangenschaft geraten; jedenfalls hatte man lange nichts mehr von ihm gehört. Wir hofften tagtäglich ebenso sehnsuchtsvoll wie vergeblich auf Nachrichten. Ich ahnte, dass er längst tot war. Der Vater redete kaum ein Wort. Alle drei Söhne im Feld zu lassen, das hatte sogar ihm den Glauben an die Richtigkeit von Hitlers Kriegspolitik geraubt. Dennoch blieb er nach außen hin linientreu bis zum Schluss.

Mehr als ein Drittel der Geburtsjahrgänge 1921 bis 1925 verblutete auf den Schlachtfeldern des Zweiten Weltkriegs oder starb im Bombenhagel an der Heimatfront.

Guido Knopp, *Hitlers Kinder*[24]

Nach Mutters frühem Tod wirtschaftete ich ganz allein und versorgte den Vater. Dabei war ich selber so elend, dass ich mich kaum auf den Beinen halten konnte. In der Nachbarschaft gab es nicht wenige Kriegerwitwen, die nur allzu gern einen neuen Mann und Ernährer gefunden hätten. Aber der Vater vergraulte sie, wenn sie mit Suppe oder Kuchen vorbeischauten, und keine war darauf erpicht, mich als Stieftochter zu haben.

Ich beantragte einen russischen Zwangsarbeiter als Knecht, doch der wurde uns nicht bewilligt, denn wir waren nur zu zweit auf dem Hof. Vater Alois regte sich auf. »Mei Burgele kann nicht mehr, weint oft beim Abendessen. Sie hustet wie ein Bergarbeiter und ist so mager«, sagte er zu seinen Kameraden am Stammtisch. Das erzählte er mir, als er einmal weniger betrunken als sonst heimkam. Es war seine Art von Liebe und Fürsorge. Er sagte auch, die anderen Männer hätten genickt und ein wenig neidisch gesagt: »Sei du nur froh, Alois, dass du überhaupt noch eine Weibsperson im Haus hast.« Denn die meisten von ihnen waren allein geblieben, das Wirtshaus war ihr zweites Heim geworden.

Ich versuchte, nicht in den Spiegel zu schauen, denn mein Blick war hohl und leer, der Mund wie zugenäht, und genau wie der Vater redete auch ich noch weniger als sonst. Nicht einmal achtzehn und schon uralt, jammerte ich inwendig. Ich war aber noch aus einem anderen Grund von der Verweigerung eines Knechts enttäuscht. Hatte mir nämlich vorgenommen, der fremde Bursche sollte es gut bei uns haben. So hätte sich die Mutter im Himmel freuen dürfen und wär doch nicht ganz umsonst umgekommen. Heute denke ich, ich hätte mich vielleicht in meiner Not und Einsamkeit in das nächstbeste männliche Wesen verliebt und wär bald mit einem Russenbastard dagestanden. Drum ist es besser so, wie es dann gekommen ist.

Die wenigen Kühe, die vor dem Krieg in unserem Stall gestanden hatten, waren längst aufgegessen. Jetzt gab es in einem Verschlag noch zwei Schweine, die vorerst dem Schlachtverbot unterlagen. Ein einziges Ferkel hatte ich jedoch unter dem Dach in einem improvisierten Koben versteckt. Das fütterte ich mit unseren kargen Abfällen, mit Kartoffelschalen und Kohlstrünken. Und weil es so niedlich war, nahm ich es oft auf den Arm, herzte es und küsste es auf sein Schnäuzchen. Am liebsten wär mir gewesen, es wär immer so klein geblieben. Doch im Mai, kurz vor Kriegsende, da musste ich mich von ihm trennen. Es sollte verwurstet werden, heimlich, und der Vater half mir beim Schlachten. Der Blutgeruch des armen Tierchens ging mir nicht aus der Nase, und am schlimmsten war das Absengen der Borsten. Dieser Gestank nach verbranntem Fleisch! Ganz ähnlich wie der grausige Geruch vom Lager, den ich nie wieder riechen wollte. Von der Wurst und dem Fleisch konnte ich dann keinen Bissen herunterbekommen, obgleich ich schrecklich hungrig war. In dieser Zeit wär ich fast zur Vegetarierin geworden.

Ein Verstoß gegen die Versorgungsgesetze wurde damals hart bestraft. Schwarzschlachtung! Man musste befürchten, von neidischen Nachbarn verraten zu werden, falls sie bei ungünstigem Wind den schweren Geruch der Metzelsuppe in die Nase bekamen. Obgleich ein Herr Alois Eichner, der immerhin Ortsvorsitzender der NSDAP in Denzingen war, im Falle eines Falles vielleicht auf richterliche Milde hoffen konnte. Er hatte doch seinerzeit einen gewissen Einfluss auf die Auslegung der Gesetze gewonnen, und das zahlte sich hier und da noch immer aus.

Bald aber sollte sich alles ins Gegenteil verkehren. Wer vorher nichts Besseres zu tun hatte, als sich mit Anzeigen bei den Nazibehörden Vorteile zu verschaffen, versuchte wenig später, sich bei der Besatzungsmacht einzuschmeicheln und zu denunzieren, wo immer es nur möglich war. Als wir das Ferkele umbringen mussten, aus lauter Angst vor Verrat, denn sein Quieken unter dem Dach war schon von Weitem zu hören, waren die Lebensmittel überall furchtbar knapp, und der Amerikaner stand nur wenige Kilometer vor Günzburg. Man munkelte schon längere Zeit davon, dass der Krieg verloren sei. Doch solch wehrzersetzendes Gerede wollte mein Vater nicht zulassen. Er hoffte weiterhin auf den Sieg, auf neu konstruierte Wunderwaffen und auf die genialen Schachzüge des Führers. Darin war er sich mit mir, seiner Tochter, einig. Seine Zuneigung äußerte sich ruppig und stumm. Und doch meinte ich sie zu fühlen. Regte sich zwischen uns Zärtlichkeit oder Wehmut, ging er aus dem Zimmer und räusperte sich im Flur. Mir wär es lieber gewesen, er hätte dann und wann den Arm um mich gelegt. Dann wären bei uns beiden vielleicht die Tränen geflossen. Ein paar Mal versuchte ich, beim Abendbrot das Gespräch auf die Mutter und die Brüder zu bringen. Seine Söhne, sein ganzer Stolz. Aber darüber wollte er nicht reden, es tat ihm wohl zu weh.

Der Sprecher des Reichsrundfunks verkündete am 1. Mai 1945 mit bebender Stimme:

»Aus dem Führerhauptquartier wird gemeldet, dass unser Führer Adolf Hitler heute Nachmittag in seinem Befehlsstand in der Reichskanzlei bis zum letzten Atemzuge gegen den Bolschewismus kämpfend für Deutschland gefallen ist.«

Nur Wochen nach Mutters Beerdigung wurden wir Deutschen zum Aufgeben gezwungen. Am 8. Mai 1945 kam es zur Kapitulation. Das Dritte Reich, mein Reich, mein Stolz, alles war zusammengebrochen. Die Amerikaner übernahmen die Macht in der ihnen zugeteilten Besatzungszone in Bayern und somit auch in Günzburg. Kurze Zeit später begann eine breit angelegte Maßnahme zur Entnazifizierung. Ein erster Schritt zur Umstrukturierung des zerbombten, vieltausendfach zerstörten Landes bestand in der Festnahme all jener, die als Kriegsverbrecher, Aktivisten, Militaristen und Nutznießer des NS-Regimes galten. Zu ihnen zählte auch der Eichner-Alois. Man sperrte ihn ins Gefängnis, wo er auf seinen Prozess zu warten hatte. Sein Beinstumpf entzündete sich, weil er nicht mehr in den Schaft der Prothese passte, nachdem das Bein durch die eingeschränkte Bewegung und die schlechte Ernährung stark angeschwollen war. Das brüchige Leder kratzte und scheuerte; die wunde Haut platzte auf. Medikamente für Gefangene gab es nicht; die Ärzte hatten andere Sorgen. So lag der Vater monatelang fiebrig auf seiner Pritsche, mit Bitterkeit und Gram im Herzen und Schmerzen im ganzen Leib. Ich schrieb kleine Briefe mit Bleistift, zeichnete Blumensträuße auf die Rückseite des karierten Papiers und sprach ihm einen Mut zu, den ich selber nicht mehr hatte. Nur selten durfte ich ihn besuchen und starrte dann erschrocken in sein verholztes Gesicht, wenn er vor mir am Gitter saß und wir beide kaum ein Wort herausbrachten. Mein Vater war gewiss genauso entsetzt, wenn er in die verhärmte Miene seiner jungen Tochter schauen musste.

Moralisch gesehen ist es ebenso falsch, sich schuldig zu fühlen, ohne etwas Bestimmtes angerichtet zu haben, wie sich schuldlos zu fühlen, wenn man tatsächlich etwas begangen hat. Ich habe immer für den Inbegriff der Verwirrung gehalten, dass sich im Deutschland der Nachkriegszeit diejenigen, die völlig frei waren von Schuld, gegenseitig und aller Welt versicherten, wie schuldig sie sich fühlen.

Hannah Arendt, 1946

Ich mochte nicht fragen. Fragen zu stellen ist noch nie meine Stärke gewesen. Ich wollte auch nicht genau wissen, was man ihm vorwarf und weswegen man ihn eingesperrt hatte. Ich rätselte allein herum und vermochte mir nicht vorzustellen, was mein guter Vater getan haben könnte. In mir wuchs wie ein bösartiger Tumor die Angst, dass man mich genau wie ihn unschuldig vors Gericht zerren könnte, und dann würde sich herausstellen, dass ich vielleicht noch viel mehr schuldig war als der alte Eichner-Alois. Bestimmt würde ich verurteilt werden unter der gemeinen neuen Siegerjustiz – mein guter Ruf zerstört, mein Leben verwirkt, die Scham, die Schande! Und immer öfter, während ich daheim ganz allein in der Küche saß und in den Herrgottswinkel schaute, wo noch das rote Licht für all meine Toten brannte – denn ich achtete darauf, im Gedenken an die Mutter –, da sehnte ich mich nach Alma und Cora. Ich sehnte mich nach meinen fröhlichen Monaten im Lager, nach all den Zwillingspärchen, die ich gehegt und umsorgt hatte, bis sie eines

Tages auf Nimmerwiedersehen verschwanden. Und ich, ich dumme Gans, hatte nie gefragt, wohin. War nicht einmal auf den Gedanken gekommen zu fragen.

Verzweifelt versuchte ich, mich vor mir selbst zu rechtfertigen: Aber ich, ich hab doch gar nichts getan! Hab nur Windeln gewechselt und Fläschchen gegeben und mit dem Löffel gefüttert und Wunden versorgt. Meine Kleinen, die hab ich doch lieb gehabt! Und dem Doktor, dem hatte ich Gehorsam gelobt. Ich musste ja gehorchen. Es war meine Pflicht! Er ist ja auch immer gut zu mir gewesen.

Nach geltendem Recht war der Stichtag dafür [Verjährung aller noch ungesühnten Totschlagsverbrechen aus der NS-Zeit] der 8. Mai 1960. Danach konnte nur noch verurteilt werden, wem Mord oder Beihilfe zum Mord nachzuweisen war – mit all den einschränkenden Tatbestandsmerkmalen, die das Strafgesetzbuch dafür bereithält: also Mordlust, niedrige Beweggründe, Heimtücke oder Grausamkeit.

Norbert Frei, »Gerichtstag halten über uns selbst«[25]

Während früher die alten Kameraden durch geschickt eingesetzte Verjährungsregeln viele Täter schützten, gilt heute [aufgrund der Ansicht des Landgerichts München im Demjanjuk-Prozess 2011] als Helfer des Massenmords, der in einem Vernichtungslager Dienst tat. Individuelle Schuld muss ihm nicht nachgewiesen werden.

Reinhard Müller, »Ein Zeichen gegen Völkermord«[26]

Und doch war etwas Schlechtes und Sündiges an all dem gewesen, dort im Osten, im Lager. Ich ahnte es mehr, als dass ich Gewissheit darüber hegte. Von Oktober 1944 bis in die Fünfzigerjahre, in der Zeit meiner anfänglichen Versteinerung, war mir nicht wirklich klar, wohin Dr. Mengele mich im September 1944 gebracht hatte. Ich war halt »im Osten« gewesen wie so viele andere auch. Unter der Protektion der Familie Mengele und besonders unter dem Schutz des Doktors war das nichts anderes als eine große Ehre. Alles Übrige wollte und sollte ich nicht wissen. Unrechtsbewusstsein? Das stellte sich erst in den Sechzigerjahren nach und nach ein, mit den Prozessen und den Dokumentationen im Fernsehen. Der einzige Stachel in meinem Fleisch war dieses furchtbare Dokument. Doch ich versuchte, nicht daran zu denken. Es war versteckt unter dem Boden meines Kleiderkastens. Außer mir kam nie jemand in meine Schlafkammer. So hoffte ich, dass der Spruch »Aus den Augen, aus dem Sinn« auch für mich und dieses Blatt Papier gelten würde.

Mein Kopf war lange verwirrt, als hätte ich Holzwolle hinter der Stirn. Meinte, das läge an Mutters Tod, an Vaters Zustand im Gefängnis, am Hunger, an den schlechten Zeiten, an der vielen Arbeit auf dem Hof, die ich kaum bewältigen konnte. Auch am Zusammenbruch aller hehren Vorstellungen über die Zukunft des Dritten Reichs und über meine Zukunft. An der Demütigung, die mein armes Deutschland erleiden musste, weil es trotz der Beteuerungen des Führers den Krieg so elend verloren hatte. Ich wusste nicht mehr, was und wie ich denken sollte, und saß nutzlos herum.

Der Gedanke an die Zwillinge, meine Süßen, tröstete mich manchmal, aber untrennbar mit ihnen verbunden war die Erinnerung an jenen Tag, an dem ich, in einem Zug von Ost nach

West sitzend, einen Blick in die Begleitakte der Kinder geworfen hatte. Es geschah mehr aus Langeweile, denn ich war zufällig allein mit den Kleinen im Abteil. Sie schliefen. Ich ahnte nichts Böses. Da fand ich in den Unterlagen das entsetzliche Dokument. Ich las es wieder und wieder, konnte nicht glauben, was ich las, und musste doch glauben, denn der Brief konnte unmöglich eine Fälschung sein. Dann entfernte ich das Schreiben, faltete es eng zusammen und steckte es tief in meinen Ausschnitt, sozusagen in mein Herz.

Daheim versteckte ich es gründlich in meiner Schlafkammer und versuchte zu vergessen. Das war aber nicht so leicht. Je tiefer in mich hinein ich meine Zweifel drückte, umso schlechter ging es mir, und bald mochte ich kaum noch aufstehen. Jeden Tag wurde ich schwächer, ich hustete und fieberte, und keiner konnte mir helfen. Heute erkenne ich den Zusammenhang, doch damals blieb er mir verschlossen.

Je intensiver ich mich bemühte, das Böse und Strafwürdige an meinen Taten aufzudecken, und im Grunde nichts finden konnte, desto mehr verwirrten sich Gedanken und Erinnerungen, Angstvorstellungen und innere Bilder. Nazimoral und katholische Ethik, gesunder Menschenverstand, völkische Ideologie, Rassenwahn und sich wandelnde Wertvorstellungen wirbelten durcheinander. Was jahrelang geboten war, sollte jetzt verboten sein? Per Dekret und innerhalb weniger Wochen wandelte sich das Gesetz des Gehorsams zu Vorwürfen der Feigheit. Pflichtgefühl und Disziplin mussten plötzlich durch Zivilcourage und freiheitliches Denken ersetzt werden. Von Treue und Ehre sprach keiner mehr.

Diese Jugend, die lernt ja nichts anderes als deutsch denken, deutsch handeln. Sie kommt vom Jungvolk in die Hitlerjugend, dann nehmen wir sie sofort in die Partei. Und wenn sie dort noch nicht ganz Nationalsozialisten geworden sein sollten, dann kommen sie in den Arbeitsdienst. Und was dann an Klassenbewusstsein oder Standesdünkel da oder da noch vorhanden sein sollte, das übernimmt die Wehrmacht.
Sie werden nicht mehr frei für ihr ganzes Leben.

Adolf Hitler, 1938

Freiheit! Demokratie! Ich wusste nicht einmal, was die Wörter bedeuteten. Freiheit? Hab's nie begriffen, denn seit damals sitze ich hinter meinen eigenen Gittern, will auch nicht heraus. Und Demokratie war seinerzeit fast ein Schimpfwort für mich. Heute interessiere ich mich auch nicht allzu sehr für das Kleinklein der Tagespolitik. Wenn ich politische Bücher lese, dann über Menschen, die das KZ überlebt haben und davon berichten können. Ich will ja Augen und Ohren nicht verschließen. Ein polnischer Offizier soll sogar freiwillig nach Auschwitz gegangen sein, um dort eine Untergrundorganisation zu gründen. Das nenne ich Mut!

Wir entwickelten … einen großen Respekt vor der seltsamen menschlichen Natur, deren Stärke darin bestand, dass sie eine Seele hatte und in sich offenbar etwas Unsterbliches enthielt.

Witold Pilecki, *Freiwillig nach Auschwitz*[27]

Manchmal denke ich an das Denzinger Kirchlein mit seinen alten hölzernen Skulpturen. Unsere Kirche ist schon lange geschlossen, und ich war seit mehr als sechzig Jahren nicht mehr dort. Ich kann mich aber gut an sie erinnern, denn als Kind studierte ich ihre bunt bemalte Ausstattung während jeder Messe. Latein verstand ich ja nicht, deshalb hatte ich viel Zeit zum Schauen. Mehrere Heilige standen an den Seitenaltären und rechts und links vom Altargemälde. Alle hatten einen Schriftzug unter ihren Füßen: St. Nikolaus, St. Afra, St. Ulrich, St. Silvester. Der heilige Silvester hatte einen Ochsen zu seinen Füßen, und die Mutter erzählte, dass er der Beschützer des Milchviehs sei. Der heilige Nikolaus hielt goldene Kugeln in der Hand, damit wollte er die Kinder beschenken. Doch da war auch eine Statue, fast lebensgroß, die beeindruckte mich immer besonders. Sie machte mir Angst, deshalb konnte ich nicht anders, als alleweil hinzuschauen. Es war ein Erzengel, der heilige Michael mit großen silbernen Flügeln, und in der einen Hand trug er ein züngelndes Schwert. In der anderen aber hielt er sehr zierlich mit zwei Fingern eine goldene Waage, wie man sie zuweilen noch bei alten Marktfrauen kennt. In der linken Waagschale konnte man deutlich ein Teufelchen hocken sehen, pechschwarz mit schreckensgeweiteten Augen, finster und unglücklich. In der rechten Waagschale hingegen kniete ein nacktes Kindlein und betete fromm um den Einlass ins Paradies. Ach, wie ich mir damals gewünscht hab, unschuldig zu bleiben, um den grausamen Höllenstrafen zu entgehen! Sankt Michael, sei mir gnädig, murmelte ich unentwegt mit stummen Lippen, während die Mutter das Credo betete oder der Pfarrer seine Predigt hielt.

Heiliger Erzengel Michael, verteidige uns im Kampfe!
Gegen die Bosheit und Nachstellungen des Teufels sei
unser Schutz. »Gott gebiete ihm!«, so bitten wir
flehentlich. Du aber, Fürst der himmlischen Heerscharen,
stoße den Satan und die anderen bösen Geister, die in der
Welt umhergehen, um die Seelen zu verderben,
durch die Kraft Gottes in die Hölle. Amen.

Papst Leo XIII., 1884 [28]

Was ist denn das mit der Gerechtigkeit? Wer bestimmt, was richtig und was falsch ist? Im Frühling 1945 bekam man noch Zuchthaus oder Lager für wehrzersetzendes Reden, für Kontakte mit Menschen anderer Rassen, für barmherziges Handeln an einem Geächteten, so wie die Mutter es gehalten hatte. In den ersten Jahren nach dem Krieg war ich mir nicht einmal sicher, ob sie recht getan hatte oder grundverkehrt, als sie den Russen Essen zusteckte. Vielleicht war sie ja an ihrem Tod selber schuld, vielleicht hatte sie ihre gerechte Strafe erhalten, weil sie gegen die Befehle des Führers gehandelt hatte? Solche Gedanken gingen mir eine Zeit lang durch den Kopf, ich geb's zu, weil ich so furchtbar in meinen Grundwerten verirrt und verwirrt war. Menschliches Mitgefühl durfte zu jener Zeit nur unseren Volksgenossen gelten. Was die Mutter getan hatte, war auf jeden Fall ungesetzlich gewesen, und sie wär ohnehin erschossen worden, hätte man sie erwischt. Sogar noch Ende April und Anfang Mai brandmarkte man Volksschädlinge, knüpfte Deserteure auf, hetzte Frauen mit geschorenem Kopf durch die Dorfstraßen, die sich mit Untermenschen eingelassen hatten. Wenig später, im Hochsommer, war es dann genau umgekehrt. Verfolgte und Geschundene wurden von den Amerikanern geehrt und belohnt. Rechtschaffene Leut' wie meinen Vater sperrte man plötzlich ein. Wer sollte das begreifen?

Eines nur weiß ich genau: Ich selber hab mich mein Leben lang schuldig gefühlt. Schuldgefühle waren mein Brot und mein Wasser im Lebensgefängnis. Heute denke ich: Niemand kann beurteilen, wer schuldig ist und wer unschuldig, kein Richter, kein Pfarrer. Keiner ist dazu berufen, das Urteil zu sprechen. Da braucht's schon den heiligen Michael, und den gibt's wahrscheinlich überhaupt nicht.

Angst hatte ich, immerzu hatte ich diese Angst vor Schuld im Kopf. Es war freilich mehr Angst vor Strafe. Weltliches Gericht oder ewige Verdammnis. Jetzt aber, wo der Vinzenz mir gezeigt hat, was wirkliche Schuld sein kann, und nachdem ich mich ohne Not an zwei Menschen vergangen hab, die mir lieb und teuer waren, da erst beginne ich zu verstehen. Schuld ist so etwas wie Lieblosigkeit, im Kleinsten wie im Allergrößten. Ein kalter Mangel an Einfühlung in den Mitmenschen. Eine brutale Ichbezogenheit. Oder so ähnlich. Wie gesagt, ich fange erst an zu begreifen.

Der Herr registriert deine Handlungen nicht als sündig oder verdienstvoll. Das Licht des Wissens, das alles erleuchtet, ist verdeckt durch die Täuschung, der das Ego unterliegt. Somit denkt der Mensch in Begriffen von Sünde und Schuld.

Bhagavadgita[29]

Ich, die Eichner-Walburga, verlor nach Kriegsende den Boden unter den Füßen. Ich verstand nicht mehr, was ich glauben oder sagen durfte, wem ich vertrauen konnte, wem ich misstrauen musste. Niemand war da, mit dem ich hätte reden können oder wollen. Ich wusste nur eins: »Kein Mensch darf es erfahren!« Aber was dieses »es« war, das wusste ich nicht genau. Ich war irgendwie dabei gewesen, und wer »es« herausbekam, würde mich bestrafen.

Von der alliierten Behörde kam ein offizieller Auskunftsbogen. 131 Fragen zu meiner Vergangenheit sollte ich da beantworten. Ich zitterte bei Tag und bei Nacht. Konnte jemand den Amis verraten haben, dass ich im Lager gedient hatte? Wer wusste es überhaupt, außer mir und der Familie Mengele? Die würde doch sicherlich schweigen. Würde sie wirklich schweigen? War sich in diesen Tagen nicht jeder selbst der Nächste? Und waren wir nicht darauf gedrillt worden, zu spionieren, zu hetzen, zu verraten?

Ich zögerte die Abgabe des Befragungsbogens hinaus, erkundigte mich hin und wieder hinter vorgehaltener Hand beim Vater, wusste anfangs vor lauter Angst nicht, was tun. Weil es sich aber bald herumsprach, dass man weiblichen Wesen grundsätzlich keine schweren Verbrechen zutraute, denn sie handelten ja stets weisungsgebunden und hatten zu gehorchen, waren nicht einmal imstande, eigenständige Entscheidungen zu treffen, beschloss ich, heikle Fragen nicht wahrheitsgemäß zu beantworten, und log dabei, wie ich meinte, um mein Leben. Ich war doch kaum achtzehn! Meine Jugend würde mich schützen, genau wie die ein paar Jahre ältere Rosa. Allein schon deshalb, weil ich noch nicht volljährig war, hatte ich gute Aussichten, durch die enger werdenden Maschen der neuen Gesetze zu schlüpfen. Dennoch wurde ich die Angst nicht los, und der Gedanke, auf Jahre in das schreckliche Frauengefängnis in Aichach gesperrt zu werden, versetzte mich in eine solch lähmende

Furcht, dass ich Atembeschwerden bekam. Damals, im Sommer 1946, zeigten sich die ersten Symptome meines Asthmas. Damals beschloss ich, ein für alle Mal, dass kein Mensch jemals erfahren durfte, wo ich gewesen war, was ich dort erlebt und getan hatte. Damals begann mein Leben im Halbschatten des Geheimnisses. Ich verkroch mich in mir selbst und mied von nun an die verführerische Nähe meiner Mitmenschen. Verwandtschaft, Freundschaft, Familie, das, was man die Liebe nennt – alles viel zu gefährlich. Nichts für mich.

Nach einem knappen Jahr wurde mein Vater amnestiert und entlassen. Warum er plötzlich als Mitläufer entlassen wurde, schien mir ebenso uneinsichtig wie seine Verhaftung als Täter. In den nun folgenden Zeiten kam er mir gefühllos und stumpfsinnig vor, täglich ein wenig mehr. Er wurde wortkarger und härter als je zuvor. Die Monate im Gefängnis hatten ihn zerbrochen. Jetzt kam er sich nutzlos vor. Zwar wurde er von den Mengeles ohne Zögern wieder eingestellt und humpelte schon frühmorgens aus dem Haus, aber seine Arbeit als Pförtner demütigte zutiefst sein Selbstgefühl. War er nicht als NSDAP-Ortsgruppenleiter zwei Jahre lang fast ebenso mächtig gewesen wie der hochgeehrte Herr Direktor Alois Mengele? Auch ihn hatte man ehrerbietig gegrüßt und sogar Angst vor ihm gehabt, obschon er nur ein Bein hatte. Das alles war jetzt vorbei.

Ich hingegen musste verstehen, musste sie verstehen. Nicht das Häufchen der in hohem Maße Schuldigen, sondern das deutsche Volk, jene Deutschen, die ich aus der Nähe erlebt hatte, jene, aus denen die SS-Soldaten rekrutiert worden waren; aber auch die anderen, die geglaubt hatten, und all jene, die, obwohl sie nicht glaubten, gleichwohl geschwiegen und nicht einmal den bescheidenen Mut

aufgebracht hatten, uns in die Augen zu sehen,
uns ein Stück Brot zuzuwerfen,
uns ein mitfühlendes Wort zuzuflüstern.

Primo Levi, *Die Untergegangenen und die Geretteten*

Mehr als zehn Jahre sollte seine Qual noch andauern. Nach dem Dienst in der Pförtnerloge saß er bis spät im Wirtshaus, jeden Abend. Was das kostete! Dabei hatten wir nichts außer seiner Kriegsversehrtenrente, und die war mager genug. Ja, geradezu armselig war sie, und wir waren uns einig, dass sein geliebtes Deutschland ihn höchst ungerecht behandelte, statt ihm dankbar zu sein. Aber nichts war mehr wie früher. Oft musste ich ihn mit der Schubkarre heimholen, weil er zu betrunken war, um mit seiner Prothese die ganze Strecke zu laufen. Einmal landeten wir nachts zusammen im Straßengraben, Vinzenz, denn ich war selber viel zu schwach, um ihn zu schieben. Daher wurde ich ohnmächtig vor Anstrengung und Hunger. Der Briefträger fand uns. Wir verloren darüber kein Wort, und die Nachbarn hatten mit sich selbst genug zu tun, da hatte keiner das geringste Mitleid. Über uns hergezogen sind sie am Ende, über seinen Suff, über meine prüde, abweisende Art. Bei mir konnten ihre gedemütigten Söhne, die dem Tod entronnen waren und sich jetzt endlich vergnügen wollten, nun einmal nicht landen. Und irgendwann wollten sie auch gar nicht mehr. Bei mir.

An einem Morgen des Jahres 1958 lag mein Vater schon angezogen, aber ohne Stiefel, mit einem Schlaganfall im Bett, konnte weder sprechen noch sich regen. Ich ließ durch die Nachbarn einen Günzburger Arzt rufen, der sagte in der Firma Bescheid. Man beschloss, der Vater solle nicht ins Krankenhaus. Schließlich war seine Tochter ja »vom Fach«. Dann ging alles ganz schnell. Er wurde mein Baby, konnte nichts anderes mehr als brabbeln und sabbeln und mich anschauen mit seinen alten Kinderaugen, dass es mir das Herz fast zersprengte. Ich versorgte und pflegte ihn drei Wochen lang, bis zu seinem Ende. Mit Brei füttern, rasieren, waschen, säubern. Er ließ alles unter sich, und ich merkte, wie entsetzlich er darunter litt, wie er sich schämte. Es stank ganz fürchterlich, nicht wie bei den Säuglingen im Lager. Aber das machte mir weniger aus, als ich gedacht hätte, trotz meiner überempfindlichen Nase. Er war doch mein Vater!

Und damals erlebte auch ich in meiner Gefühlswelt etwas Neues: Zum ersten Mal im Leben hielt ich ihn in den Armen, küsste ihn auf Stirn und Wangen, schon morgens nach dem Saubermachen und Rasieren, wenn ich ihm sein Pitralon aufgetupft hatte, und nachts genauso, bevor ich mich schlafen legte auf einer Matratze neben seinem Bett. Ob er solche Zärtlichkeit mochte oder nicht, wollte ich gar nicht wissen. Er konnte sich mir ja nicht entziehen. Ich aber brauchte das, es half mir über den Tag. Und so streichelte ich seine Hände, arg raue, harte Hände, wenn er schwer röchelnd neben mir lag; denn Schlaf fand ich selten. Einen anderen Lebensinhalt, als bei ihm zu sein, kannte ich in diesen Wochen nicht. Zum Begräbnis auf dem Denzinger Friedhof kamen nur wenige Leute. Wie anders wär das Jahre zuvor gewesen: hoch geehrt, mit Pauken und Trompeten, Uniformen und Reden, ein großes Essen im Gasthaus!

Als ich dann muttervaterbruderseelenallein auf dem Hof zurückblieb, sah ich keinen Sinn mehr in meinem Dasein. Keinen Sinn, keine Aufgabe, kein Ziel. Irgendwann löschte ich das rote Kerzenlicht im Herrgottswinkel, verkaufte Haus und Land wohl unter Wert – wo sollten solvente Käufer auch herkommen? – und zog in die Stadt, in ein Häuschen der Mengele-Siedlung. Hier hab ich seither niemals Miete zahlen müssen, sie wurde mir per notarieller Anweisung auf Lebenszeit erlassen. Das war der Dank für meine Treue und mein Schweigen. Meinen bedingungslosen stummen Gehorsam.

Sind wir nicht alle Opfer der sich wandelnden Zeiten? Opfer von Irrsinn und Krieg? Die Stadt Günzburg müsste unsere Namen mit all den vielen anderen auf dem Denzinger Kriegerdenkmal eingravieren. Meine Leut' haben drei Söhne beweint, die Mutter hat ihr Leben und der Vater seinen Stolz verloren. Von mir selber ist auch nichts übrig geblieben – nur Schuldgefühle, Asthma, Ingrimm und mein jammervolles Dasein als Wiedergängerin. Doch weil ich nicht ganz und gar tot war, hätte keiner den Namen der Eichner-Walburga auf dem Gedenkstein bei der Kirche verewigt. Weder Vater noch Mutter wurden dort genannt, nur solche, die im Feld den Heldentod gestorben waren. So auch die Namen der Brüder Eichner. Ich bin aber der Ansicht, dass wir allesamt Kriegsopfer waren.

Betrachten wir uns nicht als Opfer, sondern als solche,
die mit der Hölle im Bunde waren.

Ricarda Huch, 1946

Das Nichtreden war mir zur zweiten Natur geworden. Aber das Verschweigen dieser einen Sache, die sich immer aufs Neue in mein Denken drängte, kostete mich Kraft. Es raubte mir die Energie, die ich für einen meiner Jugend entsprechenden Alltag gebraucht hätte. Wenn ich so nachrechne, Vinzenz, hab ich seit 1944 nicht mehr richtig gelacht, weiß gar nicht mehr, wie das geht, das Lachen – kannst du dir das vorstellen? Fünfundfünfzig Jahre Griesgram.

Jetzt war ich ohne Einkommen außer der Waisenrente und einer kleinen Summe auf der hohen Kante, die aus dem Verkauf des Hofes stammte, unantastbar. »Für die Aussteuer«, sagte Tante Zita, wenn die Rede darauf kam. Sie versuchte wieder und wieder, unter den Söhnen ihrer Freundinnen, soweit es noch welche gab, oder unter den Burschen ihrer Bekanntschaft, mit mir und diesem Notgroschen zu renommieren. »Geld macht die Braut«, das war ihr Lieblingsspruch. Ich lächelte säuerlich, wenn sie so redete. »Für Notzeiten«, dachte ich. Aber welche Notzeiten hätten notzeitiger sein können als meine damalige Lage?

Ich bewarb mich bald nach Vaters Tod um eine Bürostelle im Versorgungsamt. Die Geschäftsstelle hatte ich bereits kennen gelernt, weil ich dort jahrein, jahraus die Bescheinigungen, die Rentenunterlagen und den Versehrtenausweis für den Vater abholen musste. Für subalterne Stellungen waren ordentliche, fleißige junge Frauen gesucht. Im Amt bekam ich nach und nach auch einen besseren Posten. Wahrscheinlich hat die Mengele-Familie auch dort ihren unterschwelligen Einfluss ausgeübt. Ich ahne es, doch ich weiß es nicht. Denn an meiner grandiosen Arbeitsleistung kann es nicht gelegen haben.

Die anderen Frauen im Amt mochten mit mir nichts zu tun haben, das wusste auch der Abteilungsleiter. Ich saß daher allein in engen Aktenzimmern. Das Licht kam durch eine Öffnung, die nicht größer als ein Flurfensterchen war. Aber auf meinem Tisch stand eine Schreibtischlampe, die hatte ich mit hundert Watt bestückt, von daheim mitgebracht. In ihrem Schein bearbeitete ich stur und stumm wie ein Roboter die Anträge auf Wiedergutmachung bis zu meiner Rente. Wenn keiner achtgab, wenn die Kolleginnen Pause machten oder sich gegen zwölf Uhr auf dem Flur »Mahlzeit, Mahlzeit!« zuriefen und in ein nahes Gasthaus zum

Mittagstisch liefen, holte ich rasch eins meiner Bücher hervor und las begierig in einem Roman, bis ich die ersten Schritte der Zurückkehrenden hörte. Dazu verzehrte ich mein Butterbrot und manchmal eine Banane oder Apfelsine. Solches Obst aus fernen Ländern war für mich noch viele Jahre nach dem Krieg etwas ganz Besonderes wie später für die Leute aus der DDR.

In meinen Unterlagen ging es meist um Menschen, die aus dem Osten geflohen waren und in der Heimat alles verloren hatten. Entrechtete, Enteignete, Vertriebene, Spätheimkehrer, Flüchtlinge und Befreite aus den vielen Lagern. Meine Kolleginnen, die regten sich oft auf und machten missgünstige Bemerkungen, denn angeblich stellten diese armen Menschen, viele mit von und zu am Namen, hohe Ansprüche, die mehr als unverschämt waren. »Also bitte, was ist denn mit unsereins?«, zankten sie. »Uns geht es doch mindestens genauso schlecht! Wieso sollen wir denen noch was abgeben? Dieses hochnäsige Pack soll ruhig mal erleben, was es bedeutet, wirklich arm zu sein. Hier bei uns ist schließlich alles kaputt! Aber wir, wir dürfen keine Anträge stellen. Ist doch nicht zu fassen! Wiedergutmachung für den Verlust von silbernen Löffeln? Die spinnen wohl!«

Ich hingegen verspürte ein gewisses Verständnis für die Flüchtlinge. Mitgefühl würde ich es nicht nennen. Ich versuchte nur, mich in ihre Lage zu versetzen, und fand mich unter ihnen wieder wie die Krebszelle in einer kranken Leber, von derselben Art und doch verschieden.

Sieh zu, dass du gegenüber den Unmenschen nicht das Gleiche empfindest wie die Unmenschen gegenüber den Menschen.

Marc Aurel, *Worte an sich selbst*

In meiner Klosterzelle mit der spartanischen Lagerstatt schluckte ich eine zweite Schlaftablette und schlief trotzdem unruhig. Kein Wunder, war es doch auf dieser Reise seit Jahrzehnten das erste Mal, dass ich nachts nicht in meinem eigenen Bett lag. Alles war unbequem und ungewohnt, auch die beängstigend fremden Geräusche während der Nacht, wenn jemand über den Flur schlurfte. Im morgendlichen Halbschlaf hörte ich, wie einer, der mich wecken sollte, an der Tür polterte und »Aufstehen!« brüllte wie ein Feldwebel. Ich zuckte zusammen, denn der Ton erinnerte mich an etwas sehr Unangenehmes.

Mein Wecker zeigte kurz vor sechs Uhr. Dieser Reisetag begann für mich ohne Wasser, denn das Etagenbad lag mir zu weit entfernt. Alte Leute schwitzen ja kaum mehr und riechen deshalb nicht so streng, wenn sie sich einmal nicht waschen. Erst später würde ich die Prothese säubern, zum Klo gehen.

Auf eine Andacht, von unserem Herrn Glaser abgehalten, folgte ein ausgesprochen seltsames Frühstück: aufgewärmter Milchkaffee in großen Schalen mit glitschiger Haut obendrauf, Weißbrot vom Vortag, leicht ranzig schmeckende Butter und eine Marmelade, ein G'sälz, von dem man nicht wissen wollte, aus welchen Früchten es gekocht worden war. Nun ja, Nonnen waren, anders als die Mönche, nicht gerade für gutes Essen bekannt; das war ihre Form der Askese, ich hatte es in den Jahren bei den Günzburger Betschwestern von meiner Haustöchterschule zur Genüge erfahren. Schon 1941 hatte man den Nonnen die Lehrerlaubnis entzogen. Ich empfand es im Nachhinein als gerechte Strafe für ihre Knausrigkeit. In den ersten Friedensjahren gab es dann Schulspeisung mit Unterstützung der Amerikaner. Die hätte mir geschmeckt, obwohl wir in Deutschland noch niemals Erdnussbutter probiert hatten, aber das war lange nach meiner Schulzeit, und ich bekam nichts davon ab. Obgleich ich meist im Bett lag, war ich hungrig wie ein wildes Tier. Das hatte ich mit meinen jungen Altersgenossinnen in den Jahren nach dem Krieg gemeinsam. Das heißt, ich hatte Hunger und gleichzeitig keinen Appetit. Das war wohl Teil meiner Lebenskrankheit. Heute würde man mich wegen Depressionen behandeln.

Ich hatte unruhig geschlafen und war froh, als die Nacht vorüber war. Mühsam schleppte ich mich in den Frühstücksraum. Hier in Frankreich musste man angetrocknete, gebutterte Brotstückchen in den Kaffee tauchen, um die Kruste aufzuweichen, und bald schwammen auf der hellbraunen Oberfläche goldgelbe Fettaugen. Ich sehnte mich schon jetzt nach meinem gewohnten kräftigen Morgenkaffee. Mein Kopf war wieder einmal wattig von den Schlafpillen. Ich konnte zwar schon funktionieren, aber noch nicht klar denken. Doch eins war offensichtlich: Was ich je von der viel gerühmten französischen Cuisine gehört hatte, wurde mit dieser elenden Milchbrühe vollends unglaubhaft. Café au lait! Bereits am Vorabend war Frankreich bei mir in Misskredit geraten, als man die dünne, zähe Schuhsohle von Fleisch kaum beißen konnte. Obwohl, die Nachspeis' …

Nach dem Morgenmahl, das von hastig gesprochenen Gebeten begleitet wurde, spülte ich mein Gebiss, kämmte mich noch einmal, packte meine Habseligkeiten ins Köfferchen und stand um halb acht atemlos, fix und fertig wegen der ungewohnten Eile vor unserem Bus. Der verflixte Reiseleiter lächelte mich freundlich an und erkundigte sich: »Grüß Gott, Frau Eichner, na, schön ausgeruht von den Strapazen des Tages?«, während ich mich die Stufen hochmühte und erneut seine Hand zur Hilfe nehmen musste. »Scheinheiliger Hund!«, dachte ich und fing schon wieder an, dich herzhaft zu hassen, Vinzenz.

An diesem Morgen war ich noch griesgrämiger gestimmt als sonst. Daher nickte ich nicht einmal und gönnte dir auch kein noch so abweisendes Dankeschön. Ich zürnte. Denn aufs Neue war es so, dass du alter Kerl meine ganze Aufmerksamkeit auf dich zogst und mich in unerwünschte Erinnerungen stürztest, weil du mir dermaßen auf den Leib rücktest. Frisch rasiert und mit Pitralon parfümiert, besetztest du unfreiwillig meine Sinne. Und ich wurde immer ungehaltener, weil das doch auf keinen Fall der Sinn dieser Wallfahrt sein konnte und ich das ganze Getue nur deshalb unternommen hatte, um der Alma und der Cora endlich näherzukommen. Jetzt war schon wieder ein voller Tag unnütz verstrichen. Ich hatte die beiden nur aus der Ferne gesehen und kein Wort erhaschen können. Das musste unbedingt anders werden. Beim Mittagessen wollte ich all meine Courage zusammennehmen und mich zu den beiden an den Tisch setzen, da würde man schon irgendwie ins Gespräch kommen. Lautlos die Lippen bewegend übte ich während der Fahrt schon einmal verschiedene Eröffnungen.

Mit diesem Entschluss, die Initiative zu ergreifen, wendete sich meine Laune zum Besseren, und ich konnte die Außenwelt aus dem Busfenster schauend wieder wahrnehmen. Goldene Forsythien und Johannisbeersträucher mit purpurnen Blütentrauben schmückten die südfranzösischen Vorgärten, deren mit Dachziegeln abgesteckte Beete in weiß-gelben Narzissen, frühen roten Tulpen auf kurzen Stielen und zierlichen Märzenbechern prangten. An den Rändern noch kahler Laubwälder und erst hellgrün überhauchter Weiden erblickte ich wolkige Weißdornhecken. Gelbe Primelkissen leuchteten in feuchten Wiesen, und Tuffs von Veilchen wuchsen am Straßenrand. Ich meinte, ihren Duft von meinem Platz aus riechen zu können, und freute mich zum ersten Mal, seit ich die Reise angetreten hatte.

Die Liebe zu Wildblumen, zu Kräutern, Zierblumen und Gemüse hatte ich einst in Mutters Küchengarten und bei der Arbeit auf dem Feld entwickelt. Auch das Wandern und Zelten mit dem BDM hatte mein Naturempfinden gefördert. Ich nahm mir vor, nach meiner Rückkehr von Santiago mein Vorgärtchen neu zu bepflanzen. – Absurder Gedanke! Hab ich nicht vor, mein letztes Stündle bald schlagen zu hören?

Weil das, was ich vom Bus aus sah, so schön war, so frisch und hoffnungsfroh, bangte ich plötzlich, ob dieses Frühjahr vielleicht das letzte für mich sein könnte. Ich wünschte mir nichts sehnlicher, als endlich tot zu sein, und wollte doch vom Frühling nicht lassen. Der Himmel wurde heller und wenig später tiefblau. Er strahlte in einem Licht, das man in Günzburg nicht kannte. Davon würde ich der Rosa ausnahmsweise erzählen wollen, es war gar zu schön.

Du musst wissen, Vinzenz, schon seit 1947, als ich nach einem Jahr Bettruhe wieder halbwegs auf den Beinen war und sich der Tuberkuloseverdacht nicht bestätigt hatte, sitze ich jeden Samstag meines Lebens pünktlich um drei bei der Rosa im Sessel. Ihr Kaffeetisch steht in einem Erker, dessen fast ebenerdige Fenster auf das Frauengässchen hinausgehen. Das ist grad so gut wie früher die Wochenschau oder heute das Mittagsmagazin im Fernsehen. Auf dem Weg zur Pfarrkirche oder in die Unterstadt muss fast jeder dort vorbei. Man zieht die Tüllgardinen ein wenig beiseite und schaut, wenn nötig, auch in den kleinen runden Spiegel, in den Spion, der in einem günstigen Winkel außen am Fensterrahmen angebracht ist. Da gibt's dann eine Menge Interessantes zu kommentieren. Man kennt ja fast jeden.

Aber die Rollen bei unseren wöchentlichen Treffen sind fest verteilt. Rosa schwätzt, lästert, vermutet und verachtet, hat für jeden einen bissige Bemerkung übrig. Ich hör nur zu. Kennst du die Rosa überhaupt, Vinzenz? Muss ungefähr dein Jahrgang sein, inzwischen ein rundliches Weible mit glänzendweißem Gebiss, das aus achtundvierzig Zähnen zu bestehen scheint. Jetzt ist sie alt, ein paar Jahre mehr als ich hat sie auf dem Buckel. Im BDM durfte sie immer die Kleineren beaufsichtigen, daher kenne ich sie. Damals hatte ich eine riesige Hochachtung vor ihr, denn sie schien alles besser zu wissen als alle anderen, alles! Flink war sie, hatte ihre Augen überall, immer eine freche Bemerkung auf den Lippen – aber gerade so am Rande der Beleidigung, dass man ihr nichts vorwerfen konnte und sogar noch lachen musste, wenn sie einem ihre kleinen Gemeinheiten ins Gesicht schmiss oder über andere herzog.

Jedes Mal, wenn ich bei der Rosa bin, fließt sie über vor Neuigkeiten. Sieben Tage lang legt sie sich, vielleicht extra für mich, Günzburger Skandalgeschichten, Ungereimtheiten und Verdachtsmomente zurecht und hat sie bereits im Geiste allesamt genüsslich vorformuliert, wie frankierte Briefumschläge, die nur noch zugeklebt werden müssen. Während sie koffeinfreien Kaffee nachschenkt, nicke ich beifällig, ermuntere sie, stoße von Zeit zu Zeit mein allfälliges »Ach!« und »Oh!« aus, ein empörtes »Nein!« oder »Das gibt's doch nicht!« und genieße dabei einen samtig-saftigen Marmorkuchen oder die mit Zucker glasierten Quarktaschen vom Bäcker Ederer, aus denen mein Beitrag zum sicheren Gelingen vom Kaffeestündle besteht. Wie sehr ich das Süße mag, hab ich dir ja schon erzählt.

Während der ersten Nachkriegsjahre hatte die Rosa noch oft und gern von ihren wichtigen Aufgaben als Reichshebamme erzählt, von all den Meldepflichten, der privilegierten Stellung als

»Mutter der Mütter«, von der Reichsfachschaft und ihrer guten Bezahlung. Damals war Hebamme einer der wenigen qualifizierten Berufe, die sogar verheiratete Frauen ausüben durften, denn alle anderen mussten im Dritten Reich nach der Hochzeit die Berufstätigkeit aufgeben, erinnerst du dich? Bis in die späten Fünfzigerjahre war die Rosa noch tätig gewesen, wenn auch immer seltener und nur, wenn keine andere Geburtshelferin aufzutreiben war. Doch am Ende gingen fast alle Frauen zur Entbindung ins Günzburger Krankenhaus, daher fanden viele Hebammen kein Auskommen mehr. Die Rosa ist übrigens nie sehr beliebt gewesen – wegen ihrer Boshaftigkeit und weil sie den Mund nicht halten konnte. Später hat sie sich zur Sprechstundenhilfe umschulen lassen.

Ich hab nie verstehen können, warum sie bis heute keinerlei schlechtes Gewissen plagt. Hatte sie seinerzeit nicht jedes leicht geschädigte Neugeborene eifrig als »erbkrank« angezeigt? Es fiel dann unverzüglich dem staatlichen Euthanasieprogramm zu, während die Mutter des Säuglings eine Zwangssterilisation befürchten musste. Wieso hatte Rosa deshalb denn keine Schuldgefühle? Keine Angst vor Strafe? Vor berechtigt übler Nachrede oder einer Anzeige? Verjährt denn so etwas? Die hat doch so manche Familie in Unglück und bitterste Gefühlsnot gestürzt.

Es bereitet ihr offenbar auch im Nachhinein keinerlei Problem, sich unbekümmert auf das Reichshebammengesetz, die Rassenhygiene oder sonstige Vorschriften zu berufen und ihre Weisungsgebundenheit dem Amtsarzt gegenüber zu betonen, ja geradezu stolz ist sie immer noch auf ihre Korrektheit und kommt auf manche Geschichten, in denen sie eine entscheidende Rolle gespielt hat, wieder und wieder zu sprechen. Für die Rosa ist und bleibt die Welt in Ordnung. Sie hat auch gar nie

Angst vor Anklage und Gefängnis gehabt. Ich kann das nicht begreifen, denn sie besaß früher viele Feindinnen unter Günzburgs Frauen. Verschwiegen war sie nie gewesen, hatte unerbittlich jeden Verdacht auf Abtreibung vorschriftsmäßig gemeldet, jede Fehl- oder Totgeburt, jede ansteckende Krankheit in den Familien. In der Stadt und den umliegenden Dörfern fürchteten Schwangere sie wie die Hölle; andere Hebammen wurden ihr vorgezogen. Trotzdem ist sie immer noch eingebildet auf ihre Zeit als öffentlich bestallte »Mutter des Volkes«.

Anfangs hab ich begierig ihren wortreichen Erzählungen gelauscht, fasziniert von der Möglichkeit, meine eigene Schuld mit einer anderen, vielleicht noch größeren zu vergleichen. Doch irgendwann ist mein Interesse an diesen alten Geschichten erloschen. Indirekt ging es dabei immer auch um mich oder eben nicht um mich, sondern um die Zeit, in der wir alle irgendwem gehorcht haben. Ich wollte aber an meine Erlebnisse im Lager nicht mehr jeden Samstagnachmittag erinnert werden, jedenfalls nicht von außen und stellvertretend sozusagen. Denn der Rosa gegenüber hab ich niemals auch nur eine Andeutung gemacht, wo ich im Osten gewesen und was dort meine Aufgabe war. Sie hat auch nie danach gefragt, dazu blieb keine Zeit; es interessierte ohnehin nur ihr Eigenes. Sogar wenn sie beim Kaffee über Auschwitz, den Dr. Mengele und die aktuellen Naziprozesse schwätzen wollte, von denen das Neueste immer in der *Günzburger Zeitung* stand, stieg ich nur widerwillig drauf ein, obgleich ich die grauenerregenden Artikel bereits am frühen Morgen selbst mit schamvoller Gier und einem Würgen im Hals gelesen hatte. Sobald ich nur konnte, brachte ich die Rosa dazu, von etwas anderem zu erzählen.

Später habe ich in Weimar von meiner Tante einiges über Buchenwald gehört im Februar 1943. Durch sie war ich recht genau informiert worden über das Elend auf dem Ettersberg, nicht aber über die systematische Judenvernichtung. Von ihr erfuhr ich erst in Auschwitz als russischer Kriegsgefangener. Da gab es eine Szene, die ich schon öfter geschildert habe. Es war da ein oberschlesischer Aufseher, der mir einen Schemel auf dem Kopf zertrümmern wollte, weil ich nicht schnell genug Kartoffeln schälte, aber dann warf er den Schemel in die Ecke, wobei ein Bein abbrach, und rief: »Was soll ich dir schlaggen Schäddel ein, wo ihr habt vergasst Millionen.« Da habe ich schlagartig gemerkt, dass das nicht erfunden sein konnte.

Reinhart Koselleck/Carsten Dutt, *Erfahrene Geschichte*

In den letzten Kriegstagen hat die Rosa noch geheiratet. Ihr Mann ist aber nicht mehr zurückgekehrt nach seinem Heimaturlaub zum Zwecke der Eheschließung. In Gefangenschaft verstorben, hieß es. 1952 amtlich für tot erklärt. Seither genießt sie ihre Kriegerwitwenrente, und eine Rente als ehemalige Hebamme hat sie auch. Eine weitere Ehe? »Bei Gott nicht«, pflegt sie zu sagen, immer wieder einmal, »die fünf Tage, die haben mir gereicht fürs ganze Leben!« Warum das so ist, warum ganz genau, das ist das Einzige, wovon sie nie etwas erzählen will.

Wenn am Ende jeder unserer Kaffeestunden, die zu meinem Programm »Möglichst normal erscheinen« gehören wie der Einkauf beim Edeka an der Ecke, meine sogenannte Freundin erschöpft, aber hochzufrieden die Tür hinter mir zusperrt, kann man die Wörter zählen, die ich von mir gegeben habe. Auch während der Woche rede ich nur das Nötigste. Ich bin ja schon seit Jahrzehnten innerlich vermummt und verstummt und scheue jede Begegnung mit Fremden und Bekannten, vermeide Berührungen. Ich halte mich fern von allem, was mich weich und schwach machen könnte. Ich streichle nicht einmal eine Katze, denn wenn mir zärtlich zumute wird, dann denke ich an meine Zwillinge.

Ich geh auch nicht ins Kino, weil man dort oft weinen muss, Heimatfilme, *Titanic* oder so was auf Riesenleinwänden – eine Zumutung! Nicht einmal im Fernsehen schau ich mir das an. Wenn's hochkommt, lass ich mich auf Arztserien ein wie *In aller Freundschaft* oder *Der Landarzt* oder diese Berliner Serie mit dem dicken, gutmütigen Doktor, der immer alles wieder hinbiegt. Denn die Vorstellung, dass es auch nette, anständige Ärzte geben könnte, hilft mir manchmal über böse Erinnerungen hinweg, wenn auch nur für Stunden. Und ist ja auch nur erfunden. Vielleicht gibt's das nur im Fernsehen: Ärzte von noblem Charakter. In Wirklichkeit sind sie vielleicht alle Schweine und Verbrecher oder zumindest geldgierige Betrüger.

Mit meinem eigenen, echten Leiden hatte ich immer mehr als genug zu schaffen, da brauch ich nicht noch ins Kino zu gehen. Oder findest du, das ist pures Selbstmitleid, Vinzenz? Tatsache ist, dass mir starke, unkontrollierbare Gefühle Angst machen. Warum sollte ich mich ihnen aussetzen? Wen kümmert's, ob ich ein »gesundes« Verhältnis zum Mitmenschen hab und »empathiefähig« bin, wie es so schön heißt? Wer will über mich richten? Ist einzig und allein mei eigne Sach'!

Ich trinke seit der Jugend übrigens weder Schnaps noch Wein noch Bier, um mich bloß nicht zu vergessen. Ihr gesamtes Leben hat deine Eichner-Walburga unter die Schirmherrschaft ihrer Verschwiegenheit gestellt. Auch du wirst zu meinen Lebzeiten nichts aus mir herausquetschen können. Dieses innere Sprechverbot wirkt seit Jahren wie eine Bleivergiftung. Schleichend lässt es mein Wesen vergrauen, inzwischen hat es die Schattierungen meiner alten Unterwäsche. Das dauerhafte Schweigen verleiht allen Handlungen und Gewohnheiten meiner Tage einen metallischen Beigeschmack. Die Raffinesse der unsichtbaren Unsichtbarkeit kombiniert mit Stinknormalität ist nur Mittel zum Zweck. Alltag und Sonntag haben sich stets dem Wunsch nach Vergessen unterzuordnen.

Doch dieser Wunsch wurde eben in den vielen Jahrzehnten nicht erfüllt, so viel ist klar. Und obgleich es ja stimmt, ärgert es mich, dass du, Vinzenz, mit zwei, drei Blicken in mein runzliges Gesicht erkannt hast, dass mit mir etwas los ist. Du fühlst das eben, da muss ich gar nichts sagen. Da kann ich auch nichts verbergen. Gegen dich hilft mir nichts.

»Was ist los mit dir, Burgl? Warum bist du so bitter?« Das hast du dann gewagt zu fragen. Übergriffig, aufdringlich! Doch lass dir gesagt sein, Vinzenz: Scham, Selbstvorwürfe und Schuldgefühle hören dadurch, dass du mehr von mir wissen willst, nicht auf zu kreisen, zu quälen, zu bohren. Im Gegenteil, jetzt ist alles noch viel schlimmer. Einzig und allein die Fahrt nach Santiago mit der Verheißung des großen Ablasses dort erfüllte mich vor der Abreise mit einer kleinen Hoffnung auf Vergebung.

Die meisten der Beteiligten traten oft bei meinen Kontrollgängen durch die Vernichtungsstellen an mich heran, um ihre Bedrückung, ihre Eindrücke an mich loszuwerden, um durch mich beruhigt zu werden. Aus ihren vertraulichen Gesprächen hörte ich immer und immer wieder die Frage heraus: Ist das notwendig, was wir

da machen müssen? Ist das notwendig, daß Hunderttausende Frauen und Kinder vernichtet werden müssen? Und ich, der ich mir unzählige Male im tiefsten Innern selbst die Frage gestellt, mußte sie mit dem Führer-Befehl abspeisen, damit vertrösten. Mußte ihnen sagen, daß diese Vernichtung des Judentums notwendig sei, um Deutschland, um unsere Nachkommen für alle Zeit von den zähesten Widersachern zu befreien.
Wohl stand für uns alle der Führer-Befehl unverrückbar fest, auch, daß die SS ihn durchführen mußte. Doch in allen nagten geheime Zweifel. Und ich selbst durfte auf keinen Fall meine gleichen Zweifel bekennen. Ich mußte mich, um die Beteiligten zum psychischen Durchhalten zu zwingen, felsenfest von der Notwendigkeit der Durchführung dieses grausam-harten Befehls überzeugt zeigen.

Rudolf Höß, *Kommandant in Auschwitz*[30]

Ging es mir an manchen Tagen besser und hatte mich jemand mit Lektüre versorgt, konnte ich mich mit Heftchen oder Romanen ablenken. Eine Zeitung bekam ich in den Fünfzigerjahren niemals zu Gesicht. Ich glaube, in Denzingen oder Günzburg gab es wohl kein einziges Mädchen in meinem Alter, das je eine Tageszeitung zur Hand nahm. Man war doch schließlich kein Blaustrumpf und interessierte sich weder fürs Politische noch fürs Kulturelle. Einige Ältere im Dorf schnitten sorgfältig die Todesanzeigen aus, doch das hatten sie bereits während des Krieges getan. Die durch den Zusammenbruch der Naziorganisationen beschäftigungslos gewordenen jungen Dinger meiner Generation hatten nun keine Heimabende mehr. Sie besannen sich auf die Hausarbeit, das Einkochen und Ersinnen von Notrezepten, das Stricken und Flicken und Nähen und Umarbeiten der Uniformen zu Kleidern und Kostümen. Meine Schwesterntracht hing nutzlos im Schrank. Ich trug meist nur das Nachthemd; die Tante schenkte mir noch zwei, damit ich wechseln konnte. Manchmal zog ich auch eins von der Mutter an und wusch das schmutzige mit Kernseife aus. Im Winter hatte ich unter dem Nachthemd wochenlang meine Wollwäsche an, denn mein Kammerl besaß keine Heizmöglichkeit, nicht mal eine Steckdose. Wie ich damals stank – unbeschreiblich! Kein Ziegenbock konnte mit mir mithalten. Abends brachte mir der Vater eine Bettfläscha, wenn er nicht im Gefängnis oder im Wirtshaus saß. Oft vergaß er aber, mich mit Essen und Trinken zu versorgen, doch das bemerkte ich kaum. Mehr fehlten mir sein Zuspruch und die Gesellschaft, die oft nur Minuten währte, mich aber trotzdem im Leben hielt. Ich hatte ihn ja so herzlich lieb, den Vater. Der Appetit war mir sowieso vergangen und mein Körper bald zum Skelett abgemagert. Dadurch kam auch keine Regelblutung mehr.

Da ich weder Zeitung las noch Radio hörte, erfuhr ich vom Nürnberger Hauptkriegsverbrecherprozess, der Ende 1945 bis Ende 1946 stattfand, gar nichts. Wenn bei uns im Haus überhaupt einmal von Schuld und Strafe die Rede war, dann fluchte der Vater nur über die Siegerjustiz. Nach seiner Entlassung aus der Haft und auf meine drängenden Fragen hin erzählte er grimmig, man habe ihn ohne Einzelverfahren und Schuldnachweis als ehemaliges Mitglied einer verbrecherischen Organisation eingelocht. So sei es vielen ergangen, sie seien Opfer des Kontrollratsgesetzes Nr. 10 geworden. Nach diesem Gesetz gelte als schuldig nicht nur ein nachweislicher Täter, sondern auch jeder Beihelfer, der irgendwo mitgewirkt, etwas begünstigt oder befohlen habe. Und sowieso jeder Angehörige einer Organisation, die mit der Ausführung von irgendwelchen Verbrechen zusammenhing. »I glaub, i schpinn! Was denn für Verbrechen?«, polterte er und schlug die Tür meiner Kammer zu.

Ich zitterte zuerst unter meinem Federbett, dann erstarrte ich vor Angst. War ich nicht Beihelferin vom Doktor gewesen? Würde ich auch bald abgeholt?

Doch nichts geschah, und ich vergaß mit der Zeit, mich darum zu sorgen. Jahre später, als ich wieder auf den Beinen war und schon zur Arbeit nach Günzburg ging – zu Fuß, Vinzenz, genauso wie wir beide vor dem Krieg zur Schule liefen –, konnte ich abends in der Küche den Volksempfänger einschalten. So erfuhr ich eines Tages, das war 1958, dass ganz in der Nähe, in Ulm, zehn SS-Leuten der Prozess gemacht wurde. Sie sollten ungefähr fünftausend Juden erschossen haben, in den Ostgebieten, ich weiß nicht mehr, wo. Fast zwölf Jahre nach Kriegsende! Es war auch kein amerikanisches Militärgericht mehr, das sie verurteilte, sondern ein deutsches mit deutscher Rechtsprechung, also etwas, worauf man sich einigermaßen verlassen konnte. Daher musste ich mit großer Bestürzung und Betretenheit davon ausgehen, dass sie nicht unschuldig waren, auch wenn sie lediglich Befehle ausgeführt hatten. Sie wurden aber letztlich nur zu höchstens fünfzehn Jahren Haft verurteilt und als »Gehilfen« bezeichnet, so als hätten sie zwar geschossen, aber es im Grunde gar nicht selbst gewollt.

Meine Angst vor Entdeckung kehrte schleichend zurück. Die Stimmung wandelte sich. Man sprach jetzt von »Verbrechen gegen die Menschlichkeit« und von Aufarbeitung, von Vergangenheitsbewältigung und dass noch vieles ungesühnt sei. Aber ich wollte mehr wissen, wusste jedoch nicht, wen ich fragen sollte, ohne aufzufallen. Vielleicht war ein Aspekt meiner Neugier der Wunsch, mich mit diesen Mördern in Beziehung zu setzen und günstig zu vergleichen. Dass ein Mädchen sich aber um politische Angelegenheiten kümmerte, war den Männern im Schwabenländle suspekt und wär für mich gefährlich gewesen. Also versuchte ich, mir auf andere Weise Informationen zu verschaffen. Daheim war ich allein und konnte ungestört meine Rundfunknachrichten hören. Die Zeitung brachte neuerdings auch Berichte, die mir die Haare zu Berge stehen ließen. Man berief sich dabei auf serö se Beiträge von Korrespondenten der *Frankfurter Allgemeinen*. Unsere leicht linksgerichtete Lokalredaktion hatte sich – gegen die Interessen des Stadtrats – auf das Thema Mengele eingeschossen, denn darüber wollten die meisten Leute in Günzburg etwas wissen: »Was soll der Doktor denn getan haben? Warum ist er überhaupt verschwunden, wenn er unschuldig ist? Gehört er nicht auch vor Gericht? I wo, das kann nicht sein, unser Beppo!«

Über das KL Auschwitz und die Tätigkeit unseres Idols sickerte mehr und mehr durch, tropfenweise wie Wasser aus schwitzendem Stein. In der Regel wurden die Gerüchte jedoch als völlig unglaubwürdig abgeschmettert von all denen, die ihn als jungen Wissenschaftler gekannt und verehrt hatten, von der immer noch höchst einflussreichen Familie Mengele ganz zu schweigen. Die Verwandten äußerten sich nicht. Ich aber machte mir meinen Reim und begriff nach und nach in einem schmerzhaften Erkenntnisprozess, an welchem Ort des Grauens ich im letzten Kriegsjahr so glücklich gewesen war. Ich erkannte, dass auch Befehlsempfänger für ihre Verbrechen verantwortlich gemacht werden konnten, doch auch mir stellte sich trotzig die Frage des Vaters: Was denn für Verbrechen?

Andererseits wurde mir immer mulmiger zumute, wenn ich überlegte, was der Vater in seiner Position innerhalb der NSDAP veranlasst und getan haben könnte. Welchen schlimmen Befehlen hatte er womöglich gehorcht? Ich grübelte krampfhaft darüber nach und verstieg mich in fürchterliche Fantasien, besonders wenn ich an Mutters Pelz und die Mahagonimöbel in der Stube dachte. Und dann wieder erging ich mich in moralischen Reinwaschungen meines Erzeugers, die der Beruhigung und Stabilisierung meines Weltbildes dienten. Heute frage ich: Was denn für ein Weltbild? War es nicht längst unwiederbringlich zerbrochen? Warum nur hatte ich nicht auf die Mutter gehört, die fest im Glauben versucht hatte, mir die Grundsätze einer anständigen christlichen Lebensweise nahezubringen? Dabei wollte ich als junges Ding diese gutherzige Frau nur als lächerlich brandmarken und spöttisch zurechtweisen, im Namen des Führers! Inzwischen war ich aber fast dreißig und begann, die Dinge anders zu sehen als eine naive und verblendete Braune Schwester. Und die Zeiten hatten sich geändert.

Dass historisch-politische Aufklärung in Frankfurt [anlässlich des Auschwitz-Prozesses im Frankfurter Roemer] attraktiv geworden war, zeigt auch der Erfolg, den der Verband für Freiheit und Menschenwürde mit der Fotoausstellung »Warschauer Ghetto« *hatte, die im Herbst 1963 mehr als 60.000 Besucher in die Paulskirche zog. … und gegen Jahresende 1964 sahen fast 90.000 Besucher in der Paulskirche eine weitere Ausstellung, diesmal ganz direkt zum Thema:* »Auschwitz – Bilder und Dokumente«. *… Über das Vernichtungslager Auschwitz, den »Alltag« dort, die Massenmorde mittels Gas, aber auch über die Vernichtung der Häftlinge durch Arbeit – über all das nichts zu wissen war den Westdeutschen im Sommer 1965, als der Prozess nach 183 Verhandlungstagen zu Ende ging, praktisch unmöglich geworden.*

Norbert Frei, »Gerichtstag halten über uns selbst«[31]

Mit halb zugekniffenen Augen der Wahrheit des Dritten Reichs und besonders des KL Auschwitz-Birkenau ins Auge zu blicken, das gelang mir erst viel später. 1963 und in den darauffolgenden Jahren gab es die Auschwitz-Prozesse. Ich hatte dem Vater, als er so krank wurde, ja einen Fernseher besorgt. So verfolgte ich damals, wie Millionen anderer Deutscher auch, das Geschehen und den Prozessverlauf, besonders über die Sendung *Panorama*. Ich hörte bekannte Namen der Ärzte, seit Langem vergessen. Auch der Lagerapotheker Capesius, der uns auf der Säuglingsstation beliefert hatte, wurde genannt.

Das Gericht verurteilte [1965] sechs der Täter zu lebenslangem Zuchthaus, elf bekamen zeitlich begrenzte Freiheitsstrafen. Zwei Angeklagte wurden aus Mangel an Beweisen freigesprochen. Bis 1968 verhandelte das Landgericht Frankfurt noch in zwei weiteren Auschwitzprozessen gegen insgesamt fünf Angeklagte. Doch auf die kurze Hochphase der Aufarbeitung des NS-Unrechts in der Bundesrepublik folgte bald ein jähes Ende. Durch eine Gesetzesnovelle wurde 1969 die Verjährung von Beihilfetaten rückwirkend verändert. Plötzlich blieben all jene Täter straflos, an deren Händen kein Blut klebte. Die meisten Hintermänner kamen so – trotz bereits laufender Verfahren – davon.

Alexander Haneke, »Fritz Bauers große Tat«[32]

Inzwischen waren fast zwanzig Jahre vergangen, doch wenn die Zeichnungen ihrer Gesichter veröffentlicht wurden, erkannte ich so manchen wieder – nicht weil ich ihn in den Baracken gesehen hätte oder beim Ausüben von Gräueltaten, beim Selektieren, Vergasen, Erschießen, Foltern oder Erschlagen. Nein, sie waren im Haus von Dr. Mengele oft zu Besuch, und ich servierte bei diesen Herrenabenden Essen und Getränke. Hinterher räumte ich auf. Alle waren sie Akademiker, vor denen ich wegen meiner mangelnden Schulbildung den höchsten Respekt hatte, und sie benahmen sich mir gegenüber sehr anständig, machten keine zotigen Witze, wenn ich im Raum war, und wirkten allesamt recht kultiviert. Ich fühlte mich geschmeichelt, wenn ich mir eine weiße Spitzenschürze umbinden und meine Haare hochstecken durfte, um das blütenweiße gestärkte Häubchen zu befestigen. In dieser Dienstmädchentracht sah ich recht viel hübscher aus als in der Schwesternuniform, und ich konnte davon ausgehen, dass ein jeder wusste: Des Doktors Frau Mama ist ihre Patentante. Und immer hoffte ich, ein künftiger Bräutigam möchte unter den Gästen sein. Besonders festlich war es ja zu den seltenen Gelegenheit, wenn die Frau Mengele zu Besuch kam, die von allen Frau Irene genannt wurde, von ihrem Mann aber Schatzele, was sich recht gut machte. An solchen Abenden gab es reichlich Wein und Kalbsbraten und hinterher Klavier mit Gesang.

Sie waren in Auschwitz Adjutanten des Lagerkommandanten. Sie saßen an ihren Schreibtischen und wussten angeblich nichts von den Gaskammern und Krematorien, sie waren angeblich niemals in dem Vernichtungslager Birkenau. »Vom Fenster aus« hätten sie schon einmal die rauchenden Schlote gesehen, den Feuerschein in den Nächten, sie hätten auch den Gestank verbrannten Fleisches gerochen, der in der Luft war, mehr aber nicht. Das war alles. »Ich habe darüber keine Klagen bekommen«, sagte einer von ihnen in aller Ruhe, als er gefragt wurde, ob er wusste, was in den Baracken geschah.

Dietrich Strothmann, »Auschwitz-Prozess: Schwarze Wand und Hasenjagd«[33]

Diese Männer also erblickte ich im Fernsehen und erkannte sie. Plötzlich entpuppten sich die feinen Herren als monströse Verbrecher, als grauenvolle Sadisten, als penible Verwalter entsetzlicher Verbrechensstatistiken und erstklassige Organisatoren von Massenmorden an armen Juden, Zigeunern, Homosexuellen, Kommunisten und anderen politisch Unliebsamen. Und wie viele Geistliche, evangelische und katholische, sind in den Lagern umgekommen! Sogar die Bibelforscher – ganz harmlose Leut' und Kriegsdienstverweigerer aus Gewissensgründen – hat man deportiert. Hitler machte vor nichts und niemandem Halt. Der Pater Rupert Mayer hat gesagt: »Ein deutscher Katholik kann niemals Nationalsozialist sein.« Daran haben sich aber nicht allzu viele gehalten.

Man saß über die Befehlsempfänger zu Gericht, und nur wenige wurden zum Tode verurteilt. Die Beweislage war eindeutig. Es war unmöglich, die Fakten zu ignorieren oder als Propaganda der Alliierten abzutun. Bis zu ihrer Verhaftung hatten sich die meisten im bürgerlichen Leben wieder gemütlich eingerichtet. Im Prozess stritten sie dann ihre Taten ab, suchten alle die verrücktesten Ausflüchte, beharrten trotzig auf ihrer Unschuld, weil sie ja nur Befehle ausgeführt hätten, von ganz oben. Kaum jemanden gab es, der ein wenig Schuld zugeben konnte, einer davon hieß Hans Stark, der war kaum älter als ich und sagte bei der Vernehmung: »Ich schäme mich heute.«

Dieser Berichterstattung setzte ich mich aus, so gut ich konnte, las auch die *Frankfurter Allgemeine* in der Stadtbibliothek, betrachtete die Schreckensbilder und hatte weiterhin Angst, ebenfalls noch angeklagt zu werden, ja noch viel mehr Angst denn je. Zwar war der Doktor nach wie vor verschwunden, aber es gab Hunderte von Zeugenaussagen, und irgendwer musste mich doch gesehen haben, konnte sich an die niedliche, treuherzige Siebzehnjährige, Mengeles Nesthäkchen, erinnern. Auch Zwillingspaare, die – ich weiß nicht, wie! – die Experimente überlebt hatten, wurden in den Zeugenstand gerufen. Sie reisten aus Israel und Amerika an. Wenn ich das erfuhr, zitterte ich stundenlang wie Espenlaub.

Wir dürfen nicht davon ausgehen, dass die Nazis logisch gehandelt haben. Logisches Denken war ihnen fremd. Die Entscheidung über Leben und Tod fiel völlig willkürlich ... Im Lager war es nicht anders. Neunhundertneunundneunzig wurden hingerichtet, der Tausendste kam mit einem blauen Auge davon.

Erich Hackl, *Die Hochzeit von Auschwitz*[34]

Eine Zeit lang wollte ich ja noch glauben, dass man nur die anderen Lagerärzte mit Fug und Recht als Verbrecher gegen die Menschlichkeit bezeichnen durfte. Mein Doktor war doch gewiss eine andere Kategorie – als hochgerühmter Wissenschaftler und Genforscher, oder? Während meiner Monate im Lager wusste ich nicht einmal, was mit Genetik gemeint war. Es galt mir als ein heiliges Wort, das ich nur ganz leise und voller Ehrfurcht aussprechen durfte, wenn ich allein war auf der Station. Aber dann war da dieses kleingefaltete Dokument unter meinem Schrank, dessen Inhalt ich in- und auswendig kannte. Und mein Schwur, nie und nimmer etwas zu verraten. Und meine Zwillinge, Alma und Cora, die inzwischen fast erwachsen waren und Hand in Hand durch unsere Stadt liefen.

Wohl dem, dessen Frevel vergeben und dessen Sünde bedeckt ist. Wohl dem Menschen, dem der Herr die Schuld nicht zur Last legt und dessen Herz keine Falschheit kennt. Solange ich es verschwieg, waren meine Glieder matt, den ganzen Tag musste ich stöhnen. Denn deine Hand lag schwer auf mir bei Tag und bei Nacht. Meine Lebenskraft war verdorrt wie durch die Glut des Sommers. Da bekannte ich meine Sünde und verbarg nicht länger meine

Schuld vor dir. Ich sagte: Ich will dem Herrn meine Frevel bekennen. Und du hast mir die Schuld vergeben.

Psalm 32,1-5

Vinzenz, was habt ihr denn während der Fünfzigerjahre in eurem Dillinger Priesterseminar von diesen Dingen mitbekommen? Oder später? Wurde die Schuldfrage unter euch Theologen und Studenten diskutiert, und was sagte denn eure katholische Soziallehre zu den Vorkommnissen, die in diesen Jahren nach und nach ans Licht kamen? Einer der Verbrecher, ein besonders grausamer Kerl, war genauso wie einst der Lagerkommandant Höß von seinen Eltern zum Priester bestimmt gewesen, zog dann aber die Totenkopf-SS als geistige Gemeinschaft vor. Und du? Warst du nie in Versuchung? Hast du dir nie gewünscht, dabei zu sein? Oder warst du sogar dabei, bei irgendetwas, hast vielleicht Schreibtischverbrechen begangen? Konntest du einfach zur Tagesordnung übergehen, nach der Beichte die Absolution entgegennehmen, deine Gebete und Bußübungen verrichten und auf Gottes Vergebung rechnen für alles, was du vielleicht getan hattest? Immer wieder wird ja die Frage gestellt: »Wo war Gott in Auschwitz?« Für viele ein Anlass, ihren Glauben gleich ganz aufzugeben. Ich brauchte das nicht zu tun, denn ich hatte zwar eine gewisse katholische Prägung durch die Mutter, aber einen rechten Glauben hab ich nie besessen, und so bleibt es bis heute. Meine Kinderhoffnung auf den lieben Gott, eine vage Sehnsucht nach dem Himmelreich – ja, die waren wohl schon vorhanden. Aber an einer gottgewollten Ordnung, wie es bei euch heißt, kann ich mich immer noch nicht orientieren, nach allem, was ich weiß und erlebt hab, und dass es ein natürliches Sittengesetz geben könnte, kommt mir völlig absurd vor. Gott soll uns alle gut geschaffen haben? Da kann ich nur lachen. Auch Stalin und Mao und Pol Pot? Und war etwa die abstoßende stacheldrahtbewehrte Mauer des Verschweigens, die uns noch zwanzig Jahre nach Kriegsende davon abhielt, der Wahrheit über unser zum Bösen verführtes Volk ins Gesicht zu schauen, Ausdruck der Solidarität im mitmenschlichen Zusammenleben?

Ich, ja ich verzehre mich bis heute vor Selbstvorwürfen und Schuldgefühlen und kann nicht schlafen vor lauter Furcht, dass einer schon morgen mit dem Finger auf mich zeigt und ruft: »Die dort, die Eichner-Burgl, die war auch dabei, ich hab sie wiedererkannt!«

Ist das etwa Reue? Ich vermag dieses Wort auf mich gar nicht anzuwenden. Bin ich schuldig als Beihelferin und Mitwisserin? Wie sollte ich je ein Gericht vom Gegenteil überzeugen können? Ich leide am Leid, aber es scheint mir nicht besonders edel zu sein, wie ich mich verhalte. Denn ich fühle mich schuldig nur aus Angst, dass etwas herauskommt.

Zu dir heilg'er Jakobus,
Apostel, Schutzpatron,
zieh'n Pilger voll des Lobes
Des Weges lange schon.

Kehrvers: *O breite deine Hände*
Voll Lieb' und Segen aus,
Führ uns zum sel'gen Ende
Ins ew'ge Vaterhaus.

Versbacher Jakobslied, 1661

Auch am nächsten Tag unserer Pilgerreise wurde besichtigt, nicht nur eine Kathedrale, sondern gleich drei. Man näherte sich den Pyrenäen. Ich war unruhig und wieder einmal miserabel gelaunt. An die Zwillinge war ich noch nicht herangekommen. Die ganze Sache hatte sich anders entwickelt als geplant. Die beiden hielten sich am Rande und zogen sich unmittelbar nach jeder Mahlzeit zurück, um unter sich zu sein. Wenn sie den Speisesaal betraten, immer ein wenig zu spät, suchten sie sich einen bereits besetzten Tisch aus, an dem noch ein Platz frei war, und zogen einen zweiten Stuhl heran. So saßen sie immer ganz eng beieinander. Mit anderen Pilgern sah man sie nie reden. Ich gelangte nicht in ihre Nähe, nur einmal stand ich in der Warteschlange zum Klo direkt hinter ihnen. Aber da hatten sie sich nichts zu erzählen, hielten sich nur stumm an der Hand wie zwei Erstklässlerinnen beim Schulausflug. Mit dem jeweils freien Arm drückten sie ihre identischen Handtaschen fest unter die Achsel, als fürchteten sie, bestohlen zu werden, und ich war fast beleidigt, so als hätten sie mir bereits unterstellt, ich sei die Diebin.

Während der Mittagspause setzte sich dieser Herr Glaser an einen Tisch in meiner Nähe… Vinzenz, verzeih, aber ich erzähle es jetzt so, wie ich es damals erlebt hab, damit du mich verstehst. Als die Leute nach dem Kaffee aufstanden, um sich die Beine zu vertreten, wollte ich ebenfalls die Flucht ergreifen, aber der alte Kerl war schneller. Aufstehen ist für mich immer mühsam, wegen der Schmerzen in Knien und Hüftgelenken, deshalb muss ich mich immer erst dazu überwinden, und das dauert. Er schob seinen Stuhl nach hinten und kam zu mir herüber. Meine Tischgenossen waren schon gegangen. Er ließ sich auf den leeren Plastiksessel neben mir fallen, schob ein paar Knusperkrümel von dem Weißbrot mit der Hand auf ein Häufchen zusammen, leerte sie auf das Tischset aus bräunlichem Packpapier und knüllte es fest zusammen. Ich schwieg. Er schwieg. Die Angst stand mir bis zum Hals: »Was will der Mann von mir? Wenn er reden möchte, soll er doch reden oder gleich verschwinden!« Ich schaute mich nach der Bedienung um, die nebenan die Tische abräumte, wollte meinen Kaffee bezahlen. Der Reiseleiter neben mir strich sich wiederholt über den weißmelierten Bart, ganz wie ein Prophet, hielt inne, gab sich einen Ruck, schaute mich forschend von der Seite an und sagte dann mit einer Mischung aus Zögern und Mut: »Frau Eichner! Ehem, liebe Frau Eichner! Ich muss schon seit gestern Morgen überlegen, ob ich Sie nicht vor langer Zeit einmal gekannt habe? Ist es möglich, dass wir uns früher schon begegnet sind? Das will ich Sie jetzt einfach einmal fragen.«

Er ist sich nicht ganz sicher, überlegte ich. Ich könnte es also einfach abstreiten. In Augsburg und Umgebung lebten doch sicherlich noch ein paar andere Frauen mit meinem Namen, so selten ist er ja nicht. Sollte ich?

Jemandem frech direkt ins Gesicht zu lügen war mir immer noch nicht leicht, auch nachdem ich es im Reisebüro geübt hatte, und schweigen, eisern schweigen, wie ich es sonst tat, kam jetzt leider nicht in Frage. Schließlich konnte ich mich dem freundlichen Reisebegleiter nicht einfach stumm verweigern, musste mich am Ende zu einem Ja oder wenigstens zu einem halben Ja bekennen. Vorläufig rettete ich mich allerdings noch mit einem verbalen Schachzug: »Ja was! Ach wirklich? Ei, woher denn, Herr Glaser?«, fragte ich und schaute ihn mit geheucheltem Erstaunen und dem unschuldigen Augenaufschlag vorgetäuschter Altersvergesslichkeit an. Sollte er doch selber die Karten auf den Tisch legen.

»Nun«, erwiderte er bedächtig und sprach sehr langsam, indem er die Altersflecken auf seiner linken Hand musterte und mit dem rechten Zeigefinger nachzog, »ich kannte in meiner Kindheit eine Walburga Eichner. Wir hatten nämlich denselben Schulweg. Nach dem Krieg haben wir uns aus den Augen verloren, und das hat mir immer leidgetan. Sind Sie das vielleicht? Die Walburga aus Denzingen? Jeden Morgen, winters wie sommers, sind wir zusammen nach Günzburg hineingelaufen. Die, die ich meine, wohnte in der Ichenhauser Straße. Das Haus meiner Eltern war ein ganzes Stück weiter südlich, nach Wasserburg hin. Also, das tät mich jetzt interessieren, ob Sie die kleine Burgl von damals sind.« Er sah aber nicht kühl interessiert aus, sondern hatte eine geradezu flehentliche Miene.

Ich war überrumpelt von dieser Direktheit, die war doch schon recht unverschämt! So was Taktloses! Entsprechend empört und verblüfft wandte ich mich zu ihm hinüber, vermied aber, ihm erneut ins Gesicht zu schauen. Noch sagte ich nichts, sondern dachte bei mir: »Na, also wirklich, du dummer Hund, die kleine Burgl von damals bin ich nicht, ganz gewiss nicht, niemals!« Gleich darauf errötete ich bei der Vorstellung, mein runzliges Gesicht, meine durchscheinende Kopfhaut mit den dünnen Haaren und meine geröteten Augen von außen betrachtet und mit dem Kindergesicht verglichen zu wissen. Dann kamen wieder der alte Stolz, das Misstrauen und die Häme hoch: Aha, aha, also daran will er sich erinnern, der Vinzenz, an den gemeinsamen Schulweg. Aber unseren Kuss, den hat er wohl vergessen, typisch Mann!

Ich wusste nicht, ob ich erleichtert oder erzürnt sein sollte, es war ein bisschen von beidem. Gott ja, den gemeinsamen Weg von Denzingen hinein nach Günzburg konnte ich meinethalben gern zugeben und für alles andere auf die Vergesslichkeit meines Gesprächspartners setzen, der ja schon genauso weit über die Siebzig war, ja noch zwei, drei Jahre älter als ich selber. Da denkt man bekanntlich vor allem an die Kindheit, und was ein paar Tage zuvor passiert ist, weiß man nicht mehr, so ist das. Geht mir auch so.

Möglicherweise war der Kuss völlig aus seinem Gedächtnis gelöscht, weil ihm die Geschichte peinlich war, schließlich hatte er damals einiges getrunken, überlegte ich. War die Erinnerung gar sündhaft und schuldbelastet? Gebeichtet, gesühnt, vergeben und vorbei? Oder konnte es sein, dass dem Vinzenz Glaser das Ganze überhaupt nichts weiter bedeutet hat als ein banales, allseits übliches Ende eines bierseligen Feuerwehrballs? Ein missglückter Versuch, bei irgendeinem Mädla zu landen?

Weil mir diese unterschiedlichen Gedankengänge einen gewissen Schmerz bereiteten, ließ ich mich lediglich dazu herab, in unbeteiligtem Ton zu entgegnen: »Jaja, mag schon sein, ich bin tatsächlich aus Denzingen.«

Ich machte eine Pause und tat gleichgültig, bevor ich schroff hinzufügte: »Aber an Sie, Herr Glaser, kann ich mich leider nicht erinnern, tut mir furchtbar leid, ist ja auch schon ewig lang her.«

Jetzt war es an ihm, gekränkt zu sein. Ich merkte an seinem enttäuschten Gesicht, dass mein Pfeil getroffen hatte. Das tat mir sogar ein klein wenig weh. Daher fügte ich rasch hinzu: »Aber vielleicht fällt's mir ja noch ein, in den nächsten Tagen.«

Der Glaser-Vinzenz sagte daraufhin, er wolle dem Erinnern gern ein wenig nachhelfen. Sein Gesicht war lebhaft gerötet, als er rief: »Also ich, ich weiß noch alles ganz genau! Wie die kleine Burgl so lustig mit ihren Freundinnen redete und vor mir her hüpfte, wie ihr Schulränzle aussah, wie Schwamm und Federwisch an einem Band heraushingen und beim Laufen hin- und herschaukelten. Sogar an eine Strickjacke aus roter Wolle kann ich mich erinnern, und an braune Strümpfe in knöchelhohen Schnürstiefeln. Ich habe natürlich alles immer nur von hinten gesehen, aber das jeden Tag, jahrelang. Sie können sich nicht an mich erinnern, Frau Eichner? Oh, wie schade! Ewig schade! Geredet haben wir allerdings nie miteinander, das gehörte sich nicht. Buben und Mädchen gingen getrennt. Doch die kleine Burgl, die hatte ich immer besonders gern, auch als sie dann schon größer war, deshalb habe ich sie immer ganz heimlich angeschaut, Jahr für Jahr!« Er lächelte ein wenig sehnsüchtig und drehte die Augäpfel zur Zimmerdecke, als erfreute er sich an diesen fernen Gedächtnisbildern. »Bis ich dann später nach Dillingen musste, aufs Priesterseminar.« Beim Erwähnen der kirchlichen Hochschule verzog er plötzlich das Gesicht. Anscheinend waren daran unangenehme Erinnerungen geknüpft.

Mit beträchtlichem Unwillen stellte ich fest, dass man dir, Vinzenz, alles Mögliche an der Miene ablesen kann, und ich verachtete dich für diese Durchschaubarkeit. Das habe ich weiß Gott besser gelernt. Bei mir weiß niemand gar nichts. Was man fühlt, geht keinen etwas an. Das muss man mit sich selbst ausmachen. »Jeder stirbt allein«, das war schon immer mein Wahlspruch.

Ich fragte mich, wie jemand mit einem Gesicht wie ein offenes Buch sich wohl durchs Leben schlug. Wie oft der Vinzenz eins aufs Maul gekriegt hatte, als Kind und als Erwachsener, wie oft er hatte heulen müssen, weil ausgelacht werden so wehtat. Da redete er schon weiter von Denzingen, von den stockkatholischen Eltern, von seinem kindlichen Gehorsam, und wie er dem Reichsarbeitsdienst hatte entkommen können. Denn Priesterschüler waren befreit, auch von der Mitgliedschaft bei der Hitlerjugend.

Ich hatte wohl vernommen, was du da über deine Kinderschwärmerei für die Walburga Eichner erzähltest, aber hinnehmen oder gar annehmen wollte ich deine Worte nicht, und darauf eingehen schon gleich gar nicht. Ich musste erst allein auf meinem Zimmer sein, um deinem Gerede noch einmal Gehör zu schenken. Deshalb hakte ich bei der Erwähnung von Dillingen ein, wie eine Schiffbrüchige, die nach einer kleinen Holzplanke greift, und bemerkte streng: »Hören Sie, ich hatte mich eigentlich auf einen ganz anderen Geistlichen als Begleiter auf der Wallfahrt eingestellt! Man hatte mir gesagt, Monsignore Guntzweiler würde uns auf der Fahrt betreuen. Jetzt mache ich mir richtig Sorgen und bin ganz überrascht, dass er nicht dabei ist. Was ist denn passiert?«

Du bist auf das Manöver hereingefallen. Hast aufgehört, deine rührseligen Memoiren einer Kindheit auf dem Lande aufzuwärmen, und dich aus dem Konzept bringen lassen. »Der Monsignore ist leider verhindert, er hat am Tag vor der Abreise eine schlimme Gallenkolik bekommen und musste in die Klinik. Da bin ich ganz unverhofft eingesprungen, hab's erst in der Nacht erfahren. Die vom Bayerischen Pilgerbüro greifen hin und wieder auf mich zurück, ich war schon ein paar Mal in Santiago, da kenne ich mich aus. Mit solchen kleinen Fahrten verdiene ich mir ein Zubrot. Das kommt mir manchmal ganz gut zupass, meine Rente reicht ja hinten und vorn nicht. Aber ich mache es auch gern! Reisen ist doch etwas Schönes, und man sieht die Orte immer wieder mit neuen Augen. Und weil ich jetzt ganz zufällig die Frau Walburga Eichner wiedertreffe, da hat es sich doch schon gelohnt, oder?«

»Nicht locker lassen«, hast du bestimmt gedacht. Aber ich ließ ebenfalls nicht locker, war ja geübt in Ausweichmanövern, wusste, wie man ablenkt oder am Ball bleibt. Mein Ton blieb unterkühlt und distanziert. Dieses Gespräch von zwei alten Leute im halbleeren Nebensaal eines Touristenlokals hatte rein gar nichts von der unvermittelten, redseligen Vertrautheit, die zwei Menschen zulassen, wenn sie sich nach sechzig Jahren plötzlich einmal wiederbegegnen, eine Vertraulichkeit, die sogar dann einsetzt, wenn sie sich in der Jugend nicht besonders gemocht haben.

»Ja, und entschuldigen Sie bitte, ich muss jetzt gleich raus«, sagte ich wie nebenbei und schaute zur Tür hin, um anschließend aufbrechen zu können. In Wahrheit platzte ich vor Neugier. »Aber eins wüsste ich doch gern, und hoffentlich trete ich Ihnen nicht zu nahe, wenn ich Ihnen eine persönliche Frage stelle. Nehmen Sie's mir bittschön nicht übel! Aber Sie sind am End' wohl gar kein Monsignore, Herr Glaser? Wie muss ich Sie denn jetzt anreden?«

»Einfach Glaser, das ist schon richtig«, sagtest du. »Und in der Tat, Priester bin ich nicht geworden, obgleich meine lieben Eltern es für mich oder vielleicht auch für sich gewünscht hätten, stimmt. Habe nur Theologie studiert und die Hochschule absolviert. Insofern bin ich als Wallfahrtsbegleiter nicht ganz ungeeignet, und die abendlichen Messen werden jeweils vor Ort von einem Geistlichen gelesen, so wie heute. Das hat das Pilgerbüro schon alles telefonisch arrangiert.«

»Ach ja?«, ich tat vage interessiert, dabei wollte ich vom Kopf her nur fort, während ich gleichzeitig wie angenagelt auf meinem Stuhl saß.

»Wissen Sie, Frau Eichner«, sagtest du nach einer Gedankenpause und schautest mir direkt ins Gesicht, mit einem Blick voller Arglosigkeit, »während des Krieges und in den Jahren danach habe ich viel zu viel Schlimmes erlebt und wurde über zwanzig Jahre lang von schrecklichen Glaubenszweifeln geplagt. Ich konnte und wollte damals als junger Mensch nicht verstehen, warum mein Gott, den man den Gott der Liebe nennt, das alles zuließ. Und kein Mensch war in der Lage, mir etwas zu erklären, meine vielen Fragen zu beantworten. Die Professoren an der Hochschule, fast alle Jesuiten, waren ja selber in innere Nöte und Schwierigkeiten geraten und retteten sich in hohle dogmatische Formeln. Inzwischen ist das wieder anders, Gott sei Dank. Das Fragen und Mitdenken ist wieder erlaubt. Zwar nicht immer, aber doch manchmal. Ich fühle mich inzwischen freier. Letztendlich habe ich aber meine eigenen Einsichten gewinnen müssen, aus innerer Kraft sozusagen, und so durfte ich auch nach vielen Jahren endlich die Gnade des Glaubens an Gottes Liebe wieder erfahren. Es ist eben nie zu spät. Immerhin weiß ich seither, wie es ist, glauben zu wollen und nicht glauben zu können.«

Ich sehe dich noch vor mir, wie du in ein beredtes Schweigen verfielst und den Blick auf deine Hände senktest, als hättest du sie noch nie aus der Nähe betrachtet. Sie drehten sich in deinem Schoß hin und her. Deine offenen Handflächen wiesen am Ende in einer hilflosen Geste nach oben, als würdest du dich mit einer stillen Verzweiflung in jene zerrissenen Zeiten zurückversetzen. Wie du erkennst, Vinzenz, hab ich dich in jedem Augenblick mit Argusaugen beobachtet.

Ich schaute dich von der Seite an. Meine Lippen wurden noch schmaler, als sie es ohnehin immer waren. Ich fühlte, wie sich mein Gesicht veränderte. Ist wahrscheinlich doch nur ein Pfaff wie alle anderen, argwöhnte ich. Die winden doch immer ihre Hände vor der Brust, wenn sie einen missionieren wollen.

Mein Herz zog sich enger zusammen. Ich wollte deinen Worten jetzt ebenso wenig vertrauen wie kurz zuvor, als du von unserer gemeinsamen Kindheit gesprochen hattest und ich mir nicht vorstellen konnte, dass du das alles wirklich noch wusstest. Der Gedanke schoss mir durch den Kopf, dass ich die Glaubenszweifel, von denen du mir gerade erzählt hattest, ja auch weitertragen und über dich herablassend schwätzen und lästern könnte, zum Beispiel bei den Mitreisenden oder vor der Rosa daheim. Woher weiß denn dieser Glaser, überlegte ich, dass ich das nicht tun werde? Ich wandte dir noch einmal einen skeptischen Blick zu. Aber in deinen Augen entdeckte ich nichts als kindliche Zutraulichkeit und Altersweisheit. Das berührte mich seltsam, denn mir war plötzlich, als sei alles so, wie es zu sein hat. Als könntest du das Gesagte ausschließlich mir anvertrauen, jener Person, die dich, wenn auch flüchtig, seit über sechzig Jahren kannte und deine innersten Geheimnisse niemals verraten würde, weil manche Menschen eben schweigen können, schweigen wie ein Grab.

Unversehens war trotz meiner Widerborstigkeit eine zarte Intimität zwischen uns beiden Alten aufgekommen, ein Augenblick der bedeutungsvollen Stille, während die Angestellten im Nebenraum mit Töpfen und Geschirr klapperten und der erste scharfe Geruch billigen Spülmaschinenpulvers in meine Nase drang. Mir wurde das alles zu viel. Jetzt reicht's aber, dachte ich, packte meine Handtasche, die ich nie aus den Augen ließ, und griff nach meiner Strickjacke. »Soso«, sagte ich. Mehr fiel mir dazu nicht ein, denn auf solche Bekenntnisse war ich nicht gefasst gewesen.

Mit schwerem Schritt ging ich zum Parkplatz. Dort hoffte ich, jemand anders würde mir beim Einsteigen helfen. Aber du, Vinzenz, wartetest bereits, als wärst du immun gegen meine

Abwehr, die schon mehr als unhöflich war, und reichtest mir die Hand. Sie fühlte sich warm an. Ich ließ schnell los. Ich war verwirrt. Der Bus setzte sich in Bewegung.

Seufzend schaute ich aus dem Fenster in die dämmrige Landschaft. Der kalte Stein legte sich auf mein Herz, wie damals. Beklommen nahm ich meinen unregelmäßigen, langsamen Puls wahr. Dr. Reinhardt hat mir schon vor Jahren zu einem Herzschrittmacher geraten. Aber den will ich nicht. Am Ende kann ich dann noch schwerer das Zeitliche segnen als eh schon. Außerdem hätte ich dafür ins Krankenhaus gemusst, voll von Ärzten im weißen Kittel. Ihr Anblick hätte mich an Dr. Mengele erinnert. Das und die Gerüche von Desinfektionsmitteln kann ich einfach nicht ertragen – es bringt die Zeit wieder zurück an einen Punkt, der mich laut schreien ließe. Es wär ein fataler Auslöser, ein Trigger, wie man heutzutage sagt, und dann ende ich womöglich in der Psychiatrie.

Natürlich hab ich Dr. Reinhardt nicht gestehen können, wie sehr ich mich nach einem plötzlichen Herztod sehne. Er hätte mich doch als suizidgefährdet in die Anstalt einweisen lassen. Denn er weiß gar nicht, welch ungeheuer großer Unterschied besteht zwischen sterben wollen und vom Leben genug haben. Ich wollte seit Jahren sterben. Tot sein, ein für alle Mal. Nicht so halb oder dreiviertel, wie ich es schon immer gewesen bin. Aber vom Leben genug hatte ich nicht, beileibe nicht, das war es ja gerade. Ich hatte kaum daran geleckt, höchstens mit der Zungenspitze wie an der Eistüte einer Kinderfreundin, die nicht mehr von ihrem Süßen abgeben will. Genug? Ich würde niemals genug bekommen vom irdischen Dasein, das war es ja gerade. Für mich hatte es einfach nicht genug hergegeben. Ich würde den Rest meiner Tage darben und zürnen und zähneknirschend aufs Schicksal schimpfen, bis es mich aus seinen Klauen entließ. Im

Sarg zu liegen mit hohlem Magen und auch ohne Vorfreude auf das himmlische Manna, genau das steht mir in Aussicht.

Vielleicht sterbe ich ja auf der Reise vor lauter Anstrengung oder in der Kathedrale von Santiago oder vor Schreck, wenn der Glaser-Vinzenz mich noch einmal anspricht, das überlegte ich, während der Bus durch die Gegend fuhr, und fand Trost bei dieser Vorstellung.

Wer die Stunde, richtig zu leben, hinausschiebt, ist wie der Tölpel, der wartet, bis der Fluss abfließt. Doch dieser strömt nur wirbelnd dahin und wird so in Ewigkeit strömen.

Horaz, *Episteln*, *Brief an Lollius Maximus*

Meine Sterbestunde ist nahe. Auf der Reise ahnte ich es schon, jetzt weiß ich es. Nur noch ein, zwei Wochen. Die Tabletten liegen bereit, ein ganzer Haufen, zusammen mit Antibrechmittel, damit sie auch drinnenbleiben. Aber erst fertig aufschreiben. Für dich und für mich.

Santiago. Verstehst du, Vinzenz? Sapperlot, es musste sein. Buße tun. Um Vergebung bitten. Ich wollte die Jugendzeit abschütteln mit Gebeten, Gesängen und einer Umarmung des heiligen Jakobus.

Hätte ich nur diese Fahrt nicht gebucht! Aber es war doch wegen dem Ablass, wegen der Schuld, wegen der Zwillinge! Wie konnte ich dem Tod entgegensehen mit dieser Bürde auf der Brust?

Santiago! Vergebung erlangen. Wegen was? Um Vergebung bitten. Aber wen? Den heiligen Jakobus, Jünger des Herrn – oder war's der Bruder? Herrgott, nicht einmal daran erinnerte ich mich genau. Hätt's noch nachlesen sollen. Aber eines wusste ich: Schon seit Jahrhunderten verzeiht der Jakob jedem reuigen Pilger, befreit ihn von schweren und von lässlichen Sünden. Solch vollkommenen Ablass wie in Santiago erlangt man ansonsten nur alle fünfundzwanzig Jubeljahre in Rom bei einem frommen Besuch aller sieben Hauptkirchen, glaube ich. Warst du schon dort, kennst du die Ewige Stadt, Vinzenz? Warst du bei der Audienz, hast du einen der Päpste gesehen? Nach Rom zu pilgern ist für eine alte Frau wie mich viel zu beschwerlich, allein das Gedränge auf dem Petersplatz! Und käme vielleicht zu spät für dieses Leben.

Die Busfahrt. Mir war es ja anfangs nur um die Zwillinge gegangen, aber dann wollte ich alles auf einmal erledigen: Alma und Cora und Buße und Vergebung und Erlösung von der Schuld. Der Rosa hatte ich von der Fernsehdoku erzählt, vom Heiligen Jahr in Santiago, vom Generalablass. Die rennt immer in die Kirche, wegen dem Klatsch mit anderen Weihwasseramseln nach der Messe, und die interessiert sich für so was. Dass man den Ablass auch erlangen konnte, wenn man nicht zu Fuß nach Santiago pilgerte, das war übrigens sogar der Rosa neu. Als ich ihr das erzählte, stand das Erstaunen endlich einmal nicht auf meinem, sondern auf ihrem Gesicht geschrieben, und um ein Haar hätte sie gerufen: »Horch mal, Burgl, da komm ich mit!« Sie tut ja immer so fromm, wird schon ihre Gründe haben. Aber letzten Endes war es ihr bestimmt zu teuer. Ich meinerseits hätte in dem Fall abgesagt. Dr. Reinhardt hätte mir sicherlich ein Attest für die Rücktrittsversicherung geschrieben. Aber es hat nicht sollen sein, es sollte halt so kommen, wie es jetzt war.

Unverhofft kommt oft.

Deutsches Sprichwort

Wir Pilger waren aus Frankreich heraus und fuhren über die Grenze nach Spanien. Man brauchte dafür ja nicht einmal mehr einen Pass vorzuzeigen. Ich dachte an die Kriege, an die alten Erbfeinde Frankreich und England, die inzwischen mit Deutschland eng befreundet sind. Das Europa-Wunder! In Bälde sollten wir eine gemeinsame Währung bekommen, den Euro, fast undenkbar. So hätte sich Hitler das niemals vorstellen können. Er wollte alles unter seiner Herrschaft vereint sehen, das war sein Ziel gewesen. Weltherrschaft am liebsten. Zugegeben, was daraus geworden ist, kommt mir unvergleichlich besser vor, dieses neue Europa.

Einige Kilometer davor hatten wir einen Nothalt einlegen müssen. Einer Frau, die hinten im Bus saß, war wegen der vielen Kehren und Kurven auf den Bergstraßen der Pyrenäen schlecht geworden. Sie stieg hinten aus, gerade noch rechtzeitig, um am Wegrand zu speien. Anschließend sank sie auf ihren Platz zurück, eine Schüssel aus Tupperware in der Hand, wohl das Behältnis für ihren Reiseproviant, und meldete sich nicht mehr, bis wir am Ort unserer nächsten Übernachtung angelangt waren. Es handelte sich um ein fast verlassenes Bergdorf an der Pilgerroute. Der Glaser teilte uns mit, dass man die einzige größere Unterkunft dort regelmäßig für die Fahrgäste des Bayerischen Pilgerbüros reservieren würde, er sei bereits zwei Mal dort gewesen. »Das Schöne hier ist, dass man abends noch ein wenig spazieren gehen kann in der würzigen Bergluft. Das wird uns allen guttun nach dem vielen Sitzen im Bus und der langen Fahrt über die Serpentinen. Unser Essen wird ohnehin erst gegen neun Uhr serviert. Sie wissen ja, Spanien! Die Zimmer sind nicht gerade der größte Luxus, das muss ich wohl zugeben, liebe Pilgersleut'. Aber wir dürfen uns vielleicht ausnahmsweise damit darüber hinwegtrösten, dass unser Herr Jesus, wenn er mit seinen Jüngern durch Galiläa wanderte, auch nicht hoffen durfte, zur Nacht auf weichen Matratzen zu ruhen. Eher hat er wohl oft unterm Sternenzelt geschlafen im Vertrauen darauf, dass ihn sein Liebling Johannes oder auch sein Abba, der liebe Herrgott, vor bösen Räubern schützen würden. Das allerdings müssen wir uns heute Nacht nicht zumuten, wir haben alle ein Dach überm Kopf. Es ist ja auch viel kälter hier oben als im Heiligen Land, die Zeiten haben sich außerdem geändert. Die meisten von uns sind älter, als Jesus je geworden ist, er kannte wahrscheinlich kein Rheuma. Außerdem: So mancher junge Jakobspilger beklaut den anderen rücksichtslos in den Schlafsälen der Gemeinschaftsherbergen, wenn ihm das Geld oder der Proviant ausgegangen ist. Das habe ich schon allzu oft gehört. Unsere Mahlzeit wird bestimmt auch reichlicher sein als das, was der Herr Jesus abends zu sich nahm, man liest ja stets nur von ein paar Oliven und Brot, und fünftausend Leute mussten sich manchmal ein paar Fische teilen. Keine Sorge, es wird reichen! Der Wein wird uns ebenfalls nicht ausgehen, und da können wir froh sein, denn es würde wohl in Abwesenheit der Mutter Maria und ihrem Sohn kein Wunder geschehen wie seinerzeit in Kana. Unser Wein heute Abend wird auf keinen Fall mit Wasser gepanscht sein, das garantiere ich Ihnen. Also beim Bechern nicht übertreiben, meine lieben Freunde!«

Ich konnte kaum glauben, was ich da hörte. Sollte das alles bloß ein alberner Witz sein, oder begann der Glaser-Vinzenz jetzt seine wahre, bigotte Natur zu zeigen? Oder hatte er plötzlich eine derart heitere Stimmung, dass er sich nicht verkneifen konnte, diese launige Ansprache zu halten? Aber warum bloß? Es wollte mir nicht recht gelingen, inneren Anschluss an seinen sehr speziellen Evangeliumshumor zu finden. Eher begann ich zu fürchten, was da gleich auf uns zukommen würde, weil es solch einer Präambel bedurfte. Und richtig, mein intuitives Misstrauen hatte mich nicht getrogen. Das Ganze war in erster Linie dazu gedacht, ausgerechnet mir eine sehr bittere Pille schmackhaft zu machen, denn nun folgte das Eigentliche: »Ach übrigens, liebe Frau Eichner, heute und nur heute, versprochen, müssen Sie mit einer anderen Dame das Zimmer teilen, das lässt sich leider nicht ändern.«

Mir blieb die Spucke weg. Mein Gesicht lief hochrot an, ich konnte es von innen spüren. »Das ist doch unerhört«, wollte ich schimpfen, »schließlich hab ich für ein Einzelzimmer draufgezahlt! Und ich kann auf keinen Fall mit einer fremden Person im Zimmer schlafen, da krieg ich Panik, und überhaupt, wenn das so ist …« Aber ich bekam kein Wort heraus. Dafür war ich einem Herzanfall nahe und begann sofort nach meinem Spray zu kramen. Bis ich es endlich gefunden hatte, denn der Bus war schlecht beleuchtet, und bis ich seine Wirkung verspürte, war mir klar geworden, dass ich an der Situation gar nichts ändern konnte, ich war also hilflos. Mit empörtem Geschrei würde ich die gesamte Busgemeinschaft gegen mich aufbringen und müsste mir anhören, dass ich wohl etwas Besseres zu sein glaubte als unser Herr Jesus Christus. Und ich müsste womöglich, wenn auch nicht gerade unterm Sternenzelt, so doch die ganze Nacht im Sessel vor der Portiersloge verbringen, wenn ich nicht mit einer fremden Person das Zimmer teilen wollte. Darum fand ich mich wütend in das Unabänderliche, sagte kein Wort, strafte den Glaser-Vinzenz mit Schweigen und ließ mein Köfferchen in den zweiten Stock bringen, wo ich mich bald als Zimmergenossin ausgerechnet jener Frau wiederfand, die am Nachmittag die ganze Reisegesellschaft mit ihrer Kotzerei aufgehalten hatte.

Nun ja, als ich sie finster und stumm aus der Nähe betrachtete, machte sie einen dermaßen verschreckten und eingeschüchterten Eindruck auf mich, dass ich fast mehr Mitgefühl mit ihr hatte als mit mir, und das will was heißen. Wahrscheinlich bekam sie eine Heidenangst vor mir, als sie sah, wie ich vor Wut kochte. Sofort versuchte sie, mich mit tausend Entschuldigungen und Selbstbezichtigungen zu besänftigen: »Es tut mir ja so leid, ganz schrecklich leid. Oje, ich weiß gar nicht, wie das passieren konnte, versteh auch nicht, wieso. Hoffentlich sind Sie nicht furchtbar böse auf mich. Ich glaube, es liegt an unserer Fahrerin, die hat alles durcheinandergebracht, und die kann ich sowieso nicht leiden, wissen Sie, übrigens, ich bin die Frau Kienle, Theresa Kienle, aus Neu-Ulm. Sie können gern Resi zu mir sagen, und es ist mir so entsetzlich peinlich, wissen Sie. Ich schlafe sonst natürlich immer allein, weil ich einen Aufpreis gezahlt hab, ganz schön teuer übrigens, dieser Zuschlag. Und ich dachte, ich wär die Einzige im Bus mit einem Einzelzimmer, aber nun sehe ich, Sie sind auch so empfindlich wie ich. Ja, wie heißen Sie denn eigentlich? Ach, i glaub, i tu ned so laut schnarchla, gell, obwohl man das natürlich selber kaum beurteilen kann, man schläft ja derweil, gell, hahaha, aber ich werd mir Müh' geben, ganz bestimmt, heilig versprochen, gell? Und Sie können mich dann morgen in der Früh ausschimpfen, des macht mir fei nix, außerdem hätt ich ein Ohropax dabei, davon könnt ich Ihnen ein paar Knöllchen leihen, das wär wohl besser für uns zwei, sonst findet man vor lauter Rücksichtnahme keine Ruhe und ist am Morgen wie gerädert, und Sie können wirklich gern vor mir oder auch nach mir ans Waschbecken, ganz wie Sie möchten, ich will auf keinen Fall, dass Sie sich eingeschränkt fühlen, um Himmels willen …«

So ging es wohl eine Viertelstunde, und ich hätte ihr am liebsten den Hals umgedreht, weil ich befürchtete, dass es nach dem Abendessen so weitergehen würde bis weit nach Mitternacht. Sie war aufgeregt und aufgedreht, und offensichtlich war sie eine Geschwätzige wie die Rosa. Ich war nicht einmal dazu gekommen, meinen Namen zu nennen oder ihr zu sagen, dass ich auf ihr Ohropax nicht angewiesen war, schließlich hatte ich selber welches dabei. Ich war vor allem um eines besorgt: dass sie riechen könnte. Sie schien aber einigermaßen sauber gewaschen, roch nur nach alter Frau und ein wenig Kölnisch Wasser. Nun, man würde sehen, wie sehr sie in der Nacht schwitzen oder Winde ablassen würde.

Schweigend legte ich mein Gepäck auf die Pilgerpritsche, holte mein Nachthemd, die Tabletten und das Waschzeug hervor und legte alles bereit. Dabei versuchte ich, aus meinem Rücken Eiseskälte auszustrahlen, übrigens eine bewährte Methode, wenn man in einer Schlange steht, bei der Bank zum Beispiel, und jemand einem zu sehr auf den Pelz rückt, trotz aller Hinweisschilder und Warnlinien, die dort aufgestellt sind. Aber es geschah dasselbe wie bei der Rosa, ich hätte schon darauf wetten können, nämlich dass diese Frau Kienle sich umso mehr entspannte, je mehr sie schwätzte, und sie merkte überhaupt nicht, dass ich nichts zum Gespräch beitrug.

»Wir machen's uns hier einfach gemütlich, gell, wir zwei, das schaffen wir schon, und am End' werden wir noch gute Freundinnen«, verkündete sie fröhlich, »wo uns doch das Schicksal so unverhofft zusammengeführt hat.« Meine Antwort bestand in einem angewiderten Grunzen. Frau Kienle war aber so gestrickt, dass sie das für eine freundliche Zustimmung hielt.

Wir hatten nur einen Zimmerschlüssel. Als wir abschlossen, um nach unten in die Halle zu gehen, sagte ich zu ihr, und ich schwöre dir, Vinzenz, meine Stimme hat noch nie im Leben so bös und grob geklungen wie bei diesen Worten: »Ich überlass Ihnen den Schlüssel, dann können Sie nach dem Essen vorangehen, ich komme dann eine Stunde später. Und vergessen Sie um Gott's Wille nicht, sich die Zähne zu putzen! Sie riechen aus dem Mund, das ist kaum zum Aushalten, kein Wunder, nachdem Ihnen auf der Fahrt so speiübel war.« Sie duckte sich, als hätte ich sie geschlagen, lächelte mich dabei aber mit feuchten Augen so unterwürfig an, als wär sie meine Magd und ich hätte ihr gnädig alte Kleider geschenkt.

Mir blieb nichts anderes übrig, als mich einzufinden in das, was sie unser Schicksal nannte, und mich so weit zu beherrschen, dass ich nicht im Hof der Herberge nach einer Axt zu suchen begann. Um der Frau zu entkommen und mich zu beruhigen, ging ich dann tatsächlich eine Stunde spazieren.

Das alte Bergdorf war ganz aus grauem Granit erbaut. Die Hauser schienen mir dort seit Jahrhunderten zu stehen, unverändert, und sie rochen nach Stein, so feucht und steinern, wie ich es noch nie erlebt hatte. Der Pilgerweg war grob gepflastert wie eine Römerstraße und zeigte Spuren von Karrenrädern. Alle Fensterläden waren geschlossen. Ich sah kaum einen Lichtschein, als ich mich von unserer Unterkunft entfernte. Aus einigen Häusern klangen Stimmen und Musik vom Fernsehen, ich sah den bläulich zuckenden Schein durch die Ritzen. Manche Gebäude waren wohl endgültig verlassen, denn auf den Stufen, die zu den Eingangstüren hinaufführten, wuchsen Grasbüschel. Straßenlaternen gab es nicht. Eine Turmuhr schlug neun, mit metallenem Klöppel, ein Geläut so hell wie ein Totenglöckchen. Nach einer Weile trat ich auf einen Feldweg. Ich setzte meine

Schritte vorsichtig, um nicht in Ziegenkot oder Kuhfladen zu treten. Der Geruch erinnerte mich unbestimmt an einen anderen nächtlichen Weg, obgleich damals nicht März, sondern Spätsommer gewesen war, an den Weg mit dem Vinzenz nach dem Feuerwehrfest, den Weg vor dem Kuss. Und unversehens gelang es mir, mich an kleinen gelben Frühlingsblühern, Scharbockskraut oder Butterblumen waren es wohl, zu erfreuen, die mir vom Wegrand aus dem Nachtdunkel entgegenlachten, als wollten sie meinen Zorn auffangen und mir sagen: »Lass doch geschehen, Burgl, ist mal eine ganz neue Erfahrung, und weißt du noch, im Lager hast du mit mehreren Mädchen im Zimmer geschlafen. Es hat dir damals sogar gefallen, das leise Lachen und Schwätzen vor dem Einschlafen.«

Das Essen war anständig. Es gab Spanisches Omelett, das ist eine würzige Eierspeise mit Kartoffeln und Tomaten. Der Wirt hatte zwei Sorten zur Auswahl, eine mit Speck – der zählte wohl nicht wirklich in der Karwoche hier auf den Bergen, und ich entschied mich für sie. Und es gab eine andere ohne Speck für Vegetarier und fromme Büßer. Zuvor servierte man die übliche Suppe, diesmal aus passierten Karotten mit Lauch, heiß und appetitlich. Danach kam Fabrikeis aus dem Tiefkühler, was mir insofern recht war, als man ja im Ausland kein unverpacktes Zeug essen soll wegen der Salmonellen. Ich probierte auch von dem Wein, stell dir vor, das tu ich sonst nie. Ich trank ein großes Wasserglas voll mit schwerem, tiefrotem säuerlichem Landwein, völlig gegen meine Prinzipien. Weiß auch nicht, was in mich gefahren war. Dazu schluckte ich schon vorsorglich eineinhalb Schlaftabletten und dachte mir: »Also, wenn das zusammen nicht wirkt!« Es war eine medikamentöse Mordprophylaxe. Anschließend ging ich noch einmal vor die Tür, atmete die klare Luft, schaute auf den Viertelmond und in die Sterne und dachte an meine bevorstehende Lossprechung. Noch wusste ich nicht, wie und was ich beichten würde, ja nicht einmal, ob ich mich überhaupt dazu überwinden könnte. Meine Verfassung war gerade an diesem Abend so konfus, erbost, hasserfüllt und kaltherzig, dass es mir unvorstellbar schien, diese Stimmung könnte sich innerhalb weniger Tage zu einem inneren Frieden wandeln.

Gegen halb zwölf betrat ich leise wie auf Katzenpfoten das Zimmer. Da lag meine Kameradin schon in tiefem Schlaf. Das beruhigte meine Nerven, denn ich hatte einen weiteren Wortschwall befürchtet. Ich knipste das kleine Licht über dem Waschbecken an und schnupperte misstrauisch, ob ich noch Spuren von Erbrochenem entdecken würde, aber da war nichts mehr, auch diesbezüglich konnte ich mich beruhigen. Übrigens röchelte Frau Kienle kaum hörbar und wachte auch nicht auf, als ich mich am fließenden Wasserhahn wusch, die Zähne reinigte und mir die Ohren verstopfte. Den Wecker stellte ich zwar auf den Nachttisch zwischen uns, zog ihn auch auf, aber ich unterließ es absichtlich, die Weckzeit einzustellen. Neben ihr entdeckte ich keine Reiseuhr. »Soll uns doch jemand holen kommen«, dachte ich, »wir werden wohl beide nicht von selbst aufwachen.« Gewiss hatte die andere auch etwas zum Schlafen geschluckt. Ich verspürte eine boshafte Zufriedenheit bei dem Gedanken, man würde am Morgen auf uns warten und uns ein spätes Frühstück servieren müssen.

Und genau so, wie ich es erhofft und geplant hatte, geschah es dann auch. Anstatt um acht Uhr zur Weiterreise aufzubrechen, weckte man uns beide, die Frau Eichner und die Frau Kienle, die wie zwei Engelchen nebeneinander in ihren weißen Betten schlummerten, erst um zehn nach acht, nachdem unser Nichterscheinen endlich bemerkt worden war. Und anschließend bestanden wir zwei alten Damen – nach einer umständlichen

Wascherei und Kämmerei am einzigen Becken und dem eiligen Kofferpacken, bei dem wir uns fast auf die Füße traten – in unerwartetem Einverständnis noch darauf, wenigstens schnell einen Milchkaffee und ein Marmeladebrot zu uns zu nehmen, schließlich würde man erst gegen halb drei Mittagspause machen. Die andere war Diabetikerin und daher auf regelmäßige Zufuhr von Kohlenhydraten angewiesen, deshalb nahm sie sich auch noch die Zeit für die Zubereitung einer Brotzeit als Zwischenmahlzeit. Plötzlich waren wir uns ganz einig, als hätte die lange, ruhige Nacht uns stumm miteinander versöhnt. Wir hatten nämlich beide unerwartet tief geschlafen. Und so kamen wir erst gegen zehn Uhr ins Rollen. Bis dahin aber war Entscheidendes geschehen.

Frau Kienle verfiel noch vor dem Kaffee unweigerlich wieder ins Schwätzen, sobald sie die Augen aufgetan hatte. Die meiste Zeit hörte ich nicht hin. Doch während wir unser Frühstück einnahmen, allein am Tisch, denn die anderen vertraten sich noch die Beine vor der nächsten Etappe oder suchten den Pilgerkiosk auf, da musste ich unwillkürlich aufhorchen, denn sie erwähnte meine Zwillinge.

»Ich sitz ja leider ganz hinten im Bus, direkt hinter diesen zwei merkwürdigen Frauen«, vertraute sie mir an und beugte sich flüsternd über den Tisch. »Sie wissen schon, wen ich meine. Man soll ja nicht schlecht über andere Leute reden, aber diese beiden! Ehrlich, ein ganz komisches Gefühl machen die mir. Fast unheimlich, als hätte ich die Doppelsicht wie damals, als ich von der Medizin gegen meine unruhigen Beine zu viel geschluckt hatte. Stellen Sie sich vor, damals hab ich ja sogar den Mond doppelt gesehen, ich schwör's Ihnen, hab immer wieder hingeschaut, konnt's nicht glauben, dabei wusste ich doch genau, dass es nur einen davon gibt. Na, jedenfalls hab ich mehrfach versucht, mit ihnen ins Gespräch zu kommen. Ist doch normal, die Fahrt ist ewig lang, und wenn es dämmert, kann ich in meinen Zeitschriften kein Wort mehr lesen. Ich glaub, nach der Heimkehr muss ich wohl mal zum Augenarzt, aber Brillen sind ja so teuer geworden, seit die Kasse nur noch einen Zuschuss gibt. Ist eigentlich ungerecht, man kann doch uns alte Leut' nicht halbblind herumlaufen lassen, nur weil man sich keine teuren Gläser leisten kann! Also, das doppelte Lottchen hat so getan, als ob es mich gar nicht geben würde. Einmal kurz umgedreht, kühl genickt, das war's. Also glauben Sie's, Frau –, die reden seit Tagen kein einziges Wort mit mir, drum langweil ich mich dort hinten ganz schrecklich. Und wenn ich draußen mal vor ihnen steh, bei den Besichtigungen, schauen sie direkt durch mich hindurch. Wie zwei Blinde mit Krückstock. Kein Gruß, kein Lächeln, kein gar nichts. Unhöflich nenn ich das, was sagen Sie dazu? Finden Sie die zwei auch so hochnäsig? Also, ich hab gehört, Sie kommen auch aus Günzburg, Frau –, wie war noch mal Ihr Name? Also, aus Günzburg wie die beiden, da müssten Sie sich doch wohl ganz gut kennen, ist ja keine große Stadt, oder? Obwohl, ich bin nie dort gewesen, was soll ich da auch? Aber ich hab gehört, dass es neuerdings ganz hübsch ist. Vielleicht komm ich Sie ja einfach mal besuchen, was sagen Sie dazu? Ist gar nicht so weit von Neu-Ulm. Wie viele Kilometer werden's wohl sein? Und ich bin jetzt auf meine alten Tage doch noch auf den Geschmack gekommen, mit dieser Pilgerreise hier. Man will schließlich nicht ins kühle Grab sinken, ohne ein bisschen von der Welt gesehen zu haben, und da darf man doch auch ruhig mal sagen: Sieh, das Gute liegt so nah, also, vielleicht komm ich bald mal bei Ihnen in Günzburg vorbei, wo wir uns doch jetzt so nett kennen gelernt haben. Die Fahrt soll nicht sehr teuer sein, das geht im Sommer vielleicht mit dem billigen Bayern-Ticket, und eventuell kann ich dann bei Ihnen übernachten, und wir machen's uns wieder so richtig gemütlich. Also, letzte Nacht hab ich mich recht wohl gefühlt mit Ihnen, das muss ich sagen. Zuerst hatte ich ja Bedenken, aber dann ist alles ganz gut gegangen. Ich bin viel allein, wissen Sie, seitdem mein Mann tot ist, schon seit über zwanzig Jahren, und wir haben keine Kinder, haben Sie welche?«

Der Moment war gekommen. Ich musste sie unbedingt unterbrechen. Denn während sie vor sich hin schwätzte, hatte ich fix meinen nächsten Plan ausgeheckt. Erst einmal räusperte ich mich sehr laut und auffällig, schickte auch einen kräftigen Huster hinterher, so dass sie nicht anders konnte, als innezuhalten. Außerdem wollte sie bestimmt erfahren, wie ich zu ihrem Vorhaben stand, mich bald zu besuchen. Nun, das wollte ich ihr lieber nicht erzählen, ich hätte sonst eine Feindin fürs Leben gehabt.

Ach Vinzenz, schon wieder merke ich, wie gespalten ich bin, was meinen baldigen Abgang von der Lebensbühne angeht. Das eine ist bewusste Absicht, das andere sind die Spielchen meines Unbewussten. Ein Teil von mir will wahrscheinlich leben, ganz animalisch, solange es nur irgend geht. Aber ich – ich selber will, ja ich will nix wie weg, verstehst du? Alles hinter mir lassen. Aber andauernd kommen mir so völlig normale Gedanken dazwischen, Ideen wie die vage Vorstellung von einer Zukunft nächsten Monat, nächstes Jahr. Und wie oft ich noch den Fliederduft riechen werde. Eigentlich könnte es mir doch wurscht sein, was diese Frau Kienle oder irgendein Mensch von mir oder über mich denkt, wenn ich schon gar nicht mehr bin, und das schließt dich ein, Vinzenz. Wenn du hier liest, wie ich dieses naive Weible am Fuß der Pyrenäen um den Finger gewickelt hab, dann kannst du unmöglich Gutes von mir denken. Und genau das will ich erreichen, denn sonst könnte ich ja das alles auch für mich behalten. Wer zwingt mich denn, das aufzuschreiben? Du würdest es niemals erfahren haben. Aber wenn du mich wirklich kennst, wirst du mich hoffentlich nicht vermissen, sondern heilfroh sein, dass ich unseren Planeten nicht mehr verseuche mit meiner inneren und äußeren Hässlichkeit.

Ich konnte der guten Frau unmöglich erzählen, dass sie mich allerhöchstens auf dem Friedhof besuchen könnte und dort nicht einmal meinen Grabstein finden würde. Das mit dem baldigen Freitod war auch so ein Geheimnis, das ich lieber für mich behalten wollte. Jedenfalls rief ich, nachdem ich mit einiger Mühe ihre volle Aufmerksamkeit errungen hatte, mit einer süßlichen Stimme, als wär ich die gutmütigste Person auf Gottes Erdboden: »Liebe Frau Kienle, ich hätt da eine wunderbare Idee: Wollen Sie nicht den Sitz im Bus mit mir tauschen? Mögen Sie sich vielleicht ganz nach vorn setzen auf meinen Platz, direkt hinter den Herrn Glaser? Ganz tolle Sicht durch die Frontscheibe, und dort halten Sie bestimmt die Kurven und die langen Fahrten viel besser aus als hinten. Wär doch schlimm, wenn Ihnen andauernd wieder schlecht würde! Schon beim Frühstück konnte ich sehen, dass Sie extra wenig gegessen haben, damit Ihr Magen nicht so voll ist, wenn's wieder losgeht mit den Serpentinen. Ist Ihnen bestimmt peinlich, gell, wenn Sie wieder laut ›Anhalten!‹ rufen müssen und jeder weiß, warum. Es könnt ja auch schon vorher losgehen bei Ihnen, und dann wär's zu spät zum Anhalten, aber auch zum Aussteigen aus dem Bus, um vor all den neugierigen Augen zu speien. Nein, ist bei Gott nicht lustig, Sie Arme! Ich hatte doch arg viel Mitleid mit Ihnen gestern am Nachmittag, das muss ich schon sagen. Also, liebe Frau Kienle, ich biete Ihnen meinen Platz gern an, wirklich, das dürfen Sie ruhig von mir annehmen, nachdem wir doch schon die Nacht miteinander verbracht haben.«

Ich zwinkerte ihr zu, als hätte ich einen unanständigen Witz gemacht, und wartete auf ihre Reaktion. Und da kam sie auch schon. Wenn die Sonne nach langen Regentagen endlich durch dunkle Wolken bricht, kann ein dankbares altes Auge nicht heller glänzen als das von Frau Kienle. Wenig fehlte, dass sie mich über den Tisch hinweg auf beide Wangen geküsst hätte. Sie packte meine Hand, die gerade die Kaffeeschale zum Mund heben wollte, und drückte sie in tiefster Ergriffenheit.

»Was sind Sie nur für ein lieber, grundgütiger Mensch!«, rief sie so laut, dass einige im Frühstückssaal sich nach uns umdrehten. »I weiß fei ned, wie ich Ihnen dafür danken soll! Hoi, ist des a Rieseng'schenk, was Sie mir da machen, a ganz, ganz großes, also ehrlich! A dickes Osterei ist des, mit Überraschung drin! Ist ja meine erste lange Busreise, deshalb hab ich am Anfang noch nicht so viel Erfahrung gehabt, da wusste ich nicht, dass mir dort hinten zum Speien wird, aber ich hab's am ersten Tag gleich gemerkt, dass ich des ned gut vertrag. Natürlich, anfangs war's noch nicht so schlimm, weil wir ja hauptsächlich auf der Autobahn unterwegs waren, aber gestern! O mei, o mei! Und dann das ungewohnte Essen, mit Oliefenöl, und immer nur das lätscherte Weißbrot, haben Sie da auch Probleme mit der Verdauung? Also, ich könnt andauernd rennen, aber ich hab schon was dagegen genommen, wahrscheinlich gewöhnt man sich als Spanier dran, wenn man nichts anderes kennt, aber so a Kalbsbrodn mit Schbäddzla, also, das ist doch was anderes, da freu ich mich schon wieder drauf, wenn wir heimkommen. Ja, macht's Ihnen denn wirklich nix aus, hinten zu sitzen? Man kann da auch ganz gut aus dem Fenster schauen, und wenn's zu warm wird, gibt's eine Gardine zum Vorziehen. Außerdem ist der Ausstieg hinten a bissle leichter, die Stufen sind nicht ganz so hoch, drum haben Sie vielleicht auch noch einen kleinen Vorteil davon. Ich hab fei schon sehen können, wie Sie sich abmühen müssen mit den Knien. Jaja, wenn man alt wird, aber natürlich war immer der nette Herr Glaser zur Stelle. Herrgott, ist der reizend, so ein feiner Mensch! Der wird sich gewiss freuen, wenn er hört, dass Sie mir so was Liebes tun. Vergelt's Gott, gute Frau! Das ist der echte Pilgergeist im Namen der Liebe! Außerdem kann man dort hinten nach dem Essen auch in Ruhe sein Nickerchen machen. Die Doppeldamen auf der Bank davor, die reden ja nicht grad viel. Aber an den Händen halten sie sich, stundenlang, wie zwei Jungverliebte, also, ich sag's Ihnen, das gibt's gar nicht! Die Behinderten in ihren Rollstühlen, die machen im Heck manchmal ein bissle Krach. Aber dafür gibt's ja Ohropax.« Und nun war sie es, die Frau Kienle, die mir verschwörerisch zuzwinkerte.

Gleichgültig, was sie von sich gab, ich achtete kaum darauf. Hauptsache, ich hatte ihr Einverständnis zum Sitzplatztausch. Und ich versuchte, mir meinen Triumph und mein Glück nicht anmerken zu lassen. Innerlich jubilierte ich und dachte mir: »Herrje, wie leicht sind die Menschen hinters Licht zu führen, nicht zu fassen!« Ich versuchte, sie freundlich anzulächeln und in dem Kinderglauben zu lassen, dass ich ihr einen Herzensgefallen tun wolle.

»Dann wollen wir es dem Reiseleiter doch gleich mitteilen, bevor wir in den Bus steigen«, schlug ich vor und sprach absichtlich laut und langsam auf Fernsehdeutsch. Nicht, dass die Frau Kienle es sich aus lauter schüchterner Rücksichtnahme in letzter Minute wieder anders überlegte! Schnell, schnell Fakten schaffen! Ich sah ihr hinterher, wie sie zum Glaser-Vinzenz eilte, um ihm die freudige Nachricht zu überbringen. Anschließend kletterte sie sofort mit stolzer Miene vorn in den Bus. Ich dachte ein wenig beschämt daran, wie lächerlich sie mir am Abend zuvor erschienen war, als sie auf dem Zimmer von schicksalhafter Zusammenführung geschwätzt hatte. Übrigens, langsam kam mir das mit dem Schicksal geradezu aufdringlich vor: erst der Glaser-Vinzenz, dann die Frau Kienle. Was hatte wer auch immer dort droben mit mir vor?

Auf alle Fälle bekam ich meinen von Anbeginn ersehnten Sitzplatz direkt hinter Alma und Cora. Endlich konnte ich meine Lieblinge sehen, riechen, hören und fühlen, und sie vermochten nichts dagegen zu tun, gar nichts, konnten mich auch nicht im Auge behalten, wenn ich mich vorbeugen oder die Ohren spitzen wollte. Die arme redselige Frau Kienle hatte mich wahrhaft glücklich gemacht: Heilige Walburga, ich danke dir! Und die lästige Riechnähe zum Reisebegleiter, die mich nötigte, die ganze Fahrt lang immerzu an ihn, den jungen Vinzenz, und an den Kuss zu denken, die war ich auch los. Dachte ich.

Erkennst du jetzt, Vinzenz, was für eine Schlange ich bin? Bei allem, was ich tat oder unterließ, redete ich mir ein, der Zweck sei das Entscheidende und könne jedes Mittel heiligen. Gut, es stimmt ja, dass die Frau Kienle von meinem Manöver profitiert hatte, doch was war ihr Gewinn gegen den meinen!

Das Ehepaar am Gang neben mir hielt dösend die weißhaarigen Köpfe auf die Brust gesenkt, und die drei spastisch gelähmten jungen Männer hinter uns, die in ihren Rollstühlen nahe der Rückbank platziert und festgezurrt worden waren, hatten Lautsprecherstöpsel in den Ohren. Welche Musik jeder gerade hörte, konnte man meterweit vernehmen. Die verschiedenen scheppernden, dröhnenden Rhythmen und Melodien störten mich. Bei mir zu Hause war es so, dass ich während der meisten Stunden des Tages weder einen Laut hörte noch einen von mir gab, und abends erklang nur ein bisschen Gerede aus dem Fernseher, eher leise, denn ich wollte nicht, dass irgendeiner der Nachbarn mitbekam, was ich mir anschaute. Ja, diese wirre Konservenmusik störte mich, denn sie machte es mir noch schwerer zu erlauschen, was die Zwillinge untereinander austauschten. Wie gesagt war das nicht gerade viel und nahezu tonlos. Aber gegen Behinderte darf man nun einmal nichts sagen; außerdem grinsten sie verzückt mit geschlossenen oder weit aufgerissenen Augen, und wer wollte ihnen dieses bisschen Lebensfreude übelnehmen? Solche armen Rollifahrer stärken im Allgemeinen meine Laune, weil es ihnen nachweislich noch schlechter geht als mir. Ihr Anblick ist mir daher weitaus lieber als der Anblick all der jungen, gesunden Leute, die mich in der Stadt gleichgültig anstarren oder auch schnell wegschauen, weil ich ihnen mit meiner Miene die fröhliche Stimmung verderbe. Ja, Vinzenz, so steht's mit mir.

Hinter mir saßen die zwei Betreuer der Behinderten und lasen.

Ich holte mein Ohropax heraus, denn die Zwillinge hatten ihre Augen geschlossen. Es war also nicht zu erwarten, dass sie sich bald angeregt unterhalten würden. Und wenn, dann ging es meist nur um irgendwelches Weltkulturerbe, oder sie lasen sich aus dem Reiseführer gegenseitig etwas vor über die Orte, durch die wir fuhren, oder das nächste Ziel, an dem wir Halt machen würden. Immerhin bekam ich auf diese Weise hin und wieder etwas Interessantes mit. Oder sagen wir es so: Ich versuchte, mich für das zu interessieren, was meine Lieblinge interessierte, denn ich wollte doch nichts sehnlicher, als etwas mit ihnen teilen. Als ich nach einer guten Stunde meine Ohren wieder entstöpselte, erwachten auch sie aus ihrem Schlummer und fingen an zu reden. Cora, sie saß am Fenster, und ich konnte sie von Alma nur deshalb unterscheiden, weil einmal ihr Name gefallen war, und falls sie sich nach irgendeinem Zwischenstopp umgesetzt hätten, wär es mir nicht möglich gewesen zu sagen, wer da wer war. Also jedenfalls Cora, so meinte ich, fragte beiläufig: »Sag mal, kennst du eigentlich ein paar Leute hier im Bus?«

Ich konnte das Ausmaß ihrer Anteilnahme an den Mitreisenden allein schon daran ermessen, dass diese Frage erst mit reichlich Verspätung gestellt wurde.

»Manche kenne ich vom Sehen aus der Stadt, aber die meisten nicht«, gab Alma zurück. »Du vielleicht?«

Beide Fragen waren nicht besonders sinnvoll, fand ich, denn es passierte nur alle Jubeljahre einmal, dass eine von ihnen allein durch die Straßen eilte, zurück nach Hause, wo die Schwester wartete. Die Günzburger hielten die beiden für ned ganz bacha, g'schuggt, aber harmlos. Sie gehörten von jeher zum Stadtbild, alle kannten sie. Genau wie mich, nur dass mir keiner nachschaute.

Bei manchen afrikanischen Stämmen werden Zwillingsgeburten sofort getötet, weil sie angeblich Unglück bringen. Und ich wär dort bestimmt als Hexe angesehen und gefürchtet worden. Vielleicht hätte man mich sogar wie einen Sündenbock für alles umgebracht.

Der Rassenwahn der Nazis griff sozialdarwinistische Theorien auf, wonach es Menschen gibt, die aufgrund biologischer Unzulänglichkeit nicht wert sind zu leben. Die Sozialdarwinisten plädierten für ein aktives Eingreifen in den Fortpflanzungsprozeß. Nur die Besten sollten bleiben. Menschen mit gesundheitlichen Schäden seien für die Reproduktion, ja für Leben überhaupt, untauglich. … [Der Rassenhygieniker] Forel hatte 1904 geschrieben: »Wenn die schlechteste Menschenware Dutzende von Dummköpfen, Verbrechern, Krüppeln, Tuberkulösen und sonstigen Mißgestalten erzeugt hat, bauen wir überall Irrenanstalten, Siechenhäuser, Korrektionshäuser, Idiotenanstalten, Epileptikeranstalten, Altersasyle und Zuchthäuser, um die schlimmsten Früchte ihrer Entartung auf unsere Kosten zu versorgen. Und wir merken nicht, daß diese Art Humanität die Kulturmenschheit allmählich zugrunde richtet.«

Guido Knopp, *Hitlers Helfer*[35]

Bei der Mittagstafel suchte der Glaser-Vinzenz wieder meine Nähe, doch es gelang mir, ihm auszuweichen. Mit Verspätung kamen wir am Mittwochabend in León, der Hauptstadt von Kastilien an, alle übermüdet und hungrig. »Was das Pilgerbüro sich dabei denkt, solch lange Etappen zu planen«, hörte ich ringsum murren, »schließlich sind wir alte, kranke Leut' und nicht auf dem Kreuzweg!« An den Reiseleiter wandte sich aber niemand, um zu klagen. Alles Feiglinge, dachte ich, keiner hat den Mumm, sich zu exponieren, aber hinter dem Rücken vom Glaser das Maul aufreißen, das können sie!

Ich war so vorausschauend gewesen, mir beim Mittagessen Brot und Obst in Papierservietten einzuwickeln. Außerdem hatte ich mir eine Tafel Schokolade gekauft. Die kostbaren Katzenzungen waren mein nächtlicher Notvorrat, die wollte ich nicht vor der Zeit aufbrauchen. Ich musste ja auch an die Rückreise noch denken. Am Abend zuvor, in dem Berggasthof, hätte ich gut welche brauchen können, aber dann hätte ich der Frau Kienle welche anbieten müssen, das hätte mir noch gefehlt! Mein Schatz ruhte also noch fast unversehrt auf dem Grund des Köfferchens.

Der Herr Reiseleiter hatte uns lang und breit erklärt, dass man in Spanien selten vor neun oder zehn Uhr abends eine Mahlzeit bekommt, das liege an der Sommerhitze, da müsse man sich anpassen. Aber uns war keineswegs heiß, im Gegenteil, man hatte die Busfahrerin bitten müssen, die Heizung hochzustellen, auch weil man durch die wegen der Nässe beschlagenen Scheiben nicht einmal die Scheinwerfer anderer Autos sehen konnte. Dunkel war es schon seit Stunden. Mir schien sogar, als würde es jetzt im März in Spanien früher dämmrig als in Günzburg.

Wir fuhren durch die erleuchtete Altstadt, alles sah recht romantisch und ansprechend aus. Glaser erzählte von den berühmten Karfreitagsprozessionen in León, leider war aber erst Mittwoch, und wir würden ja am nächsten Tag schon weiterreisen. Der Hauptplatz Santo Domingo war wirklich sehenswert, sehr festlich und trotz des Nieselregens voller Menschen. Aber wir fuhren direkt in unser Pilgerhotel, und ich denke, keiner von uns hätte noch Lust auf Besichtigungen gehabt.

Am Abend zuvor hatte ich beobachtet, dass die Schlüsselvergabe für die Zimmer einfach der Reihe nach vonstattenging. Das heißt, wer zuerst an der Rezeption stand, bekam das erste, der Nächste das zweite Zimmer und so fort. Das veranlasste mich, mein Köfferchen nach vorn zu zerren, bis ich direkt hinter den Zwillingen zu stehen kam. Wie gewohnt achteten sie nicht auf mich, waren wie immer ineinander versunken und schreckten aus ihren seltsamen Träumereien erst hoch, wenn jemand sie direkt ansprach. Meine Kalkulation ging auf. Ich gratulierte mir erneut, war stolz auf mich und meine Schläue, stieg mit ihnen in den Fahrstuhl und triumphierte, als ich sah, dass das mir zugewiesene Zimmer direkt neben dem ihren lag. Aber es sollte noch viel besser kommen. Du wirst Bauklötze staunen, Vinzenz, wenn du liest, was ich dir gleich erzählen werde.

Ich sah mich in dem Raum um. Nicht recht gemütlich war er, aber doch weniger spartanisch als die Klosterzelle oder das armselige Doppelzimmer vom Vorabend. Wir waren in einem modernen Hotel mit ein paar hundert Betten untergebracht, eher bescheidene vier Sterne – »Landeskategorie«, so wurde es uns entschuldigend angekündigt. Jedes Zimmer hatte eine Nasszelle, und die Matratze war nicht gar so dünn. Ich suchte nach einem Kofferbock und fand auch einen. Er stand rechts neben dem Schrank, und – jetzt stell dir vor, Vinzenz, welches Glück! – dahinter entdeckte ich eine Verbindungstür zum Nachbarraum. Sie war aus ganz dünnem Sperrholz, und der Schlüssel, der steckte auf meiner Seite! Blitzschnell streckte ich die Hand aus, zog ihn vorsichtig ab und schob ihn in meine Rocktasche. Es war eine unkalkulierte Aktion, völlig automatisch. Aber als ich wieder denken konnte, war ich heilfroh, dass ich es getan hatte.

Weißt du, warum? Ich meinte nicht etwa, dass jemand nachts in mein Zimmer kommen könnte, nein, davor hab ich nur in Günzburg Angst. Jetzt fürchtete ich vielmehr, einem der Zimmermädchen würde, während wir alle beim Essen saßen, siedend heiß einfallen, dass die Verbindungstür nicht zugesperrt ist, und das schnell erledigen. Immerhin könnte es ja Ärger geben, falls jemand einen Diebstahl meldet. Da kämen ja dann nur die Zwillinge oder ich selbst in Frage. Schöne Aussicht!

Soll ich dir etwas gestehen, Vinzenz? Ich war mittlerweile ziemlich sauer auf diese Stadlmayer-Mädle. Wie sehr hatte ich mich auf sie gefreut, seit Monaten schon. Aber die zwei waren derart seltsam, eigentlich sogar unfreundlich, taten so, als seien die Mitreisenden Luft, und entfernten sich von der Gruppe, sobald es eben ging. Und ich konnte mich beim besten Willen nicht an ihre Fersen heften, wenn sie in einem Café verschwanden oder zwischendurch schnell in eine Kirche liefen, die nicht auf dem Programm, wohl aber in ihrem Kunstführer stand. Auf jeden Fall hatte ich keine einzige meiner sehnsüchtigen Vorstellungen bislang in die Wirklichkeit umsetzen können. Ich weiß gar nicht genau, was ich mir eigentlich erträumt hatte, irgendetwas Schönes oder Aufregendes, jedenfalls nicht diese völlige Kontaktlosigkeit.

Die beiden schienen einfach niemanden auf der Welt zu brauchen außer sich selbst. Ist dir das nicht gleich aufgefallen? Hast du dich nicht auch geärgert, wenn sie immerzu tuschelten, während du deine Vorträge halten wolltest? Regelrecht unsympathisch, fand ich. Ich sagte mir: »Die brauchen mich weiß Gott zu allerletzt, meine Nähe ist für die so überflüssig wie ein Kropf.« Nun saß ich im Bus zwar direkt hinter ihnen, keinen halben Meter von ihnen entfernt, aber was änderte das? Rein gar nichts. In all meinen einsamen Jahren, als ich mich Tag für Tag mit den beiden beschäftigte, während sich all meine Gedanken um sie drehten, ich an jeder Einzelheit teilhaben wollte, die ihr Schicksal, ihr Sein und Werden betraf, hab ich mich nie so einsam gefühlt wie in dieser paradoxen Situation: so nah und zugleich wie durch einen Bann aus ihrem Zauberkreis herausgehalten, den kein Mensch durchdringen konnte.

Am Nachmittag hatte es im Bus einen Moment gegeben, da wurde ich so wütend, dass mir die Tränen in die Augen schossen. Bitter enttäuscht fühlte ich mich. Am liebsten hätte ich laut gerufen: Halt! Sofort anhalten, ich fahr nicht mehr weiter, ich hab das alles satt! Betrogen fühlte ich mich, regelrecht betrogen. Aber natürlich sagte ich nichts, wär ja auch sinnlos gewesen, was hätte ich denn tun sollen, mutterseelenallein mit meinem Köfferchen auf einer spanischen Straße?

Nun aber hatte sich auf einen Schlag die Lage geändert. Behutsam zog ich meine Schuhe aus und bewegte mich auf leisen Sohlen, um die beiden nicht auf die gesegnete Hellhörigkeit aufmerksam zu machen. Ich unterdrückte jedes Hüsteln und jeden Lärm, der auf mich hindeuten konnte. Nach einer Weile schlich ich zu dieser Wundertür und legte mein Ohr daran. Ich hörte aber nichts – außer ein bisschen menschliches Rumoren, Atmen und das Rauschen des Wasserhahns, auf, zu, auf, zu. Ja, redeten denn die Tag und Nacht nichts miteinander, Herrgott noch einmal?

Endlich, mein Hals war schon ganz steif, und mein Ohr tat weh von dem Druck gegen das Holz, da hörte ich, wie eine Stimme sagte: »Fertig?« Eine andere antwortete: »Hmm.« Schritte gingen direkt an mir vorbei zur Zimmertür, sie wurde abgeschlossen, und die beiden liefen den Flur entlang zur Treppe, um den Speisesaal zu suchen.

Jetzt erst zog ich meinen Mantel aus und die Schuhe wieder an. Mein Herz bumperte gegen meinen Blusenkragen. Für den

Fall der Fälle überprüfte ich, ob das Nitrospray an der gewohnten Stelle in der Handtasche steckte. Dann wartete ich noch ein, zwei Minuten, bis ich sicher sein konnte, dass sie nicht umdrehen und mich als ihre Nachbarin entdecken würden, öffnete meine eigene Tür, schloss zweimal ab und ging zum Essen. Bloß nicht auffallen durch großes Zuspätkommen, sonst würde man noch nach mir suchen, »nach unserer lieben Seniorin«. Pah! Du würdest dir Sorgen machen, Vinzenz, das wusste ich, als Verantwortlicher und sowieso. Vor lauter Aufregung hatte ich mir nicht einmal die Hände gewaschen, wo ich doch sonst so sehr auf Hygiene achte als Krankenschwester, als ehemalige, verstehst du. Aber unsereins hat ja Sagrotan-Tüchlein dabei, und so holte ich noch auf dem Treppenabsatz eins davon aus der Innentasche meiner Weste und reinigte mir die Finger. Sonst hätte ich das Weißbrot, das in großen Körben auf den Tischen stand, gar nicht anrühren können.

Ich hatte aber Hunger wie alle anderen auch, und so waren die Körbe leer, bevor noch die Suppe aufgetragen wurde. In Spanien kennt man wohl kein Vollkornbrot, was bei uns der Inbegriff gesunder Ernährung ist. Demnach müssten dort alle Leute todkrank sein, was aber offensichtlich nicht der Fall ist, und alt werden sie auch, genau wie bei uns. Dabei haben sie sogar den höchsten Fleischkonsum in ganz Europa, was ja angeblich auch nicht gerade förderlich ist. Sterben trotzdem nicht allesamt in jungen Jahren an Krebs. Doch dies nur am Rande, Vinzenz. Du hast es uns selbst erzählt, als wir über die Grenze rollten, und die quälende Relativität unserer Vorstellungen und Einstellungen geht mir nicht aus dem Sinn. Ich kann mich mit solchen Widersprüchen nicht gut abfinden. Lieber wär mir, es gäbe eine einzige Wahrheit, die immer und für alle gilt. Naiv, ich weiß, aber tröstlich wär es doch, oder? Das Weißbrot schmeckte mir jedenfalls sehr gut, die Kruste war knusprig und der Teig luftig leicht. Ich verzehrte drei Scheiben.

Dulce est desipere in loco. (Gar süß ist es, einmal alle Vernunft fahren zu lassen, wenn es am Platze ist.)

Horaz, *Satiren*

So eine Suppe schien zum Standard-Pilgermenü zu hören – etwas Warmes tut ja auch gut, beruhigt den Magen; billig ist es auch. Unwillkürlich dachte ich an die Brotsuppen, die wir mehrmals in der Woche im Lager zu essen bekommen hatten. Dort wurde das alte Kommissbrot erst kleingewürfelt und in Margarine angeröstet und anschließend verkocht und verrührt, bis die Flüssigkeit sämig, fast klebrig wurde. Ich löffelte auch an diesem Abend die spanische Suppe, deren Bestandteile ich nicht recht ausmachen konnte, als sollte es sonst nichts geben, genau wie damals. Dabei wusste ich genau, dass man bald noch einen Hauptgang servieren würde. Ich fürchtete einerseits, es könne wieder einmal zähes Fleisch geben, das für meine Zähne nicht gut war; andererseits freute ich mich auf den Nachtisch. Ich sage dir gleich, Vinzenz, der war ganz und gar keine Enttäuschung! Höchstens mengenmäßig, denn jeder bekam abgezählt nur ein einziges Schüssle davon, und keiner ließ seines stehen, kein einziger von den mehr als zweihundert Gästen im Hotel, nicht einmal die Frau Kienle oder die übrigen Diabetiker. Es handelte sich bei dieser Delikatesse um eine gestockte, mit geflammtem Zucker kross überbackene Eierspeise, um eine »Crema catalana«, wie auf der großen Schiefertafel geschrieben stand, die neben der Tür zum Speisesaal lehnte. Ich muss dir gestehen, Vinzenz, das hat mich für vieles im Leben entschädigt, nur eben zu wenig war's, viel zu wenig. Diese knusprige Karamellkruste! Und die herrlich weiche goldgelbe Creme darunter, stark gekühlt, eine begnadete Mischung aus himmlischem Pudding und Vanilleeis, die auf meiner Zunge schmolz. Im Nachhinein betrachtet war auch die Suppe recht anständig, wenn sie auch wohl nur aus Würfelbrühe mit Reis und Erbsen bestand, aber immerhin schwamm frische Petersilie darin; und als Hauptgericht aßen wir gekochten Fisch mit Kapernsoße. Schließlich war Karwoche, das scheint man in Spanien noch zu respektieren. In Frankreich hingegen, obschon wir im Kloster waren, hat sich keine Betschwester daran gehalten. Du hattest uns ja während der Fahrt auch von der strikten Trennung von Staat und Religion dort erzählt, und dass die Franzosen nicht einmal Kirchensteuer zahlen. Ich rätselte, wovon dann die Pfarrer leben. Und wer sorgt für die Restaurierung der vielen Kirchen? Wer dient in Hospitälern, Kindergärten und Altenheimen? Geht mich natürlich nichts an, bin ja sowieso gegen die Pfaffen. Und gegen die Weihwasseramseln auch. Ich konnte mir jedenfalls nicht vorstellen, wie es ohne Geld gehen soll, hatte aber auch keine Lust, etwa das Wort an dich zu richten, um Fragen zu stellen. Besserwisser im Bus, die sich sogar das Mikrofon nach hinten reichen ließen, um sich mit ihren pseudointelligenten Beiträgen zu produzieren, gingen mir schon seit Tagen auf die Nerven.

Nach der Mahlzeit sollte es noch einen Rundgang geben, durch die Altstadt, zur grandios angeleuchteten Kathedrale. Nur wenige entschlossen sich, daran teilzunehmen, es war ja fast Mitternacht. Die Zwillinge jedenfalls blieben im Hotel; sie hatten den Arm nicht gehoben, als abgezählt wurde, und ich konnte mir nicht denken, dass sie zu nachtschlafender Zeit immer noch kulturhungrig waren. Darum blieb auch ich. Ich beobachtete von der Halle aus, wie sie Hand in Hand zur Treppe gingen. Unsere Zimmer lagen im ersten Stock. Nach einiger Zeit folgte ich ihnen, um sicherzugehen, dass sie nicht noch einmal auf eigene Faust an die frische Luft wollten. Im Beschatten war ich durch die langen Jahre der Übung gut.

Kaum hatte ich meine Tür von innen abgeschlossen, presste ich schon wieder mein Ohr an das Sperrholz; ich konnte es kaum erwarten. Natürlich war das sehr unbequem, und ich überlegte schon, ob ich den Stuhl heranrücken sollte, um nicht unwillkürlich zu stöhnen, wenn mir etwas wehtat. Dann dauerte es aber nicht lang, und ich wurde Zeugin eines Gesprächs.

Eine von meinen Zwillingen, ich weiß nicht wer, denn ihre Stimmen klangen für mich vollkommen gleich, sagte: »Die alte Frau dort vorn, die vorher in der ersten Reihe hinter dem Reiseleiter saß und inzwischen hinter uns hockt, also, die sehe ich ständig und überall. Du doch auch? Seit wir kleine Mädchen waren, taucht sie auf, wo immer wir stehen und gehen. Keine Ahnung, wie die das macht. Mir kommt's grad vor, als tät ich die schon mein Leben lang kennen.«

»Ja, genau«, erwiderte die andere, »es ist mir direkt unheimlich, dass sie nun schon wieder hier in unserem Bus sitzt. Direkt hinter uns! Kann man der denn nirgendwo entkommen?«

»Hast du was gegen sie?«, wollte die andere wissen.

»Ach, keine Ahnung, das eigentlich nicht, ich könnte es dir nicht sagen, ich mag sie, ich mag sie nicht, ich kenne sie, ich kenne sie nicht. Sie gehört einfach zum Inventar. Gut gelaunt schaut sie nicht gerade aus, na ja, ältere Generation. Wer weiß, was die schon alles hinter sich hat.« Sie lachte amüsiert und fuhr fort: »Mir würde direkt was fehlen, wenn ich sie nicht mehr sehen tät. Sie schaut uns auch immer ein bissle anders an, finde ich, als es die übrigen Leute tun, die bloß gaffen. Sie ist neugieriger, ihre Augen sind bohrender, drängender, irgendwie seltsam. Als wollte sie uns immerzu etwas fragen oder erzählen und traut sich nur nicht.«

»Genau. Ja, genau. So geht's mir auch. Sie ist mir nicht direkt unsympathisch, nur ein bissle beunruhigend mit ihrer ständigen Gegenwart und den fragenden Blicken. Aber angesprochen hat sie uns doch noch nie, oder? Ob sie überhaupt weiß, dass wir sie bemerken?«

Ich war erschrocken, dass die beiden über mich so redeten, zugleich verletzt, gerührt, erbost. Mir fiel die Mutter ein, die uns beigebracht hatte: »Wer horchet an der Wand, hört seine eig'ne Schand'.« Nun, ganz so schlimm war es nicht, aber ich hätte lieber etwas anderes gehört.

Nach einem Moment der Stille vernahm ich eine Stimme von weiter entfernt, sie war leiser: »Vertraut und fremd zugleich. Kein Wunder, wenn man bedenkt, dass wir sie schon aus der frühesten Kindheit von Weitem sehen, das sind ja über fünfzig Jahre! Wissen wir überhaupt, wie sie heißt?«

»Nein. Aber das könnten wir ja bei dieser Gelegenheit mal

herausfinden. Im Grunde haben wir sie doch nie aus der Nähe betrachtet, sie war für uns immer eine Art Spuk. Die Zeit ist auch an ihr nicht spurlos vorübergegangen. Wie alt wird sie jetzt wohl sein? Anfang, Mitte siebzig? Und vielleicht sagt sie uns dann endlich auch mal, warum sie uns seit Jahrzehnten beobachtet. Bei passender Gelegenheit machen wir uns an sie ran … Willst du zuerst?«

Nun kamen Schritte näher, ganz nah an die dünne Verbindungstür. Was meinte sie mit »Willst du zuerst«? Die wollten doch nicht etwa zu mir rüberkommen! Ich wich stolpernd zurück und wär fast gestürzt, konnte mich gerade noch fangen. Und während ich versuchte, nicht hörbar zu keuchen, fiel mir ein, dass ich ja ganz vorsichtig durchs Schlüsselloch spionieren könnte, weil ich doch den Schlüssel abgezogen hatte. Ich beugte mich also nieder, das war gar nicht gut für meinen Rücken, ich hätte ein Kissen gebraucht, aber ich hätte auch nicht auf die Knie gekonnt, mit meinem Rheuma. Im Nachhinein denke ich, was für eine scheußlich entwürdigende Situation das war. Aber in dem Moment war mir nichts wichtiger. Verachtest du mich dafür, Vinzenz? Ach, das kann mir auch wurscht sein, denn ich bin ja schon tot, wenn du's erfährst.

Als ich die richtige Position für mein rechtes Auge gefunden hatte, was sah ich da, Vinzenz: In kaum drei Meter Entfernung, direkt mir gegenüber, saß eine Frau auf dem Klo. Hose und Unterhose auf die bestrumpften Füße heruntergelassen, die Ellenbogen auf die Knie gestützt, das Gesicht leicht verzerrt, die blonden Haare vor den Augen. Wer von den beiden es war, konnte ich unmöglich ausmachen. Sie sagte besorgt, halb unterdrückt, halb nachdenklich: »Oje, ich glaube, ich habe Reisedurchfall!«

»Na, wenn du's hast, werde ich's wohl auch gleich haben, wie immer«, sagte die Stimme ihrer Schwester. »Ist dir etwa auch zum Kotzen?«

»Ja, aber nur ein bissle. Vielleicht kommt's heut auf die Nacht.«

Ach Gott, Vinzenz, war das romantisch! Ich blieb trotzdem wie angenagelt auf meinem Posten.

Sie wischte sich ab, stand auf, zog sich die Hose ganz aus und machte der anderen Platz. Die ließ nun die gleiche graue Hose herunter, dann den gleichen Schlüpfer, hatte die gleichen bestrumpften Füße, die gleiche Pose auf dem Klo. »Ich auch!«, sagte sie und hielt sich den Leib. »Jetzt geht's aber los! Lass uns schnell Imodium schlucken!«

Daraufhin stöhnten beide theatralisch und lachten sich kaputt. Stell dir vor, die lachten! Und zu mir drang wenig später durchs Schlüsselloch ein solch grauslicher Gestank, dass ich zurückprallte; er war wie von einer frisch geodelten Weide. So, dachte ich, das hab ich jetzt davon. Mein erster Intimkontakt mit meinen Lieblingen! Genauso hatte ich sie damals zurückgelassen in der Rotkreuzstation am Günzburger Bahnhof: mit verschissenen Windeln. Aber Säuglinge riechen doch etwas angenehmer als das, was jetzt zu mir hinüberdrang.

Wie hatte ich sie von Weitem verehrt und vergöttert, meine zwei blonden Engelchen. Jahrzehntelang! Darüber hatte ich völlig vergessen, dass sie Menschen sind wie du und ich und ebenso wie wir jeden Tag aufs Klo müssen, genau wie Greta Garbo und der Papst.

Ich tastete mich durch mein dunkles Zimmer zum Bett, beschloss dann, keine Rücksicht mehr zu nehmen, denn ich musste jetzt doch endlich mal Licht anmachen und meinen Koffer öffnen. Ich brauchte mein Nachthemd und meine Toilettensachen. Aber erst einmal das Fenster aufreißen. Die Aussicht war nicht berückend. Es ging auf einen Innenhof, unter mir lag die Großküche, noch hell erleuchtet. Von dort her kam der klappernde, klirrende Lärm der Tellerwaschmaschinen. Ein übler Dunst von Essensabfällen stieg zu mir hoch, denn im Hof lagen die vollen Müllsäcke. Der faulige Gestank war noch vermischt mit Rauch und Qualm. Unter mir standen zwei ältere Männer in Schürzen und rauchten ihre Feierabendzigaretten. Ich machte rasch wieder zu. Dann ging ich hinaus in den Gang, mit den Schuhen in der Hand. Hinunter in die Halle. Da war die Luft noch am besten. Ich wusste, ich würde vorerst in dieser verpesteten Atmosphäre kein Auge zutun können.

Oh Vinzenz, diese Plage mit meiner Nase! Der Vater nannte mich Schmeggale, weil ich immerzu die Nase rümpfte. Du ahnst nicht, wie ich darunter leide. In einem anderen Leben wär ich Duftexperte oder Sommelier geworden. Oder Drogenhund. Hast du den Roman *Das Parfum* gelesen? Dann weißt du, wie unsereins zumute ist. Man könnte wegen seiner Nase zum Mörder werden.

Während ich in der Halle saß und wartete, dass alles ruhig würde, fiel mir ein neues Schreckensszenario ein: Wenn ich dann später endlich eingeschlafen wäre, und das würde noch lange dauern, denn ich hatte noch nicht einmal Gelegenheit gehabt, meine Tablette zu schlucken, dann würden meine geliebten Zwillinge an die Verbindungstür klopfen, um mich rabiat zu wecken, denn mit meinem Altweibergeschnarche hält es kein Mensch aus. Auf das Schlafmittel musste ich also verzichten. Dadurch wird mein Gaumensegel nämlich noch viel schlaffer als sonst.

Es kam aber schon wieder anders, als ich mir ausgedacht hatte. Endlich, lange nach zwei Uhr, schloss ich leise mein Zimmer auf, da hörte ich nebenan die Spülung rauschen, anschließend Gemurmel, halblautes Wehklagen. Sie schliefen also genau so wenig wie ich, diese Zwillinge! Und schon presste ich wieder mein Ohr gegen die Tür, vorsichtig und lautlos. Ich konnt's einfach nicht lassen, Vinzenz. Und nun hörte ich Folgendes:

»Jetzt sind wir auch noch krank! Ob wir überhaupt morgen weiterreisen können? Dabei waren wir so vorsichtig mit dem Essen. Und überhaupt, warum du ausgerechnet nach Santiago wolltest, habe ich sowieso bis heute nicht verstanden«, sagte die eine.

»Ich weiß es doch selbst nicht, sonst würde ich es dir ja sagen«, hörte ich von der anderen in einem jammernden Tonfall. »Glaubst du, ich verheimliche dir etwas? Einen konkreten Grund, hierher zu reisen, habe ich nicht, ehrlich. Aber es ist nun einmal so, dass ich seit Monaten so ein komisches Ziehen verspüre, ganz merkwürdig, ein Sehnen, das mit diesem Ort zu tun hat. Es ist nicht einmal angenehm, dieses Sehnen, hat aber etwas Unwiderstehliches. Irgendwas mit Santiago, mit den Gebäuden, mit der Stadt, mit der Luft dort. Seit wir den Beitrag im Fernsehen angeschaut haben, weißt du noch?«

»Hm, aber mich zieht es dort nicht gerade hin. Wie begeistert du bist, das merke ich natürlich schon seit Wochen. Mir geht es da aber ganz anders, Cora.«

»Was?«, rief Alma, und ich spürte, wie tief erschrocken sie war. »Das höre ich heute zum ersten Mal! Ich freue mich wie ein Schneekönig, kann es kaum erwarten, dass wir bald ankommen. Was ist los mit dir? Ich begreife nicht, wieso du sie nicht genauso spürst, diese Sehnsucht. Wir sind doch sonst immer einer Meinung. Und allein kann ich schließlich nicht unterwegs sein.« Nach einer Weile fuhr sie fort: »Es gibt genügend gute Gründe, nach Santiago zu fahren, findest du nicht? Man sollte doch diese berühmte Kirche und all die Pilger einmal im Leben gesehen haben. Und die Stadt ist für dieses Ablass- und Jubeljahr richtig aufgeputzt worden, so schön war sie vielleicht noch nie. Stell dir vor, alle wichtigen Gebäude gereinigt, der Hochaltar in hellem Glanz wie seit Jahrhunderten nicht. Die vielen Jakobspilger aus aller Welt. Um das heilige Brimborium geht es mir zwar nicht in erster Linie, das weißt du ja, aber für mich wäre die gesamte Stimmung an Ostern schon Grund genug. Das Auferstehungsfest in einem uralten Zentrum der Christenheit! Kommt gleich nach Rom und Jerusalem. Ich kann mir nicht denken, dass dir das nicht gefallen wird. Aber du hast ja nicht mal in das Buch hineingeschaut, in dem die Shirley MacLaine ihre Fußwanderung beschreibt. Schade! Glaub nicht, dass ich das nicht bemerkt hab. Und Coelho! Sein Reisetagebuch ist doch nun wirklich berühmt und hochinteressant. Du scheinst einfach nur mitzufahren, weil wir nun einmal immer alles zusammen machen.«

Als Cora schwieg, fügte Alma leise hinzu: »Das beunruhigt mich, verstehst du? So kenne ich uns zwei gar nicht. Hätten wir denn lieber etwas anderes buchen sollen?«

Dann war ein paar Minuten gar nichts, außer dass eine von ihnen mit einem Stöhnen ins Bad rannte und schnell die Spülung betätigte. Um nichts in der Welt hätte ich mich wieder vors Schlüsselloch gehockt. Es gab ja auch nichts zu sehen, sie hatten wohl nur eine Nachttischlampe angeknipst.

»Warum hast du denn nicht früher gesagt, dass du lieber woanders hinmöchtest? Erst heute meckerst du. Wir hätten schließlich monatelang Zeit gehabt zu stornieren. Aber ich dachte natürlich, wir seien uns einig, wie immer. Kein Wort von dir, die ganze Zeit nicht, keine Zweifel, keine Bedenken. Was soll ich denn da glauben? Wir wollen doch sonst immer dasselbe. Jetzt bin ich ganz durcheinander. Natürlich war ich sicher, du freust dich auch, weil ich mich ja die ganze Zeit so freue auf Santiago.«

»Nein, nein«, murmelte Cora nach einer Weile, ich konnte sie kaum verstehen. »So ist es auch wieder nicht. Das ist bestimmt eine gute Idee von dir. Paris, Mailand oder Madrid wären mir aber ebenso lieb und interessant gewesen. Oder genauso gleichgültig, wenn du die Wahrheit wissen willst. Ich kann dir nicht sagen, ob ich einen besseren Vorschlag gemacht hätte. Aber dass es mich wirklich nach Santiago treibt, das kann ich weiß Gott nicht behaupten. Sag mal, sollen wir morgen die blauen Röcke mit den Blazern anziehen, oder sparen wir die für die Stadt auf? Also, um genau zu sein, Alma, dieser Ort ist mir eher unheimlich als angenehm, ich weiß auch nicht, warum.«

»Ich glaube, die graue Hose mit dem elastischen Bund und dazu das gemusterte Twinset, auf dem man die Flecken nicht so sieht, das wäre für die Fahrt bequemer. Schließlich sind wir lange unterwegs, da will man nicht eingeschnürt sein, die Sitze in den Bussen sind eng genug«, antwortete Alma. »Hoffentlich sind wir bald wieder gesund, Cora. Ach, Tapas und Eis essen! Aperitif in der Sonne! Frühling in Spanien, wie das klingt, wie das singt. Horch doch mal: Frühling in Santiago!«

»Also ehrlich, Alma, du redest vom Essen, und mir ist zum Kotzen übel! Was glaubst du denn, wie viel Freizeit man auf so einer Pilgerfahrt hat? Da folgt doch eine Kirche auf die andere. Die Füße tun mir schon weh, wenn ich nur daran denke! Und die großen Messen in der Kathedrale, da können wir uns sicher nicht verdünnisieren, das merken die doch. Fürs Bummeln und Shopping in Santiago wird vielleicht irgendwann ein Stündchen bleiben, aber wahrscheinlich haben wir dann keine Kraft mehr, so wie unser Zustand jetzt schon ist. Ich sehe mich völlig erschöpft im Hotel auf dem Bett liegen. Wir sind schließlich keine zwanzig mehr. Überhaupt könnten wir noch bereuen, dass wir nicht die normale Flugreise ohne festes Programm gebucht haben. Bayerisches Pilgerbüro – diese Irren hätten uns doch am liebsten auf Schusters Rappen über die Pyrenäen geschickt. Machst du dir überhaupt klar, was das für Leute sind, die hier mitreisen? Lauter bigotte Langweiler. Als hätten wir davon in Günzburg nicht genug! Als wir heute im Bus diese Pilgerlieder singen mussten, hätte ich fast einen Bauchkrampf bekommen, weil ich nicht lachen durfte.«

Vera Blau: »Die kleinen Kinder kamen nach dem Krieg besser zurecht als die Erwachsenen. Uns war das Entsetzliche nicht bewusst. Wir brauchten nicht einmal zu arbeiten. Wir hatten in Auschwitz nichts weiter zu tun als zu spielen. Nach dem Krieg machte ich verschiedene Phasen durch. Zuerst war ich sehr lustlos, sehr apathisch. Ich weinte nie. Später weinte ich. Ich weinte wie verrückt. Ich konnte nicht aufhören zu weinen.«

Lagnado/Dekel, *Die Zwillinge des Dr. Mengele*[36]

Jetzt johlten die beiden wieder wie zwei Narren. So hatte ich sie bereits früher am Abend mehrmals lachen gehört. Wie albern die waren. Amüsierten sich über nichts und wieder nichts. Zwei erwachsene Frauen, die wie die Kleinkinder gackerten. Sie wurden mir mit jedem Augenblick fremder.

»He, sei nicht böse auf mich, bitte! Ich kann das nicht ertragen, wenn wir innerlich entzweit sind. Das schnürt mir die Luft ab.«

»Ich will dir erklären, warum ich nichts gesagt habe. Bis vor ein paar Tagen habe ich nämlich noch gar nicht viel darüber nachgedacht, und wenn ich mir die Reise vorstellte, eben irgendeine Frühlingsreise, da habe ich mich einfach gefreut, dass wir mal wieder rauskommen. Spanien ist prima, irgendwas mit Spanien ist immer gut. Paella, Rotwein, Kunst, so wie damals in Barcelona eben. Aber weil du mich jetzt speziell nach Santiago gefragt hast, merke ich, dass mir immer mulmiger wird, je näher die Ankunft rückt. Was sollte ich dir denn sagen? Ich wollte dir doch nicht die Freude verderben. Jetzt sind wir unterwegs, bald kommen wir dort an, wird schon in Ordnung sein. Es ist ja nichts Konkretes, eher eine komische Stimmung, irgendwie ängstlich, gar nicht zu beschreiben. Wenn ich nur Santiago höre, kriege ich schon eine Gänsehaut, eine richtige Abneigung. Und je öfter ich das Wort höre oder lese, umso schlimmer wird es. Ich habe es geradezu vermieden, mich vorzubereiten, irgendeinen Führer zu lesen. Hast du doch gemerkt. Ist ja sonst nicht meine Art. Verrückt, was? Mir ist mein Widerwillen ebenso unbegreiflich wie deine Sympathie für diese Stadt. Verzeih mir, ich kann's nicht ändern, und nun lass uns das Ganze vergessen, einverstanden? – Musst du noch mal, oder soll ich das Licht ausmachen? Irgendwann sollte doch dieses Medikament endlich wirken.«

Na, Vinzenz, war ich nun klüger als zuvor? Zwar hatte ich endlich mal ausführlich ihre Stimmen gehört und mitbekommen, wie sie miteinander redeten. Und dass sie sonst immer einer Meinung waren, nur nicht, was Santiago anbetraf. Aber das war schon komisch, findest du nicht? Ich machte mir da so meine Gedanken, kam aber zu keinem Ergebnis.

Inzwischen war es fast drei Uhr. Ich knipste das Licht an, machte mich für die Nacht fertig, legte mich ins Bett. Aber wie ich vorausgesehen hatte, schlief ich nicht ein, sondern döste nur, und das war mir ganz recht so. Wenn man gewohnt ist, sich mit Tabletten in einen chemischen Kunstschlaf zu versetzen, funktioniert das Einschlafen auf normale Weise nicht mehr, selbst wenn man noch so müde ist. Ich war aber gar nicht sehr müde, sondern eher aufgewühlt. Ich freute mich diebisch über mein Glück mit der Verbindungstür und sah das Ganze am Ende gar symbolisch: Da ist eine Verbindung zwischen mir und meinen Zwillingen, aber die Tür ist eben noch verschlossen.

Als wir nach dem Frühstück mit unserem Gepäck in der Hotelhalle versammelt waren, kam der Glaser-Vinzenz ganz betrübt auf uns zu und verkündete, dass wir einen weiteren Tag in León bleiben würden, da nicht wenige unserer Mitpilger sich einen Darminfekt zugezogen hätten und daher nicht reisefähig seien. Ich schaute mich um und entdeckte erstaunt die Zwillinge, die ganz brav am Rande der Gruppe standen. Offenbar hatten sie sich erholt. Oder das Mittel hatte gewirkt, während die Übrigen nichts dergleichen dabeihatten.

Jetzt war schon wieder alles anders. So was kann ich eigentlich nicht leiden. Doch heute sollte es mir recht sein. Ausnahmsweise würde ich mich mal allein auf Stadtbesichtigung machen, ohne all diese Rollstuhlfahrer und Schwätzer, aber erst später. Ich war inzwischen doch ein bisschen schläfrig, da hatte auch der dünne Milchkaffee nichts ausrichten können, und deshalb wollte ich mich erst einmal zwei Stunden aufs Ohr legen, wenn wir schon frei hatten. Dann blieb noch Zeit genug für einen Spaziergang.

Ich beobachtete, wie die Stadlmayer-Mädle sich denen anschlossen, die sich zu einem außerplanmäßigen Rundgang mit Reiseleiter Glaser aufmachten, denn da gab es eine Kirche mit berühmten Fresken, etwas außerhalb gelegen, die wollten sie sich nicht entgehen lassen, diese Kunstgeier. Vorsichtshalber wartete ich ab, bis sie um die Ecke verschwunden waren, nachdem sie wie alle anderen ihr Gepäck zurück aufs Zimmer geschafft hatten. Wahrscheinlich würden sie sich erst später von der Gruppe abseilen, von den Banausen, die sie so sehr verachteten, wie ich doch inzwischen wusste. Das taten sie ja meist. Und dann, überlegte ich hoffnungsfroh, könnte ich ihnen vielleicht ganz zufällig in der Stadt begegnen, und sie würden mich zu einem Kaffee einladen und nett zu mir sein, vielleicht.

Die Sonne schien an diesem Morgen recht freundlich, und ich war froh über diesen Ruhetag, auch wenn mir ein bisschen graute bei dem Gedanken, ganz allein im Ausland herumzuspazieren. Aber das war doch mal was ganz Neues für mich, und seitdem ich ein Risiko nach dem anderen eingegangen war, Tag für Tag, angefangen mit der Buchung der Reise, wagte ich mir vorzustellen, dass ich auch diese weitere Mutprobe bestehen würde.

Oben auf dem Zimmer räumte ich meinen Koffer ein bisschen aus, brachte meine Kulturtasche zurück ins Bad und legte mein Nachthemd bereit. Ist nämlich auch bei Tag besser zum Schlafen, als wenn man sich angezogen hinlegt, und es war ja noch nicht einmal neun Uhr. Ich stellte mir aber den Wecker auf elf, weil man tagsüber nicht so lange im Bett liegen soll, sonst kommt der Rhythmus durcheinander. Das stand in der *Apotheken Umschau*. Ich freute mich aufs Bett, spülte noch meine Zähne von den Frühstückskrümeln frei und wollte mich ausziehen. Da spürte ich in der Rocktasche den Schlüssel, den ich am Vortag so eilig abgezogen hatte.

Mei, Vinzenz, wie mein Herz klopfte! Jetzt kam ich mir plötzlich vor wie eine Prinzessin im Märchen. Alle Zimmer des großen Schlosses darf sie betreten, nur das eine nicht. An solch ein Verbot konnte ich mich natürlich nicht halten, das war mir sofort klar. Diese himmlische Gelegenheit! Und was sollte schon passieren? Die Zwillinge waren unterwegs. Trotzdem zögerte ich noch eine Weile. Das Abwarten kam mir unendlich lang vor, obwohl ich es wie die Vorfreude auf Pralinen genoss. Ich bewegte den Schlüssel in meiner Hand hin und her, fühlte ihn erst kalt, dann immer wärmer werden, roch sein rostiges, billiges Aroma, wanderte im Zimmer auf und ab, zwischen Bett und Bad, zwischen Fenster und Ausgang. An Morgenschlaf war nicht mehr zu denken. Ich kämpfte mit meinen Skrupeln, meiner Erziehung, meiner Selbstachtung. Mit meiner Angst. Dabei wusste ich von Anfang an, dass ich es tun würde, koste es, was es wolle. Es war doch geradezu schicksalhaft, was mir da geboten wurde, findest du nicht, Vinzenz? Also sagte ich halblaut: »Ich hab's mir nicht leicht gemacht, nein, nicht leicht gemacht«, und trat nach gebührendem Zaudern an die Verbindungstür heran, räumte den Kofferbock weg, spuckte auf den Schlüssel, um ihn zu schmieren, führte ihn lautlos ein und drehte ihn um. Meine Hand ergriff den Metallknauf und drehte daran. Die Tür öffnete sich ohne Widerstand.

Die Schwelle. Ich hatte eine Schwelle übertreten. Das Herz klopfte mir laut und schnell in den Ohren, und im Hals würgte es mich ein wenig. Dennoch spürte ich nur eine gelinde Spannung. Ich wandte mich nach links. Zwei schnelle Schritte, und ich befand mich mitten im Zimmer. Kein Schuldgefühl, kein schlechtes Gewissen, nicht einmal Peinlichkeit. Dabei hab ich mir doch immer noch etwas auf die armseligen Reste meines grundehrlichen, anständigen Charakters eingebildet, Vinzenz!

Ich hielt inne. Ein Frauengeruch überwältigte mich. Ein reifes Aroma, das den ganzen Raum erfüllte. Es war der Geruch nicht nur einer Einzigen, und schon gar nicht der ungelüftete Mief eines vielbenutzten Hotelzimmers. Vielmehr war es der Duft von zweien, von ein und demselben gedoppelt, oder gar – wie soll ich sagen? – von dreien. Denn über dem potenzierten Einen lag noch ein Drittes, ein Verschiedenes, das mich verblüffte und verwirrte. Ich war sicher, von früheren Gästen konnte es nicht herrühren. Keineswegs nahm ich Parfum, Shampoo, Seife oder Duschgel wahr. Bestimmt waren es meine Mädle, aber es roch viel stärker als im Bus. Ich schnupperte auf meine bewährte Art und dachte mir, dass es nach einem einzigen Frauenmenschen riecht, der einen starken, mir eigenartig angenehmen und doch sehr fremden Körpergeruch verströmt, in mehreren Schichten. Und da begriff ich zum ersten Mal, was meine Zwillinge sind: einzeln und zwiefach und außerdem zugleich noch ein Darüberschwebendes – ein unzertrennliches Paar, das sich aus zwei Einzelnen zusammensetzt und ein Drittes bildet. Bei Alma und Cora hatte ich es also mit drei Wesen zu tun und brauchte mich nicht zu wundern, dass sie sich selber Gesellschaft genug waren. Ich war zu viel. Mich brauchte keiner. Ich fühlte mich ausgeschlossen wie nie zuvor während der vergangenen Tage, und ich wurde böse.

Wie ein Geheimagent, der für weltwichtige Informationen eine hohe Belohnung von seinen Führungsoffizieren erwartet, machte ich mich trotzdem daran, alle Gegenstände, die ich sah, zu befingern und alle Behältnisse zu durchwühlen. Mein Puls bewies mir, dass ich aufgeregt war, aber ich spürte nur eisige Entschlossenheit. Der Zufall hatte mir diesen Schlüssel in die Hände gespielt, hatte mir diese Tür zu meinen Lieblingen geöffnet. Schicksal! Ich hielt das Ganze für eine höhere Fügung, die mir das Recht zum Betreten des verbotenen Zimmers verlieh. Darum hatte ich auch Anspruch auf die Betrachtung und Durchsuchung dieses Raums. Es war wahrhaftig eine Verbindungstür, die mir eine neuartige Verbindung ermöglichte. Näher als in diesem Augenblick war ich meinen Lieblingen niemals gekommen.

Lieblinge? So hatte ich sie in meinen Gedanken ein Leben lang genannt, doch dort, mitten unter ihren Habseligkeiten, eingezwängt zwischen dem Doppelbett und einer Art Schreibpult mit Stuhl davor, spürte ich eine Welle des Hasses, die mich ganz durcheinanderbrachte. So gern wollte ich sie lieben, die zwei, wie immer, wollte mich nach ihnen sehnen, wie ich es seit einem halben Jahrhundert tat. Aber seitdem ich auf der Busreise täglich ein wenig mehr ihre Bekanntschaft gemacht hatte, wenn auch nur von fern … Nein, seitdem ich ihr Gespräch am Vorabend belauscht hatte, waren sie mir plötzlich unsympathisch geworden, diese Lieblinge. Ich fühlte mich betrogen wie ein hintergangener Ehemann. Die Wahrheit war doch offensichtlich. Kaltschnäuzig waren die beiden, würdigten mich keines Blickes, hielten sich abseits, tuschelten in ihrem privaten Kauderwelsch und hielten sich an den Händen wie Hänsel und Gretel. Albernes Pack!, dachte ich. Was die sich einbilden, mich derart zu enttäuschen, nachdem ich mir so viel Mühe gegeben hab und so viel Geld ausgegeben hab, nur um sie besser kennen zu lernen. Hab mich in Aufregung und Unkosten gestürzt, diese vermaledeite Tour nach Spanien auf mich genommen, sogar meinen Seelenfrieden dahingegeben, seit ich diesen Glaser-Vinzenz wiedergetroffen hab! Und die zwei – ja, was fällt denn denen ein, über mich zu reden, als wär ich a Vogelspinn', die von Weitem auf sie lauert!

Eine verknotete Wut setzte sich in meiner Kehle fest. Während ich mit trockenen Lippen lautlos schimpfte, vergaß ich mich fast und hätte mich beinahe auf das Bett gesetzt. Vor mir stand der Bock mit einem offenen, halb ausgepackten Hartschalenkoffer. Ich sah hinein. Als Erstes fiel mir eine geradezu widerwärtige Ordnung auf. Die wenigen Kleidungsstücke waren perfekt arrangiert. Zwei gleiche Blusen wie von der Wäscherei gefaltet und in durchsichtiges Plastik verpackt, mit Kartoneinlagen unter den Krägen. Ich hob sie vorsichtig hoch und entdeckte darunter je zwei graue und zwei matt rosenfarbige Twinsets aus feiner, leichter Wolle, ebenfalls perfekt zusammengelegt und in Plastikbeuteln mit Reißverschluss verpackt. Teufel – da fehlte nur noch das Seidenpapier, um Druckfalten zu vermeiden! Und ich hatte gemeint, die Walburga Eichner sei ordnungsliebend. Doch dagegen sah mein Koffer aus wie auf der Flucht gepackt. Mit spitzen Fingern hob ich die Pullover an, um den Kofferboden zu erforschen, aber bis auf vier Baumwollschlüpfer von Schießer, sehr solide Ware, zwei schlichte Unterhemden und zwei Büstenhalter ohne Körbchen war nichts weiter zu entdecken. Oh, die Schachtel mit den kleinen bunten Marzipanbroten von Niederegger, verschiedene Sorten, die hätte ich beinahe vergessen. Sechs Stück fehlten bereits. Himmelherrgott, wie musste ich mich zusammenreißen, um keines von den Gutsle zu klauen! Aber ich konnte mein Gelüst überwinden und ließ die Packung unangetastet. Denn das würden die zwei ganz bestimmt merken und womöglich das Zimmermädchen ungerecht beschuldigen, das wollte ich nicht. Sonst war weiter nichts Wichtiges im Koffer. Was hatte ich denn auch erwartet? Etwa Tagebücher oder Fotos? So was nimmt man doch nicht auf eine Reise mit, schalt ich mich.

Peinlich genau achtete ich darauf, den Kofferinhalt wie unberührt zurückzulassen, und wandte mich der Zimmermitte zu. Die Vorhänge waren uninteressant, die Fenster geschlossen, sie gingen wie meine auf den Hof hinaus. Das Doppelbett war nicht ordentlich hergerichtet. Diese Tagesdecke hatte keine Zimmerfrau glattgestrichen, das schien mir sicher. Sie war nur flüchtig über die Kopfpolster hochgezogen, so wie man ein Bett macht, wenn man als besonders ordentlich gelten will und sich vor dem Personal geniert, aber sehr wohl weiß, dass bald jemand kommen wird, um alles professionell zu richten und zu säubern.

Beim Gedanken an die Putzkolonne wurde mir mulmig. Ich schaute auf meine Uhr und fragte mich, wie lange ich mich eigentlich schon im Reich des Unerlaubten befand. Was wäre, wenn die Zwillinge vorzeitig zurückkämen? Sie könnten ja müde werden nach der halb durchwachten Durchfallnacht und ins Hotel zurückstreben, um sich hinzulegen. Doch die Neugier siegte, und ich fasste frischen Mut.

Während ich noch das Bett betrachtete, kam ich auf die Idee, nach der Nachtwäsche zu suchen, um zu überprüfen, was identisch und was verschieden roch bei Alma und Cora. Die Kopfkissen lagen ganz nah beieinander und rochen nach Innigkeit, vermischt mit Haarspray. Ich fand unter jedem ein Nachthemd gleichen Modells: Trikot mit rundem Ausschnitt und Zierknöpfchen, säuberlich gefaltet, eines hellblau, das andere zartgrün. Also war es ihnen doch wichtig, die Sachen irgendwie auseinanderzuhalten. Sogleich begann mich auch die Frage zu beschäftigen, wer wohl auf welcher Seite geschlafen hatte. Welche der beiden hatte sich für Himmelblau, welche für Frühlingsgrün entschieden? Das war schließlich ein gewisser Hinweis auf ihren jeweiligen Charakter.

Wie jemand, der einen Apparat ganz genau betrachtet, bevor er ihn auseinandernimmt – die Schrauben beiseitelegt und alle Teile ordnet, um sie später korrekt wieder zusammenzufügen –, prägte ich mir exakt Lage und Faltung der Nachtkleider ein. Völlig überflüssig diese Akribie, aber das versteht sich erst aus heutigem Blick, denn es hätte ja das Zimmermädchen gewesen sein können, das beim Bettenmachen alles durcheinanderbrachte. Damals schien es mir aber höchst wichtig, keine einzige Spur meines Eindringens ins Nachbarzimmer zu hinterlassen, und für meine DNA konnte ich nichts. Die würden schon nicht so weit gehen, nach der Polizei zu rufen, wenn doch nichts fehlte. So ergriff ich das blaue Hemd vorsichtig mit meiner Linken, das grüne mit der Rechten, nahm mit abgewandtem Gesicht einen tiefen Atemzug, knüllte beide Hemden ein wenig, wie man ein kleines Daunenkissen aufschüttelt, und versenkte dann meine Nase zuerst ins grüne, dann ins blaue, wohl drei oder vier Mal.

Oh Vinzenz, was war das für eine Wonne! Kein Voyeur kann sich beim Anblick eines kopulierenden Paares mehr ergötzen und erregen, kein Fetischist kann heftiger in Wallung geraten als ich in diesem Moment. Die Nachtwäsche war ja schon mehrmals getragen worden und duftete kräftig. Links, rechts, links, rechts, links – es war köstlich, doch leider konnte ich bei aller Bemühung keinerlei deutlichen Unterschied ausmachen. Als ich aber anschließend meine Hände und somit beide Wäschestücke zusammenführte, vereinten sich die Frauengerüche zu einem neuen, der ein weiteres, völlig ungewöhnliches Entzücken in mir hervorrief, so dass ich vor Vergnügen fast gelacht hätte. Dieser Geruch löste eine alte Erinnerung an die Nacht meiner Trennung von Alma und Cora aus. Bei aller erwachsenen Weiblichkeit mit ihrer leichten Säure von Nachtschweiß und den Ausdünstungen unterer Körperbereiche, dem Weichspüler einer bekannten Marke, die mir im Moment nicht einfallen wollte, und den Resten billiger Hotelseife sah ich vor mir die fieberheißen Köpfchen der Säuglinge, roch den Muff der Rotkreuzstation am Günzburger Bahnhof und den Teller mit warmem Grießbrei. Und auch diese Mischung war ein Geruch von Liebe, und jetzt war es plötzlich meine Liebe, die von damals, als ich noch lieben konnte. Erneut vergrub ich mein Gesicht in den Nachthemden und berauschte mich an dieser verloren geglaubten Empfindung von verletzlicher Offenheit und triebhafter Zärtlichkeit, wie sie mich zuletzt in meinem siebzehnten Lebensjahr erfüllt hatte. Oder vielleicht später noch ein einziges Mal.

Das war in der Nacht, bevor der Vater starb, als er hilflos wie ein Baby in meinem Arm schlummerte und dabei röchelte, als sei er ein schwer erkältetes Kind.

Mir fiel plötzlich die Stasi ein. In der Zeitung hatte ich Monate zuvor einen Artikel gelesen, in dem stand, dass der Geheimdienst von allen, die überwacht wurden, Duftkonserven angelegt hatte für ihre abgerichteten Spürhunde. Man sollte nicht glauben, dass so etwas möglich ist. Aber nachweislich gab es riesengroße Archive mit Weckgläsern, die entweder nur Luft mit Geruchsmolekülen enthielten oder auch Fetzen eines Kleidungsstücks, das nach der bespitzelten Person roch. Wenn ich gekonnt hätte und in meinem Koffer ein Weckglas gelegen hätte – ehrlich, vor einer Duftkonserve meiner Lieblinge wär ich nicht zurückgeschreckt.

Auf dem Korridor hörte ich eilige Schritte und fuhr aus meinem Wachtraum hoch. Um Himmels willen, wie lang bin ich denn schon hier?, überlegte ich mit angehaltenem Atem. Ich musste doch noch ins Bad, die Toilettensachen untersuchen, und was lagen denn da auf den Nachttischen für Bücher? Was lasen meine Lieblinge vor dem Einschlafen?

Ganz unvermittelt war alle Wut verflogen, und ich hatte sie wieder gern, meine beiden, hatte sie geradezu leidenschaftlich lieb, meine süßen Kleinen, und das ließ mich fast vergessen, dass sie ja inzwischen groß waren, die Alma und die Cora, über ein halbes Jahrhundert alt. Und ich, die junge Burgl von damals, war eine Greisin mit dünnem Haar und künstlichem Gebiss, ja, das bin ich, Vinzenz, verschrumpelt und verwüstet. Aber einen Moment lang, woisch, da bin ich wieder jung gewesen, so als gäb's keine Zeit – ganz jung noch und noch voller Hoffnung und Vorfreude auf mein großartiges Leben als deutsche Frau und Mutter mit einer eigenen Kinderschar.

Wieder stand ich wohl minutenlang mitten im Zimmer mit geschlossenen Augen, fühlte mein Herz klopfen, jetzt stark und ruhig. Der Moment war süß und bitter. Dann wurde mir deutlich bewusst, dass ich eine Fremde in diesem Raum war, ein Eindringling, eine Schnüfflerin. Und eine Fremde würde ich bleiben, weil ich zwar alles über die Zwillinge wusste, und jetzt noch mehr als je zuvor. Sie hingegen wussten nichts von mir, rein gar nichts. Und es interessierte sie auch nicht zu erfahren, wer ich war und wie mir war. Das würde sich wohl nie ändern, wozu auch?

Darum versetzte ich mich erneut in die Rolle einer Stasi-Spionin, ganz als müsste ich einen Bericht über Alma und Cora Stadlmayer verfassen, faltete die Nachthemden exakt so, wie ich sie vorgefunden hatte, und wandte mich den Nachtschränkchen zu. Ohne große Überraschung verzeichnete ich auf jedem eine schon aufgerissene Packung Papiertaschentücher, eine Reisepackung Ohrstöpsel und eine Dose mit englischen Lutschbonbons, Schwarze Johannisbeere und Himbeere, je ein leeres Brillenetui und auch zwei identische Taschenbücher mit Erzählungen einer – wie ich auf der Rückseite ohne meine eigene Brille nur mühsam entziffern konnte – galizischen Dichterin des 19. Jahrhunderts, die mir unbekannt war. Letzteres fand ich wieder reichlich übertrieben, konnten die sich denn nicht einmal für ein paar Minuten geistig trennen? Ich merkte mir den Namen der Autorin – Rosalía de Castro – und beschloss, gleich nach meiner Rückkehr von der Reise dasselbe Buch auch für mich zu bestellen, als Teilhabe sozusagen. Wie hielten die Zwillinge es vor dem Einschlafen? Schmökerten sie in Stille parallel, oder lasen sie sich gegenseitig vor, dabei den Text mit den Augen verfolgend, bis ihnen die Lider schwer wurden? Ich beschloss, dieses Geheimnis am Abend auszuforschen, mit dem Ohr an der Verbindungstür.

Nun blieb noch die Untersuchung der Waschbeutel. Ich huschte in das kleine Duschbad, knipste das Licht an. Der Ventilator setzte sich gleichzeitig in Gang und machte ein lautes surrendes Geräusch, das mein Geklapper übertönte. Zum Glück stank es nicht mehr nach Durchfall; sie hatten die Kloschüssel sogar von Spritzern gesäubert. Eine der Kulturtaschen war beige mit einer schwarzen Zeichnung von Hufeisen und Gürtelschnallen, die andere schwarz mit demselben Muster in Beige. Ich blickte in beide hinein und sah identischen Inhalt: Kamm und Bürste – das hätten sie sich sparen können, da wär ein Set genug gewesen, oder? Dann Zahnseide, ein Döschen mit Hautcreme von Vichy, ein leeres Plastikgehäuse für Zahnbürsten, die standen ja im Becher auf der Ablage, eine hellblau, eine lindgrün, je eine Tube Zahnpasta in Reisegröße gegen Zahnfleischbluten und Parodontose und eine winzige Nagelbürste.

Die Doppelung der Gegenstände begann mich zu irritieren. Ich verspürte Lust, alles durcheinanderzubringen oder in die Duschwanne zu schütten, dann müssten sie es auflesen wie Aschenputtel die Linsen aus dem Kamin, und kein Täubchen würde ihnen helfen. Ich ärgerte mich über die zugleich zwanghafte und völlig unpraktische Organisation der beiden Frauen, kannst du das verstehen, Vinzenz? Sie hätten meiner Ansicht nach, so wie sie in allem dasselbe taten und alles teilten und sogar im Kopf das Gleiche dachten, auch gut daran getan, auf eine so kurze Reise nur eine Cremedose und eine einzige Nagelbürste mitzunehmen. Beim näheren Hinsehen entdeckte ich jedoch – fast erleichtert – lediglich eine einzelne größere Flasche Shampoo und nur eine Dose Haarspray auf der Ablage. Wenigstens so klug waren sie. Und in einer Seitentasche des beigen Beutels fand ich ein Nageletui sowie das Parfumpröbchen einer französischen Marke, die ich nicht kannte, ist nicht mein Gebiet. Ich roch daran. Das jedenfalls hatten sie noch nicht benutzt auf dieser Fahrt, ich hätte es auf jeden Fall bemerkt. Es duftete gut, ein bisschen nach unschuldigen Maiglöckchen. Das Mittel gegen Durchfall lag nicht dort, sie hatten es wohl vorsichtshalber in der Handtasche mitgenommen.

In dem Moment, als ich gedankenverloren den winzigen Plastikstopfen wieder in das Glasfläschchen der Parfümprobe drückte und den Reißverschluss zuzog, fiel mir eine andere Medikamentenschachtel ins Auge, eine nur. Die erkannte ich! Sie enthielt dasselbe schwere Schlafmittel, das ich selber seit Jahren nehme. »Ja zum Teufel, wieso finden denn die beiden keine normale Ruhe?«, überlegte ich und war bestürzt. Wozu brauchten die eine so starke Medizin bei ihrem guten Leben als Stadlmayer-Erbinnen und nach der behüteten Kindheit, für die ich gesorgt hatte? Und sie waren, anders als ich, niemals allein, immer ganz nah beieinander, den ganzen Tag, die ganze Nacht. Ich hatte es doch gesehen, wie nah die zwei Kopfkissen aneinandergerückt waren. Ich zog den Blister heraus und zählte. Es fehlten exakt doppelt so viele Tabletten, wie wir Nächte unterwegs gewesen waren, also hatte jede von ihnen doch tatsächlich abends immer eine davon eingenommen. Ich war völlig überrascht von diesem Fund und fühlte wieder eine gewisse Nähe; ich glaube, alle Schlaflosen haben ein tiefes Verständnis füreinander. Wie ist es wohl mit deinem Schlaf, Vinzenz? Sind deine Nächte ruhig, ohne dass du dich betäuben musst?

Jetzt erst wunderte ich mich, dass die Zwillinge sich am Morgen gar nicht wirklich reisefertig gemacht hatten. Denn dann hätte doch alles eingepackt gewesen sein müssen. Offenbar hatten sie früher als ich erfahren, dass wir eine weitere Nacht in León bleiben würden. Ich warf noch einen Blick hinter den Duschvorhang und entdeckte zwei Paar frisch ausgewaschene

Strumpfhosen, zwei bereits getrocknete Schlüpfer und im Abfall zwei leere Strumpfkartons mit zerknülltem Zellophan. Die Sorte war aus dem Drogeriemarkt. Nun, die Sparsamkeit meiner Zwillinge wusste ich zu schätzen. Zwar war mir klar, dass sie nicht arm dran waren, aber ich hab nun einmal ein Faible für Leute, die keine unnötigen Ausgaben tätigen.

Als ich nach einem letzten prüfenden Rundblick zurück in mein Zimmer trat, die Zwischentüre zusperrte, den Schlüssel vorsorglich abzog, um mein abendliches Schlüsselloch-Gucken nicht zu gefährden, empfand ich Befriedigung und Erleichterung. Ja, wenn ich ehrlich bin, hatte ich sogar mein diebisches Vergnügen an der Vorstellung, dass die zwei Frauen so nichtsahnend mit ihren gelehrten Kunstbüchern in den Händen durch die spanische Stadt spazierten, derweil ich eine viel spannendere und ertragreichere Reise durch ihre Geheimniswelt und in meine eigene innere Geschichte unternommen hatte.

Als Erstes zog ich aus meinem eigenen Koffer die angebrochene Schachtel mit Katzenzungen hervor und stopfte mir gleich vier auf einmal in den Mund, kaute aber nicht, sondern ließ die süße Fülle langsam und genüsslich zergehen. Dann zog ich mich aus und streifte mein Nachthemd über, um unter meine Zudecke zu kriechen, nachdem ich vorsichtshalber das Bitte-nicht-stören-Schild draußen an die Klinke gehängt hatte. Den Wecker stellte ich neu auf eins, denn ich wollte ja zum Mittagessen.

Mei, so ein aufregender Vormittag! Wie sehr es mir zugesetzt hatte, etwas Verbotenes zu tun, merkte ich erst jetzt. Hatte ich mir nicht auf meine geradezu professionelle Kälte etwas eingebildet? Inzwischen aber hatte ich schweres Herzklopfen. Doch ich mochte nicht noch einmal aufstehen, um Betablocker zu schlucken oder das Nitro zu benutzen. Mein Herz war ja nicht ängstlich und überanstrengt, sondern freudig erregt, das wollte ich genießen. Jetzt hatte ich genügend Stoff zum Nachdenken, Auswerten und Spekulieren. Mit Gusto hatte ich mich durch die Habseligkeiten meiner Zwillinge gewühlt. Ich spürte ein kleines Lächeln auf meinem Gesicht. Das Bett war breiter als in den vergangenen Nächten, Einzelzimmer gab es hier wohl nicht. Außerdem war es ja ein Viersternehotel, also einigermaßen bequem.

Kaum umhüllte mich die Wärme der Decke, die recht kuschelig war, wurde mein Rücken weich, das Kinn erschlaffte, mein Mund stand halb offen, und ich schlief ein, statt weiter nachzusinnen. Ob nebenan aufgeräumt wurde und wann meine Nachbarinnen zurückkehrten – ich bekam nichts davon mit. Denn ich erwachte erst kurz nach fünf Uhr nachmittags. Den Wecker hatte ich in meiner vormittäglichen Aufregung falsch eingestellt.

[Georg] Wolff [1966 stellvertretender Chefredakteur des Spiegel] war als Nachrichtenoffizier des Sicherheitsdienstes (SD) im Rang eines SS-Hauptsturmführers im besetzten Norwegen tätig gewesen. … Er haderte mit seiner Schuld, die er vor sich selbst anerkannte – ganz anders als Heidegger, der ja auch »Schuld auf sich geladen« habe, so Wolff, und zwar ganz konkret dadurch, dass er mehrere Studentengenerationen im Sinne des Nationalsozialismus beeinflusst habe. … Eine solche moralische Reflexion blieb Heidegger fremd. Moral galt ihm ohnehin, in Anlehnung an das bewunderte Vorbild Friedrich Nietzsche, als Einengung der Freiheit des Denkens.

Romain Leick, »Zauberer des deutschen Geistes«[37]

Den späten Nachmittag verbrachte ich, man sollt's nicht glauben, tatsächlich in der Stadt, sah die ungewohnten Straßen und Geschäfte, warf einen Blick in die imposante Kathedrale. Ich schloss mich drinnen einer Gruppe mit deutschsprachigem Führer an, der nicht nur behauptete, die Kirche sei eine der schönsten der Welt – was ich leider nicht beurteilen konnte –, sondern auch allerlei gelehrte Dinge von sich gab über die Prinzipien der spanischen und der französischen Gotik und die leuchtenden Glasfenster. Es gab auch eine berühmte Grabstätte mit romanischen Fresken. Ich konnte das alles nicht recht auseinanderhalten, weil ich ja eigentlich nur unseren Günzburger Barock kannte. Nicht einmal den Dom in Augsburg habe ich je besucht. Trotzdem fand ich diese Kathedrale schön und festlich, direkt feierlich, wie sie so zum Himmel strebte. Als ich wieder auf die Straße trat, war es schon dunkel, obgleich meine Uhr erst halb sieben zeigte. Ich hatte noch eine knappe Stunde bis zum Essen In den Gassen der Altstadt horchte ich auf fremde Sprachlaute und roch so manches Unbekannte, das aus Läden und Bars und Küchenfenstern in meine Nase drang.

Mit etwas Mühe gelang es mir, das Hotel wiederzufinden, und es tat mir ein bisschen leid, dass die Zeit so schnell vergangen war. Aber ich war doch recht stolz auf mich, dass ich mich dem Risiko ausgesetzt hatte, allein durch die Gassen und um die Häuser zu laufen. Ich möchte nicht behaupten, dass es mir nicht gefallen hätte. Im Grunde war es das allererste Mal auf dieser Fahrt, dass ich überhaupt Augen für irgendetwas anderes hatte als für die Zwillinge und den Glaser-Vinzenz. Ich begann, meine Verbohrtheit zu bereuen, musste ich doch davon ausgehen, dass ich gewiss niemals wieder aus Günzburg herauskommen würde. Also, wenn ich schon mal hier war, wollte ich doch auch etwas gesehen haben. Weil ich den halben Tag geschlafen hatte, ganz ohne meine Tablette, fühlte ich mich ausgeruht und zuversichtlich.

Die Abendmahlzeit war auf halb acht Uhr angesetzt. Wir aßen in einem großen, lauten Speisesaal. Ich hatte Hunger, weil ich das Mittagessen verpasst hatte, und verzehrte schweigsam, aber zufrieden alles, was mir vorgesetzt wurde. Was es im Einzelnen war, daran kann ich mich nicht erinnern. Denn bevor ich es verhindern konnte, kam der Glaser an meinen Tisch, um mich zu fragen, ob ich mich noch ein halbes Stündle mit ihm in der Halle zusammensetzen wollte, er hätte mit mir etwas zu bereden. Ich konnte es ihm nicht abschlagen vor den Ohren der übrigen Pilger, das wär allzu unhöflich gewesen. Eine Darmkrankheit vorzutäuschen war bei meinem offensichtlich gesegneten Appetit unglaubhaft.

Er führte mich zu einem Sofa und fragte, ob ich noch etwas trinken wolle. Nach einigem Zögern bat ich um eine Fanta, die er für mich bestellte. Er selbst nahm ein kleines spanisches Bier. Dann fragte er mich nach diesem und jenem, was die Reise betraf, machte freundlich und höflich Konversation, während ich einsilbig antwortete und mich fragte, was der Mann eigentlich mit mir vorhatte. Ich roch seinen Vinzenz-Geruch, gewürzt mit Pfeifentabak. Dann fing er wieder von Günzburg, Denzingen und der Kindheit an, fragte nach meiner Mutter, erzählte von seinen Eltern, die längst tot waren, von seiner Arbeit im Dekanat, seiner kleinen Rente und seiner Wohnung auf dem Land Richtung Ichenhausen. Er sprach auch von der Vereinsamung, die für ältere Kirchenleute so typisch sei, weil sie ja in der Jugend nicht wirklich gelernt hätten, sich auf einen anderen Menschen einzulassen, und alle Nöte mit sich selbst abmachen müssten. Der Zölibat sei ein Elend für die Kirche und würde noch dazu führen, dass keiner mehr Priester werden wolle oder nur noch komische Typen die Gelübde abzulegen bereit seien, die von persönlichen oder sexuellen Problemen geplagt würden. Ja, er redete sogar von verfemten Lebensgefährtinnen, der Geheimnistuerei, einem Leben in Sünde und vaterlosen Klerikerkindern, die die Schuld der Eltern auf ihrem Rücken zu tragen hätten. Davon hatte ich natürlich gehört, im Fernsehen kam immer wieder einmal etwas zum Thema, doch das alles interessierte mich im Moment herzlich wenig, denn ich war innerlich auf Abwehr gepolt, wär auch viel lieber auf mein Zimmer gegangen, um die Zwillinge zu belauschen.

Ich sah in dein sorgenvolles Gesicht und dachte: Vinzenz Glaser, du musst wohl auch recht einsam sein, wenn du dich an die alte Eichner wendest, um endlich einmal mit irgendjemandem zu sprechen. Dann endetest du vorerst damit, dass du sagtest: »Sehen Sie, verstehen Sie – das ist der Grund, warum ich schließlich doch kein Priester geworden bin. Und wenn ich deshalb auch irgendwie zwischen allen Stühlen sitze, so glaube ich dennoch, dass es die richtige Entscheidung war.« Das verstand ich im Prinzip und meinte herauszuhören, dass du gern eine Familie gehabt hättest und eigentlich ein Geselliger bist, der sich nach Gesellschaft und Gemeinschaft sehnt.

Ich sagte von Zeit zu Zeit »Hmm« und »Aha« und »Jaja«, wie ich es von der Rosa gewöhnt war, und überlegte nebenher, warum die Leut' ausgerechnet mir, der schweigsamen, garstigen alten Frau, immer so viel zu erzählen hatten. Meinten die vielleicht, ich sei die ideale Zuhörerin? Ich hörte doch nur zu, um selber nichts sagen zu müssen – und um in Gedanken zu kritteln und zu schmähen.

Während ich dich aus den Augenwinkeln betrachtete, fiel mir auf, dass deine Augen jedes Mal glänzten, wenn du von der Vergangenheit sprachst, Vinzenz, ich meine die Vorkriegszeit, unsere Schulzeit, unsere Jugend, für mich alles so sehr entfremdet wie ein Stummfilm, und dein Gesicht ganz weich wurde, ja, das fiel mir auf. Du gabst mir mehrmals zu verstehen, wie froh du seist, mich wiedergetroffen zu haben, als wären wir damals gute Freunde gewesen. Dabei hatten wir doch damals nie ein einziges Wort miteinander geredet! Erst auf dem Feuerwehrball vor gut fünfzig Jahren hatte sich das geändert, und nur für eine Stunde. Trotzdem war ich völlig unvorbereitet, als du mitten in deiner Rede innehieltest, um in kindliches Schwäbeln zu verfallen, nach meinem Arm zu greifen und nach meinen Augen zu suchen und fast temperamentvoll, wenn auch leise, zu rufen: »Horch amal, ob ich wohl heut Abend Du zu dir sagen darf? I hob mir des fei so ewig g'wünscht, und jetzt könnt's endli in Erfüllung ganga, gell? Lang ist unser Leben ja nimmer, da soll man nix aufschieben, wenn das Schicksal einem die Hand bietet, gell? Und das tut es doch, sonst würden wir hier nicht gemeinsam auf dem Sofa sitzen. Aber nur, wenn du au magscht, Burgl! Bitte!«

Was sollte eine alte Frau nun dazu sagen? Du hattest ja recht, unser Leben währt nicht mehr lang, und die Moral sprach auch nicht mehr dagegen, und mein Geheimnis wollte ich sowieso bald loswerden, und außerdem schautest du mich so so lieb an, dass ich zurücklächeln musste. Ich lächelte dir also in die Augen, wie ich noch nie im Leben jemanden angelächelt hatte, und sagte: »Isch gut. Isch gut! Wegen der Kindheit, Vinzenz, als no' alles gut war! Aber nur, wenn mir zwoi alloi sa!«

Dann reichten wir uns die Hände, verzichteten aber in stillem Einverständnis auf einen Duz-Kuss, obgleich unser beider Wangen in schüchterner Sehnsucht bebten. Rasch trank ich meine Limonade aus, mühte mich aus dem Sofa hoch, hätte um ein Haar einen schweren Lehnstuhl umgestoßen, als ich in meiner Verwirrung dagegenprallte, so dass er auf dem Steinboden ein quietschendes und scharrendes Geräusch machte, und murmelte: »Ja, dann – schlaf gut, Vinzenz!«

Du winktest mir und wirktest entspannt. Ich ahnte, dass mein Gesicht ganz rot geworden war.

»Also, dann – gute Nacht!«, wiederholte ich, weil mir nichts Besseres einfiel. So schnell es mir die Kurzatmigkeit erlaubte, rannte ich die breiten Stufen zum Fahrstuhl hinauf, wär fast über einen Läufer gestolpert und ließ meine Strickjacke fallen. Ich wollte zu meinen Katzenzungen, um endlich das seltsame Aroma der Nähe von meiner Zunge vertreiben. Doch ich vergaß sie, kaum dass ich mich im Zimmer eingeschlossen hatte. Ich warf mich aufs Bett und starrte an die Decke.

Am folgenden Morgen ging's endlich weiter. Einerseits hatte ich es eilig, in Santiago anzukommen, um meine Beichte abzulegen und die vorgeschriebenen Riten zu vollziehen, die uns der Glaser-Vinzenz auf der Fahrt erklärte. Zefix, ich wollte diesen verdammten Ablass und musste meinen Preis dafür zahlen. Andererseits begann ich Geschmack an der Reise zu finden. Immerhin hatte sie mir schon das eine oder andere kleine Abenteuer geschenkt. Ich fühlte mich ungewohnt lebendig und konnte den Zwischenstopp in Astorga mit dem komischen Bischofspalast von diesem völlig irren, aber sehr berühmten Gaudí genießen. Ja, ich erinnere mich, einmal hab ich sogar gelacht.

Die Frau Kienle war recht anhänglich geworden und gesellte sich in jeder Fahrtpause zu mir. Ich hatte nichts dagegen. Wir tranken zusammen Kaffee oder Mineralwasser, standen in der Schlange zur Toilette, sie schwätzte und schwätzte, während ich zuhörte und bald den Eindruck gewann, alles über sie zu wissen, auch über ihre Familie und ihre Wohnung und über Neu-Ulm.

Am Abend machten wir in Villafranca del Bierzo Station, in einem echten Parador, das Gebäude zwar sehr alt, doch innen war alles recht modern eingerichtet, hell und komfortabel. Das Wetter war den ganzen Tag über freundlich gewesen. Es gab die übliche Mahlzeit mit Suppe, Omelett oder Brathähnchen und als Nachtisch frische Erdbeeren. Pudding ist mir prinzipiell lieber, doch die Erdbeeren waren schmackhaft und dufteten köstlich in ihrem reichlich gezuckerten Saft. Ich dachte an unseren

Garten in Denzingen, wo wir sogar in den ersten Kriegsjahren noch Erdbeeren auf Stroh gezogen hatten, nicht sehr viele, aber gut waren sie. Leider war auch hier im Parador wieder alles in spärliche Portionen aufgeteilt, und man durfte nicht zwei davon nehmen, ohne Ärger zu kriegen. Allerdings bekam ich später mit, dass ein älterer Mann sein Schüsselchen zum Nachbarn hinüberschob, weil er von Erdbeeren angeblich Pickel bekam. Ich selbst war natürlich nicht so beliebt, dass man mir eine solche Spende angeboten hätte, und Frau Kienle saß weit von mir entfernt. Die hätte sich vielleicht für mich geopfert. Nach dem Essen ging ich schnell auf mein Zimmer, um dem Glaser-Vinzenz nicht in die Fänge zu geraten. Dort stand eine Art Ehebett mit einer harten Matratze. Ich wusch mir die Hände, zog mich aus und legte mich hin.

Jeder von uns hat eine verschleppte Kränk…
Eine verschleppte Kränk ist eine Sehnsucht,
die einen traurig macht.
Etwas, das hätte sein sollen,
aber nicht hat sollen sein.

André Heller, *Schattentaucher*

Ich weinte. In einem spanischen Pilgerhotel lag ich auf meiner Bettstatt und weinte. Mich fröstelte unter einem rutschigen Laken und einer kratzenden Wolldecke, und ich weinte. Mein Kopf ruhte auf einer scheußlichen Federrolle, die ein Polster sein sollte. Meine Arme umklammerten ein großes Kissen, und ich weinte und weinte und weinte. Warum nur? Das verstand ich nicht. Tränen waren mir eine fast jungfräuliche Erfahrung. Beim Tod der Eltern hatte ich nicht weinen können, und auch der Schmerz beim Verlust meiner Brüder wurde hinuntergeschluckt. Jetzt aber war ich eine einsame alte Frau und weinte. Wann hatte die Eichner-Walburga zuletzt Tränennass auf ihren Wangen gespürt, in Nase und Mund, dicke Tropfen, die Hals und Nacken entlangrinnen und gar ihre Ohrmuscheln füllen? Vielleicht als Dreijährige? Weiß nicht mehr, kann nur vermuten. Ein läppisches Leid wird das gewesen sein. Bloß das Greinen eines Kleinkindes.

In dieser Nacht weinte ich anders. Kein Schluchzer war zu hören, und doch konnte ich von Zeit zu Zeit ein herzzerreißendes Seufzen aus meinem Innern vernehmen. Und die wimmernden Laute eines Menschenwesens, das um Luft rang und sein Elend in eine Rolle Klopapier schnäuzen musste. Es war keiner da, der lauschte, und das war gut so. Niemand darf ein solches Weinen mit drängenden Fragen unterbrechen, mit »Was ist denn los?« und »Kann ich etwas für Sie tun?« und »Ist ja schon gut!«.

Tränen strömen aus meinen halboffenen Augen heraus wie eine Nilflut, unbeherrschbar, unaufhaltsam. Sie wallten und fluteten fort und fort, dass Verstand, Herz und Seele fürchten mussten, zu ersaufen wie das liebe Vieh. Ich schämte mich. Denn die Jahrhundertflut kam ohne den Krokodilrachen eines zerfressenden, verschlingenden, entsetzlichen Kummers, der andere Leute zum Heulen bringt, Leute, die sich nicht zusammenreißen können. Solche Tränen kannte ich nicht, wollte ich nicht. »Sei tapfer!« war stets meine Devise. Ich wusste wohl, dass mei Mutterl manchmal geweint hatte. Man sah es später an ihren kaninchenroten Augen und ihrem verknitterten Gesicht, doch nie war ihre Burgl dabei gewesen, hatte auch nie zu trösten gelernt oder gar einen töchterlich-zärtlichen Kuss auf die nassen Augen gedrückt. Die Mutter hatte wenigstens Gründe genug gehabt, ureigene Gründe jenseits aller Worte, wenn sie in die

Milchkammer rannte, um ihrer inneren Not zu gehorchen. Zwei Söhne verloren! Einer verschollen! Aber warum ich hier lag und weinte, ganz ohne Sinn und Zweck, ohne jeden Grund, ohne Pein und Schmerz oder vernünftigen Anlass, das weiß kein Mensch. Ich jedenfalls wusste es nicht und weiß es auch heute nicht.

Gewiss, ich hätte allen Grund gehabt, wütend zu sein auf den dreimal verfluchten Glaser-Vinzenz, der mir mit seinem albernen Freundschaftsgetue kam, statt mich in Ruhe zu lassen, wie es sich gehörte. Und ich war tatsächlich voller Wut auf ihn und auf meine vergebliche Mühe, mir den alten Kerl vom Hals zu halten. Zum Teufel mit ihm und der ganzen Wallfahrt!

Jede Stunde des Tages hatte ich mit dem unerwarteten Verlauf dieser Reise gezürnt, die mir das eine, das Wichtigste, nicht brachte, die mir das seit so vielen Jahren Ersehnte bislang versagte: die vertraute Nähe zu den Zwillingen. Doch jetzt, in meinem fremden Bett, zwei Tage vor der Ankunft in Santiago, spürte ich von dieser Wut nichts. Eigentlich hatte ich überhaupt keine Gefühle beim Weinen, jedenfalls nicht solche, die ich benennen könnte. Mit einem Zipfel meines Bewusstseins wunderte ich mich, was mit mir los war, mehr nicht. Das war es ja gerade: Diese Tränen wollten heraus aus mir wie heftiger Landregen aus tiefgrauen Wolken, ohne Warum und Wozu. Es war ein Regen, der einfach nicht aufhören wollte. Er glich einer Sintflut, von Gott gesandt, vielleicht zur Sühne für irgendetwas oder zum Segen für einen Neuanfang, einen neuen Bund. Aber ich wusste nicht, was ich verbrochen haben sollte, dass so viel Wasser strömen und strömen musste, und ob sie bestraft oder errettet werden sollte oder ob sie ertrinken würde, die alte Burgl.

So ging das Stunde um Stunde und fand kein Ende. Die vierzig Tage und Nächte, von denen das Alte Testament erzählt, können nicht länger gedauert haben. Ich vermochte nicht anders, als mich diesen Tränen, dieser ewigen Flut hinzugeben. Ein Mensch kann verbluten, gell, Vinzenz, aber vertränt ist noch niemand, stimmt's?

Ich spürte weder Gram noch Herzeleid; ich weinte keine Tränen aus Angst oder Einsamkeit. Es tat auch nichts weh. Vielmehr hätte es wehgetan, wenn ich entschlossen aufgestanden wär, um mich zu disziplinieren und endgültig zu schnäuzen und bei angeknipstem Licht eine Handvoll trostreicher Katzenzungen zu naschen; das hatte noch immer geholfen. Doch während die Tränen weiterflossen, schwante mir, dass es dieses Mal nichts nützen würde, wenn ich mich zusammenriss. Also ließ ich den Tränen freien Lauf. Zuweilen erhellte mich ein Gedanke wie fernes Wetterleuchten, dass dieser Zustand vielleicht am Ende doch mit dir, mit diesem Glaser-Vinzenz zu tun haben könnte, weil er der erste und einzige Mensch in meinem Leben war, von dem ich mich mit dem Herzen gesehen fühlte. »Ach geh, so ein Schmarrn!«, das war dann gleich der nächste Impuls.

Oder war ich deshalb so seltsam willenlos und davonfließend, weil ich zum Ablegen der Beichte am kommenden Samstag inzwischen fest entschlossen war, weil ich endlich meinen Mund auftun wollte, wenn auch mit tausend inneren Vorbehalten und Rückversicherungen? Was ich sagen würde außer den Beichtformeln, war mir nicht ganz klar. Waren solche Tränen also von Gott gesandt, um mich schon einmal weichzuklopfen, oder gar ein Zeichen vom heiligen Jakob? Du wirst es nicht glauben, Vinzenz, sogar das ging mir durch den Kopf. Man hat ja schon gelesen, dass der Weg nach Santiago alles Mögliche mit den Menschen macht, jedenfalls bilden die sich das ein, doch ich war schließlich noch keinen einzigen Meter zu Fuß gepilgert, entsagungsvoll, mit schwerem Rucksack. Also auch bloß ein Schmarrn.

Oder später: Betrauerte ich etwa mein armes, verkniffenes und verhärmtes Leben, das nun bald dem Ende zuging? Nein, denn auch diese Vorstellung machte mich dort in meinem Bett eher wütend, wütend auf mich selbst, weil ich ja niemandem sonst die Schuld dafür geben konnte. Und da war gar keine Trauer, nichts Verlorenes, nichts Versäumtes, eher ein Überfluss an Augenwasser, den ich nicht erklären konnte. Eine Fülle aus meinem Innern, nicht bitter, nicht vergrämt, sondern seltsam salzig-süß. Kein Versinken in Kummer, sondern vielleicht Erlösung von einem uralten Schmerz, den ich alte Frau niemals gefühlt hatte und auch jetzt nicht fühlte. Mein Weinen kannte in dieser Nacht nichts Hartes, keinen Vorwurf, kein Schuldgefühl, nur viel, viel Weiches. Dennoch meinte ich immer noch und immer wieder unter all meinen Tränen, dass keiner auf Erden so weinen dürfte ganz ohne Grund, nur weil ein bissle mitmenschliche Wärme, ein Hauch von Menschenliebe ihn berührt. Und ich kann es mir auch heute nicht anders denken.

Im Morgengrauen, nicht lange vor dem Wecken, versiegte der Tränenfluss wie von selbst, ohne einen Akt der Selbstbeherrschung oder Entschlossenheit, mich mit der Heulerei nicht mehr herzulassen. Mit Verwunderung stellte ich es fest. Beobachtete mich eine Zeit lang fast misstrauisch, denn wer war das, die da weinte, das war doch nicht ich? Aber nein, es hatte aufgehört, wie es angefangen hatte, einfach so. Ich atmete tief und überlegte träge, ob ich ein Handtuch holen sollte, um es über das durchfeuchtete Kissen zu breiten; ich hätte mir gleich das tränennasse Haar damit trocknen können, um mich im kalten Märzmorgen nicht zu erkälten. Aber ich mochte nicht aufstehen. Eine Schwere füllte meine Gliedmaßen wie honigwarmes Blei und drückte sie auf das Lager. Erst jetzt bemerkte ich, dass ich schon seit Stunden nicht mehr fror, im Gegenteil, mir war warm und vollkommen wohl.

Noch war es fast dunkel. Ich lag still auf dem Rücken, die Hände auf der Brust gefaltet. Eine unbeschreibliche Geborgenheit umhüllte mich von Kopf bis Fuß – wie eine Decke, gefüllt mit feinsten fedrig-leichten Daunen von eben geschlüpften Küken. Die Matratze schien weich und zart, wie für eine Prinzessin gemacht. Ich meinte zu schweben. Mir war, als trügen mich viele, viele Hände, und, oh, mein Leib war schwerelos, als sei ich gestorben. Vielleicht hatte ich mich totgeweint? Doch nein, ich spürte mich seltsam lebendig wie nie zuvor. Denken war jetzt unmöglich.

Es ist ein Wunder, dass bis jetzt meine Erinnerung daran trotz allem höchst präsent ist. In jener Nacht war nur Dasein, Hiersein, Sein. Nichts wollen, nicht mehr hadern. Ein einziger Wunsch: Die quälenden Ängste und Schuldgefühle, die selbstzerfleischenden Vorwürfe und mein Lebensingrimm sollten nicht mit dem ersten Lidschlag im Morgenlicht zurückkehren.

Ich wagte nicht, mich zu rühren. Das Wunderbare sollte auf keinen Fall weggehen: »Heilige Walburga, steh mir bei!« Ich atmete flach, und die angenehme Lähmung erfasste mich ganz und gar, wie unter Narkose. Das machte mir zwar ein wenig Angst, denn ich hätte mich beim besten Willen nicht bewegen können, aber meine Angst war vage und emotionslos. Das Köstliche überwog, Vinzenz, oh, köstlich! Ich wollte es halten, behalten, anhalten, bis irgendwann einer an die Tür klopfen würde. Aber mir war, als sei Zeit ohnehin unwichtig, so unwichtig wie in einer anderen, zeitentrückten Dimension, wo es weder Planung noch Ziele noch Uhrzeiten gibt, nur Getragenwerden und Aufgehobensein und ein ungekanntes Vertrauen vollkommen ohne Anlass, so als müsse alles gut sein, alles gut. So stellte ich mir die Fülle des Leeren im Jenseits vor.

Meine Augen waren sanft geschlossen. Das Salz der Tränen hatte winzige Kristalle geformt, die ich mit den Fingern hätte zerreiben können, aber ich tat es nicht. Meine Arme waren viel zu schwer, und ich bildet mir ein, feines Wispern und ferne Musik zu hören, aber das war ganz bestimmt nur Einbildung, Vinzenz, denn es kann ja nicht sein. Vielleicht wurde auf dem Hotelflur die zentrale Beschallung angeschaltet.

Horch einmal, Vinzenz, ich erzähle dir das heute, weil du es ja nach meinem Tod ruhig erfahren darfst, auch wenn es irres Zeug ist und du mich wohl dafür auslachen könntest. Ich erzähle es dir, weil es die kostbarste Erinnerung meines langen Lebens ist, darum sollst du, und nur du, davon wissen, verstehst? Ich, die vertrocknete, giftige alte Burgl, hatte mich noch nie so weich und warm gefühlt, so gehoben und lustvoll umhüllt von liebender Vergebung, als stünden hundert Heilige oder glitzernde Engel wie aus alten Liedern aufgereiht um mein Bett herum. Ich sah die vielen großen bunten Flügel, die goldglänzenden Heiligenscheine. Lächelte wie ein Kind im Schlaf, wusste dann bald nicht mehr, wo ich war, wollte nichts mehr, hatte keine Furcht, ließ mich fallen. Endlich musste ich eingenickt sein, ganz friedvoll wie eine am Lebensende, die das Sterbesakrament empfangen hat.

Als jemand mich nur wenig später laut rufend weckte, fühlte ich mich erfrischter, als hätte ich die ganze Nacht im Tiefschlaf verbracht. Mir kam in den Sinn, dass ich am Abend vor lauter Weinen vergessen hatte, wie gewohnt meine Schlaftablette zu nehmen. Am Becken spülte ich mit viel kaltem Wasser das Tränensalz von Gesicht, Hals und Brust, wie sich jemand duscht, der im Meer geschwommen ist, ohne die Erinnerung an das

Gefühl von wohltuendem Nass zu vergessen. Beim Blick in den Spiegel erwartete ich eine verquollene und verheulte Alte. Doch ich sah ungläubig in ein geglättetes rosiges Antlitz mit frisch glänzenden Augen. Ich konnte nicht anders, als mich selbst lauthals anzulachen. Und mein erster Gedanke galt dir, Vinzenz, weil ich dich – ja doch, ja! – plötzlich recht gernhatte und mich schon jetzt auf dein Erscheinen beim Frühstück freute. Zwei Schachteln mit Katzenzungen ruhten derweil fast unversehrt auf dem Grund meines Koffers, und eine halbe noch dazu.

Ich beeilte mich. Meine Toilette war an diesem Morgen einfacher zu bewerkstelligen als in der Klosterzelle zwei Tage zuvor, denn ich hatte fließend Wasser im Zimmer und keine Frau Kienle, die sich die Zähne putzen wollte. Auch war da eine enge Toilettenkabine mit einer Dusche, die ich bestimmt nicht benutzen würde. Denn das Duschen kannte ich aus meiner Jugend nicht und hatte mich nie daran gewöhnen können, mich anders als mit dem Frotteelappen von Kopf bis Fuß einzuseifen. Bei dem Wort duschen dachte ich später auch immer an etwas Schreckliches, bei dem man bald im Gas umkommt. Und daheim besaß ich eine Badewanne, die einmal in der Woche gefüllt wurde.

An diesem Morgen fühlte ich mich beflügelt wie eine Genesende, die nach langer Bettlägerigkeit zum ersten Mal wieder im Wald spazieren geht und die heilsame Luft atmet. Meine Bewegungen und Verrichtungen waren rascher als üblich und meine Schritte elastischer, fast beschwingt, als ich die Treppe hinunterstieg, dem Duft von Milchkaffee und frischem Brot folgend. Im Parterre kam mir der Vinzenz Glaser schon entgegen; offensichtlich hatte er sein Frühstück bereits eingenommen. Ich lächelte ihn an und verspürte trotzdem eine gelinde Enttäuschung wie jemand, der nach einem Nahtoderlebnis wieder wachgerufen wird. Der Reiseleiter schaute mich im Vorübergehen verblüfft an und blieb sogar stehen, drehte sich noch einmal um, nur um mich zu betrachten. »Das Verreisen bekommt dir blendend, liebe Burgl, das sieht man dir schon von Weitem an!«, rief er, gut gelaunt wie immer. »Du hast ja ein Leuchten um dich herum! Wie wirst du wohl erst ausschauen, wenn wir mit dem Ablass wieder heimkommen! Doch bitte entschuldige mich, ich habe heute sehr viel zu tun mit den Vorbereitungen für den Beichtsamstag morgen. Alle wollen etwas von mir. Ich bitte dich aber, heute um Punkt zehn Uhr zu mir in dem kleinen Raum neben dem Speisesaal zu kommen. Da habe ich mein provisorisches Büro eingerichtet. Bitte sehr pünktlich, denn mir steht für jeden nur eine begrenzte Zeit zur Verfügung!«

Schon eilte er weiter, als hätte er nicht die Absicht, mich zu Wort kommen zu lassen. Ich verharrte noch ein paar Minuten wie angewurzelt auf der Stelle, bevor ich mich aufraffen konnte, den großen Frühstücksraum zu betreten. Etwa die Hälfte der Mitreisenden saß schon oder noch an den mit Papiersets gedeckten Tischen. Man hatte die Auswahl zwischen südländischem Kaffee aus dem Automaten, dünnem Schwarztee in großen Kannen und Kräuteraufgüssen. Ich roch Kamille, Pfefferminz und Eisenkraut. Vielleicht brauchten das einige, weil ihnen von der Fahrt, vom Virus oder vom ungewohnten Essen noch übel war. Am Boden lagen überall Brotkrümel und zerknüllte Papierservietten, ausgekratzte Marmeladepackungen und zerrissene Zuckertütchen. Was für ein Tohuwabohu! Offenbar wurden anständige Leute zu Müllteufeln, kaum dass sie die Grenze ins Ausland überquert hatten. Ich ärgerte mich sonst jederzeit gern über meine Landsleute, doch an diesem Morgen konnte ich nicht.

Außer unserer Gruppe, die sich eher still verhielt, gab es im

Saal aber noch zahlreiche andere Fahrgemeinschaften aus verschiedensten Ländern. Alle schnatterten, schrien über die Tische hinweg oder lachten mit einer Lautstärke, die ich an jedem anderen Tag als typisch fremdländisch und deshalb widerwärtig ordinär klassifiziert hätte. Doch heute machte mir der Krach kaum etwas aus. Ich versuchte, die Stärke des Kaffees zu erschnuppern. Das war allerdings schwieriger als gedacht, denn die tiefdunkle Röstung der Mischung, die mir unvertraut war, ließ eine genauere Einschätzung nicht zu. Ich entschied mich dennoch für die schwarzbraune Brühe, denn ich brauchte das Koffein für mein Wohlbefinden und für die Verdauung. Wenn eine Portion nicht ausreichte, musste ich eben mehrere Tassen trinken. Ich fand einen leeren Tisch für vier, legte meine Strickjacke über einen Stuhl und ging dann zum Büfet, um mir Brot, Butter, Marmelade und zwei Scheiben Schnittkäse zu holen. Dann musste ich noch einmal aufstehen, um den Kaffee zu zapfen.

Um zehn Uhr soll ich beim Glaser vorsprechen. »Wozu überhaupt?«, fragte ich mich. Hatte ich vielleicht eine Ansage verpasst? Es musste wohl etwas mit der Beichte zu tun haben. Mir wurde ein wenig schwindelig. Ich spürte einen Anflug von Ängstlichkeit, Beklommenheit und Scham, denn mir wurde wieder einmal in aller Deutlichkeit klar, dass ich seit meiner Erstkommunion nur noch vier Mal zur Beichte gegangen war, und das war bereits Jahrzehnte her, zuletzt kurz nach dem Krieg, als der Vater im Gefängnis schmachtete und ich so schrecklich krank und unglücklich war. Das musste ich wahrscheinlich jetzt dem Glaser erzählen, oje! Mir war bang. Aber er war ja schließlich dafür da, mir den Ablauf der Beichte in Erinnerung zu rufen, da hatte sich gewiss einiges verändert nach dem Zweiten Vatikanum in den frühen Sechzigerjahren. Seit der

Umstellung vom Latein auf die volkssprachlichen Wendungen war mir das letzte bisschen Heimatgefühl in der Messe verloren gegangen. Ich kannte ja die moderne Sprache der Liturgie und der neuen Messbücher gar nicht richtig, verweigerte mich ihnen auch brummig, hatte mich höchstens beim Fernsehen, wenn Weihnachten oder Ostern die Messen übertragen wurden, über den verfremdeten Wortlaut von Credo oder Vaterunser gewundert und geärgert. Veränderungen mag ich nun einmal nicht.

Während ich meinen Kaffee schlürfte und die etwas angetrockneten Weißbrotscheiben mit Butter, Käse und obendrauf noch einem Klecks undefinierbarer Marmelade bestrich, versuchte ich mich an die Formeln und den Wortlaut aus meiner Jugend zu erinnern, damit ich nicht gar so blamiert vor dem Vinzenz dastehen musste. Dass es weniger um die Formeln als um den Inhalt der Beichte gehen könnte, kam mir an jenem Morgen gar nicht in den Sinn. Es war kurz vor halb acht. Meine Stimmung war trotz aller Befürchtungen ausgezeichnet.

Mir blieb keine Ruhe, mich weiter mit diesem Thema zu befassen, denn in der Tür standen die Zwillinge und schauten sich suchend nach freien Sitzplätzen um. Ich wagte nicht, ihnen ein Zeichen zu geben, denn aufdringlich wollte ich nicht wirken. Aber das Problem löste sich von selbst, denn an anderen Tischen war nichts mehr frei. So steuerten die beiden Frauen, wie immer Hand in Hand, auf mich zu. »Ist hier noch frei?«, lautete die unausweichliche Frage aller höflichen Menschen. »Ja, bitte sehr, ich bin auch schon am Aufbrechen«, war die ebenso höfliche Antwort, obschon ich mit meinem Frühstück kaum begonnen hatte.

Die Zwillinge verschwanden, um sich am Büfet zu versorgen. Ich lehnte mich zurück und ließ den Kopf in den Nacken fallen. Die unverhoffte Gelegenheit, Alma und Cora in aller

Ruhe so nahe zu kommen wie noch nie, überwältigte mich förmlich. Ich holte tief Luft und zwang mich angesichts dieser plötzlichen Wende zu einer unbeteiligt-freundlichen Miene, als die zwei vollbeladen an den Tisch zurückkehrten – jedenfalls meinte ich, so neutral, ja, fast so abweisend zu wirken wie sonst immer. Anscheinend beeindruckte ich die Zwillinge damit nicht, denn Cora – oder war es Alma? – richtete sogleich das Wort an mich und bemerkte, dass man sich ja schon oft von Weitem in Günzburg gesehen habe. »Tja, stimmt«, musste ich zugeben. Über den Tisch legte sich eine leicht betretene Stille.

»Jetzt oder nie!«, dachte ich, und dann brach plötzlich ein Schwall von Worten aus mir heraus. Mir war gar nicht bewusst, dass ich noch so reichlich und flüssig reden konnte, Vinzenz! Ohne zu stocken, ohne zu würgen. »Darf ich mich vorstellen, mein Name ist Walburga Eichner, und wissen Sie was? Ich kann mich noch an Sie als ganz kleine Kinder erinnern, als Ihre lieben Eltern, die Stadlmayers, noch lebten. Ja, da hab ich Sie beide schon häufig bewundert, wo hatten denn Ihre Leut' bloß in der schweren Zeit eine Doppelkinderkarre her? Sie waren aber auch gar zu süß, nein wirklich! Und später auch immer wieder, wie oft hab ich Sie beide gesehen, so was Hübsches und Liebes, vor der Schule oder auf dem Heimweg. Sie waren ja auch nicht zu übersehen. Woran hat denn die Mutter Sie unterscheiden können? Ihre Kleidchen und Mützchen waren doch immer die gleichen, jedenfalls sah's von außen so aus, und immer unzertrennlich, da kann man ja schon mal durcheinanderkommen …« Ich konnte plötzlich reden und reden, als sei ich niemals verstummt.

Alma – oder war es Cora? – schaute etwas verlegen auf ihren Frühstücksteller ob dieser befremdlichen Bemerkungen, doch durch einen Lidschlag verständigte sie sich mit ihrer Schwester.

Ich bemerkte das sehr wohl, mir konnten sie nichts vormachen. Sie sagte: »Ach, wissen Sie, wir können uns ja selber nicht immer voneinander unterscheiden, und das ist vielleicht auch gar nicht so wichtig, oder? Ich trage aber einen Ring von der Mama. Schauen Sie her, wenn ich den sehe, weiß ich, dass ich die Alma bin. Und Cora hat einen Armreif von der Oma Stadlmayer, den sie niemals ablegt. So kommen wir ganz gut zurecht.«

Was sie nicht erwähnte, war die blasse Tätowierung in der Achselhöhle, wie sie in SS-Kreisen üblich war. Dort hatte man außer der Blutgruppe, die ja identisch war, bei ihr selbst ein großes A, bei der Schwester ein C eingraviert. Davon hatten sie sicher niemals zu Fremden gesprochen, nur der Hausarzt hatte das entdeckt. Bald nach der Ankunft in Günzburg muss das gemacht worden sein. Und was glaubst du, Vinzenz, wie ich davon erfahren hab? Ich hab mich bei diesem Hausarzt eingeschlichen, als er den Vater betreute, es war in den Fünfzigern, da hab ich ihn ausgehorcht.

Munter erzählte die Alma, als würden wir uns jeden Tag unterhalten: »Also, was die Eltern betrifft, so haben sie uns als Babys adoptiert. Wir waren ja arme Kriegswaisen und haben nur durch ein Wunder die Bomben überlebt. Doch das haben sie uns niemals spüren lassen, gell, Cora, dass wir nicht ihre eigenen waren, stimmt's?«

Ihre Schwester nickte und fügte hinzu: »Die Eltern haben uns sehr lieb gehabt, und wir haben das mit der Adoption erst als Erwachsene aus Vaters Testament erfahren. Natürlich war es ein Schock, ist aber inzwischen auch schon über dreißig Jahre her und längst verwunden. Damals lagen noch weitere Papiere dabei, und so haben wir erfahren, dass unsere leiblichen Eltern aus Oberschlesien gewesen sind, der Vater Feldgeistlicher. Ach, das spielt ja keine Rolle. Wir sind mit unserem Leben sehr zufrieden, und Waisenkinder gab es damals mehr als genug. Da können wir noch von Glück sagen, dass wir nicht im Heim gelandet sind wie die meisten anderen. Es hatte schließlich bei Kriegsende auch nicht jeder die Mittel, gleich zwei von den kleinen, armen Würmchen bei sich aufzuziehen.«

Ich sagte nichts dazu, dachte nur: Gott sei Dank, wenigstens wissen sie, dass sie adoptiert sind. Die Offenheit der Zwillinge erstaunte mich. Im Allgemeinen haben die Menschen mir gegenüber nicht das Bedürfnis, wirklich Intimes von sich zu erzählen. Sie schwätzen bloß Belangloses. Was ist bloß mit mir passiert?, wunderte ich mich. Dann holte ich Luft und wagte zu meiner eigenen Überraschung zu behaupten, dass ich gleich nach dem Krieg, als junges Ding, ein paar Mal auf die Kleinen hätte aufpassen dürfen, »einhüten« nannte man das damals, wenn die Eltern Stadlmayer einmal außer Haus mussten, wegen gesellschaftlicher Verpflichtungen, und das Dienstmädchen seinen freien Tag hatte. »Nur für ein paar Stunden, mehr war es nicht, und auseinanderhalten hab ich Sie leider nie können«, flunkerte ich.

Es fühlte sich gut und richtig an, so recht vertraut zu tun und den Zwillingen zu signalisieren, dass man sie kannte. Ich hätte sie am liebsten geduzt, aber das wär doch ein Schritt zu viel gewesen, allzu voreilig. »Sie müssen nämlich wissen«, fuhr ich fort, »ich war ausgebildete Säuglingsschwester, auch wenn ich dann nach dem Krieg im Büro gearbeitet hab.« Uff, schon wieder eine Lüge, sorgte ich mich, aber doch harmlos, nur eine Notlüge sozusagen, um im Gespräch zu bleiben. Wie sollte auch jemals herauskommen, dass nicht ganz stimmte, was ich da sagte? Dabei wär es mein größter Traum gewesen, später einmal auf die Kinderchen achtzugeben, nachdem ich die zwei im Dezember 1944 beim Roten Kreuz abgeliefert hatte. Leider

Gottes hatte sich das in Wirklichkeit niemals ergeben. Doch wenigstens waren die beiden Schätzchen nach einigen Umwegen bald wieder in Günzburg gelandet. Tante Wally Mengele hatte mir noch kurz vor ihrem Tod erzählt, dass sie selbst die neuen Eltern mit Bedacht aussuchen würde. Sohn Beppo hatte seine Mutter in die Geschichte eingeweiht, sie wusste über den Vorgang vage Bescheid und hatte ihre Verbindungen spielen lassen.

Die Ohren beider Zwillingsfrauen waren von vollem graublonden Haar bedeckt, das ganz gleichförmig geschnitten war; hätte ich nicht von dem Ring und dem Armband erfahren, wär ich nicht in der Lage gewesen zu sagen, wer nun wer ist. Aber das konnte mir auch gleichgültig sein, denn was zählte, war die ersehnte Gegenwart des Pärchens, nicht das Individuum. Ich versuchte, die profanen Eindrücke aus den Tagen und Nächten zuvor zu verscheuchen, alles, was ich erlauscht und durch das Schlüsselloch erspäht, ja sogar ausspioniert und erschnuppert hatte. Viel lieber wollte ich zu meinen seligen Träumereien zurückkehren, die mich all die vielen Jahre so sehnsuchtsvoll mit den Zwillingen verbunden hatten. Ich hatte mich inzwischen derart unerbittlich in ihre Unerreichbarkeit hineingelebt, dass alles andere, zum Beispiel die Tatsache, dass sie jetzt gerade tatsächlich hier am Tisch saßen und mit mir redeten, mir völlig unwirklich erschien. Am allerliebsten hätte ich beide Frauen auf die immer noch glatten Wangen geküsst, als wären sie jene Säuglinge von einst. Am Frühstückstisch war ich derart in das Gespräch mit ihnen und in meine Flunkereien verwickelt, dass ich noch gar nicht recht begriffen hatte: Sie sind jetzt hier bei mir, in Fleisch und Blut, meine beiden, sie sind schon groß, viel größer als meine Puppen, zwei Frauen Mitte fünfzig! Herrgott noch einmal, was war nur mit mir los?

Ich hörte zu, achtete auf die Stimmen der Zwillinge und registrierte ihren ständigen telepathischen Gedankenaustausch. Im Augenblick erschien es mir allerdings wichtiger, jenseits der Dämpfe von Kaffee und heißer Milch den Morgenduft der beiden Frauen festzustellen und einzuordnen. Ich verfügte ja inzwischen über die Geruchseindrücke meines Besuchs in ihrem Zimmer, über den Geruch ihrer Nachthemden, der in mir fest gespeichert war – da brauchte ich kein Stasi-Weckglas. Es ist doch interessant, überlegte ich, dass eineiige Zwillinge denselben Körpergeruch haben. Ich wollte aber zu gern wissen, ob ich vielleicht bei den erwachsenen Zwillingen irgendetwas davon aus jenen längst vergangenen Tagen wiedererkennen würde, als ich die Kleinen auf ihrer Fahrt vom Osten nach Günzburg tagelang auf den Armen getragen hatte, ohne sie baden zu können. Wenigstens eines dieser unverwechselbaren Aromen! Wie oft hatte ich tröstend die Köpfchen gestreichelt und die feinen blonden Härchen geküsst und den süßen Duft der Milchkinder eingesogen. Ja, süß war er gewesen trotz der schmutzigen Windeln. Wie stark hatte mich in meiner Verzweiflung auf der langen, beschwerlichen Reise die Verantwortung für zwei hilflose Wesen aufgerichtet, und wie gern hätte ich meine Alma und meine Cora als meine eigenen Kinder mit heimgenommen. Das wär natürlich niemals erlaubt worden. Es war unmöglich, undenkbar. Als uneheliche Mutter wär ich in Denzingen erledigt gewesen. Und dem Doktor Mengele hatte ich schwören müssen, sie mit all den gefälschten Papieren in offizielle Hände zu übergeben.

Leider gelang mir nicht, mich ungestört auf die Identifikationskünste meiner Nase zu konzentrieren, denn Cora wollte mich ihrerseits ein wenig ausfragen. Die Neugier der Zwillinge war jetzt ebenso stark wie das der alten Frau an ihrem Tisch, nur gingen sie viel unbefangener damit um als ich. »Daran können wir uns gar nicht erinnern, gell, Alma! Wir waren wohl noch zu klein. Aber sagen Sie, Frau Eichner, haben Sie denn eigene Kinder? Wenn Sie doch so kinderlieb sind!«

»Ich bin nicht verheiratet«, gestand ich in falscher Verschämtheit und fügte hinzu: »Mich hat ja keiner gewollt«, obwohl ich nur zu genau wusste, dass ich selber es gewesen war, die keinen gewollt hatte. Aber ich hörte einfach gern die anteilnehmenden Proteste meiner Zuhörer, wenn ich diesen abgedroschenen Satz von mir gab, was ich in meinen späteren Jugendjahren oft getan hatte. Er klang so nett bescheiden und arg mitleiderregend und verfehlte nie seine Wirkung. »Viele Frauen meiner Generation hatten sowieso Bedenken, nach diesem schrecklichen Krieg und wegen der furchtbaren Angst vor der Atombombe noch Kinder in die Welt zu setzen«, fügte ich hinzu. »Männer gab es auch nur ganz wenige, und die waren innerlich völlig zerstört von all dem Leiden und Morden.« Und das entsprach nun weiß Gott der Wahrheit.

Die Zwillinge warfen sich einen Blick zu und wussten sofort, dass beide an Vater Stadlmayer dachten. Ich wusste es auch. Ich kannte ihn von fern und vom Hörensagen. Der war nicht durch und durch ungut gewesen, aber doch sehr schwierig und launisch, hatte wohl selten gut geschlafen vor lauter Albträumen. In Günzburg war er bekannt für seine Wutausbrüche, wenn er ein Glas zu viel getrunken hatte. Vielleicht war ihm auch viel Böses im Krieg zugestoßen, wer kann das sagen; geredet wurde jedenfalls nicht darüber. Oder er hatte viel Böses getan. Vielleicht hatte er an einer posttraumatischen Belastungsstörung gelitten, wie man das inzwischen nannte.

Synchron zuckten beide fast unmerklich mit den Schultern, verschoben damit einverständlich dieses Thema auf ein späteres Gespräch unter vier Augen, und Alma fuhr fort: »Nun ja, wir haben auch nicht geheiratet, können auch ohne Mann ganz gut leben, gell, Cora? Wir hätten ja auch zwei gebraucht, die sich gut verstehen, am besten ebenfalls Zwillinge. Wie soll man die finden? Ach, wahrscheinlich hätten wir uns schon bei der bloßen Vorstellung gestört gefühlt. Glücklicher als wir zwei beiden kann man ja gar nicht sein, und so hat man wenigstens seinen Seelenfrieden.«

»Zumindest waren wir nicht auf einen Versorger angewiesen, hatten nie finanzielle Not«, ergänzte Cora. »Die Eltern haben uns das Haus hinterlassen, da können wir Miete kassieren, und außerdem haben wir ja unser Gehalt als Laborassistentinnen. Noch ein paar Jahre, dann gehen wir in Rente, es wird schon reichen.«

»Jetzt muss ich aufs Zimmer«, gab ich bekannt – ein wenig schrill und unvermittelt, wie ich selber spürte –, griff nach meiner Tasche und stand auf. »Wir sehen uns dann heute Nachmittag im Bus. Ich bin froh, dass wir in der Früh nicht gleich aufbrechen mussten, es ist doch ziemlich anstrengend, immer auf Achse zu sein.«

Mir fiel ein, dass ich mir am liebsten noch ein Käsebrot als Proviant für den Tag eingepackt hätte, aber plötzlich wollte ich nur schnell vom Tisch fortkommen. Solche scheinbar lockeren Gespräche waren mir fremd. Ich fand sie anstrengend, weil ich auf jedes einzelne Wort achtgeben musste. Ich war überhaupt nicht gewohnt, so viel zu reden. Und so sehr ich mich nach Kontakt mit meinen Zwillingen gesehnt hatte, so schnell wurde mir diese Art von Intimität auch zu viel. Die redeten ja ohne Hemmungen über Dinge, die man seinen nächsten Verwandten nicht erzählt! Zum Abschied winkte ich gehetzt mit der freien Hand und rannte die Treppe hinauf. Das Geplaudere hatte schon viel zu lange gedauert. Und ich? Hatte ich mehr als nötig von mir preisgegeben? Hoffentlich nicht. Das bisschen Flunkerei hatte ich schon fast vergessen. Doch wer zu viel Unbedachtes redet, darf sich nicht wundern, wenn er bei Ungereimtheiten erwischt wird. Und jemand, der so munter drauflos log wie ich am Frühstückstisch, der musste noch viel mehr aufpassen. »Also, Burgl, ab jetzt gib acht und halt die Gosch'n!«, ermahnte ich mich.

Doch zunächst musste ich mich auf das Gespräch mit dem Glaser-Vinzenz einstellen. Was wollte der denn wieder von mir? Ich fühlte mich schon im Voraus überfordert. Denn anders als bei den naiven Zwillingsfrauen, die mir an Schläue nicht das Wasser reichen konnten, war mir klar, dass ich es bei ihm wohl mit einem klugen Gegner zu tun hatte, der mich noch schneller durchschauen könnte als ich ihn. Unter anderen Umständen hätte ich mich längst wieder in mein Schneckenhaus verkrochen, aber das wundersame Erlebnis in der Nacht tat noch seine Wirkung.

Eine Minute vor zehn fand ich mich also vor dem Raum ein, den er mir genannt hatte, und wenig später bat er mich hinein. Herzlich schüttelte er mir die Hand und bot mir einen Lehnsessel an. Ich setzte mich angespannt auf die Kante. Er selbst nahm auf einem Stuhl hinter einem Tisch Platz, auf dem Bücher lagen. Es waren die Bibel und ein Messbuch, wie ich bald herausfand. Ach Gott, dachte ich ängstlich, jetzt geht's damit los, genau wie ich befürchtet hatte!

»Du weißt ja, Burgl, dass ich vor allem der geistliche Betreuer der Pilger bin, und dazu gehört ein Gespräch mit jedem Einzelnen. Ich bin zwar kein geweihter Priester, aber ich habe die Befugnis, ja, sogar die Pflicht, jedem eine Vorbereitung für den großen Tag, die Beichte und den Ablass anzubieten. Das ist natürlich ganz freiwillig, das muss ich dir vorab schon sagen, du bist zu nichts verpflichtet.«

Ich sagte kein Wort. Er schwieg ebenfalls und blickte auf

seine Hände. Seine Stimme klang sehr sanft und zugewandt, als er fortfuhr: »Doch erfahrungsgemäß ist es so, dass alles viel leichter fällt, wenn jemand vor der offiziellen Beichte, die ja Voraussetzung für den Ablass ist, in geschütztem Rahmen schon einmal über seine inneren Anliegen und Seelenlasten sprechen kann – absolut vertraulich, versteht sich. Genau wie das Beichtgeheimnis. Außerdem könnten wir gemeinsam den Ablauf noch einmal durchsprechen. Du kannst mir alle Fragen stellen, dann weißt du genau, wie's geht, und kannst dich drauf einstellen. Du wirst dich ja erinnern, dass das Wesentliche an einer Beichte absolute Aufrichtigkeit und ehrliche Reue sind. Oft weiß der Gläubige aber gar nicht so genau, was er eigentlich sagen soll, denn das oberflächliche Herunterrasseln von ›Ich habe gesündigt …‹ ist nicht der Sinn der Sache, wird aber von vielen praktiziert. Auch die Bereitschaft zur Wiedergutmachung ist Voraussetzung für den Ablass. Nun, darf ich dich zunächst einmal fragen, liebe Burgl, wann du das letzte Mal gebeichtet hast. Ich meine die Ohrenbeichte.«

Ich rutschte auf meiner Stuhlkante noch weiter nach vorn, so als wollte ich schnell aufstehen und wegrennen, und überlegte fieberhaft, ob ich ihm die Wahrheit sagen sollte. Mir war der Gedanke schrecklich peinlich, er könnte denken, dass ich nur wegen der billigen, bequemen Bustour mit den Pilgern unterwegs war und mit dem Rest herzlich wenig zu tun haben wollte. Allerdings – ach, ich vergaß das immer wieder! – wollte ich unbedingt auch den großen Ablass, um mich von der lebenslangen Sorge und den Schuldgefühlen befreien zu lassen. Weil nun aber die lange Zeitspanne seit meiner letzten Beichte wahrscheinlich die geringste meiner geistlichen Verfehlungen war, beschloss ich, nach dem Motto vorzugehen: »Gib zu, was dir nicht schadet, und behalte den Rest für dich.« Nur das Nötigste!

Die berühmte Salamitaktik von Politikern und Verbrechern. Also sagte ich leise: »Das war kurz nach dem Krieg, Vinzenz, und ich kann mich gar nicht recht erinnern.«

Wenn ich Tadel, Kritik oder Vorwürfe erwartet hatte, wurde ich sogleich eines Besseren belehrt. Denn ihm fiel nichts Besseres ein, als in lautes Gelächter auszubrechen. Er warf den Kopf zurück und riss den Mund auf, so dass ich sehen konnte, wie wenige Backenzähne er noch hatte, und trommelte mit den Fäusten auf den Tisch. Das dauerte so lange, bis er mich ein bisschen mit seiner Heiterkeit angesteckt hatte und selbst mir ein kleines Lächeln um den Mund spielte. Es kam aber von der Erleichterung, dass mein Manöver so unerwartet geglückt war.

»Himmelherrgott und sapperlot, Burgl! Auf so viel Ehrlichkeit bin ich nicht gefasst gewesen! Hoi, entschuldige bitte, dass ich bei einer ernsthaften Angelegenheit so laut lachen muss. Ich hoffe, du nimmst mir das nicht übel. Woisch, die allermeisten weichen dieser Frage aus oder tun ganz besonders fromm, um mich zu beeindrucken, indem sie behaupten, sie gingen vor allen großen Festtagen, obgleich ich doch sehr wohl weiß, dass das Beichten kaum noch üblich ist und sogar gut katholische Leut' höchstens alle paar Jahre vor Ostern einmal im Beichtstuhl knien. Na, Burgl, dann müssen wir zwei uns wohl ein bissle Zeit nehmen, um die Beichtformeln neu zu üben, da hat sich nämlich auch einiges geändert, und ans Lateinische wirst du dich wohl kaum erinnern.«

Ich schüttelte den Kopf. Er nahm das Messbuch und schlug es an einer Stelle auf, wo ein Seidenbändchen eingelegt war. Dann fiel ihm ein zu fragen, ob ich denn von Zeit zu Zeit an der Eucharistiefeier teilhabe. Wieder schüttelte ich nur den Kopf und schwieg betreten. Jetzt kam ich mir schon so richtig vor wie eine arme Sünderin. Aber er war es nicht, der mir dieses Gefühl vermittelte, nein, er nicht. Ich muss zugeben, von seiner Seite verspürte ich keinerlei Verurteilung.

Jetzt wollte er es genauer wissen, beugte sich vor und fragte: »Sag amoi, Burgl, magst du mir ned erzählen, was der Grund dafür war? Du bist doch bei den Englischen Fräulein in die Schul' gegangen. Haben die dich dort so gequält, dass du's ein für alle Mal hinter dir lassen wolltest?«

»Nein«, antwortete ich, »das war's nicht, eher die Nazis, die haben's mir ausgetrieben, und dann der Krieg mit all den Schrecken. Der Vater hat's auch nicht mit der Kirche gehabt. Der hätt sich gekränkt, wenn ich hingegangen wär.«

»Aha, verstehe, und da hast du dich zurückgezogen. Das ging ja vielen so, die sich damals gefragt haben, wie der liebende Herrgott all die Schrecken, das Leid und die Gräuel auf der Welt zulassen kann. Und du hast ja im Krieg auch Angehörige verloren, gell? Deine Brüder, und dann die Mutter ganz zum Schluss noch, jetzt fällt's mir wieder ein. Aber lass uns einfach mal den Ablauf des Bußsakraments durchgehen, denn den Ablass vom heiligen Jakob, den möchtest du schon, gell? Mach dir keine Sorgen, Mädla, Jesus Christus ist doch für uns alle gestorben, und wenn du nur einen winzigen Schritt auf ihn zu tust, dann freut er sich gewiss, und du bist willkommen.«

Er begann vorzulesen und bat mich, ihm die Sätze nachzusprechen, was ich auch tat. Als Kind, nach der Erstkommunion, hatte ich nur verständnislos geleiert. Jetzt schien mir alles frisch und neu, völlig ungewohnt. Ich achtete daher mehr auf die Bedeutung als auf den Wortlaut, das hatten mich meine Lesegewohnheiten der vergangenen Jahrzehnte gelehrt. Und – wie soll ich sagen, denn es war so seltsam und überraschte mich – die Formulierungen, die da über meine Lippen kamen, taten mir gut. Irgendwie gut. Ich versuchte zwar, meine innere Spottdrossel laut dagegenzwitschern zu lassen, doch so ganz überzeugend gelang es mir nicht. Mein kritischer Verstand war nicht völlig abgeschaltet, und ich empfand die gesamte Unterredung als Störung meines Seelenfriedens. Heut', wo ich dies niederschreibe, könnte ich direkt lachen, aber lachen ist nichts für mich! Und dennoch fühlte ich mich damals getröstet wie durch einen Zauberspruch.

Nun meinte ich, die Unterredung sei endlich zu Ende, weil er doch gesagt hatte, dass er nur sehr wenig Zeit für jeden einzelnen Pilger aufwenden könne. Aber der gute Mann dachte überhaupt nicht dran, mich zu verabschieden. Im Gegenteil, jetzt ging es erst richtig los. Er beugte sich über den Tisch, wandte sich mir erneut sehr vertraulich zu und sagte: »Burgl, ich möchte dir nicht zu nahe treten und will nicht in dich dringen, bitte verzeih mir, wenn du es so empfindest. Aber ich will dir etwas sagen: Jedes Mal, wenn ich dich anschaue, entsteht in mir aufs Neue der Eindruck, dass auf deinem Herzen ein tonnenschweres Gewicht lastet. Ein Kummer, eine Schuld, ich weiß nicht, was. Heute früh, als wir uns im Korridor trafen, hast du zwar erleichtert gewirkt, aber der Haupteindruck bleibt bestehen, auch jetzt. Bitte, liebe Burgl, magst du mir nicht erzählen, was dich so sehr bedrückt? Was erhoffst du dir von unserer Pilgerfahrt?«

Der Blick, den ich ihm zuwarf, war derart feindselig, dass er eigentlich hätte zusammenzucken müssen. Aber meine langgeübten Künste, die Leute von mir fernzuhalten, schienen beim Vinzenz nicht recht zu funktionieren. Jedenfalls ließ er sich nicht einschüchtern von meiner bitterbösen Miene. Er redete mit mir wie eine gütige Mutter, die ihr Kind auf den Schoß nimmt und herzt, um es trösten, weil es nur aus Angst vor Strafe gelogen hat. Aber ich, ich war nicht bereit, mein Geheimnis auszuplaudern. Mit geballten Fäusten saß ich dort vor ihm, stolz auf meine Verstocktheit. Du kriegst mich nicht, schwor ich mir, wenn überhaupt, sag ich's nur einem Fremden, der kein Wort versteht, Hauptsach', es ist e Prieschter, der nichts ausplaudern darf.

Ich schwieg also – ich weiß nicht, wie lang – und bemerkte derweil, dass mir schlecht wurde, als hätte ich verdorbene Leberwurst gegessen. Aber ich glaube, es war doch eher die Angst, die mir fast den Magen umdrehte. Endlich fand ich die Lösung, zugleich alles und nichts zu verraten, und grummelte, ohne den Vinzenz anzuschauen: »Magst scho recht haben, Glaser, 's könnt scho sein, dass ich einen Bauch voll Wackersteine hab wie der böse Wolf. Mir war ja ein Leben lang bleischwer zumute. Ich hab ja viel mitmachen müssen. Aber was war, das war. Die Vergangenheit, die kann keiner mehr ändern. Damit hab ich mich längst abgefunden, damit muss man leben, das weiß ein jeder.«

»Mei, Burgl«, rief er, »wenn ich dich nicht so gern hätte, würde ich eine solche Antwort ja klaglos akzeptieren. An der Oberfläche hast du bestimmt recht. Es gibt niemanden aus unserer Generation, der ganz ungeschoren durch die Dreißiger- und Vierzigerjahre unseres Jahrhunderts gekommen ist. Aber nicht jeder wirkt so schwer belastet wie du, das darf ich aus meiner langjährigen Erfahrung wohl behaupten.«

Es kränkte mich kolossal, dass dieser Mensch mich zu durchschauen drohte, und zugleich fühlte ich mich schutzlos wie lange nicht. Ich schwieg eine Weile, dann sagte ich mit fast tonloser Stimme: »Jaja, ich will's gar nicht abstreiten, da gibt's was Bestimmtes, aber das geht dich nix an, Glaser, das erzähl ich nur dem Priester, der mir die Beichte abnimmt. Du kennst die Leut' daheim viel zu gut. Ich glaub, du würdest es ausplaudern, oder?«

Jetzt war es an ihm, gekränkt dreinzuschauen. Er blickte

schweigend auf seine Hände, das schien so eine Angewohnheit von ihm zu sein, wenn er nicht weiterwusste. Doch er fing sich bald wieder, wies noch einmal nachdrücklich auf das Beichtgeheimnis hin und sagte dann: »Horch, Burgl, ich will dich doch nicht quälen, sondern dir ein wenig Erleichterung verschaffen. Aber es bleibt nun einmal ganz dir selbst und dem Herrgott überlassen, was du preisgeben willst. Viele von uns haben Schweres auf dem Gewissen. Glaubst du, die anderen Menschen sind ohne Sünde? Ein jeder in unserem Bus, ein jeder in dieser Stadt, in Spanien, in Deutschland, ein jeder auf der ganzen Erde hat sein Päckchen an Schuld zu tragen. Doch gerade dafür gibt es ja die Beichte, und gerade dafür ist doch unser Herr Jesus gestorben, für uns, und um die Sünde der Welt auf sich zu nehmen.«

»Hör mir bloß auf mit deinem Herrgott!«, rief ich erbost. »Wo war denn der im Krieg, als meine Brüder fielen und die Mutter umkam? Das waren doch keine bösen Menschen, die verdient hätten zu krepieren! Und wo war er denn, unser lieber Herr Jesus, der angeblich die Frommen schützt, die an ihn glauben, als die gottesfürchtigen aufmüpfigen Priester ins KZ eingeliefert wurden? Oder was ist mit der Jungfrau Maria? Gewiss eine ehrbare Jüdin – ja, wo war denn bittschön die gute Frau, als ihre Glaubensbrüder in den Ofen geschoben wurden?«

Der Glaser Vinzenz tat einen kummervollen Seufzer und schaute über den Schreibtisch zu mir hinüber. Dann stand er auf, rückte einen Stuhl heran und setzte sich an meine Seite. »Burgl, hab ich dir nicht erzählt, dass mich genau diese Fragen Jahre und Jahrzehnte gepeinigt haben? Aus lauter Gram und Unvermögen, mir etwas anderes vorzustellen, hatte ich mich dem Glauben innerlich entfremdet, von der Kirche als Institution ganz zu schweigen. So lange ging das, bis ich anfing zu verstehen, dass Gott kein kitschiger Schutzengel ist, der wie auf Abziehbildern seine Kindlein durch alle Gefahren sicher geleitet. Dass wir vielmehr Geschöpfe eines unfassbaren, unergründlichen Allganzen sind, das Lebenssinn stiftet, auch wenn wir diesen Sinn mit unserem kleinen Verstand und unserem engen Herzen nicht erkennen, nicht einmal erahnen können. Da ist etwas viel, viel Größeres am Werk, das unsere Geschicke leitet. Und das Böse zu erfahren im Tun und im Erleiden gehört zum Menschsein, daran kann keiner mit einiger Berechtigung zweifeln. Der Mensch aber kann nicht nur verzweifeln, sondern auch verstehen und verzeihen und vertrauen und auf Vergebung hoffen. ›Vergib uns unsere Schuld!‹ – das ist ein Satz im Vaterunser, der vielleicht wichtiger ist als die Bitte um das tägliche Brot.«

Ich versuchte, von ihm fortzurücken, doch der schwarze geschnitzte Lehnstuhl, auf dem ich saß, war scheinbar aus Blei gegossen, so unbeweglich schien er mir. Ich konnte ihn nicht beiseiteschieben. Und aufstehen konnte ich auch nicht, denn auf meinen Schultern lastete ein Gewicht, das war so tonnenschwer und wog immer schwerer, je länger der Glaser vom Vergeben und Verzeihen redete. Ich konnte nichts sagen, saß nur reglos und wie angeschraubt da.

»Sag, Burgl«, fuhr er fort, »wem sonst könntest du denn dein Herz ausschütten, wenn nicht mir? Ich bin wirklich und wahrhaftig dein Freund. Zwar kennen wir uns schon sehr lang, aber nicht gut, das weiß ich schon. Wir haben in diesen Tagen zum ersten Mal im Leben miteinander geredet. Trotzdem habe ich dir gegenüber ein ganz eigenartiges Gefühl, so als würde uns etwas Besonderes verbinden. Das hatte ich damals als junger Bursch, und das habe ich heute genauso. Es kann doch kein belangloser Zufall sein, dass wir uns ausgerechnet jetzt auf der Pilgerreise wieder begegnen. Ich bin ganz sicher, das hat irgendeinen Sinn, wenngleich ich genauso wenig weiß wie du, worin der liegen könnte.«

»Na gut«, murrte ich so leise, dass er sich zu mir beugen musste, um meine Worte zu hören, »da könnt was dran sein. Es ist gewiss nicht nur der Schulweg oder die Nacht nach dem Feuerwehrball. Wenn ich nicht schon damals großes Vertrauen in dich gehabt hätte, wär ich nach dem letzten Tanz gar nicht mit dir im Dunkel heimgegangen.« Den Kuss erwähnte ich nicht. Entweder er erinnerte sich selber dran oder eben nicht, das war mir jetzt wurscht.

»Horch, Burgl, ich bitte dich, hör mir jetzt zu. Denn ich hab auch ganz tiefes Vertrauen zu dir, eigentlich unerklärlich. Deshalb will ich dir etwas erzählen, das kein einziger Mensch mehr weiß außer mir, denn alle Beteiligten sind schon tot. Ich hab's auch nie aufrichtig gebeichtet. Burgl, ich hab einen Mord auf dem Gewissen. Einen Mord! Eigentlich sogar zwei. Und damit muss ich leben. Damit kann ich aber nur leben, weil ich mir der Vergebung durch Gott und Jesus Christus inzwischen gewiss bin.«

Ich zuckte zusammen und stand vor Schreck halb von meinem Sessel auf, bevor ich kraftlos wieder auf den Sitz zurückfiel. Alles hätte ich erwartet, nur so etwas nicht. Dann flammte ein wilder Zorn in mir auf, und ich herrschte ihn an, zwar mit gedämpfter Stimme, aber doch mit flammenden Blicken: »Du machst es dir ja verdammt einfach! Du armseliger Narr! Bildest dir ein, jemand dort droben im Himmel, den's gar nicht gibt, würde dir verzeihen, und dann gehst du zur Tagesordnung über. Also bitte, Glaser! Was ist denn das für eine Einstellung! Schäbig nenne ich das, unverantwortlich und unehrlich. Ein gut's Gewissen ist ein sanftes Ruhekissen, gell? Du schläfst wohl in der Nacht wie ein Stein, und tagsüber strotzt du nur so vor guter

Laune. Ewig dieses freundliche Getue, dein gütiges Lächeln! Das kotzt mich an, das kann ich dir sagen. Diesen Allmächtigen, der dir angeblich verziehen hat, den haben sich doch die Leut' z'sammengebaschtelt, weil sie zu schwach sind, die Verantwortung für ihre Taten allein zu tragen. Kindertrost suchen sie beim Über-Papa. Herrje, ist das armselig! Erst sündigen, dann Gebete babbeln. Nein, ohne mich!« Und ich dachte: »Gott sei Dank, wenigstens hab ich keinen Menschen ermordet.« Es gibt aber auch noch andere Schuld, sogar wenn man gar nichts getan hat, außer sich nicht einzumischen. Die Schuld der Feigheit. Die kenn ich.

Du, Vinzenz, schwiegst betroffen, wahrscheinlich mehr wegen der glühenden Wutwelle, die zu dir hinübergeschwappt war, als wegen des Inhalts meiner Worte, die so ungewöhnlich nicht waren. Schließlich und endlich vertrat sie jeder Kommunist und jeder Atheist und jeder andere unchristliche Schreihals. Ich hörte mich selbst kreischen und geifern und bemerkte auf einer anderen Schiene meines Bewusstseins, dass ich dir im Grunde doch nur eins auswischen wollte, um dich endlich loszuwerden, und dass immer noch genug von der treugläubigen Bauernfrömmigkeit der Mutter in mir zurückgeblieben war – trotz aller Nazi-Indoktrination –, um mich auf diese Wallfahrt zu schicken und um Ablass zu betteln. Genau wie ein frommes Kind erhoffte ich mir vom Sankt Jakob Freisprechung, Erlösung, die Entlastung. Von einem erfundenen vergoldeten Popanz! Ja, mehr war doch der nicht. Ich hatte wirklich keine Veranlassung, über Kindertrost zu lästern. Allerdings wurde mir von Minute zu Minute deutlicher, dass dieser vermaledeite Generalablass nicht so billig zu haben war, wie ich's mir in meiner Naivität eingebildet hatte. Nie zuvor war mir so klar gewesen, wie gespalten ich war mit meinen Sehnsüchten, Bedürfnissen und meinem

Zynismus. Was davon war denn nun echt, was nicht? Meine treudumme Hoffnung, etwas von meiner Schuld loszuwerden – trotz meiner festen Überzeugung, dass es kein Entkommen gab? Konnte so etwas nebeneinander bestehen? Das menschliche Gemüt ist sehr seltsam gebaut.

Demonstrativ schaute ich auf meine Uhr. Es war bereits mehr als eine halbe Stunde vergangen. Bislang hatte noch niemand geklopft. Oder vielleicht hatte ich es überhört bei meinem Geschrei. »Da wartet doch gewiss schon jemand draußen«, sagte ich und stand auf. In mir gab es neben der lauten Stimme, die rief: »Nichts wie weg hier, es wird gefährlich!«, auch eine wispernde, leise Stimme, die sagte: »Schade, jetzt wird's grad spannend«, und ich wünschte, ich könnte dir von meinem merkwürdigen Nachterlebnis erzählen. Und ich fragte mich: Was ist das für eine Geschichte mit dem Mord? Trägt der auch an einer Last? Und will sie ausgerechnet bei mir loswerden? Warum hat dieser Mensch so ein Vertrauen zu mir?

Du, Vinzenz, gingst mit mir zur Tür, mit einer Miene, als hättest du dein ganzes Geld verspielt oder einen plötzlichen Trauerfall in der Familie. »Nichts für ungut, liebe Burgl«, sagtest du fast unhörbar und ergriffst meine Hand. »Aber überleg's dir doch noch einmal. Wir hätten ja morgen Abend noch ein Stündle Zeit. Glaub mir, es tut gut, sich auszusprechen.«

Auf dem Flur wartete kein Mensch. Die massige Tür schloss sich hinter dir. Ich ging langsam zum Fahrstuhl und drückte den falschen Knopf, so dass ich erst einmal im Kellergeschoss landete.

In Villafranca del Bierzo mit seinem – wie der Reiseleiter betonte – besonders angenehmen Klima, wurde eine Art Ruhenachmittag eingelegt, um es den Alten und Kranken nicht zu schwer zu machen, und vor allem für die vorbereitenden Beichtgespräche. Mir war das recht. Ich fühlte mich angestrengt, wenn auch nicht wirklich müde. Den Rest des Tages verbrachte ich allein, schlenderte ohne Ziel durch die Gassen der Ortschaft, schaute uninteressiert in ein paar fast dörfliche Schaufenster und Andenkenläden, kaufte aber nichts, verpasste das Mittagessen, hatte auch überhaupt keinen Appetit. Ich lief so lange herum, bis ich von Weitem eine imposante Burg mit erleuchteten Fenstern entdeckte. Es zog mich hinauf, weil die Burg so urtümlich aussah, doch ein großes eisernes Tor versperrte mir den Weg gleich bei der langen Auffahrt. Auf einer mittelalterlichen Brücke lehnte ich mich über das Wasser, es waren wohl gleich zwei Flüsse, die hier zusammenkamen, und ich begann darüber nachzusinnen, was Gott sich wohl bei den unterschiedlichsten Paarungen auf der Erde gedacht haben mochte – Mutter und Kind, Liebende, Freunde, Opfer und Täter, zwei Flüsse, die zu einem werden, und dergleichen mehr. Unwillig verscheuchte ich bald diese abstrusen Ideen und spazierte weiter. Die Stadt war ja nicht groß, es gab nur wenige Straßen. Alles schien uralt zu sein; ich sah kaum moderne Gebäude. Auf jeden Fall führte die Pilgerroute bestimmt seit tausend Jahren durch den Ort. So stand ich auch bald vor einem Kirchlein aus dem 12. Jahrhundert. Das zumindest entnahm ich einer Informationstafel, die leider nur auf Spanisch war. Ich rechnete nach: achthundert Jahre und mehr! Draußen auf den Stufen saß eine ältere Frau mit kurzem Haar und einem bunten Schal, die sich von einer anderen fotografieren ließ. Sie sprachen Schweizerdeutsch miteinander. Lustig sah die Frau aus. Äußerlich war sie mir etwas ähnlich, war groß und dünn, auch kaum jünger als ich, aber sie zeigte eine ganz jugendliche Ausstrahlung mit lachenden Augen. Vor allem aber hatte sie ein so seliges Lächeln auf ihr Gesicht gezaubert, als sei sie schon am Ziel all ihrer Wünsche angekommen. Verrückt, gell, was die Leut' sich so einbilden?

Die Kirchentür war nicht abgeschlossen. Also trat ich ein, mehr, um mich mal hinzusetzen und auszuruhen, als aus spiritueller Sehnsucht. In dem einschiffigen Raum standen nur ein paar Holzbänke. Auf dem Altar sah ich eine Kupfervase mit Plastiklilien, darüber ein Gemälde, wohl den Jakobus darstellend, denn an seinem Hut war eine große Muschel befestigt, und eine Pilgertasche hing an seinem Wanderstab. Ich nahm ganz hinten Platz, um die schlichten Steinwände und das gewölbte Dach zu betrachten. Meine Nase roch Muff von Feuchtigkeit mit vagen Erinnerungen an Weihrauch und Kerzenwachs. Die meterdicken Mauern hielten alle Geräusche von der Straße ab. Es war totenstill, stiller als still. Außer mir kein Mensch.

Ich machte die Augen zu und erwartete, die Erinnerungen an das heftige Wortgefecht mit dem Vinzenz würden mich sogleich überschwemmen, doch auch in mir war es ganz still geworden, und alles, was geschehen war, fühlte sich richtig und gut an. Es war ähnlich wie in der Nacht, als ich geweint und mich trotzdem so ungewohnt geborgen und glücklich gefühlt hatte, nur war es hier im Kirchlein nicht so überwältigend. Als ich die Augen wieder auftat, weil mich diese innere Leere zu beunruhigen begann, fiel mein Blick auf ein kleines Hinweisschild, das an der linken Wand angebracht war. Darauf stand »Puerta del Perdon«. Das sagte mir aber leider nichts, weil ich ja kein Spanisch kann. Ich erhob mich, meine Knie knackten in die dröhnende Stille hinein, ich ging nach vorn und trat durch das kleine Portal mit geschmücktem Rundbogen nach draußen.

Ich bin die Tür. Wenn einer durch mich hineingeht, wird er Heil erfahren. Er wird hineingehen und herausgehen und Weide finden.

Johannes 10,9

Die Sonne war gerade untergegangen, helle Wolken zeigten einen Widerschein vieler Rotschattierungen, die nur langsam verblassten, als die Dämmerung einsetzte. Da fielen mir die Zwillinge ein. Sie fielen mir ein! Das konnte nur heißen, dass ich seit Stunden nicht an sie gedacht hatte – etwas ganz Neues in meinem Leben! Seit dem wundersamen Zusammentreffen beim Frühstück hatte ich kein Wort mehr mit ihnen gewechselt. Das heißt, ich hätte schon gewollt, doch was hätte ich sagen sollen? Und die beiden kamen ihrerseits nicht auf die Idee, mich anzusprechen. Aber immerhin, wenn sie mich mal von Weitem sahen, winkten sie mir ganz freundlich zu. Ich hatte also die Hoffnung nicht verloren.

Der Abend verlief ereignislos. Frau Kienle setzte sich beim Essen neben mich, erzählte mir zum zweiten Mal, dass ihr Name Theresa sei, nach der Heiligen natürlich, und redete unaufhörlich mit verdrehten Augen und verzücktem Gesichtsausdruck, als wolle sie der längst verstorbenen spanischen Visionärin nacheifern. Die übrigen Tischgenossen kamen kaum zu Wort. Ich redete sowieso nicht und war inzwischen als schweigsam und muffig bekannt. Bald entschuldigte ich mich mit Kopfschmerzen und ging zu Bett. Über das merkwürdige Geständnis vom Vinzenz wollte ich nicht nachdenken. Was geht mich das an?, dachte ich. Meine Tablette vergaß ich an diesem Abend nicht. Sie wirkte rasch. Außerdem war ich angenehm müde von dem ungewohnten Herumlaufen.

Der nächste Reisetag war unser vorletzter im Bus vor der Ankunft in Santiago. Für eine Weile blitzte von fern tiefblau der Atlantik hinter Pinien und Dünen auf, so dass ich flüsterte: »Das Meer! Die Burgl hat das Meer gesehen. Rosa, stell dir vor, i hob's Meer g'sehe!«

Zum ersten Mal sehnte ich mich nach einer Pause, wollte für mein Leben gern mit nackten Füßen im Sand stehen, die Salzluft riechen und in die Wellen schauen. Das hab ich mir seit meiner Kindheit gewünscht, doch den Ozean kenne ich nur aus dem Fernsehen. Meine Fantasie wanderte zu den Tierfilmen, die ich im Vorabendprogramm gern anschaute. Sendungen über Meeresgetier in der Unterwasserwelt waren mir am liebsten. Wie gebannt schaute ich den Fischschwärmen zu, wie sie, diese kleinen Dinger, zu Tausenden ohne Fehl und Tadel einheitlich in eine Richtung paradierten, alle im gleichen Abstand, wie die Soldaten damals oder die Mädel vom BDM in der Wochenschau während der Berliner Olympiade. Und wie sie dann auf einen unhörbaren, unsichtbaren Befehl hin umschwenkten, allesamt in eine andere Richtung strebten, ohne Zögern, ohne versehentliches Ausscheren, zack! Wie die Soldaten. Manchmal schwamm dann ein dicker, böser Raubfisch oder eine Krake mitten hinein, schnappte sich einen und verschwand. Die übrigen Fische kümmerte das nicht. Sie weinten nicht, sie klagten nicht, sie schwammen weiter wie zuvor, mal hierhin, mal dorthin, ohne nachzudenken. Keiner war allein, irgendetwas Unbekanntes und Übergeordnetes sorgte für Ordnung und kümmerte sich um alles. Aber wer? Aber was? Die Natur war nun einmal unergründlich. Dass ausgerechnet Gott sich auch um solche Fische kümmern konnte, um Grashalme und Sperlinge und gar um jeden einzelnen der Milliarden Menschen auf der Erde, das war mir allerdings vollkommen unvorstellbar. Wie sollte das gehen? Daher verfolgte ich solche Ideen nicht lange, sondern wandte mich dem Fernsehschirm und meinen Katzenzungen zu.

Katzenzungen von Sarotti, die schmelzen so herrlich zart auf der Zunge! An manchen Tagen kann ich nicht genug davon bekommen. Ich breche die eieruhrförmigen dünnen Gebilde in der Mitte durch, schiebe in jede Backentasche eine Hälfte, koste mit Wonne ganz langsam den mit Spucke vermischten Schokoladensaft, der mir unter die Zunge läuft, und hole erst im letzten Augenblick, bevor die milchige Köstlichkeit sich völlig aufgelöst hat, die Reste hervor, um sie dem oberen Gaumen und den Geschmacksknospen im hinteren Bereich der Zunge wie eine Gnade zu spenden. Der Geruchssinn kommt dabei auch nicht zu kurz. Auf diese Weise kann ich ganze Stunden verbringen, vorübergehend getröstet und in genüsslicher Peinlichkeit, wenn ich über meinen Kreuzworträtseln brüte oder mir damals, in den Fünfzigerjahren, einen neuen Arztroman besorgt hatte. *Wahre Schicksale, die das Leben schrieb*, das war in der Jugend meine liebste Lektüre. Dort waren alle Mediziner edle und selbstlose Menschen, anständige Männer. Meine Augen liebkosten dabei von Zeit zu Zeit die bunte Verpackung mit den niedlichen Kätzchen, die noch ganz genauso aussah wie damals, als ich meine allererste Schachtel Katzenzungen vom Vater zum zehnten Namenstag bekam, lange vor dem Krieg.

Wir hatten noch einmal zweihundertzwanzig Kilometer zu bewältigen. Das war nicht allzu viel, doch es ging langsam voran, durch satte grüne Landschaft mit schwarz-weißem Rindvieh.

Die Straße war gesäumt von hohen duftenden Bäumen, der Glaser erzählte, es sei Eukalyptus, aus Australien eingeführt. Die Bäume würden in dem feuchten Klima besonders gut gedeihen und seien dazu gedacht, den Fußpilgern Schatten zu spenden. Es roch nach Em-eukal, als sei ganz Galizien schwer erkältet.

Ich hatte an den spanischen Ortschaften und Städten ein gewisses Gefallen gefunden und begann, mich an das Unterwegssein zu gewöhnen. Die Landschaft hier war jedoch völlig anders als auf der trockenen Hochebene, die wir inzwischen verlassen hatten. Das Wetter war immer noch trocken und klar. Der Glaser erzählte, dass hier früher die Kelten gehaust hätten, besser gesagt die Iberokelten, also so etwas wie spanische Ureinwohner, und dass die Sprache hier immer noch sehr anders sei als diejenige, die der König spreche. Es gebe sogar politische Bewegungen, die einen eigenen Staat wollten, so wie die Leute im Baskenland, deren Sprache überhaupt kein anderer Mensch verstehen könne, denn sie sei einzigartig auf der Welt. Aber die Galizier, die würden keine Bomben zünden, wir Pilger bräuchten daher keine Angst zu haben.

Die Straße führte in Kurven bergan. Frau Kienle war mir gewiss wieder einmal zutiefst dankbar für den Platztausch. Sie hatte es mir seither schon viele Male versichert. Der Bus fuhr langsam, bis wir auf weit über tausend Metern zu einem Pass gelangten. Von dort hatte man einen großartigen Blick ins weite Land, und unter uns im Tal lag noch eine von der Königsfamilie gestiftete Abtei mit barocker Fassade, die man sehr gut erkennen konnte, obgleich ich Mühe hatte, diesen spanischen Barock mit unserem schwäbischen in Verbindung zu bringen. Aber das machte nichts, es war wirklich schön, und ich war ja unterwegs, um etwas Neues zu sehen, nicht, um ständig das Alte aufzuwärmen. Dann kam der Vorschlag, die paar Leute, die gut zu Fuß seien, könnten doch ein oder zwei Kilometer auf dem Jakobsweg entlangwandern, der Bus würde sie nach einer Stunde erwarten. Zu meinem eigenen Erstaunen meldete ich mich, und so schloss ich mich einer Gruppe von neun Personen an, die dieses Erlebnis nicht missen wollten. Ich ging ja schon in Günzburg viel zu Fuß, und hier gab es kaum Steigungen. Der Glaser hatte die Strecke ganz gut ausgesucht. Ich bekam nicht einmal Atemnot oder Herzklopfen, und meine Handtasche mit dem Nitrospray hatte ich sowieso im Bus gelassen – bedenkenlos, was doch sonst gar nicht meine Art war. Die Zwillinge marschierten auch mit, doch wir kamen nicht ins Gespräch, weil sie Hand in Hand immer vorneweg liefen und ich eher zur Nachhut gehörte. Wir sahen komische runde Häuser, wie in afrikanischen Kraal-Dörfern, und Getreidespeicher auf Stelzen, die wie große Hundehütten mit Giebeldach aussahen. Das Laufen an frischer Luft tat mir wieder gut, und ich beschloss, doch auch daheim öfter einmal einfach spazieren zu gehen, statt nur Besorgungen zu machen und mich möglichst schnell wieder in meinen vier Wänden und hinter meinen Büchern zu verschanzen.

Der Weg war durchfeuchtet und führte durch grünes Buschwerk. Meine Lungen weiteten sich. Mir kam ein Lied in den Sinn: »Wem Gott will rechte Gunst erweisen, den schickt er in die weite Welt …« Ich wusste aber noch genau, dass ich es im Lager zuletzt an einem freien Tag mit den anderen Krankenschwestern gesungen hatte, darum blieb es mir im Hals stecken. Und ich erinnerte mich daran, dass ich eigentlich vorhatte, bald zu sterben, da brauchte ich wohl auch nicht mehr auf meine Gesundheit zu achten und spazieren zu gehen.

… Unsre Fahne flattert uns voran.
In die Zukunft ziehn wir Mann für Mann.
Wir marschieren für Hitler durch Nacht und durch Not,
mit der Fahne der Jugend für Freiheit und Brot.
Unsre Fahne flattert uns voran.
Unsre Fahne ist die neue Zeit,
Und die Fahne führt uns in die Ewigkeit,
Ja! Die Fahne ist mehr als der Tod!

»Vorwärts, vorwärts«, offizielles Lied der Hitlerjugend[38]

Der Bus stand auf einem Parkplatz, und unser kirchlicher Reisebegleiter wartete, bis wir alle wieder beisammen waren. Dann erinnerte er uns daran, dass Karfreitag war. Eigentlich hätten wir ja an diesem Tag schon am Pilgerziel sein sollen, aber leider … Darum hätten wir die feierliche Karfreitagsliturgie versäumt und damit auch die Heilandsklagen. Er wolle mit uns jetzt eine kurze Andacht zum Gedenken an die Passion Christi halten. Es sei gerade etwa die Uhrzeit, zu der Jesus am Kreuz seinen Geist dem Vater überantwortet hätte.

Wir Pilger wurden gebeten, miteinander das Lied »O Haupt voll Blut und Wunden« zu singen. Ich kannte die Melodie, der Text jedoch war mir nicht mehr recht präsent. Ein Mitpilger holte sein *Gotteslob* aus dem Rucksack und sang neben mir überlaut, geradezu aufdringlich, so dass ich die Worte gut hören konnte. Eine Zeile ist mir im Gedächtnis geblieben, weil sie mich besonders berührte: »Wenn mir am allerbängsten wird um das Herze sein, so reiß mich aus den Ängsten kraft deiner Angst und Pein.«

Anschließend wurde ein Gebet gesprochen, das heißt vom Glaser-Vinzenz vorgetragen und von uns mit gefalteten Händen in Stille mitvollzogen; das ging etwa so: »Allmächtiger, ewiger Gott, wir danken dir, dass du durch den Tod und die Auferstehung deines Sohnes unser Leben erneuert hast. Gib, dass wir durch die Teilnahme am Kreuzweg bereit werden, unser Kreuz geduldig und beharrlich zu tragen und dir treu zu dienen. Darum bitten wir durch Christus, unseren Herrn. Amen.«

Ich tat, als würde ich mitbeten, aber ich glaubte ja sowieso kein Wort von dem, was da gemeint war. Weder Sühnetod noch Auferstehung bedeuteten mir etwas. Pfaffengeschwätz! Und dass wir unser eigenes Kreuz geduldig und beharrlich tragen sollten, wo ich doch gerade dabei war, es abzuwerfen, um endlich frei zu sein – also, das machte mich direkt wütend. Und bei den Worten »unser Herr« fielen mir wie automatisch der Führer und Doktor Mengele ein. Mit beiden wollte ich nichts mehr zu tun haben. Der treue Glaube an diese zwei Herren hatte mein Leben zerstört, und einen neuen Herrn, nein, den wünschte ich mir schon gar nicht.

Kaum fuhren wir weiter, meldete sich ein Frömmler, ließ sich das Mikrofon reichen und merkte mit unterdrückt empörter Stimme an: »Herr Glaser, dass Sie uns auf der Pilgerreise ein Lied singen lassen, das von einem protestantischen Ketzer erdichtet wurde, ist mir sauer aufgestoßen. Muss denn das sein? Es gibt doch genug Entsprechendes von guten Katholiken?« Seine Worte riefen ein teils beifälliges, teils abfälliges Gemurmel hervor.

Der Glaser-Vinzenz nahm das Mikrofon zurück, stand auf und sagte, zu uns allen gewandt: »Nun wollen wir doch nicht päpstlicher als der Papst sein, mein lieber Herr Guttenhofer. Wo kämen wir denn da hin! Wenn es nach Ihnen ginge – müssten wir dann das Radio ausschalten, wenn ein Choral von Bach erklingt oder etwa seine Matthäuspassion? Ich will nun gewiss nicht behaupten, dass es völlig gleichgültig ist, ob jemand katholisch oder lutherisch glaubt, aber entscheidend ist doch, dass er überhaupt glaubt, meinen Sie nicht? Übrigens: Dieses wunderbare Lied von Paul Gerhardt, das wir gemeinsam gesungen haben, wurde bereits vor über zweihundert Jahren in unser katholisches Gesangbuch aufgenommen und geht auf einen frommen lateinischen Hymnus aus dem Mittelalter zurück. Das sollte Sie doch versöhnlich stimmen, was meinen Sie? Da kann man ruhig einmal ökumenisch denken und großzügig sein.«

Für diese Worte wurde er mehr als höflich beklatscht, der Glaser-Vinzenz, und er stieg auch in meiner Achtung, das muss ich gestehen. Wie souverän er solche Angriffe parierte! Allerdings das mit dem Glauben, das fand ich problematisch. Hatte ich nicht glühend an den Führer geglaubt, an das Reich, die Fahne und den gerechten Krieg? Und wie sehr hatte sich das als brüchig erwiesen. Ich jedenfalls glaube seither an überhaupt nichts mehr, obgleich irgendetwas in mir sich nach absoluter Hingabe und unendlichem Vertrauen sehnt. Aber worauf richtet sich meine Sehnsucht? Auf Vergebung, Geborgenheit, einen friedlichen Tod, die Auferstehung? Wenn ich meinen Plan, die Tabletten zu schlucken, in die Tat umsetze, bin ich doch sowieso von allem Heil ausgeschlossen, denn Selbstmord, der ist ja eine schwere Sünde.

Kurz vor Sonnenuntergang hielt unser Bus auf einem großen Parkplatz. Wir alle wurden aufgefordert auszusteigen. Es nieselte, ich setzte meine Mütze auf und folgte der Gruppe. Wir gelangten an einen Aussichtspunkt. »Und nun Augen auf!«, rief der Reiseleiter und wies durch den Dunst in die Weite. »Wir stehen auf dem Monte do Gozo, dem Berg der Freude. Von hier sind es nur noch fünf Kilometer bis Santiago, man kann die Stadt und die riesige Kathedrale sehen. Nun ja, heute nicht so gut, wegen des Wetters. Im Mittelalter sang man an dieser Stelle das *Te Deum* und zog sich anschließend die Schuhe aus, um die letzte Strecke in Demut barfuß zu wandern. Das wollen wir uns heutzutage nicht mehr zumuten, gell? Aber einen alten Brauch wollen wir doch wiederbeleben. Sagen Sie, wer von Ihnen ist denn als Erster hier hinaufgelangt?« Eine Frau etwa in meinem Alter hob schüchtern ihren Schirm in die Höhe. »Dann sind Sie, Frau Huber, unsere Pilgerkönigin! Einen kräftigen Applaus für Frau Huber!«

Die Frau bekreuzigte sich und lächelte. Mehrere Mitreisende machten Fotos zur Erinnerung. Von unserem Pilgerziel konnte keiner einen Blick erhaschen, denn der Regen fiel stärker. Im Tal waberten Nebelschwaden. Ich sah niemanden, der niederkniete. Der Boden war matschig. Aber der Glaser-Vinzenz machte uns noch auf das merkwürdig klobige Denkmal aufmerksam, das an den Besuch von Papst Johannes Paul im Jahr 1982 erinnerte, und ließ uns für einige Minuten in eine kleine Kapelle eintreten, die zu der Einsiedelei an diesem bedeutenden Ort gehört. Er berichtete auch, dass sogar der heilige Franz von Assisi dort gewesen ist und dass die beiden Pilgerstädte inzwischen eine Partnerschaft eingegangen sind. Uns zog es in den warmen Bus zurück. Ich dachte mit Magengrimmen daran, dass der Vinzenz mich an diesem Abend noch einmal sprechen wollte.

Te Deum laudamus. Te Dominum confitemur.
Te aeternum patrem omnis terra veneratur.
Tibi omnes Angeli, tibi caeli et universae potestates:
Tibi Cherumbim et Seraphim incessabili voce proclamant:
Sanctus:
Sanctus:
Sanctus Dominus Deus Sabaoth.
Pleni sunt caeli et terra maiestatis gloriae tuae.

Christlicher Lobgesang

Den ganzen Nachmittag hatte es immer wieder geregnet, ein niedriger Himmel mit dahinjagenden dunklen Wolken. Regen peitschte gegen die beschlagenen Scheiben der Busfenster; man hatte von Nordspanien nicht viel sehen können außer grauen Weiden mit wenigen Kühen, das lohnte ein Betrachten kaum. Windböen brachten den großen Bus zum Schwanken, wenn er eine Brücke überquerte. Dann konnte man von den hinteren Plätzen ein »Teifi nochamal!« oder »Herrgott im Himmel, das war aber knapp!« vernehmen oder auch »Jesus Maria, beschützt uns in der Not!« – je nachdem, wes Geistes Kind der Reisende war. Es war wohl keiner dabei, der sich sein Osterfest in Spanien bei solchem Wetter vorgestellt hatte.

Vinzenz Glaser schwieg seit geraumer Zeit. Er hielt den Kopf gesenkt, so dass Bart und Kinn fast die Brust berührten. Ich konnte nicht ausmachen, ob er schlief oder sinnierte. Es interessierte mich auch wenig, seit ich den Platz hinter meinen Lieblingen besetzt hatte. Ich war jetzt ganz auf sie konzentriert, versuchte zu lauschen, wenn sie sich etwas zuflüsterten, labte mich an ihrem Duft. Sie trugen kein Parfüm. Nur einen Hauch von Puder konnte ich erhaschen, es roch fast wie Babytalkum.

Die Zwillinge hatten sich auf ihren Plätzen gemütlich eingerichtet mit Reiseführer, Wasserflasche und einer Tafel Bitterschokolade. Von Zeit zu Zeit drückte Cora die Hand ihrer Schwester in stillem Einverständnis, oder umgekehrt tat es Alma. Ich sah, wie die eine ihren graublonden Kopf zu dem ihres Zwillings neigte. Beide lehnten die Schläfen aneinander und senkten wieder die Lider, wenn sie sich einmal kurz angeblickt hatten. Und ich empfand, dass eine warme, weiche, mir vollkommen fremde Kraft die beiden Frauen wie selbstverständlich in eine andere Dimension hob. Wellen von Urvertrauen wogten zwischen ihnen, schwappten zu mir hinüber und transportierten beide von der lästigen Zweiheit auf eine Ebene der Einheit, wie andere Menschen sie wohl niemals erleben werden, nicht in den innigsten Augenblicken ihres Lebens. Und weil ich ohne ihr Wissen in ihren Zauberkreis eingeschlossen war, durfte ich ein wenig daran teilhaben, wenn auch als fremde Dritte. Und sofort hielt ich die zwei Kindle wieder in meinen Armen, sog ihren köstlichen Milchduft ein, vermischt mit unverwechselbarem Geruch nach Alma und Cora – wie damals, als wir tagelang in einem Offiziersabteil von Osten gen Westen transportiert wurden.

Über Auschwitz muss aufrichtiger geschwiegen werden.
Wir haben nicht mitzureden, wenn die Opfer sprechen.
Vor der Wahrheit der Vernichtung sind das Reden und das
Schweigen gleichermaßen verloren. Es ist nicht gewiss, ob
wir zur Welt der Opfer Zugang finden, ob durch Reden
oder Schweigen. Sie bleibt uns oft
auf schreckliche Weise entzogen.

Klaus Harpprecht[39]

Auf der Fahrt saßen die Zwillinge stets eng zusammen und leicht nach vorn gebeugt; sie lehnten sich mit den Armen aneinander, aber nicht mit dem ganzen Gewicht in die Rückenpolsterung, eine seltsame Körperhaltung. Ich überlegte, wieso, und dann fiel mir etwas ein. Möglicherweise war es ihnen selbst nach so vielen Jahrzehnten noch unangenehm, beim Zurücklehnen die langen Narben neben der Wirbelsäule zu spüren.

Was ich 1945 noch nicht geahnt hatte, war mir inzwischen seit Jahrzehnten zur Gewissheit geworden: Mein Idol, der Doktor, hatte sie mit Gewalt aneinandernähen wollen, um zu sehen, ob man sie zu siamesischen Zwillingen machen könnte. Das muss für ihn sehr interessant gewesen sein. Es war eines seiner Experimente gewesen. Und als es nicht geklappt hatte, kurz vor meiner Ankunft im Lager, da schnitt er sie einfach wieder auseinander. In diesem Zustand hatte ich sie damals vorgefunden, mit frischen Narben am Rücken. Und ich gutgläubiges Huhn hab mir, wenn überhaupt etwas, dann zusammengereimt, dass er sie – gutherzig, wie er nun mal war, der Schwarm meiner Jugend – getrennt hatte, um ihnen ein Leben als zusammengewachsene Monster zu ersparen. Dabei wollte er sie wahrscheinlich nur zur weiteren Materialausschlachtung bereithalten.

Ich musste seinerzeit ihre Wunden desinfizieren und ihnen Verbände anlegen, hatte wochenlang gewartet, bis die Krusten abfielen, und ihnen dann die Narben gesalbt. Nie mochten sie wie andere Säuglinge auf dem Rücken liegen; es muss wohl zu sehr wehgetan haben. Und ich erinnere mich, dass sie sich anfangs am wohlsten fühlten, wenn sie ihre Köpfchen je nach rechts und nach links wandten, das konnte ich mir gar nicht erklären, führte es auf ihre Lage im Mutterleib zurück. Erst im letzten Monat meiner Pflege, nachdem ich immer wieder darauf bestanden hatte, dass sie sich anschauen sollten, wie ich es für natürlich hielt und es meiner Vorstellung von Zwillingsnähe entsprach, da gewöhnten sie sich langsam daran. Nur nachts rollten sie wieder wie selbstverständlich auf die andere Seite, so dass sie Rücken an Rücken zu liegen kamen in ihrem engen

Bettchen. Ich denke jetzt, dass sie wohl viele Wochen ihres ersten Lebensjahrs in der Haltung hinten zusammengenähter Kinder verbracht hatten und sich dadurch am Anfang niemals anschauen konnten.

1987 erhielten die Auschwitz-Zwillinge etliche tausend Dollar Wiedergutmachung von der deutschen Regierung – ein kleiner, verspäteter Versuch, sie für das Leid zu entschädigen, das sie erdulden mussten, ein Versuch, die Vergangenheit auszulöschen.

Lagnado/Dekel, *Die Zwillinge des Dr. Mengele*[40]

Die zwei Frauen vor mir hielten sich immerzu bei den Händen, so als seien sie dort zusammengewachsen. Und so gingen sie auch durch die Welt, selten sah man sie in anderer Pose. Ganz als wollten sie sich der Schwester ohne Unterlass versichern. Ganz als meinten sie, irgendeiner wollte kommen, um sie auseinanderzureißen. Immerzu brauchte jeder Zwilling die Gegenwart des anderen, als könnten sie sonst nicht atmen. Man hört und liest ja so allerlei über eineiige Zwillinge. In Amerika gibt es jedes Jahr ein Welttreffen, wo eine Woche lang in einer Kleinstadt Tausende von Doubles herumlaufen, ich hab's im Fernsehen angeschaut. Urkomisch und zugleich unendlich rührend. Manche Pärchen sind ein Leben lang unzertrennlich und können nur Zwillinge heiraten, um dann zusammen in einem Haus zu leben. Andere hingegen werden bewusst so aufgezogen, dass sie immer gut zu unterscheiden sind, durch verschiedene Frisuren, unterschiedliche Farben und Kleider. Eine Zeit lang galt das als pädagogisch wertvoll, um die Eigenständigkeit der Charaktere zu fördern. Da kann ich nur lachen! Am Ende glauben sie wohl selber, unabhängige Individuen zu sein. Sie fühlen sich aber meist wohler, wenn man ihnen die Freude und die Last gönnt, nicht einzigartig auf der Welt zu sein. Allerdings meine ich inzwischen, dass sie zwar gleiche Körper, aber doch nicht dieselbe Seele haben. Jedenfalls hat sich herausgestellt, dass sie im Wesen immer ein bissle verschieden sind, der eine kräftiger und bestimmter, der andere weicher und nachgiebiger. Ich hab auch gehört von der künstlichen Vereinzelung, zum Beispiel wenn eineiige Zwillinge als Babys absichtlich und zu Forschungszwecken von zwei fremden Elternpaaren adoptiert werden; davon ist man aber wieder abgekommen, denn am Ende ist doch wohl das Gleichartige von Mutter Natur beabsichtigt, nicht das Verschiedene.

Etwas Grausameres, als solch ein Pärchen auseinanderzureißen, so dass sie nichts voneinander wissen, kann ich mir nicht vorstellen, Vinzenz. Nur die psychologische Zwillingsforschung hat etwas davon und die Genetik. Du kannst dir kaum vorstellen, wie sich mir die Haare aufstellen, wenn ich einen dieser zwei Begriffe höre oder gar niederschreibe wie hier. Wär der Doktor Mengele nicht einer der ersten Genetiker und Zwillingsforscher gewesen und derart ehrgeizig obendrein, wär mein Leben anders und bestimmt hundertmal glücklicher verlaufen. Und das von zehntausend anderen Menschen auch.

Meist schienen sich Alma und Cora auch ohne Worte zu verstehen. Doch von Zeit zu Zeit sprachen sie flüsternd, obgleich das Fahrgeräusch reichlich laut war. Ich konnte beim besten Willen nichts verstehen. Sie tuschelten nur mit seltsamen Tönen und zischelnden Lauten aus kaum bewegtem Mundwinkel heraus. Mich ärgerte das, denn ich wollte doch mithören, in ihre Geheimnisse eindringen. Aber das war gar nicht möglich, und entsprechend enttäuscht war ich, weil ich trotz der physischen

Nähe zu ihnen keine eigentliche Teilhabe herzustellen vermochte. Selten einmal sprachen sie in gängiger Lautstärke miteinander, hauptsächlich wenn andere Menschen am Gespräch beteiligt waren. Notgedrungen mussten sie dann auf Modus »normal« umschalten. Tuscheln gilt doch allgemein als unhöflich, das war ihnen bestimmt bewusst. Doch hier im Bus konnte man es durchgehen lassen, denn niemand würde es ihnen übelnehmen, außer mir natürlich. Was sie sich zu sagen hatten, blieb für mich genauso mysteriös, als sprächen sie mit den Knacklauten von Buschmännern in der Kalahari. Im Lauf des Lebens hatten sie offenbar die Fähigkeit entwickelt, eine Art Schutzschild um sich herum aufzurichten. Dahinter fühlten sie sich sicher und nahezu unsichtbar. Dafür hatte ich weiß Gott Verständnis.

Die hohe Kunst des Tuschelns hatten sie wahrscheinlich bereits als Kleinkinder zu einer einzigartigen Sprache aus Zischeln und Piepsen, Pfeifen, Grunzen mit einer Anzahl seltsamer Wörter mit Privatbedeutung entwickelt, die niemand außer ihnen beiden verstand. Dieses merkwürdige Idiom grenzte ihre Kommunikation erfolgreich von der Außenwelt ab, falls es nötig war, ohne dass sie dafür so allein sein mussten wie ich. Doch wenn die Umstände es ermöglichten, verhielten sie sich wie ein einziger Organismus, das hatte ich bereits beobachtet, und in den vielen Stunden, die ich im Verlauf der Tage hinter ihnen sitzend verbracht hatte, wurde es mir immer deutlicher: Sie konnten sich fast wortlos, ja sogar ohne Blicke verständigen, indem sie das herstellten, was man eine Urverbindung nennen könnte. Damit meine ich einen Zustand, wie gemeinsam gezeugt und ausgetragen zu sein, schicksalhaft beisammen auf immer. Mit den Narben am Rücken hatten sie sich bestimmt schon lange abgefunden; sie dachten wohl nur selten daran und redeten kaum davon. Eine embryonale Verbundenheit wieder herzustellen, wann immer sie wollten, tat ihnen aber unendlich wohl, das war leicht zu erkennen, wenn man sie so sehr liebte wie ich. Saßen sie nebeneinander im Bus mit sanft geschlossenen Augen und legten ihre Schläfen oder Stirnen zusammen, flossen Gedanken und Gefühle zwischen ihnen in breitem Strom, und sie wurden ganz eins. Dann umgab sie ein Duft wie von frisch gebadeter Kinderhaut. Ich wünschte mit aller Kraft, ich könnte ihre Geheimsprache entziffern. Aber so viel Mühe ich mir auch gab, sie zu enträtseln, indem ich alle meine telepathischen Kräfte anschaltete, es wollte mir nicht gelingen.

Ich konnte mir denken, dass dieses Einswerden für Alma und Cora der liebste, der innigste, glückseligste Zustand war. Und einmal mehr musste ich feststellen, dass ich nicht nur schmerzhaft ausgeschlossen war, keine Dritte im Bunde, wie ich mir ein Leben lang eingebildet hatte, sondern ganz und gar überflüssig. Meine Existenz zählte für sie nicht, und ich hegte keine Hoffnung, dass sich das bald ändern würde. Trotzdem – die zwei wussten es zwar nicht, aber es stimmte nun einmal: Ich war wichtiger als ihre zwei Mütter. Denn hätte es mich nicht gegeben, wären sie kein Jahr alt geworden, und nur weil mich meine eigene Sehnsucht nach Zärtlichkeit dazu veranlasst hatte, sie nach Günzburg mitzunehmen, gab es sie überhaupt. Da finde ich, Vinzenz, hätten Alma und Cora ruhig ein wenig freundlicher, ja sogar dankbar sein können. Meinst du nicht? So vom Gefühl her.

Von Zeit zu Zeit schauten sie sich selbstvergessen in die Augen, ließen stumme Fragen und Antworten schwirren und gaben sich zu verstehen, dass alles gut war. So hatten sie sich wohl nie nach fröhlicher Gesellschaft oder gar nach enger Gemeinschaft mit anderen Menschen gesehnt. Was konnte je ihrem Empfinden ozeanischer Verschmelzung gleichkommen, diesem

Einssein, wie ich es von meinem Sitzplatz im Bus aus über Stunden beobachtete? Was konnte ich altes Weib da ergänzen oder gar entgegensetzen? Und vielleicht hatten sie gar nie jemanden an sich herangelassen. Daher besaßen die Zwillinge auch keine Freundinnen. Wenn es anders wär, hätte ich es schließlich längst erfahren in all den Jahren auf meinem Beobachtungsposten, und das männliche Geschlecht ist ihnen ebenfalls fremd geblieben. Ein potenzieller Liebespartner musste sich angesichts der unablässigen Verbindung zwischen den beiden ebenso überflüssig fühlen wie ich, stellte ich fest. Sie genügten sich selbst, und ihre Gemeinschaft war praktisch wie emotional betrachtet perfekt. Platon hätte sich an ihnen gefreut und erkannt, dass die Götter ein einziges Menschenpaar von der unseligen Strafe einer Trennung ausgenommen hatten, und dieses Paar hieß Alma und Cora. Ja, ich war wirklich neidisch.

Wir waren uns trotzdem ähnlicher, als ich geahnt hatte; das konnte ich auf dieser Reise erkennen. Ich war ebenfalls allein, genau wie Alma und Cora. Aber allein nur mit mir, ich hatte ja kein Gleiches, um mich zu spiegeln. Auch ich kannte keine Freundschaft, keinen Lebensgefährten, keine Kontakte nach außen. Wahrscheinlich nahm ich ihnen ihre glückselige Abgeschiedenheit deswegen so übel. Neidisch, ja neidisch war ich auf ihre Zweisamkeit. Denn ich war alleiner als allein.

Nun waren wir also in Santiago eingetroffen, am Ort millionenfacher Sehnsucht, am Ziel unserer Pilgerfahrt. Und ich? Hatte ich schon meine Ziele erreicht? Gewiss nicht. Es war so viel Unerwartetes passiert, dass mir der Kopf schwirrte. Meine Pläne waren durcheinandergewirbelt – und was war der Grund? Der Grund war, dass es auch noch andere Menschen gab als mich, anderer Leute Ziele, Bedürfnisse und Interessen. Weil ich mich seit Jahrzehnten eingeigelt hatte und in einen mitmenschlichen Winterschlaf verfallen war, hatte ich das völlig vergessen. Außer mit meinen Romanfiguren hatte ich mich mit niemandem mehr auseinandergesetzt.

Bei den Mitreisenden spürte ich eine gewisse Erregung und auch Erleichterung. Schließlich waren wir einen Tag zu spät dran, wegen der Durchfallerkrankung, und die Ungeduldigen unter uns hatten die Verzögerung ertragen müssen. Der Aufenthalt hier sollte nun leider um einen Tag verkürzt werden. Andere im Bus waren vielleicht sogar echte Pilgersleut', und vielleicht erlebten sie die spirituelle Freude, von der seit Jahrhunderten die Rede war, obwohl sie keine Fußreise bis hierher unternommen hatten. Da ich kaum mit jemandem Kontakt gehabt hatte, wusste ich eigentlich gar nicht, mit wem ich die letzten Tage unterwegs gewesen war. Ich selbst fühlte mich nicht wirklich aufgeregt, eher bedrückt, besorgt und angespannt. Würden sich meine Erwartungen erfüllen? Würde ich Entlastung finden? Welche Schritte musste ich noch tun, um das so sehnlich Gewünschte zu erlangen? Und was wollte der Glaser Vinzenz von mir?

Die Stadt schien leergefegt gegen neun Uhr abends. Alle schon im Bett? Die Erklärung war viel einfacher, der Reiseführer half uns auf die Sprünge: Es war Karfreitag. Wahrscheinlich saßen die Einwohner schweigend über ihre kargen Fastenspeisen gebeugt oder machten sich heimlich über Schinken und fette Würste her, und die Fußpilger lagen längst auf ihrem Lager, ermattet vom letzten langen Marsch und der Aufregung darüber, dass ihr Ziel erreicht war.

Unser Hotel lag ein wenig außerhalb. Erst am nächsten Morgen würde man die Innenstadt zu Fuß besichtigen, hieß es. Der große Bus müsse jetzt erst einmal auf dem Parkplatz halten, denn mittelalterliche Gassen seien viel zu eng für solche Ungetüme. Hoteldiener mit großen Karren seien aber bestellt, um sich des Gepäcks anzunehmen.

Ich war genauso erschöpft und hungrig wie meine Mitreisenden. Die Nächte zuvor hatte ich kaum geschlafen, und das erhabene Glücksgefühl, das mich am Vortag noch erfüllt hatte, war milden Selbstzweifeln gewichen. Was man sich so alles einbilden kann!, ging mir während der ermüdenden Fahrt durch das nassgrüne spanische Galizien ein ums andere Mal durch den Kopf.

Außer den vielen Lichtern, die sich auf regennassem Asphalt und den mit Kopfstein gepflasterten Straßen der Innenstadt spiegelten, sahen wir Buspilger von der Stadt Santiago de Compostela bei unserer Ankunft nicht viel. Nur eines fiel uns auf, nämlich dass die Häuser in allen Stockwerken verglaste Erker oder zugebaute Balkone besaßen – gegen die Hitze, gegen die Kälte? Es war jedenfalls ein ungewohnter Anblick. Im Bus lästerten ein paar Leute leise, die Bürger des heiligen Sternenfeldes seien wohl nicht gerade Frischluftfanatiker.

Uns ging ja erst an den folgenden Tagen auf, dass dieser Sehnsuchtsort nah am Ende der Welt zu den regenreichsten Städten unserer Erde gehört. Das Wetter ist dort dermaßen wechselhaft, dass keine Hausfrau sich trauen würde, auch nur ein Geschirrtuch zum Trocknen auf ihren Balkon zu hängen. Ein Regenschirm ist deshalb das wichtigste Accessoire jedes Menschen, der sich auf die Straße wagt. Wie sich herausstellen sollte, hatte kaum einer unserer Mitreisenden einen solchen dabei, außer den Zwillingen, natürlich. Ein jeder hatte bei dem Wort Spanien nur an Sonne und Hitzschlag gedacht und daher die Schutzcreme und ein faltbares Stoffhütchen eingepackt. Nicht einmal ich hatte vorgesorgt, obgleich ich doch notorisch pessimistisch bin. Es regnet in der Pilgerstadt mit schöner und heftiger Regelmäßigkeit etwa zwei Mal in der Stunde, Tag und Nacht. Ich schwor mir, nie wieder über nasse Junitage in Günzburg zu schimpfen. – Wenn ich das niederschreibe, Vinzenz, vergesse ich schon wieder, dass ich ja ohnehin keinen einzigen Junitag mehr erleben werde. Ach ja. Mein Abschied von diesem Leben rückt immer näher. Ich will es nun einmal so.

23. Februar 1934: Ausschluss der katholischen Jugendorganisationen von der Fahrpreisermäßigung bei der Reichsbahn. Juli 1934: Verbot katholischer Jugendverbände im Regierungsbezirk Oberbayern. 26.–29. April 1935: Rücksichtsloser Polizeiterror gegen heimkehrende Rom-Pilger des Jungmännerverbandes und Neudeutschlands an der deutsch-schweizerischen Grenze. 23. Juli 1935: Polizeiverordnung gegen alle konfessionellen Jugendverbände.

Focke/Reimer, *Alltag unterm Hakenkreuz*[41]

Zu dieser Abendstunde hielt sich die Vorfreude auf den dreitägigen Aufenthalt in der Stadt, auf liturgiereiche Ostertage mit spanischem Prunk und Pomp bei mir ebenso wie bei den anderen Buspilgern in Grenzen. Alma und Cora hatten die Hände ineinandergelegt und hingen ihren Eindrücken nach, während sie auf die nass glänzenden, rumpligen Kopfsteine von Santiagos Straßen starrten. Die übrigen Leute schwiegen schläfrig oder verdrossen, redeten nur das Nötigste oder verzehrten die letzten Reste ihres Proviants. Alle hatten Hunger und ärgerten sich über jede Verzögerung. Möglicherweise weilten ihre Gedanken auch bei dem bevorstehenden Tag der Einkehr, der dem Besuch beim heiligen Jakobus, dem Hochfest und dem ersehnten Ablass vorgeschaltet war. So war es jedenfalls bei mir, der Jakobspilgerin Walburga Eichner. Einkehr, Buße, Reue, Vergebung – das war mir doch alles ziemlich fremd. Ich konnte mir immer noch nicht vorstellen, dass es dort droben jemanden gab, der mir meine Sünden verzeihen würde. Der heilige Jakob aus Gold in seiner prunkvollen Kirche war mir jedenfalls näher und kam mir konkreter vor als Jesus. Ihn brauchte ich als Vermittler.

Noch vor der Ankunft im Hotel machte der Bus einen kleinen Umweg und näherte sich, so gut es ging, dem Kathedralplatz. Der Herr Glaser ließ alle aussteigen. »Wozu denn das?«, murrten genervte Reisende. Doch der Grund wurde bald offenbar: Über der Altstadt war ein unheimliches Kracken und Knattern zu hören, lautes Klappern und Ratschen, ein Stöhnen und Sirren wie ein Orkan oder verirrte Seelen in Burgruinen. Es übertönte die Fluten, die aus Regenrinnen mit unheimlich geformten Fratzen oder Tiergestalten auf die Straße platschten. Unser Reiseleiter hatte den rechten Zeigefinger erhoben und beobachtete im Halbdunkel der gelblichen Laternen gespannt die Gesichter seiner Schäflein. »Nun, was kann das sein?«, wollte er wissen.

Alma und Cora hatten das Geräusch natürlich alsbald identifiziert. Sie besaßen ein informationsreiches Buch über die Gegend und hatten während der Fahrt immer wieder darin gelesen, statt sich zu unterhalten, was mich geärgert hatte. So machten sie es ständig. Ich sah ihnen auch jetzt an, dass sie Bescheid wussten, doch sie meldeten sich nicht zu Wort. Es genügte ihnen, sich untereinander über einen leichten Druck ihrer verschränkten Arme zu verständigen. Auch wollten sie Herrn Glaser das Vergnügen nicht streitig machen, selbst die Antwort zu verkünden. Das wiederum war ja recht nett von ihnen. »Dieses schmerzvolle Knarzen, meine lieben Pilger, wird seit Jahrhunderten von den Einwohnern als Ersatz veranstaltet für das Ausfallen des Glockengeläuts in der Karwoche«, erklärte er. Großes Erstaunen und beifälliges Gemurmel.

Schnell stiegen wir alle wieder ein, denn es stürmte kalt und nass vom Meer her. Die rothaarige Chauffeurin drehte die Busheizung noch einmal voll auf. Für Herrn Glasers Ausführungen konnte sie kein Interesse aufbringen, war nicht einmal von ihrem Kutschbock gestiegen.

Meine Nacht wurde erneut unruhig. Zwar hätte ich durchaus friedlich einschlafen können, doch ich hatte beschlossen, zum zweiten Mal auf meine Tablette zu verzichten. Außerdem knarzte es die ganze Nacht bis zum Morgengrauen. Daher blieb mein Schlaf trotz der großen Ermüdung dünn und leicht, so dass ich bei jedem ungewohnten Geräusch hochschreckte. Vielleicht hegte ich auch eine heimliche Hoffnung auf die Wiederholung des Wunderschlafs von Donnerstagnacht. Die Einzelheiten dieses Erlebnisses begannen schon zu verblassen. Aber das Gefühl! Das Gefühl blieb erhalten. Umhüllt sein, getragen werden, vertrauen können, geborgen sein. Unvergesslich!

Ich stand bereits am Waschbecken und schaufelte mir mit beiden Händen kaltes Wasser ins Gesicht, als mein Wecker klingelte. Dabei fühlte ich mich an diesem Morgen hellwach, positiv angespannt und voller Erwartung, war doch der bevorstehende Ostersonntag wichtig für mein ganzes Leben. Für die lange Zeit, die hinter mir lag, für die kurze Zeit, die noch vor mir liegt. Ich wollte nur eines: die gerühmte und heilige Pforte der Vergebung durchschreiten.

Trotz der vielen schmerzhaften Gedanken und Empfindungen, die mich beschäftigten, und all der Aufregungen hatte mir die Reise dennoch etwas gebracht. Ich hatte den Vinzenz wiedergetroffen und war den Zwillingen nähergerückt. Seit der Ankunft in Santiago lenkten mich viele interessante Ansichten und Aussichten von meinen Missempfindungen ab. Und die Hoffnung auf Vergebung trug mich von einer Nacht in die andere. Bald würde ich über die Schwelle der Vergebungspforte treten. Wenn's denn stimmte, dass der Sankt Jakob ein mächtiger Vermittler beim Herrn war, dann würde meine Leidensgeschichte vielleicht eine Wende nehmen. Oder gar ein Ende.

Die Stadtbesichtigung am Karsamstag zog sich hin. Das feuchte Straßenpflaster aus dem Mittelalter war rutschig und glitschig. Hier war man gut beraten, keine hohen Absätze zu tragen. Aber was machte ich mir darum Sorgen? Ich und unser Trupp, wir hatten ausnahmslos vernünftiges Schuhwerk an, und die übrigen Pilger, die man durch die Straßen ziehen sah, meist jüngere Leute, trugen entweder dicke, schwere Wanderstiefel oder zerfledderte Turnschuhe mit offenen Senkeln. Ich versuchte nicht, mir vorzustellen, wie die nach der langen Wanderung stinken mussten, sonst hätte ich mich übergeben müssen. Ich selber hatte wohlweislich eine kleine Spraydose mit Schuhfrisch von Dr. Scholl im Koffer, denn es war mir seit jeher ein Gräuel, am Morgen wieder in die am Vortag getragenen Schnürschuhe zu steigen. Dieses Mittel half, Gerüche und Bakterien unter Kontrolle zu halten. Es lag neben der Schokolade und – ich wundere mich jetzt, dass ich es bislang nie erwähnt hab – bei dem Roman, den ich mitgenommen hatte. Denn du kannst dir vorstellen, Vinzenz, nach allem, was ich dir über meine Lesesucht erzählt hab, dass ich nicht ganz ohne Lektüre unterwegs sein konnte. Es war der *Nachtzug nach Lissabon*. Während der ganzen Reise hab ich aber nicht einmal hineingeschaut, war immer viel zu sehr mit Gedanken und Gefühlen beschäftigt oder zu müde oder zu traurig, was weiß ich. Und auch jetzt liegt es noch ungelesen unter dem Sofakissen, denn seit meiner Heimkehr nach Günzburg bin ich unablässig mit Schreiben und Diktieren und Formulieren und Erinnern befasst.

Wie kommt das: Ein Stäubchen, das dein Auge verletzt, wischt du gleich heraus; doch wenn etwas dir die Seele zerfrisst, verschiebst du die Heilung ein Jahr lang?

Horaz, *Episteln*, *Brief an Lollius Maximus*

Zurück nach Santiago. Meine ersten Eindrücke waren gemischt. Die Hausmauern in den engen Gassen, durch die wir im Pulk spazierten, rochen seltsam unsauber, so als hätte jemand Rattengift in allen Ecken und Winkeln ausgestreut, und das aus gutem Grund. Später stellte ich fest, dass diese fast tausendjährigen

Paläste und sogar die Kirchen durchweg bis zur Hüfthöhe verschimmelt waren und weißliche Spuren von Salpeter zeigten, auch von Hausschwamm, und in Gebälk und Täfelungen waren sie von Holzwürmern zerfressen. Urplötzlich überkam mich beim Schlendern durch diese graue Stadt eine wilde Sehnsucht nach unserem frisch renovierten und denkmalgerecht restaurierten Günzburg, das mir doch bisher durch seine albernen Pastellfarben so sehr auf die Nerven gegangen war. Auf jeden Fall riecht aber unsere Heimatstadt geradezu nach Rosen und Jasmin, wahrlich sehr anders als das heilige Compostela. Wie hübsch und freundlich erschien mir mein Heimatstädtchen im Vergleich zu diesen schwarz verregneten Gemäuern, und es war mir herzlich egal, wie viele hohe Herrschaften die Prachtsäle bewohnt und in den klammen Kammern genächtigt hatten. Statt finsterer Fensterlaibungen von hohem architektonischem Rang mit wer weiß wie vielen noch dunkleren Geheimnissen hätte ich lieber grüne Kästen mit roten Geranien gesehen, so wie sie die Mutter am Elternhaus angebracht hatte. Aber ich muss zugeben, das war schon lange her, gut fünfzig Jahre, und ich selbst hatte es weder für nötig gehalten, ihre Tradition in Denzingen fortzuführen, solange ich dort noch wohnte, noch war ich je auf die Idee gekommen, mein Häuschen in der Mengele-Siedlung mit Blumen zu schmücken. So bin ich halt, Vinzenz, immerzu muss ich alles bemeckern und mach es selbst doch keinen Deut besser.

Das lange Herumstehen fiel mir schwer. Ich wurde bald ungeduldig, fast wütend. Gewiss, gewiss, die Sehenswürdigkeiten von Santiago waren eindrucksvoll, alle so uralt und steingrau und pompös, aber nach meinem Empfinden auch abweisend und irgendwie unheimlich in ihrer finsteren Altertümlichkeit. Nun, möglicherweise war es auch die Stimmung der Pilger.

Alles wartete ja an diesem Samstag auf Ostern, auf das Festhochamt, auf die Auferstehung Christi und den Ablass, fast als wär dieser Samstag davor gar kein richtiges, vollwertiges Datum, sondern nur eines, das es galt möglichst schnell hinter sich zu lassen.

Die Geschäfte waren geöffnet, hielten aber in der Zone um das Heiligtum herum ausschließlich Devotionalien und anderen Pilgerkitsch feil, und auch hier mussten wir immer wieder anhalten, wenn jemand aus unserer Gruppe etwas erwerben und dafür anstehen und im Geldbeutel nach Pesetas herumkramen musste, und wir standen uns dahinter die Beine in den Bauch. Es kam sogar vor, dass einige versuchten zu feilschen wie auf einem orientalischen Basar, dabei waren wir doch hier in Europa. Alma und Cora hielten sich vornehm zurück, bis wir an einem Geschäft vorbeikamen, das ausnahmsweise etwas bessere Ware im Fenster ausgestellt hatte. Sie baten uns zu warten und kamen nach wenigen Minuten mit zufriedener Miene wieder aus dem Laden. Jede von ihnen hatte ein hübsches graues Seidentuch erstanden, bedruckt mit rosaroten Pilgermuscheln, beide das gleiche, versteht sich, aber in verschiedenen Schattierungen. Sie waren gern bereit, es von uns Übrigen einen Moment lang bewundern zu lassen, bevor sie es in ihren Umhängetaschen verstauten. Ich traute mich nicht, es ihnen nachzutun, es wär doch gar zu auffällig, wenn ich mit demselben Tuch um den Hals herumgelaufen wäre.

Es ging weiter. Hier eine Aussichtsterrasse, dort eine Kapelle, die ehrwürdige Universität, der Palast des Erzbischofs. Scharen von jungen Leuten umgaben uns. Nicht nur die Fußpilger waren fast alle unter dreißig; die Studenten sahen aus, als seien sie kaum zwanzig, was sich erst aufklärte, als der Glaser uns etwas über das spanische Bildungssystem erzählte. Wir überquerten eine massive mittelalterliche Steinbrücke, die mitten in der Stadt über ein Flüsschen gespannt war. Dann standen wir wieder auf dem großen Platz vor der Kathedrale. Es war später Vormittag. Zwischen einem Regenschauer und dem nächsten leuchtete die Sonne auf die Türme. Doch wir sollten gar nicht so genau hinschauen, sagte der Reiseführer. Ich tat es trotzdem und wunderte mich über den fremdartigen Stil der Fassade, den Treppenaufgang, die Terrassen und die kompliziert gestalteten Glockentürme. In der Mitte große Fenster mit Rundbögen und ganz oben zwischen Engeln, überlebensgroß, der heilige Jakob selbst mit seinem Pilgerstab, als würde er aus einer Tür heraustreten. Was natürlich Unsinn ist, denn der ist ja gewiss nicht zu sich selbst hingepilgert, aber sei's drum.

Zur Linken prangte das überaus teure Hotel de los Reyes Católicos am Platz vor der Kathedrale, einst eine royale Residenz. Könige und Kaiser hätten dort schon genächtigt, sogar der Papst und alle hohen Staatsgäste Spaniens würden dort schlafen. Interessierte mich das? Vinzenz, ach Vinzenz, ich wollte doch nur eines: die Kathedrale betreten, endlich! Den Ablass, die Vergebung! Aber meine Langmut wurde auf die Probe gestellt, und aus der Gruppe ausscheren mochte ich auch nicht. Das Innere der Kathedrale war noch nicht dran, alles ging streng nach Programm.

Es regnete schon wieder, überall nur bunte und schwarze Regenschirme. Die Zwillinge standen eng aneinandergedrängt unter einem kleinen gemusterten Seidendach. Ich selbst hatte nicht an einen Schirm gedacht; Spanien im Frühling war für mich gleichbedeutend mit Sonnenschein gewesen. Nur eine gefältelte dünne Plastikhaube aus dem Notfach meiner Handtasche konnte die frische Dauerwelle retten, während das Wasser mir schon unter den Kragen floss und die schwere Feuchtigkeit bis in meine Unterwäsche drang. Wer weiß, hätten Alma und Cora zwei Schirme gehabt, hätte eine von ihnen mich vielleicht untergehakt und darunter geschützt. Das wär zu schön gewesen. Aber so war es eben nicht. Die beiden standen abseits, lasen in einem Führer, kauften Postkarten, hörten gar nicht auf die Erläuterungen vom Herrn Glaser und zischelten und tuschelten. Die Mitreisenden waren nichts als Luft für sie, sie lebten unter einer gläsernen Glocke. Ich war enttäuscht, von Tag zu Tag heftiger. Die schwachen Ausbrüche der alten sehnsüchtigen Liebe, die ich zwischenzeitlich einmal bemerkte, hielten nicht lange vor.

Auf dem Platz vor der fremdartig barocken Fassade der Jakobskirche hast du als Reiseleiter dir wahrhaftig alle Mühe gegeben, dein Trüppchen bei Laune zu halten, Vinzenz. Die größte romanische Kirche der Welt! Du hast dort vom Apostel Jakobus berichtet, dem älteren Bruder des Johannes, den man den Lieblingsjünger Jesu nannte, nicht zu verwechseln mit dem Herrenbruder. Man bezeichnete den heiligen Jakob – Jackl, Jacques, Jaime, James, Giacobbe, Giacomo, Jacopo, wie immer er in den Ländern der alten Welt auch heißen mochte – als den ersten Märtyrer unter den Aposteln. Traditionell gedachte man zu Ostern seiner Enthauptung am Pessachfest des Jahres 43 unter König Herodes Agrippa I. von Judäa. So steht es in der Apostelgeschichte, aus der du uns bei strömendem Regen vorgelesen hast, in einer Hand den Herrenknirps, in der anderen die Bibel. Ich schaute dich an und sah, dass deine Brille beschlagen war. Daran konnte ich erkennen, dass du den Text auswendig hersagtest. »... und der morgige Sonntag ist daher auch aus diesem Grund ein ganz besonderer Tag. Ob nun seine Gebeine tatsächlich in einem schweren steinernen Sarkophag an die Küste Galiziens geschwemmt worden sind, was bereits ein Wunder an sich wäre, und das rund achthundert Jahre nach seinem Tod, ausgerechnet zu einer Zeit, als der nordspanische Bischof Theodemir einen katholischen Trumpf gegen die ketzerische Gemeinde von Toledo ausspielen wollte, um sein Bistum aufzuwerten, und ob sein abgetrenntes Haupt wirklich im Heiligen Land zurückgeblieben ist und seither dort oder auch in Innsbruck oder aber in Russland aufbewahrt wird – wer kann das schon sagen? Es sei dahingestellt, und im Übrigen, glauben Sie mir, liebe Pilgergäste, ist es nicht wirklich von Bedeutung. Wichtig ist nur unsere Herzensandacht und das Vertrauen auf Vergebung durch die Gnade Christi durch die Fürbitte des Heiligen.« Das sagtest du, Vinzenz, mit dem halb durchnässten Rücken zur Fassade gewandt, und ich wollte nichts sehnlicher, als deinen Worten Glauben schenken.

»In dem kostbaren silbernen Truhenschrein, der in der Krypta der Kathedrale dort vor Ihnen steht, ruhen auf jeden Fall Menschenknochen, deren Heiligkeit seit über tausend Jahren durch die Anbetung von Abermillionen Pilgern aus der ganzen Welt gewährleistet und bestätigt wurde. Ich denke, dass die Kraft der frommen Verehrung diese Gebeine mit andächtiger Energie aufgeladen hat«, hörte ich dich weiterreden. »Und fest steht, dass man auch in diesem Gnadenjahr 1999 weit mehr als vierzehn Millionen Pilger in Santiago erwartet. Die meisten kommen übrigens nicht etwa zu Fuß und ganz ohne Pilgerausweis, dies den Anwesenden zum Trost. Es ist ja für den Ablass der zeitlichen Sündenstrafen auch überhaupt nicht nötig. Dazu bedarf es lediglich der Beichte, der feierlichen Messe in der Kathedrale und der aufrichtigsten Reue, meine lieben Pilgersleut'.«

Wer leichte Sünden begeht, verletzt die Freundschaft mit Gott. Sie kann durch das Bußsakrament oder durch Werke der Buße (Gebet, Fasten, Nächstenliebe) aber wieder erneuert werden. Zeitliche Sündenstrafen bleiben dem Sünder jedoch. Er muss entweder im Diesseits oder im Fegfeuer für seine Sünden büßen. Stirbt er, ohne von seinen Sündenstrafen befreit worden zu sein, gelangt er in einen Läuterungszustand, auch »Purgatorium« (Reinigungsort) oder Fegfeuer genannt. Denn bevor jemand das Angesicht Gottes schauen und die Freude des Himmels in der Gemeinschaft der Heiligen genießen kann, muss er ganz rein und heilig geworden sein. Dies geschieht entweder durch die Leiden, die Not und die Mühsal des irdischen Lebens oder nach dem Tod mittels Strafen, die die sogenannte »Arme Seele« im Fegfeuer passiv erleiden muss.

Peter Christoph Düren, *Der Ablass in Lehre und Praxis*[42]

Ich denke mal, du wolltest dich zwischen Tür und Angel nicht gern auf theologische Grundfragen einlassen. Problematische Aspekte des Heiligenkults gab und gibt es ja mehr als genug. Man hätte zum Beispiel diskutieren können über den Unterschied zwischen Glauben und Aberglauben, über den Wert von Pilgerschaft und Reliquienverehrung an sich, über Glaubenswahrheit, historische Verbürgtheit und fromme Legende. Natürlich wird es mir erlaubt sein zu bezweifeln, ob irgendeiner aus unserer Busgemeinschaft Interesse an einer solchen Erörterung gezeigt hätte. Aber du, klug wie du bist, löstest das Dilemma auf deine Weise, indem du als kirchlicher Reisebegleiter deine Erläuterungen immer wieder mit einem feinen oder gar verschmitzten Lächeln oder einem kaum sichtbaren Augenzwinkern versahst. Und wer Ohren hatte zu hören, konnte sich seinen Reim auf deine Miene machen. Die meisten deiner Zuhörer waren zum Glück religiös naiv, sogar noch mehr als ich – und das will etwas heißen. Sie waren nicht einmal tiefgläubig, wenn wohl auch frömmer als ich selbst – und dazu gehörte nicht viel. Einige Busgenossen hatten bereits schamvoll gestanden, dass sie Protestanten waren oder gar aus der Kirche ausgetreten. Ich allerdings fand, dass damit eine Grenze überschritten war. »Das geht doch zu weit!«, dachte ich. »Sollen die doch mit anderen Organisationen hierherfahren, diese Ketzer, nicht gerade mit dem Bayerischen Pilgerbüro, wo man doch hofft, unter sich zu sein.«

Du wirst verstehen, Vinzenz, meine bigotte Kritik an den Ungläubigen war am End' nur ein kleines Ventil für meinen Zorn auf die Zwillinge, die mich so standhaft ignorierten. Ich gab mir alle Mühe, sie ebenfalls nicht eines Blickes zu würdigen, doch meine innere Aufmerksamkeit galt ihnen ohne Unterlass. Hätte ich sie geboren und hingen sie mir noch an der Nabelschnur, es wär nicht anders gewesen. Ich beobachtete außerdem ständig dich, den Vinzenz Glaser – verstohlen und von Weitem.

Für dich, das merkte man dir an, Vinzenz, war klar, dass der Mensch selbst mit seinem Vertrauen auf Hilfe und Gnade die Objekte der materiellen Welt zu heiligen vermochte und dass Orte, Bauten und Bücher ebenso wie Gegenstände aus Gold und Silber durch die Energie von Glauben und Hoffnung aufgerüstet wurden. Für die Schönheit der Kathedrale war ich allerdings wenig empfänglich. Mich störte auch der säuerliche Geruch, der die ganze Stadt durchzog. Alte Steine, bemoost, verwittert, von ewiger Feuchtigkeit durchtränkt.

Der geistliche Begleiter unterbrach seinen kleinen Vortrag, indem er den Schirm schüttelte und zusammenklappte, denn es gab eine Regenpause. Die dunklen Wolken rissen für eine Viertelstunde auf. Plötzlich glitzerte das prachtvoll geschmückte Bauwerk mitsamt dem weitläufigen Platz in hellstem Sonnenschein, als sei alles vergoldet. Meine Reisegenossen verstummten vor Verwunderung. Jeder nasse Stein glänzte, alle Dachfirste, Fenstersimse und Türmchen erschienen in märchenhaftem Licht. Ich muss zugeben, auch ich war wie verzückt.

Jetzt zeigte sich, was der Herr Glaser die ganze Zeit schon in seinem schweren Jutebeutel mitgeschleppt hatte. »Äpfel«, rief er, »saftige, knackige Bioäpfel! Sozusagen geweiht, meine lieben Pilgersleut', denn, jetzt hören Sie mir gut zu und merken Sie sich eins, unser Heiliger hier ist nämlich der Schutzpatron der Apfelernte. Gell, das hätten Sie nicht gewusst, oder?«, fragte er nach einer Kunstpause. »Aber ich sage Ihnen Folgendes: ›An Jakobi heiß und trocken, kann der Bauersmann frohlocken!‹ Diesen Spruch kann doch ein jeder behalten.«

Meine Reisegenossen bissen je nach Zahnstatus kräftig oder sehr vorsichtig in die Äpfel, die er austeilte, als seien es Hostien. Man wiederholte freudig das Sprichwort und prägte sich diese Bauernweisheit ein, um sie an passender Stelle, zum Beispiel am nächsten Jakobstag, an einem 25. Juli, in Günzburg oder sonst wo im Schwabenländle zum Besten geben zu können. Ich steckte meinen Apfel in die Handtasche. Sie wog schwer in meiner Hand. Mir war eingefallen, dass ich während meiner drei Herbstmonate in Auschwitz nicht einen einzigen Apfel zu Gesicht bekommen hatte. Und an diesem nassen Tag in Santiago wollte er mir nicht schmecken.

20. April 1944: Die Stimmen, die sich besorgt über die Zukunft unserer Ernährung äußern, nehmen zu. Man fragt sich vor allem, wie sich die Versorgung nach dem Verlust der wichtigen Ostgebiete gestalten werde, nachdem aus ihnen nicht nur die Wehrmacht, sondern auch ein Teil der Zivilbevölkerung ernährt worden sei. ... Im September und Oktober 1944 wurde die Brotzuteilung für Normalverbraucher von 9700 Gramm auf 8900 Gramm für vier Wochen verringert, die Fettmenge von 875 Gramm auf 700 Gramm für den gleichen Zeitraum gekürzt. Obst gibt es nur noch in Ausnahmefällen ... Am 25. Januar 1945 wurde bekannt gegeben, daß die Verbraucher mit den für acht Wochen vorgesehenen Rationen eine Woche länger auskommen müßten. Ende Februar ging man dazu über, teilweise Rohgetreide auszugeben, weil die Mehlversorgung ganzer Gebiete ausfiel. Die Reichsfrauenführung erhielt den Auftrag, die deutschen Frauen in der Kunst des Zerkleinerns von Getreide mittels Fleischwolf oder Kaffeemühle zu unterweisen.

Geheime Lageberichte des Sicherheitsdienstes der SS

Nach dem Mittagessen ging es zum Beichten. Doch welche Enttäuschung! Nicht etwa in der Kathedrale fand diese Bußhandlung statt. Dafür mussten wir Pilger aus Günzburg, Augsburg, Ulm und Umgebung eine nichtssagende moderne Stadtkirche in der Nähe des Hotels aufsuchen, wo alle der Reihe nach abgefertigt wurden. Ja, abgefertigt war das richtige Wort. Ich stellte es mürrisch fest und war andererseits heilfroh, denn die Sache lief für mich ganz genau so, wie seinerzeit in der Heimat geplant. Das Deutsch des Priesters, kein Spanier, sondern ein Schwarzer, vielleicht aus Nigeria, war derart mangelhaft, dass ich nicht befürchten musste, er könne mich verstehen, wie ich eifrig und in vorgetäuschter Frömmigkeit in seinem Beichtstuhl kniete und in dürren Worten und betont starkem Günzburger Zungenschlag von meiner Zeit im Osten sprach. Für meine Ohrenbeichte hatte dieser Mönch, der für mich zuständig war, wohl wenig Gehör, denn ich hab sie absichtlich so unverständlich wie möglich gehalten. Selbstverständlich fiel weder das Wort Auschwitz noch der Name Mengele. Selbstverständlich erhielt ich die Absolution, sollte zwölf Ave Maria beten und mich um Wiedergutmachung bemühen.

Wer das Elend bannen wöll
Der heb' sich auf und sey mein G'sell
Wol auf Sankt Jakobs Strassen.
Zwei Paar Schuh, der darf er wol,
Ein Schüssel bey der Flaschen.

Ein breiten Huth, den soll er han
Und ohne Mantel soll er nit gahn
Mit Leder wohl besezet,
Es schnei' oder regen' oder wehe der Wind
Daß ihn die Luft nicht nezet.

Sack und Stab ist auch dabey
Er lug, daß er gebeichtet sey
Gebeichtet und gebüsset.
Denn kommt er in die welsche Land
Er findt kein deutschen Priester.

Jakobslied, ca. 1808[43]

Damit hatte ich endlich meine Beichtpflicht erfüllt und wartete nun auf den großen Moment. Bußfertig war ich nicht wirklich. Ich brachte es einfach nicht übers Herz, das Schweigen eines halben Jahrhunderts ehrlich zu brechen. Und außerdem quälte ich mich immer noch mit der Frage, was ich eigentlich Schlechtes getan haben sollte. Was hatte ich zu büßen? Das Windeln und Füttern? Das Schweigen? Meine angstvolle Verstocktheit?

Vinzenz, am End' wirst du mehr von dem erfahren haben, was mir so bleischwer auf dem Herzen lastet, als der Mann im Beichtstuhl, denn du hörst auch das, was ich nicht auszudrücken vermag.

Aber warum hilft der Mann aus Samarien? Weil er Mitleid hat, weil er mit dem Blick des Anderen auf sich selbst schaut und in der Lage ist, die Perspektive dessen einzunehmen, der unter die Räuber gefallen ist. Jene aber, die vorbeigehen, ohne zu helfen, sind unfähig zum

Rollenwechsel. Ihr Gewissen ist abhängig von Dienstvorschriften, nach denen nur die rituellen Pflichten zählen. Sie werden schuldig, weil sie in buchstäblicher Pflichterfüllung alles richtig machen wollen und darüber die Not des Anderen vergessen, der ihre Hilfe bräuchte.

Eberhard Schockendorff, »Ein schlechtes Gewissen kann ein guter Freund sein«[44]

Die Zwillinge spürten wahrscheinlich keinerlei Bedürfnis, an dem kollektiven Beichtritual teilzunehmen. Wir kamen auf dem Weg zur Vorstadtkirche an ihnen vorbei. Sie hatten sich vor dem Schnürlregen in das Café des berühmten Hotels neben der Kathedrale geflüchtet, ohne sich abzumelden. Das wurde in der Gruppe säuerlich kommentiert. Alma und Cora saßen auf dem Vorplatz unter einer Markise mit Wärmestrahlern. Glaubst du, sie hätten uns zugewinkt? Mitnichten! Zufrieden hielten sie sich bei den Händen und beobachteten aus ihren Korbsesseln die übrigen Gäste. Vornehmlich handelte es sich um ältere Amerikaner in karierten Freizeithosen und Baseballkappen, hochrot im Gesicht; die Frauen mit blau oder zartviolett getöntem weißem Haar und stark geschminkten Lippen, einige darunter wahrscheinlich geliftet. Geld, das war offensichtlich, hatten sie alle genug mitgebracht. Dort im Warmen genossen meine Lieblinge wahrscheinlich nach einer rosasahnigen Hummersuppe ihren Cappuccino mit zuckersüßen Erdbeertörtchen.

Erdbeeren! Ja, die gab es im März reichlich in Spanien. Wir hatten schon welche zum Nachtisch bekommen, gut gezuckert mit einem Spritzer Zitronensaft. Gern hätte ich zwei Portionen gegessen. Weil ich aber nur ein einziges Schälchen bekommen hatte, blieb ein Verlangen danach in mir zurück, so wie bei manchen Kinder, die von aufgehäuften Eisbechern mit Schlagrahm niemals genug bekommen können, selbst wenn ihnen schon speiübel ist. In Günzburg kann man ab Februar spanische Erdbeeren kaufen, einheimische erst im Juni. Ich gönne mir selten welche, nicht einmal jedes Jahr; dafür muss ich schon besonders gut aufgelegt sein. Und wenn ich sie dann in meiner Küche putze, esse ich kaum das ganze Pfund auf, denn ich kann das besondere Aroma meiner Kindheit einfach nicht wiederfinden, und werfe den Rest oft nach zwei Tagen, wenn schon alles angefault ist, enttäuscht in den Müll.

Unser Hotel war schlicht und ordentlich. Wir bekamen am Abend die Standardmahlzeit der Pilger: Suppe, Hauptgericht und Nachtisch. Weil Karsamstag war, gab es einen Gemüseeintopf ohne Fleisch, der schmeckte trotzdem ganz gut, und ich holte mir einen zweiten Teller. Auch aß ich mein Schälchen Kompott gern auf; ich glaube, es handelte sich um einen Obstsalat aus der Dose. Dann floh ich in mein Zimmer, um dir zu entkommen und um zur Belohnung für meine Beichttat ein paar Katzenzungen zu essen. Ich wollte auch mal in mein Buch hineinschauen, das sollte mich ablenken. Aber ich hatte mich verrechnet. Denn kaum hatte ich meine Strickweste ausgezogen, da klopfte es an die Zimmertür, und deine Stimme rief mich vom Korridor aus: »Burgl! Wir wollten doch noch miteinander reden! Hast du jetzt ein halbes Stündle Zeit? Ich komm auch gern zu dir hinein, wenn du nicht noch einmal nach unten gehen magst.«

Mir wurde himmelangst bei der Vorstellung, einer von unseren Busgenossen könnte hören, wie du mich duztest und in mein Zimmer wolltest – wie ein heimlicher Liebhaber. Schnell schaute ich auf die Uhr und sah, dass es erst zwanzig nach acht war. Dennoch machte ich die Tür nicht auf, sondern rief zurück:

»Ich bin schon müd und grad am Zubettgehen. Es war ja anstrengend heut mit all den Besichtigungen.«

»Ach komm, Burgl, leiste mir noch ein wenig Gesellschaft! Lass uns ein Glas Wein zusammen trinken, wo doch morgen der große Tag ist. Tu mir den Gefallen, ich bitte dich darum! Ganz, ganz herzlich!«

Konnte ich da Nein sagen? Wie ein hypnotisiertes Kaninchen kam ich mir vor. Ich bat um ein paar Minuten Aufschub, zog meine Schuhe wieder an, nahm die Wollweste unter den Arm, falls es in der Halle zugig wäre, und packte meine Handtasche. Im Zimmer hätten wir womöglich zu zweit auf dem Bett sitzen müssen. Da wollte ich dich auf gar keinen Fall haben. Heute denke ich, ich wär besser standhaft in meiner Weigerung geblieben. Aber es ist, wie es ist. Du hast dich nicht abwimmeln lassen.

Ich ging mit dir zum Fahrstuhl, fuhr hinab in die Halle mit ihren großen Sesseln und Sofas aus dunklem Kunstleder und ließ mich in einer Ecke nieder. Müde war ich wirklich, man reagiert in meinem Alter ja auch auf die Luftveränderung. Ich spürte sogar, dass mit meinem Blutdruck etwas nicht in Ordnung war. Ob nun zu hoch oder zu niedrig, das konnte ich nicht sagen. Ich war aufgeregt wie bei einer romantischen Verabredung, zugleich aber fest entschlossen, nichts mehr von mir preiszugeben, und wenn er auch noch so sehr in mich dringen würde, dieser Vinzenz.

Doch es kam schon wieder ganz anders. Wirklich, diese ständigen Wechselbäder kann ich nicht ausstehen, ich bin's einfach auch nicht gewohnt, mit den Reaktionen und Bedürfnissen anderer Menschen zu rechnen, schließlich rede ich oft eine Woche lang mit niemandem, und wenn, dann hör ich nur der Rosa zu, die merkt ja nicht, wenn ich nichts sage.

Du holtest von der Hotelbar zwei Gläser Wein, hattest mich

gar nicht erst nach meinen Wünschen gefragt, sondern warst einfach damit auf die Sitzgruppe zugesteuert. Ich traute mich an diesem Abend auch schon wieder an einen Rotwein, obgleich ich doch befürchten musste, durch den ungewohnten Alkoholgenuss meine Widerstandskraft zu zermürben. Nachdem du es dir bequem gemacht hattest, nicht weit von mir im Sofa, über Eck sozusagen, strecktest du dich mit einem Seufzer aus. Niemand konnte unser Gespräch mithören, das beruhigte mich. Allerdings kam noch einmal die Bedienung vorbei, um drei Schälchen mit Erdnüssen, grünen Oliven und Kartoffelchips auf unseren Tisch zu stellen. Dann wurde es ruhig und still um uns, obgleich eine Hintergrundmusik zu hören war. Ich sagte nichts, du sagtest nichts. Irgendwann hielt ich es nicht mehr aus und murmelte: »Ich hätt eigentlich lieber was Süßes!«

Du guter Mann sprangst sofort auf, ranntest zum Tresen und holtest ein Fünferpackl Mon Chéri, das du stolz vor mich hinlegtest wie ein Kater eine tote Maus für sein Frauchen. Ich versuchte, nicht gerührt zu sein. Dann nipptest du an deinem Rotwein, stelltest das Glas wieder hin, und ich hörte, wie du krachend mehrere Chips zerkautest. Ich glaube, du hättest dir am liebsten ein Pfeifchen angezündet, um es gemütlich zu haben. Meinen Wein ließ ich stehen, bewegte mich nicht, schaute auch nicht zu dir hinüber, sondern wie gebannt auf die Kirschpralinen. Sie waren mir nämlich gleich nach den Katzenzungen das Zweitliebste, doch ich leistete sie mir nur selten. »Gleich nehme ich eine«, beschloss ich und genoss schon einmal das vorfreudige Warten auf den ersten knackigen Biss durch die harte dunkle Schokolade, wenn die Hülle vom Lutschen schon dünner geworden ist und man der schnapsigen Kirsche einfach nicht mehr widerstehen kann.

Neben mir hörte ich dich leise seufzen. Gerade wollte ich

nach dem Fünferpackl greifen, um eine der Kirschpralinen auszuwickeln und mir in den Mund zu schieben, da hast du dich aufgerichtet. Du beugtest dich vor, langtest mit dem linken Arm zu mir hinüber und legtest deine Hand auf mein Knie. Ich erschrak und war ratlos. Wie sollte ich bloß reagieren? Du zogst deine Hand wieder zurück, hast beide Ellenbogen auf deine Knie gesetzt, dich an Kopf und Bart gekratzt und begannst dann zu sprechen, doch so leise, dass auch ich mich vorbeugen musste, um dich zu hören.

»Burgl, woisch, auch ich war heute beim Beichten, denn ich hab weiß Gott genug Last auf der Seele. Und ich fühle mich auch ein bisschen erleichtert, aber nicht sehr viel, denn das meiste, was mich bedrückt, hab ich am Ende doch zurückgehalten und mich nicht wirklich rückhaltlos offenbart. Absolution hin oder her, ach Herrgott, wie oft hab ich schon im Beichtstuhl gesessen! Aber der Stein auf meinem Herzen, der rollt nicht herunter, weil ich immer nur das Nötigste sage und die Regeln des Rituals erfülle. Versteh mich nicht falsch: Ich bin sicher, dass Gott mir längst vergeben hat und dass Jesus meine Sünden trägt. Doch ich selbst, ich bin's, der sich nicht verzeihen kann – und das, genau das, ist auch eine Sünde. Ich glaub, es ist eine Mischung von Hochmut und Stolz und irgendetwas Verqueres in mir, das sich klein und hässlich und schlecht fühlen möchte, sozusagen als Selbstbestrafung. Vor Erlösung und Vergebung hab ich richtig Angst!«

Im geistlichen Bereich gehört allen alles. Da gibt es kein Privateigentum. Das Gute des anderen wird meines, und meines wird sein. Alles kommt von Christus her, aber weil wir zu ihm gehören, wird auch das Unsere zum Seinigen und erhält heilende Kraft. Das ist mit dem Schatz der Kirche, den Rechttaten der Heiligen gemeint. Den Ablaß beten heißt in diese geistige Gütergemeinschaft eintreten und sich ihr zur Verfügung stellen.

Joseph Kardinal Ratzinger, *Bilder der Hoffnung*[45]

Du seufztest, ohne den Kopf zu heben, und hieltst dann inne. Ich verstand: Das war jetzt keine Missionspredigt, die du an mich richten wolltest, sondern ein Versuch, deine tiefe Einsamkeit mit mir zu teilen. Ach Vinzenz, da war ich grad die Richtige! Aber du hast das wohl anders gesehen, denn du fuhrst fort: »Burgl, was ich dir erzählen will, das geschah zu der Zeit, als wir uns zum letzten Mal begegnet sind, es war zum Ende des Feuerwehrballs, Anfang der Fünfzigerjahre, weißt du noch? Ich hab dich damals in der Nacht geküsst, und du warst fürchterlich erschrocken, weil ich mich wie ein Mann benahm und nicht wie ein Priesterschüler. ›Genau wie die anderen Männer‹, wirst du gedacht haben, ›wollen alle nur das eine!‹ Oder so ähnlich. Später wirst du noch viele Männer geküsst haben, gell? Und bist mir nimmer bös. Ich aber, ich musste seither tausendmal an dich denken und daran, wie feige ich war, dass ich mich nie mehr bei dir gemeldet habe. Dabei warst du schon seit der Kindheit meine heimliche Liebste! Ich hatte aber viel zu große Angst vor dem Schritt, den Priesterberuf aufzugeben, obgleich ich schon längst wusste, dass er überhaupt nicht meine Berufung war. Ich hab mich doch nur dafür entschieden, um meine Leut' glücklich zu machen. Am liebsten hätte ich gleich am nächsten Tag dort im Dillinger Seminar alles hingeworfen, hätte das Studium geschmissen, wäre zu deinem Vater gerannt und hätte um deine Hand angehalten. Verstehst', Burgl, wie mir zumute war? Ich hab's aber verbockt, weil ich kein mutiger Kerl war, sondern ein armer Wicht mit einem schlechten Gewissen.«

Ich saß erstarrt. Mein Alternativdasein als Frau vom Vinzenz und Mutter seiner Kinder lief wie eine Diashow durch mein Hirn: Klick! Klick! Klick! Klick! Aber es war nun einmal nicht mein Leben geworden, daran gab es nichts zu ändern. Und an mein verpfuschtes Frausein wollte ich nicht erinnert werden. Andere geküsst, viele andere geküsst? Wenn der wüsste, der Vinzenz, dachte ich. Und es lag nicht einmal an ihm, sondern ich war ja letztlich an den Schwur gebunden, den ich dem Doktor Mengele geleistet hatte. Er hat mich gebannt, dieser Teufel, und ich bin ihm treu geblieben, bis alles zu spät war und ich endlich anfing zu kapieren, wem ich da in die Hände gefallen war. Da konnte ich als alte Jungfer, als entweiblichte Dörrpflaume, meinen Kurs nicht mehr ändern, sondern mich nur noch durch meine schlaflosen Nächte quälen und hoffen, dass es niemals herauskommt, wo ich gewesen und an welch grausamen Verbrechen ich mich beteiligt hatte, ohne es zu ahnen.

Mir blieb im Moment nichts anderes übrig, als schnell nacheinander alle fünf Mon Chéri auszuwickeln und mir jeweils zwei und zum Schluss noch die letzte Praline in den Mund zu schieben, ohne sie genießen zu können. Ich hoffte vielleicht, der Schnaps darin würde mich betäuben, und zur Sicherheit stürzte ich gleich noch das ganze Glas Rotwein hinterher. Nach außen blieb ich ungerührt, doch war ich in einem unbeschreiblichen inneren Aufruhr begriffen. Hättest du diese Dinge bloß in Gottes Namen für dich behalten, Vinzenz! Wer wollte denn schlafende Hunde wecken! Konnte denn kein einziger Mensch außer mir eisern den Mund halten? Ich war zornig und hilflos, gepanzert und zugleich aufgeweicht durch deine Worte. Egal, egal, ich wusste überhaupt nicht, was ich dir antworten sollte. Konnte überhaupt nichts sagen. Also schwieg ich, die Lippen fest aufeinandergepresst, mein Mund eine umgestürzte Mondsichel.

Doch anscheinend hattest du gar keine Antwort erwartet, denn du fingst wieder an zu reden und sagtest: »Das war erst einmal nur meine Einleitung, Burgl, bitte nimm's mir nicht übel, und verzeih mir, dass ich so unglücklich bin. Aber es ist nun einmal so, dass ich zu dir mehr Vertrauen habe als zu jedem Geistlichen und dass ich dir Sachen erzählen kann, die wirklich keiner weiß. Ich will ja auch nicht von dir losgesprochen werden. Aber ich muss es nun einmal loswerden, damit zwischen uns beiden, meine liebe Burgl, ein sauberes Beisammensein entstehen kann. Denn ich will dich doch gern wiedersehen, in Günzburg, wir könnten's doch schön haben, mir zwoa Oid'n, moinscht ned? Aber dafür muss ich aufrichtig sein.«

In mir bäumte sich alles auf. Ich musste aufstoßen, die Pralinen machten mir Sodbrennen, und mein Herz begann heftig zu pochen. Bei dem Gedanken, dass du mich in meinem Häuschen heimsuchen könntest, in meiner Einsiedlerklause, meinem Schutzbunker, drehte ich schier durch. Diese Vorstellung war ungeheuerlich, noch viel schlimmer als der angedrohte Besuch von Frau Kienle, den ich irgendwie ignorieren konnte.

Doch trotz aller panischen Abwehr spürte ich auch deine Verletzlichkeit, deine herzerweichende Zutraulichkeit. Und ich konnte es gar nicht fassen, dass du mir deine Geheimnisse offenbaren wolltest – ausgerechnet mir, der alten, vertrockneten Eichner-Nuss, die alles dafür tat, um nicht geknackt zu werden! Denn geknackt zu werden ist wie Sterben, und obgleich ich immerzu tot sein wollte, hatte ich doch nicht vor, auf einem spanischen Sitzmöbel mein Leben auszuhauchen. Ich war aber sehr nahe dran und griff nach meinem Nitrospray, das ich brauchte, um keinen Herzanfall zu bekommen.

»Ja, ich will offen sein mit dir, Burgl. Und deshalb sag ich dir jetzt, dass wir vor der berühmten Augustnacht schon einmal zusammengetroffen sind. Du weißt anscheinend nichts davon, und sogar ich hatte es fast vergessen. Es fiel mir erst wieder ein, als ich bemerkte, wie du in den vergangenen Tagen ständig mit einem Auge bei den Damen Stadlmayer warst. Du hast sie belauert wie eine Füchsin auf Mäusejagd, so dass dich kaum etwas anderes interessierte, keine Kirche und keine Landschaft. Und da hab ich mich gefragt: Warum ist sie überhaupt mitgekommen auf diese Pilgerfahrt? Was hat sie mit diesen Zwillingen zu tun? Ihr habt ja nicht miteinander geredet, deshalb konnte ich mir zuerst keinen Reim drauf machen. Erst als du es geschafft hast, mit der Frau Kienle den Platz zu wechseln, um hinter dem seltsamen Pärchen zu sitzen, ist mir endlich etwas gedämmert. Da fiel mir eine eiskalte Nacht ein und eine junge Braune Schwester, die in unsere Rotkreuzstation am Günzburger Bahnhof zwei ganz kleine Kinder abgeliefert hat und dann auf Nimmerwiedersehen verschwunden ist. Und ich habe zwei und zwei zusammengezählt. Denn die Namen Alma und Cora, Seele und Herz, die würde ich niemals vergessen. Und in diesem Zusammenhang, als ich euch hier im Bus sah, da wurde mir klar, dass du und niemand sonst die junge Schwester gewesen sein musst.«

Ich hielt den Atem an, versank in dem Sessel und schlug die Hände vors Gesicht. Erst nach Minuten hob ich den Blick und hörte mich sagen: »Warst dann du der Stationshelfer, der magere Bursch', der die Personalien aufgenommen hat? Ich kann mich gut an den erinnern. Es war eine schreckliche Nacht, vielleicht die schrecklichste in meinem ganzen Leben. Aber dass du's damals gewesen bist, nein, also das …« Meine Stimme war fast genauso heiser wie damals, als ich die schwere Erkältung hatte.

Du nicktest, sagtest aber sonst kein Wort.

»Hast mich aber nicht erkannt?«, drängte ich. »Hast gewiss

gemeint, das wären meine zwei unehelichen Bälger, die ich loswerden wollt?«

»Nie im Leben, Burgl! Ich habe weiter gar nichts gedacht, glaub's mir doch. Ich war nur hungrig und todmüde und wollte ein Nickerchen machen in meiner Ecke. Nein, erkannt habe dich nicht. Sonst hätte ich dich doch begrüßt, mein Kinderliebchen! Aber die Kleinen, die fingen bald an zu greinen, und weil die Vorsteherin davon nicht einmal aufwachte, habe ich die zwei zu mir in die Hinterstube geholt. Dort konnte ich sie auf den Arm nehmen und trösten, wiegen. Damit hatte ich doch Erfahrung wegen meiner vielen Geschwister. ›Almale‹, habe ich geflüstert, um sie zu beruhigen, ›Corale. Nicht weinen. Ist alles gut, ist alles gut. Almale. Corale.‹ Immer abwechselnd, weil ich sie doch nicht unterscheiden konnte. Ich hielt sie in beiden Armen. Natürlich wusste ich, dass überhaupt nicht alles gut war. Auf meinem Schoß schliefen sie dann ein, und ich sackte auch weg. Am nächsten Morgen versorgten wir sie, es gab für uns alle etwas zu essen, und irgendwie kamen wir auch an Windeln. In meiner Amtsstube hatten wir ihnen ein Bettchen aus Zeitungspapier und Militärdecken gemacht. Einen Tag später kam dann der Anruf von irgendeiner einflussreichen Person. Dann wurde ich beauftragt, die Papiere und die Kinder zur alten Frau Mengele zu bringen, denn die hatte sich anerboten, gute Adoptiveltern zu suchen, und das ist ihr ja dann auch gelungen. Die Stadlmayers, die waren damals beide schon über vierzig und kinderlos, und betucht waren sie und linientreu, die haben die Zwillinge sofort aufgenommen und alles Übrige in die Wege geleitet. Die Kleinen hatten es gut bei denen. Wir auf der Station waren heilfroh, dass wir uns nicht um noch mehr Waisenkinder kümmern mussten; es kamen ja fast täglich welche bei uns an. Ich war damals noch nicht einmal zwanzig und wehruntauglich wegen meiner Tuberkulose. Aber ich hatte noch meine lieben Eltern, die haben den Krieg genauso gehasst wie ich und haben lieber die Schande mit mir in Kauf genommen, als mich an die Front zu schicken. Herzensgute Leut' waren das, woisch, deshalb konnt' ich das Elend kaum ertragen, das mir aus den vielen verweinten Kinderaugen entgegenschlug. Diese armen Wesen, die Vater und Mutter verloren hatten. Aber wie wir alle versuchte auch ich, hart und tapfer zu sein, gerade weil mich so viele für einen Schlappschwanz hielten, wo ich doch nicht im Feld war. Keine Gefühlsduselei, das befahl ich mir täglich aufs Neue. So waren wir nun mal erzogen. Das war bei dir gewiss ähnlich.«

Wie Soldaten mussten die Zehnjährigen zur Musterung antreten, ehe sie zum Dienst im Jungvolk einberufen wurden. Die Aufnahme erfolgte am Vorabend des 20. April, Hitlers Geburtstag … Man musste das Horst-Wessel-Lied und das HJ-Fahnenlied singen und die sogenannten »Schwertworte« kennen: »Jungvolkjungen sind hart, schweigsam, tapfer und treu. Jungvolkjungen sind Kameraden. Der Jungvolkjungen Höchstes ist die Ehre.« … Zwölfjährige Hordenführer brüllten zehnjährige Pimpfe zusammen. Die kleinsten Aufsässigkeiten, die harmlosesten Mängel an der Uniform, die geringste Verspätung wurden sogleich mit Strafexerzieren geahndet – ohnmächtige Unterführer ließen ihre Wut an uns aus. Uns wurde von Kindesbeinen an Härte und blinder Gehorsam eingedrillt. Wie haben wir das nur ertragen? Wir alle waren vom Ehrgeiz gepackt, wollten durch vorbildliche Disziplin, durch Härte im Nehmen, durch zackiges Auftreten den Unterführern imponieren.

Denn wer tüchtig war, wurde befördert, durfte sich mit Schnüren und Litzen schmücken, durfte selber kommandieren. In der Praxis hieß das: Wer oben ist, darf treten.«

Karl-Heinz Janßen erinnert sich an seine Pimpf-Zeit[46]

»Die Zwillinge«, fügtest du hinzu, und deine Stimme klang nachdenklich, »die waren noch so klein, die wussten wenigstens nichts von ihrem Leid. Solange ich noch in Günzburg war, die ersten drei Jahre nach dem Krieg ungefähr, da hab ich sie oft in der Stadt gesehen, erst in ihrem Doppelkinderwagen und später in niedlichen Kleidchen an den Händen von Frau Stadlmayer, das sah ja auch wirklich nett aus. Sie war stolz wie Oskar auf die beiden. Später bin ich dann ja nach Dillingen ins Priesterseminar, da hab ich das Ganze bald völlig vergessen, hatte meine eigenen Sorgen und Nöte. Und was für Sorgen!«

Ich saß stocksteif da. Von Auschwitz und so weiter sagtest du nichts. Wusstest du – oder wusstest du nicht? Mein Herz klopfte wie verrückt, so als hätte das Nitro gar nichts genützt. Mein linkes Augenlid fing an zu zucken, mein Mund war trocken. Ich hörte dich reden und reden und war die ganze Zeit darauf gefasst, mein Todesurteil zu hören. Fast sehnte ich mich sogar danach, es wollte mir wie eine Erlösung erscheinen. Und als hättest du mir noch nicht genug zugemutet, du grausamer Kerl, hast du begonnen von dem Mord zu erzählen, der dir so auf der Seele lastete. Ein Mord, der kein Mord war, und eine Schuld, die juristisch nicht verfolgt werden konnte, aber trotzdem eine Schuld war und zwei Tote hinterlassen hatte. Dein ganzes Leben war davon geprägt worden. »Und ich bereue es so sehr. Doch ich kann's nimmermehr gutmachen.«

Das waren deine Worte, bevor dich ein trockenes Schluchzen schüttelte.

Ach Vinzenz! Es brach aus dir heraus wie aus einem gebrochenen Staudamm. Ich fühlte mich von deinen Geständnissen überflutet. Ich spürte so etwas wie Mitleid. Als du dann nach einer guten halben Stunde aufhörtest zu erzählen, da erst wurde mir klar, wie ähnlich wir beide uns sind. Schuldig und doch nicht schuldig und dennoch schuldig! Ein Fehler, doch der reicht schon. Und wie sehr jeder auf seine Weise von der Vergangenheit, von dem belasteten Gewissen und dem Schweigen beschädigt worden ist, ohne dass die Schuld woanders zu suchen wär als im Leben selbst. Nicht einmal dem Hitler oder dem Schicksal kann man solche Schuld in die Schuhe schieben. Denn irgendwie, irgendwann haben wir ahnungslos Ja gesagt zu dem, was uns in der Folge widerfuhr.

Weil ich plötzlich das Gefühl hatte, ich sei dir meinerseits Aufrichtigkeit schuldig, überlegte ich krampfhaft, was ich dir mitteilen könnte – dass ich deinen inneren Kampf gut verstand und unter denselben Symptomen litt? War ich nicht ebenfalls schuldlos schuldig? Und vielleicht mehr noch als du? Ich konnte ja das, was du mir gerade gestanden hattest, nicht einfach im Raum stehen lassen, so als ginge es mich nichts an. Doch bevor ich mich sammeln konnte, hattest du noch etwas hinzuzufügen.

»Schau, Burgl, das ist auch der Grund, warum ich vor dir geflüchtet bin, obgleich ich dich so sehr lieb hatte. Einerseits hatte ich das dumpfe Gefühl, ich sei dir mit dieser anderen untreu geworden. Andererseits wollte ich mich an dir nicht noch einmal so schuldig machen, dich verführen – so nannte man das doch damals – und dich dann womöglich sitzenlassen, in Schande und Sünde. Sonst hätte ich dir den Hof gemacht und dich nur zu gern geheiratet. Natürlich – ich hatte dir auch nichts zu bieten, nicht einmal einen anderen Beruf. Und hatte nicht gedient, das war doch für deinen Vater eine rechte Schand'. Außerdem hatte ich auch eine Riesenangst, du könntest irgendwie von dem Mädla aus Dillingen erfahren. Und ich wollte doch damals noch Priester werden, um das alles zu sühnen! Wollte, dass Gott mir vergibt, was ich getan hatte. Mich selbst mit dem ewigen Zölibat dafür strafen, dass ich ein paar Wochen lang meinem schüchternen, verklemmten Mannsein nachgegeben hatte, mit katastrophalem Ergebnis. Das durfte ich nicht noch einmal riskieren. Deshalb, verstehst', habe ich dich verlassen, bevor wir überhaupt etwas miteinander angefangen hatten. Falls ich dich damit verletzt haben sollte, Burgl, tut es mir ehrlich leid.«

Ich spürte, wie sich in meinen Augen Tränen sammelten, schon wieder Tränen, aber andere als in der Nacht der Nächte. An diesem Abend waren sie vermengt mit wirren Gefühlen – mit Bitterkeit, Rührung, Enttäuschung, heilloser Angst, Sehnsucht nach dem bissle Liebe, das ich hätte bekommen können und das für immer verloren war.

Das flüssige Salz lief durch die Knitterfalten in meinem Gesicht zum Kinn hinunter, ganz langsam. Du suchtest nach einem Taschentuch für mich, konntest aber keines finden. Ich wehrte deine freundliche Geste ab, wischte mir selbst mit dem Handrücken über Augen und Nase, was eine Spur wie von Wegschnecken hinterließ, erst schleimig, dann gehärtet und glänzend. Papiertücher hätte ich in der Handtasche gehabt, doch jetzt war es mir plötzlich eilig, auch meine eigene Geschichte loszuwerden. Und ich erzählte dir von meiner Schuld, Vinzenz, viel von dem, was ich dem Priester nicht gebeichtet hatte. Aber nicht alles. Den Mengele ließ ich fort, und das Dokument auch, und vor allem meine Verschleierungsversuche, um als schwer gestörter, hirnkranker Sonderling in Ruhe gelassen zu werden von den Günzburgern. Ob mir das Erzählen guttat oder nicht, konnte ich in dem Moment gar nicht fühlen. Ich musste es einfach tun, so schwer es mir fiel. Aber nicht alles auf einmal. Den Rest wirst du ja dann hier erfahren, wenn du dies liest.

Das Schuldbekenntnis, das zu Beginn jedes Gottesdienstes gesprochen wird, kennt sittliche Verfehlungen nicht nur in Gestalt des bösen Tuns, sondern auch als Unterlassung des Guten.

Daniel Deckers, »Krise einer moralischen Instanz«[47]

Du beugtest dich zu mir und nahmst meine Hände in deine. »Siehst du, Burgl«, sagtest du und lächeltest mir zu, erleichtert und verlegen zugleich, »wir sind halt Menschen, darum tragen wir Schuld, ein jeder von uns. Ich kenne niemanden auf der Welt, der nicht irgendetwas getan oder nicht getan hätte, was ihm auf der Seele lastet. Aber jetzt mal konkret: Was war denn dein Fehler? Du hast die Augen zugekniffen, als du hättest nachdenken und hinschauen müssen, doch das war dir nicht möglich, dein Blick war verstellt. Ja, das war gewiss verkehrt, im Nachhinein betrachtet. Aber du warst so jung und ohne Macht. Hättest du irgendetwas verändern können? Nein, du hast dein Bestes getan und sogar die Zwillinge vor dem sicheren Tod gerettet. Und dann hast du geschworen, nichts zu verraten. Das hast du bestimmt schon oft bereut, bitter bereut, oder? Geschworen hast du, und wir waren so erzogen, dass wir diesen Teufelsschwur todernst genommen haben. Ich stand immerhin noch unter kirchlichem Einfluss, tat alles widerwillig, habe aber trotzdem so manchen

Eid geleistet, auch als Sanitäter, und es hat Jahrzehnte gedauert, bis ich mich von solcher Last befreien konnte. Worin also könnte deine Untat bestehen? Bitte leg meine Worte nicht auf die Goldwaage, lass mich nur einmal vermuten: Du hast dir selbst etwas angetan, weil du dich dem Leben verschließen wolltest. Darin sehe ich gewissermaßen eine Sünde. Und die kenne ich sehr gut aus eigener Erfahrung. Du selbst hast dir eine Buße auferlegt, die dir kein liebender Gott zugemutet hätte, eine Art Selbstjustiz. Nimm's mir nicht übel, wenn ich es so ausdrücke: Du hast deine eigenen Ideen hoch über Gottes Gerechtigkeit gestellt, und das ist eine Form von Stolz, die Unglück bringt. Aber so war es nun einmal, und auch wenn der Pfarrer heute früh dich losgesprochen hat, musst du dir doch selbst noch die Absolution erteilen, sonst hilft es nichts. Und glaub mir, ich weiß, wovon ich rede.«

Ich nickte betreten, fühlte aber gleichzeitig eine Art Einsicht in mir aufsteigen. Eine Sünde gegen mich selbst? Angst und Einsamkeit, Verschlossenheit und Verbohrtheit als ein Vergehen an mir selbst? So hatte ich es noch nie betrachtet. Ich hätte mich also an mir selbst schuldig gemacht? Mich belogen und betrogen und der Liebe verweigert? Alles veranstaltet, um nicht lieben zu müssen? Hatte mich selbst so wenig geliebt, dass mich niemand mehr lieben konnte? Und meine Schuldgefühle – nichts als Selbstgefälligkeit?

Ich deutete etwas in dieser Richtung an, doch du reagiertest sofort, indem du riefst: »Nein, nein, Burgl! So geht das nicht! Willst du mich missverstehen? Du verschiebst das Ganze doch nur. Hör einfach auf, dir Vorwürfe zu machen für etwas, das du nicht verschuldet hast und auch nicht mehr ändern kannst.«

Du warst im Gesicht ganz rot geworden, und ich spürte, wie sehr es dich aufregte, mich so heftig anzugehen. »Klar hast du dich auch schuldig gemacht«, hörte ich dich sagen. »Du trägst

Schuld wie jeder Mensch, und basta! Hör auf damit, dich darin zu wälzen! Das ist dir zu einer üblen Gewohnheit geworden. Diese unerbittliche Strenge dir selbst gegenüber ist eine Strafmaßnahme, die niemandem hilft und auch nichts mit Reue zu tun hat. Reue? Wahre Reue ist nicht bitter und hart. Sie nimmt dich tröstend in die Arme wie eine Mutter ihr weinendes Kind. Reue ist süß und weich. Du wirst es erfahren. Und jetzt hole ich uns noch ein Glas Wein.«

Wir tranken schweigend. Und dann entdeckte ich ein Glimmen in deinen Augen, als keimte in dir ein Gedanke, eine Idee, die du einfach ausführen musstest. Da sprangst du schon vom Sofa auf: »Hol deinen Mantel, Burgl, und warte hier auf mich. Schwör, dass du nicht abhaust!«

Ich musste grinsen, nickte gehorsam. In meinem Zimmer stopfte ich mir auch drei milchig glänzende Katzenzungen in den Mund. Dann eilte ich zurück in die Halle. Meine Uhr zeigte halb zwölf. Ich musste nicht lange warten, da kamst du schon gelaufen und zerrtest mich zum Ausgang, wo ein Taxi wartete. »Heute Nacht müssen wir nicht schlafen, es ist Karsamstag, jetzt hat bereits die Osternacht begonnen, und wir haben bald tausend Gründe, um zu feiern. Schluss mit Klagen und Trauern!«

»Jetzt noch in die Stadt? Aber es ist doch schon so spät«, wagte ich einzuwenden, »und ich geh immer ganz früh schlafen. Von der vielen Aufregung durch alles, was wir uns erzählt haben, bin ich ganz durcheinander! Wie soll ich denn morgen den Tag durchstehen?«

»Komm, sei nicht fad«, war deine Antwort, »von einer schlaflosen Nacht stirbt man nicht gleich, Burgl, aber du wirst seh'n. Eine Nacht der Freude, die heilt das Herz.« Dann rief er dem Fahrer zu. »Zur Kathedrale!«

Schon nach kurzer Fahrt hielten wir nahe dem Platz und stiegen aus. Vor uns ragte die riesige Kirche auf, getaucht in helles, mondscheinweißes Licht. Der Anblick überraschte und verzauberte mich. Wir standen gemeinsam wie Kinder vor diesem Wunderwerk, meine Hand in deiner warmen Hand, und keiner von uns beiden sagte etwas. Das Hauptportal stand weit offen. Menschenmassen erklommen die Stufen, sie drängten und strömten nur so hinein, es müssen Tausende gewesen sein. Doch niemand redete, es war ganz still. Man hörte nur das Schaben und Rascheln der Schuhe auf dem Stein, und auch du, Vinzenz, legtest den Zeigefinger auf deine Lippen. Aber deine Augen lachten. Und dann brach plötzlich ein Glockengeläut los, wie ich es noch nie im Leben gehört hatte. Die ganze heilige Stadt dröhnte und bebte, und alles zusammen, Hunderte kleiner und großer Geläute, bildete eine Musik, als würden wir von den Toten auferweckt. Mein Herz zitterte. Dann wurden Kerzen entzündet, viele Kerzen. Fast jeder Gottesdienstbesucher hatte eine in der Hand, wir leider nicht, denn wir waren spät gekommen. Ich schaute dich an und sah, dass du glücklich warst. Und da wurde ich auch ein bisschen froh. Deine Festfreude ergriff mich, als würdest du sie über deine Hand in meinen Leib leiten. Aus dem noch dunklen Innern der Kirche erschallte Orgelklang und dann ein »Gloria, Gloria!« aus unzähligen Kehlen.

»Komm«, hörte ich dich wieder, »wir müssen hinein, irgendwie wird's schon gehen!« Und so nahmen wir im Gedränge die Stufen, schoben hier und schubsten dort, bis wir nicht nur die Vorhalle passierten, sondern im linken Seitenschiff der Kathedrale an einer mächtigen Säule zu stehen kamen, von der aus wir einen Blick zum Altarraum hatten. Zum ersten Mal in Jahrzehnten freute ich mich darüber, dass ich so hochgewachsen bin, denn ich überragte die meisten Spanierinnen, deren Köpfe übrigens mit schwarzen Spitzentüchern bedeckt waren. Das *Exsultet* erklang, das große Osterlob: *»Exsultet iam angelica turba caelorum, exsultent divina mysteria ...«* Ich erinnerte mich an den Wortlaut wie an eine Muttersprache aus vergangenen Leben: »Frohlocket, ihr Chöre der Engel, frohlocket, ihr himmlischen Scharen!«

Über unseren Köpfen strahlten schwere Kronleuchter. Das Licht der Seitenaltäre brannte hell, unzählige Kerzen leuchteten und wärmten flackernd die Menge der Gläubigen. Orgelspiel füllte den Raum, und alle beugten das Knie, um das Tagesgebet zu sprechen. Ich sah dich verunsichert an. »Schaffst du das, Burgl?«, hörte ich dich fragen. »Ich helf dir wieder auf, keine Sorge.« Und so ließ ich mich tatsächlich neben dir auf dem Steinboden nieder, faltete die Hände, vergaß sogar, auf meine Handtasche zu achten. Ja, plötzlich ging es, als sei ich vollgepumpt mit Schmerzmitteln, ich spürte meine Knie kaum.

Ein Gebet sprach ich selber nicht, und von dem, was der Priester auf Spanisch sagte, verstand ich kein Wort. Aber das machte nichts. Ich war dabei und eingebunden. Beim Erheben wurde ich nicht nur von dir, sondern auch noch von einer Frau in meiner Nähe gestützt, so dass ich mir so geborgen vorkam wie zwischen Vater und Mutter in allerfrühester Kindheit.

Bald fühlte ich von dir einen Stups in die Seite, um meinen Blick in die Vierung zu lenken. Dort sah ich dichte Rauchschwaden aufsteigen, die sich bald im gesamten Raum verbreiteten und einen köstlichen Wohlgeruch entfalteten. Der berühmte Weihrauchkessel, der Botafumeiro, von dem du schon im Bus erzählt hattest, wurde von acht starken, rot gewandeten Männern an einem armdicken geknoteten Seil hin- und hergeschwungen. Die ganze Gemeinde folgte der Bewegung unwillkürlich mit dem Oberkörper, wie hypnotisiert. Der Kessel war fast so groß wie ich und schwang wie auf einer Himmelsschaukel wohl zwanzig Meter in die Höhe. Ich atmete tief und fürchtete, einen Asthmaanfall zu erleiden. Doch der blieb aus. Nach der Epistel folgte ein schallendes *Halleluja*, dann wurde das Osterevangelium gelesen, auf Spanisch natürlich, aber das störte mich nicht. Die Allerheiligenlitanei konnte ich wiedererkennen. Meine Patronin, die heilige Walburga, war nicht dabei, die kannte man wohl in Santiago nicht so gut.

Von Weitem sahen wir kleine und erwachsene Täuflinge, es waren etwa dreißig. Später kamen dann Priester und besprengten uns alle mit dem geweihten Taufwasser zum ewigen Gedächtnis. Du, Vinzenz, hast mir flüsternd den Ablauf erklärt, so gut es ging. Und dann hast du mich, als sei es selbstverständlich, zur Kommunion nach vorn gezogen. Ich leistete keinen Widerstand. Nein, ich leistete keinen Widerstand. War es der Rotwein, der wie eine Droge auf mich wirkte? Ich gebe zu, ich verstand nicht, was mir da widerfuhr, verstand mich selbst nicht, verstand die Welt nicht, konnte meinen Verstand überhaupt nicht mehr benutzen. Diesem Mysterium, dieser Auflösung und inneren Auferstehung gab ich mich hin, einer Gelöstheit und Befreiung, die mit Jesus nach meinem Empfinden sehr wenig, mit dir, Vinzenz, allerdings sehr viel zu tun hatte. Aber wer weiß? Du bist ja sein Bote und hast mir eine Botschaft überbracht. Ich fühlte in dieser Nacht, dass du mir von irgendwem gesandt worden warst und selber nicht wusstest, was dir da aufgetragen worden war.

Der goldglänzende bärtige Heilige saß hoch über dem Altar auf seinem Thron. Mit hochgezogenen Augenbrauen und weit aufgerissenen Augen starrte er aus seinem Silberschrein auf die Gläubigen herab. Auf mich wirkte er im flackernden Kerzenschein hinter den Weihrauchschwaden verheißungsvoll und bedrohlich zugleich, so streng sah er aus. Es vergingen Stunden, in denen ich – obgleich wir keinen Sitzplatz bekamen – weder müde wurde noch unwillig. Meine Hand hast du nur selten losgelassen, höchstens um dich am Bart zu kratzen, dir ein paar Tränen aus den Augenwinkeln zu wischen oder deinen Arm um meine Schultern zu legen. Das alles nahm ich wahr wie im Traum. Wir empfingen den feierlichen Segen. Dann bewegten wir uns langsam zum Ausgang, die Prunktreppe hinunter, gelangten mit der Menschenmenge auf den Vorplatz. Der Himmel wurde heller. Gemeinsam warteten alle auf den Sonnenaufgang. Als die ersten rötlichen Strahlen die grauen Schieferdächer der Stadthäuser erstrahlen ließen, strahltest auch du mich an: »Ein frohes Osterfest! Lass uns die Auferstehung des Herrn feiern, meine liebe Burgl! Von der Dunkelheit ins Licht, vom Tod ins Leben. Komm du auch zurück ins Leben, Burgl!«

Und ich spürte, wie du deine Arme um mich schlangst, mich an dein Herz nahmst und mir auf jede Wange einen dicken Kuss drücktest. Ich roch dich wie damals. Da brachen wilde Tränen aus mir heraus, und es waren wieder andere Tränen als in den letzten Tagen. Während ich in der Manteltasche nach Papiertüchern suchte, begann ich leise zu lachen. Und dann immer lauter, immer lauter. Im Mund hatte ich noch den pappigen Geschmack der Hostie.

Zu Fuß gingen wir zum Hotel zurück, du kanntest dich ja aus. Ich heulte und lachte die ganze Zeit, und dabei war mir leicht zumute wie in meiner Kindheit, so dass ich fast angefangen hätte, über das Kopfsteinpflaster zu tänzeln. Ganz albern! Und auch dich hörte ich lachen, und auch du weintest vor Freude. Als ich mich ins Bett legte, wenn's auch nur für zwei, drei Stunden war, dachte ich: »Ach Gott ja, der Vinzenz – und der Alkohol, der Alkohol. Alles Illusion. Aber schön war's doch!«

Am Morgen, als ich zum Frühstück wollte, ging es mir nicht gut. Ich war wohl irgendwann eingeschlafen und hatte schlecht geträumt, wirr und bedrückend waren die Bilder gewesen. Ich glaube, ich saß im Zug von Krakau nach Günzburg, und mit mir im Abteil reisten lauter Verstümmelte ohne Kopf, die wollten von mir wissen: »Wer hat mir das angetan? Wie soll ich denn auferstehen, wenn ich nicht weiß, wo meine Gliedmaßen sind?«

Beim Aufwachen fiel mir der Vater mit seiner Beinprothese ein, und ich fragte mich, ob er wohl in der Hölle war. Musste er als Nazi der ewigen Verdammnis anheimfallen? Was hatte er verbrochen, von dem ich gar nichts wusste und nie erfahren würde? Wen hatte er angezeigt, wen verraten? Wen beraubt, an wem sich bereichert? Jetzt hatte ich Kopfweh und war missmutig gestimmt.

Man hatte uns gebeten, wenn möglich auf feste Nahrung zu verzichten, wie früher, als man vor der Kommunion nichts essen durfte. Nur Diabetiker und andere Kranke sollten etwas zu sich nehmen. Ich aber wusste ja, dass ich meine Messfeier schon hinter mir hatte. Darum ließ ich mir im kaum besetzten Speisesaal mein Frühstück schmecken, verspeiste sogar ausnahmsweise zwei Spiegeleier auf geröstetem Weißbrot zum Kaffee, der besser schmeckte als sonst, schließlich war Ostermorgen. Der Kopfschmerz wich einem dumpfen Schläfendruck. Als hätte sie es geahnt, stürmte bald die Frau Kienle auf mich zu, wollte mir Küsse auf die Wange drücken und rief ein übers andere Mal: »Frohe Ostern, frohe Ostern!«

Ich konnte sie kaum abwehren, sie benahm sich wie ein großer dummer Hund, der an einem hochspringt und einem das Gesicht lecken will. Gut, dass ich meine Eier schon gegessen hatte. So konnte ich mit einem Blick auf den leeren Teller und einem diskreten Hinweis auf meine Verdauung bald aufstehen, während sie sich anschickte, ausführlich von ihrem Unterzucker zu berichten. Fröhlich winkte sie mir nach und versprach, mich in der Kathedrale wiederzutreffen.

Für halb zehn waren wir mit der Gruppe verabredet. Alles war exakt geplant, keiner durfte zu spät kommen. Auf dem Platz vor der herrlichen Kirche setzen wir unseren Fuß feierlich auf eine Plakette, die die Meile null markiert, als Endpunkt des langen Wegs. Das war aber eine ganz neue Idee, der Europarat hatte die Steinplatte erst 1987 dort eingelassen. Na, irgendwann muss ja jede Tradition ihren Anfang nehmen. In der Kirche hatte das Pilgerbüro Sitzplätze für uns recht weit vorn reserviert, da mussten wir also nicht besorgt sein. Doch vorher kam für alle außer für mich – und ich erzählte natürlich nichts von meinem nächtlichen Abenteuer – der große Augenblick: Wir stiegen die Freitreppe hinauf und betraten die Vorhalle mit dem Pórtico de la Gloria, dem Portal der Herrlichkeit aus dem Jahr 1188. Hier zwischen den Windungen der Wurzel Jesse, die den Mittelpfeiler ziert, soll jeder Pilger die fünf Finger der rechten Hand in fünf Vertiefungen legen, nach vielmillionenfacher Berührung schon abgeschabt. Dazu flüstert man einen Wunsch. Ich murmelte: »Heiliger Jakob, gib, dass ich mich bald besser fühle!« Dann legte ich wie jeder Pilger meine Stirn dreimal auf den steinernen Kopf von Meister Mateo, dem Erbauer der Kirche. Ein bisschen eklig war mir das alles. Ich dachte an die vielen Mikroben und an meine Sagrotan-Tüchlein. Aber ich machte brav mit. Ich beobachtete, wie Alma und Cora in ihrem Kunstführer lasen und sich ansonsten fernhielten.

Zur Überraschung aller sollten wir jedoch nicht direkt in das Kirchenschiff weitergehen, sondern mussten wieder hinaus auf den Platz. Gemeinsam zogen wir zur Ostseite des Baus. Dort sammelten wir uns. »Jetzt wird's ernst«, dachte ich. Und hoffte und maulte und hoffte und ätzte fast gleichzeitig: »Blöder Aberglaube! Herr im Himmel, vergib mir meine Sünden! Hat doch alles keinen Sinn, wär ich bloß daheimgeblieben! Sankt Jakob, erhör mich!«

Wenn jemand nur aus Furcht vor Gottes gerechter Strafe seine Sünden bereut, ist seine Reue noch unvollkommen. Sie genügt aber zum Empfang des Bußsakraments. Die Angst vor dem Urteil der Menschen oder anderen Folgen der Sünde ist noch keine Reue. Ebensowenig der Ärger oder die Bitterkeit, die jemand empfindet, weil er etwas verkehrt gemacht hat. Denn zur Reue gehört, daß man zugibt: Ich habe Böses getan vor Gott.

Gotteslob[48]

Leichter Regen fiel. Der Vinzenz entfaltete seinen Knirps und hielt eine Ansprache. »Wir werden jetzt die Kathedrale durch die Heilige Pforte der Vergebung betreten. Schauen Sie – das Gnadentor dort. Sie sehen viele steinerne Figuren, das sind die sogenannten siebenundzwanzig Weisen, die größte Statue ganz oben in der Mitte natürlich Sankt Jakobus Major, flankiert von Theodorus und Athanasius. In den meisten Jahren ist die Gnadenpforte geschlossen. Dahinter ist dann nur eine gemauerte Wand, davor ein Gittertor aus schwerem Metall. Aber wenn wie heuer ein Heiliges Jahr, ein Gnadenjahr, anbricht, dann wird sie geöffnet, die Porta do Perdón, wie man sie hier in Galizien nennt. Über zehn Millionen Pilger werden in diesem Jahr hindurchgehen, stellen Sie sich das einmal vor. Es werden ja jedes Mal mehr. Und das Gnadenjahr feiert man schon seit fast tausend Jahren immer nur dann, wenn der Jakobstag, der 25. Juli, auf einen Sonntag fällt. Ja, in solchen Festjahren wird in der Silvesternacht als Höhepunkt einer feierlichen Prozession, die der Erzbischof leitet, die Mauer hinter der Pforte zum Einsturz gebracht. Drei Schläge mit einem silbernen Hammer aus dem Kirchenschatz genügen. Gewiss hat da der Heilige Geist seine Finger im Spiel. Sonst wär's ja wie beim Wies'n-Anstich in München. Nun, Spaß beiseite! Bei den letzten Öffnungen der Gnadenpforte war auch meist der König dabei, denn unser Jakobus ist schließlich Nationalheiliger und Schutzpatron Spaniens. Deshalb überreicht der König dem Domkapitel bei dieser Gelegenheit auch eine bedeutende Opfergabe. Sankt Jakob hat, so glaubt man, das Land hier und vielleicht sogar ganz Europa vor der muslimischen Herrschaft gerettet. Deshalb nennt man den Heiligen auch Matamóros, den Maurentöter. Inzwischen redet man aber nicht mehr so gern davon, es gilt als politisch nicht korrekt, doch der eigentliche Grund ist die Angst vor terroristischen Angriffen auf die Kathedrale. Über der Pforte kann man folgenden Spruch lesen: *Venient omne gentes et dicent gloria tibi Domine*, das bedeutet: ›Es kommen alle Völker und verkünden Deine Ehre, Herr.‹ Alle Völker! So denkt man heute, und das ist gut.«

Ich walle in der Fremde,
Von Menschen ungekannt;
Doch leiten deine Hände
mich treu zum Vaterland.

Bei jedem schweren Schritte
gewahrt mein Glaube dich;
Ich find hier deine Tritte,
Die du einst tatst für mich.

…

Und wenn ich schwach mich finde,
Gering vor Satans List,
Ich dennoch überwinde,
Weil du zur Seit' mir bist.
Bist Speis' und Trank auf Erden,
Wo Brot und Quelle fehlt.
Wie könnt' ich zaghaft werden?
Hast selbst mein Haar gezählt!

Pilgerlied[49]

Du schwiegst, senktest den Kopf und faltetest die Hände. Dann sprachst du weiter. »Und jetzt bitte ich Sie, liebe Pilgersleut', um innere Sammlung. Denn das Durchschreiten der Pforte symbolisiert den Übergang von der Schuld zur Gnade. Das ist doch der Grund für unser Hiersein. Sie haben gebeichtet. Doch vergessen Sie die Reue nicht, die aufrichtige Reue! Auch der Wunsch nach Ausgleich und Wiedergutmachung gehört dazu. Sonst ist der heutige Generalablass nicht gültig, das wissen Sie ja. Reden Sie nicht, nehmen Sie Rücksicht auf die Andachtsstimmung der übrigen Gläubigen. Gehen Sie dann einfach weiter nach rechts die Stufen hinauf zum Rücken des Heiligen. Dort dürfen Sie ihn von hinten umarmen, die Muschel küssen, die Sie dort sehen, einen Moment verharren und Ihre persönlichen Gebete sprechen. Anschließend steigen Sie bitte auf der anderen Seite das Treppchen wieder hinunter. Legen Sie eine

Spende in den Opferstock, und nehmen Sie sich ein Heiligenbildchen als Andenken mit. Wir sammeln uns im linken Seitenschiff. Dort treffen wir uns wieder, und dort sind dann auch unsere Sitzplätze für die Messe.«

Während Alma und Cora sich diskret von der Gruppe entfernten, ließ ich die meisten anderen vorangehen, denn ich brauchte noch einen Augenblick Zeit, um mir darüber klar zu werden, was ich bereuen wollte. Gewiss hatte der Vinzenz recht, als er andeutete, dass ich mich an mir selbst schuldig gemacht hatte durch verstockte Einsamkeit und zerstörerisches Verschweigen. Ich hatte das immer für richtig gehalten, eine andere Möglichkeit nie gesehen. Aber seit ein paar Stunden bereute ich mein verbissenes Festhalten am Unglück. Hätte ich nicht dazu beitragen können, dass alles anders wird? War das meine Schuld, war das meine Sünde? Gott hatte mir das Leben geschenkt, doch ich hatte den Tod vorgezogen. Lebendigkeit und Lebensfreude hatte ich gemieden wie den Teufel persönlich. Reue also ja, und auch, dass ich auf die verfluchten Nazis hereingefallen war, sie zu meinen Abgöttern gemacht hatte! Auch dies bereute ich inzwischen aufrichtig. Und ich bereute mein Unwissen und meine jugendliche Naivität. Das musste ich mir alles auch selbst vergeben, mit der Hilfe vom heiligen Jakob. Eine gewisse Bußgesinnung hatte ich also erlangt.

Anders war es mit der Wiedergutmachung. Die war ja leider unmöglich. Die Zeiten waren vorbei, mein Leben fast dahin. Sollte ich meinen letzten Spargroschen der Kirche oder einem Hospiz vermachen? Sollte ich durch Günzburg wandern und jedem Bettler einen Schein in die Hand drücken? Was ist überhaupt diese Wiedergutmachung? Muss man sie materiell oder geistlich oder sonst wie verstehen?

Mit solchen Gedanken war ich noch beschäftigt, als die Reihe an mich kam. Ich hielt den Atem an und setzte erst den rechten Fuß über die Schwelle, dann zog ich den linken nach. Die Gnadenpforte! »Hilfe, Gnade, Hilfe!«, schrie eine Stimme in mir, die ich nicht als meine eigene erkannte.

Alles, was vorgeschrieben war, verrichtete ich gewissenhaft. Ich stieg hinauf, umarmte den Heiligen, lehnte mein Gesicht an seinen starken Rücken, küsste die Muschel und stieg wieder hinab. Ich fühlte nichts.

Dann ließ ich ein Fünfmarkstück in den Kasten fallen, nahm das Bildchen an mich und begab mich ins linke Seitenschiff. Dort wartete ein Kirchendiener, der jedem von uns eine bemalte Muschel an einer roten Kordel um den Hals hängte. »Ist im Reisepreis inbegriffen«, hörte ich jemanden sagen. Und ich fühlte nichts, rein gar nichts.

Wir nahmen in den Bänken Platz. Die meisten aus unserer Gruppe bekreuzigten sich und knieten eine Weile still im Gebet. Die Kathedrale war zum Auseinanderbersten voll. Ich sah mich nach Alma und Cora um, die ich die ganze Zeit nicht mehr bemerkt hatte. Orgelmusik rauschte bereits durchs Kirchenschiff, als beide sich eine Schneise durch die Menge brachen, um sich auf die letzten zwei reservierten Plätze zu setzen, die unser Reisebegleiter ihnen mit dem Finger zeigte. Seine Miene war ein wenig ungehalten. Dann begann die Osterliturgie. Auferstehung. Überwindung des Todes. Erlösung. Für uns gestorben. Der Retter.

Weiterhin versuchte ich, alles richtig zu machen, sprach Vaterunser und Glaubensbekenntnis, geführt von meinen deutschsprechenden Banknachbarn, empfing das Sakrament der Buße und – für alle Fälle – noch einmal die Eucharistie. Zwischendurch hob ich den Blick. Anstatt eines göttlichen Osterlichts aber entdeckte ich ein schmuddeliges, ungepflegtes Bauwerk, blinde Fenster, Modergeruch, Pilzbefall, Staub und Spinnweben zwischen den Armen der Kronleuchter, nicht ersetzte Glühbirnen und dergleichen. Aha, dachte ich, so ist das. Das also ist eines der wichtigsten Sakralgebäude der katholischen Welt, das spirituelle Zentrum der spanischen Gläubigen. Kalten Ärger und Verachtung – mehr empfand ich nicht. Mein Kopf tat weh. Mein Herz war fest verschlossen. Die Freude der vergangenen Nacht nur ein Traum.

Missmutig befingerte ich meine Pilgermuschel. »Am liebsten würd ich sie mir vom Hals reißen und drauf rumtrampeln!«, zürnte ich und machte mir gleich darauf Vorwürfe wegen meiner wütigen Ideen, während wir uns auf dem Vorplatz der Kathedrale sammelten. Es nieselte schon wieder, die Zwillinge spannten ihren Minischirm auf. Ich kramte nach meiner Plastikhaube. Meine Reisegenossen sahen alle ganz entspannt und fröhlich aus. Stolz und erleichtert. Diese armen Irren hatten Opium fürs Volk geraucht und waren in entsprechender Stimmung. Man freute sich auf das Mittagessen, es war schon halb zwei, und gewiss würde es Lammbraten geben. Ich selbst hatte nicht einmal Hunger. Mir war eher schlecht vor lauter Enttäuschung und Ärger.

Warum bloß bin ich auf diesen albernen Hokuspokus hereingefallen?, fragte ich mich. Was hab ich denn erwartet von der Umarmung einer Gipsfigur? Ist doch bloß ein Popanz, ein Volksgötze, ein Idol, nicht besser als das Goldene Kalb. Wie soll mir dieser billige Jakob auch helfen? Vielleicht hat ja der Vinzenz recht, und ich muss mir zuerst selbst vergeben. Aber was? Was denn nur? Dass ich zu blöd war, um zu erkennen, wohin mich der Mengele verschleppt hat? Dass ich dem Teufel persönlich einen Eid geleistet hab? Dass ich keine Fragen stellen mochte, aus lauter blinder Gläubigkeit an alles, was man mir damals eingeredet hat? Ich bereue das ja alles, keine Frage, aber eher aus Bitterkeit. Wahrscheinlich ist dies nicht die Bußgesinnung, die der Herrgott dort droben erwartet, wenn's ihn denn gibt. Und dann gilt es noch, mein elendes Dasein zu beklagen, mein verbissenes Schweigen, meine Isolationshaft, mein verstocktes Herz. Dass ich eine von der Angst diktierte Existenz führe und auf alles verzichte, was meinen Lebenshass mildern könnte – Freunde, Kinder, die Liebe, ein bissle Freude außer an Katzenzungen. Freude ist ja direkt ein Fluchwort für mich geworden, Vergnügen anrüchig, Lachen kommt mir vor wie Blasphemie. Ist nicht normal, ich seh's ja ein, aber so ist's nun mal, und ich bin scheint's nicht normal. Wie soll ich denn nun etwas von ganzem Herzen bereuen, das eh nicht zu ändern ist, und wo ich's doch selbst mit Fleiß so gewollt hab? Ich könnt zwar so tun als ob, bin ich ja geübt darin. Könnt schlau tun vor dem Herrgott, aber das kauft der mir nicht ab, wie man sieht. Der lässt sich nicht so leicht bescheißen wie die Günzburger. Sonst würd es mir jetzt besser gehen nach Überschreitung der Gnadenpforte. Dabei hab ich heut eine Laune wie zu meinen schlechtesten Zeiten und noch schlimmer. Liegt wohl auch an der kurzen Nacht. Und an dem Getue vom Vinzenz, der mich unbedingt glücklich sehen möcht, der blöde Hund. Das schafft der nie. Und meine Pläne mit den Zwillingen – daraus ist auch nichts geworden. Verdammter Mist!

Während ich innerlich wütete, trottete ich folgsam hinter den anderen her. Meine Beine waren bleischwer. Mein linkes Augenlid zuckte schon wieder so heftig, dass ich einen Finger drauflegen musste. Niemand drehte sich nach mir um, und so konnte auch niemand meine böse Miene sehen. Mein Kinn mahlte, weil ich versuchte, die Lippen beim Denken nicht zu bewegen, wie ich es daheim immer tat. Bei der Vorstellung, nicht nur einen weiteren Tag an diesem nassen Ort, sondern auch noch die ganze Rückreise hinter den abweisenden Zwillingen sitzend verbringen zu müssen, hätte ich heulen können vor hilfloser Wut.

Der Vinzenz führte den Trupp an und steuerte auf ein großes Pilgerlokal zu. Drinnen war es wenigstens trocken. Wir wurden gebeten, uns an langen Tischen niederzulassen. Ich kam schräg gegenüber von Alma und Cora zu sitzen, der Vinzenz war zum Glück weit weg. Die Frau Kienle ebenfalls. Ich glaube, sie hatte mit Leuten Bekanntschaft gemacht, die ihren Redestrom ertragen konnten.

Plötzlich richtete eine der Zwillinge das Wort an mich. »Hatten Sie denn einen schönen Morgen, Frau Eichner? Ist sie nicht herrlich, diese Kathedrale? Wir sind, so gut es ging, drumherum spaziert, es gibt ja noch so viel zu sehen. Herrliche Portale, und die Dächer …«

Ich versuchte zu ergründen, wer von den zweien mich angesprochen hatte, doch im Grunde war es ja egal, denn sie dachten ja wohl stets dasselbe. Die eine trug den Ring der Mutter Stadlmayer, aber ich hatte vergessen, welche von ihnen. Ich stopfte mir ein Stück Weißbrot in den Mund, damit ich nicht antworten musste, und machte eine unbestimmte Geste, die weder als Ja noch als Nein interpretiert werden konnte.

Dann ergriff die andere das Wort: »Wir finden es hier in Santiago viel schöner, als wir erwartet hatten, obwohl es die ganze Zeit regnet und regnet. Sogar die Messe hat uns gefallen – dabei sind wir für religiöse Dinge im Allgemeinen nicht so empfänglich. Die Stimmung! Und dann dieser Botafumeiro!« Weiter ging's mit der einen: »Aber Sie, Frau Eichner, Sie sehen nicht so glücklich aus. Ist Ihnen nicht gut? Oder haben Sie schlechte Nachrichten von daheim?«

Ich fand's unverschämt, wie sie mich bedrängte, und wenn es ein anderer Mitpilger gewesen wäre, hätte ich ihn fest zusammengestaucht. Doch mit meinen Zwillingen konnte ich nicht wie gewohnt garstig umspringen, musste zumindest höflich bleiben. Deshalb sagte ich, ohne von meinem Suppenteller aufzuschauen: »Von der Pilgermesse hatte ich mir persönlich mehr erhofft, von dem Ritual mit der Gnadenpforte und dem Heiligen auch. Aber da ist meine eigene Dummheit dran schuld. Im Grunde ist das alles ja nur Aberglaube, auch mit diesem Ablass. Wer glaubt denn so was? Der Luther hat's ja schon abschaffen wollen, über dem Thema hat er sich doch zerstritten mit dem Papst, oder? Aber vielleicht hab ich auch einfach zu wenig in den Kasten getan, es war nur ein Fünfmarkstück, so dass meine arme Seele noch nicht aus dem Fegefeuer springen kann. Möglich, dass sie mehr wert ist, als ich dachte, vielleicht zehn Mark? Oder viel ärger von Sünden belastet, und ich muss noch viel mehr Buße tun, wer kann das schon wissen.«

Beide Frauen lachten, als hätte ich einen hübschen Witz gemacht. »Wissen Sie, wir zwei sind auch nicht so gläubig erzogen«, sagte eine von ihnen. »Für uns ist das eher Folklore. Unsere Eltern haben uns absichtlich von der Kirche ferngehalten. Beide waren nämlich überzeugte Nazis, das darf man ja heutzutage ruhig einmal zugeben, es war ja schließlich nichts Ungewöhnliches zu jener Zeit. Noch bis in die Sechzigerjahre haben sie dem Hitler nachgeweint, erst dann hat sich das langsam gegeben, als sie endlich die Gräueltaten an den Juden zur Kenntnis nahmen. Wir kamen ja oft von der Schule heim mit unseren Geschichtsbüchern und hatten Filmaufnahmen aus den KZs gesehen. Schrecklich! Da haben wir dann angefangen, Fragen zu stellen. Nicht dass wir großartige Antworten bekommen hätten. Aber später sind sie mit uns mal nach Ichenhausen gefahren, Sie wissen schon, wo vor dem Krieg noch die meisten Einwohner Juden waren und hinterher keiner mehr übrig blieb, und damit wollten sie uns zeigen, dass es ihnen im Grunde auch leidtat, aber so recht laut haben sie's nicht sagen mögen. Na ja, wir wissen einfach, dass sie gute Eltern für uns waren, und das muss uns genügen. Ist doch schon so lange her. Nur mit der Kirche, da hat's bei uns nicht mehr geklappt. Wenn man das Glauben nicht schon als Kleinkind gelernt hat, dann wird wohl nicht mehr viel draus.«

Himmelherrgott, die war ja fast so gesprächig wie die Frau Kienle, nur dass sie nicht gar so dummes Zeug daherschwatzte. Im Gegenteil, ich hörte zu und fand interessant, was sie da sagte. Fühlte mich fast verstanden. Deshalb hatte ich den Mut zu gestehen, dass auch mein Vater in der Partei gewesen war und nach dem Krieg sogar ins Gefängnis musste.

»Ach je, der Arme, was war denn Ihr Vater für ein Jahrgang? Hatte er auch schon den Ersten Weltkrieg mitgemacht?«, wollte Alma wissen. Oder war es Cora?

Ich ließ mich immer mehr auf das Gespräch ein. »1917 hatte er ein Bein verloren, war Jahrgang 1898 und in der zweiten Nachkriegszeit nimmer jung, musste furchtbar leiden unter den politischen Wirren. Er hat ja im Traum nicht dran gedacht, dass Deutschland jemals den Krieg verlieren würde. Diesen Schock hat er lange nicht verwunden.«

»Ach ja, das kennen wir, aber unsere Eltern waren gut zwanzig Jahre jünger, das war vielleicht nicht ganz so gravierend. Mit der Zeit konnten sie sich ein bissle umstellen oder zumindest ihren Mund halten, wenn's nötig war.«

Ich lächelte verständnisvoll. »Und ich, ich war bei Kriegsende noch ein ganz junges Mädla, erst siebzehn«, gab ich zu bedenken. »Aber meinen Teil hab ich auch abbekommen, wie jeder aus meiner Generation.«

»Mussten Sie denn in die Hitlerjugend eintreten?«

»Die HJ, die war was für die Buben, wir hatten andere Organisationen, den Bund Deutscher Mädel, aber die Mitgliedschaft war für alle Kinder und Jugendliche Pflicht, da hatte keiner die Wahl.« Ich fügte nicht hinzu, dass ich selbst mehr als freiwillig und überaus gern dabei gewesen war.

Und Hitler, so hörten wir überall, Hitler wolle diesem Vaterland zu Größe, Glück und Wohlstand verhelfen; er wolle sorgen, daß jeder Arbeit und Brot habe; nicht ruhen und rasten wolle er, bis jeder einzelne Deutsche ein unabhängiger, freier und glücklicher Mensch in seinem Vaterland sei. Wir fanden das gut, und was immer wir dazu beitragen konnten, wollten wir tun. Aber noch etwas anderes kam dazu, was uns mit geheimnisvoller Macht anzog und mitriß. Es waren die kompakten Kolonnen der Jugend mit ihren wehenden Fahnen, den vorwärtsgerichteten Augen und dem Trommelschlag und Gesang. War das nicht etwas Überwältigendes, diese Gemeinschaft? So war es kein Wunder, daß wir alle, Hans und Sophie und wir anderen, uns in die Hitlerjugend einreihten. Wir waren mit Leib und Seele dabei, und wir konnten es nicht verstehen, daß unser Vater nicht glücklich und stolz ja dazu sagte.

Inge Scholl, *Die weiße Rose*[50]

Durch dieses Gespräch war ich von meiner seltsamen Gefühlstaubheit abgelenkt. Es war schön, dass die Zwillinge das Wort an mich richteten, als sei ich ihre Patentante oder Nachbarin, völlig natürlich. Sie schienen keinerlei Bedenken zu haben, sich mir mitzuteilen, was mir anzeigte, dass sie in meiner Gegenwart eine gewisse Vertrautheit spürten. Ich hoffte es zumindest, blieb aber misstrauisch. Möglicherweise gehörte diese seltsame Distanzlosigkeit, gefördert durch die Sonderstellung als stadtbekanntes Schauobjekt, wie ein Gegenpart zu ihren Charakteren, wo sie doch sonst gern allen Menschen aus dem Weg gingen. »Ganz oder gar nicht«, das schien ihre Devise zu sein. Wahrscheinlich würden sie mich schon Stunden später nicht mehr grüßen.

Meine Stimmung wurde durch das Reden leider nicht besser. Ich ließ es parallel laufen zu dem, was in mir tobte: Verzweiflung und gallebittere Enttäuschung. Der Versuch, mich mit Spott und Häme von meinem armen Kinderglauben zu lösen, nämlich dass eine Pilgerfahrt, ein Ablass, ein Heiliger aus Gips, mich von meiner inneren Last befreien würde – er gelang mir nicht. Es war also besser, der Wahrheit ins Auge zu blicken. Ich kam mir an diesem Ostersonntag vor wie ein Waisenkind im Heim, dem man das Heil, die Rettung durch neue Eltern versprochen hat, das auch bereits ausgewählt und besucht und geherzt worden ist und dann urplötzlich fallengelassen wird. Wieder allein, keiner will mich, keiner mag mich, nicht einmal der Herrgott.

Mein Inneres war erstarrt und wie tot, während ich scheinbar munter mit meinen Tischgenossen plauderte, als sei ich eine andere, eine mir fremde Person. Inzwischen hatten sich nämlich auch meine übrigen Nachbarn in unser Gespräch eingeschaltet, und fast jeder aus meiner Generation, oder etwas jünger oder etwas älter, hatte etwas zu erzählen von der HJ, dem Wehrertüchtigungslager oder dem BDM und wie schön es am Lagerfeuer war und wie langweilig die meisten Heimabende. Und dass es eine Zwangsmitgliedschaft war, der nur entkommen konnte, wer auf einem kirchlichen Internat war oder lungenkrank oder so.

Während ich plauderte, entspannte ich mich nach und nach doch noch ein wenig, so dass ich nebenher überlegen konnte, was ich falsch gemacht hatte und warum die ersehnte Erleichterung durch den Ablass nicht eingetroffen war. Du musst bedenken, Vinzenz, es waren kaum drei Stunden seit der großen Pilgermesse vergangen; alles war noch ganz frisch, und der Schmerz wühlte in mir. Ich war dir ja sonst immer möglichst aus dem Weg gegangen, weil du mich mit deiner Art immer so fürchterlich durcheinanderbringst. Jetzt hingegen wünschte ich mir fast, wir könnten allein miteinander reden – über den Vormittag und wie mir zumute war. Du hattest aber weit entfernt von mir deinen Platz, in einer Ecke, und als mich umschaute, warst du in ein Gespräch vertieft mit Leuten, die ich noch nie gesehen hatte. Ich hätte mich auch nicht getraut, dich zu stören. Aber ich fühlte einen kleinen Stich der Eifersucht.

Jedenfalls zermarterte ich mir weiter allein den Kopf. Woran hatte es gefehlt? Am Schuldbewusstsein, an der aufrichtigen Reue, an der Buße? Herrje, ich hatte die mir auferlegten Ave Marias nicht gebetet, hatte überhaupt nicht ernst genommen, was der Pfarrer aus Nigeria oder woher auch immer zu mir gesagt hatte! Ja, kein Wunder! Das würde ich nach dem Mittagessen sofort nachholen. Doch schon meldeten sich Zweifel, ob der liebe Gott wirklich so streng sein konnte mit einer vergesslichen alten Frau, dass er sie weiter peinigte, nur weil sie nicht ordentlich gebetet hatte. Nun gut, aber da hatte ich immerhin schon einen Ansatzpunkt. Und vielleicht würde das erlösende Gefühl ja erst in der Nacht oder am folgenden Tag eintreten. Man kann's wohl nicht erzwingen.

Ich wollte mich im Moment daran erfreuen, dass ich ein ordentliches Mittagessen bekam und dass die Zwillinge so nett waren, mit mir zu reden. Es gab nach einer frischen Spinatsuppe tatsächlich Lammbraten mit würzigen Kräutern. Ich roch Rosmarin, Thymian und einen ganz leichten Hauch von Knoblauch, damit war der Koch recht rücksichtsvoll gewesen. Dazu grüne Bohnen mit Petersilie, gebratene Tomaten und Pommes. Das war alles recht appetitlich. Meine Geschmacksknospen lebten auf und meine Nase jubilierte. Ich trank zwei Gläser von dem roten Tischwein. Zum Nachtisch kredenzte man uns Schälchen mit einer Erdbeersahnecreme, garniert mit frischen Erdbeerhälften. Sehr gut! Also, das war doch mal ein Osteressen! Allein in meinem Häusle hätte ich nie etwas Ähnliches genießen können, das war mir viel zu aufwendig, und dann für eine Person. Ich hätte mir Schweinskotelett gebraten, mit Salzkartoffeln, und zum Nachtisch einen großen Schokohasen geschlachtet. So war wenigstens in dieser Hinsicht etwas Positives an der Reise. Und wenn ich an meinen Tod denke, der ja nun bald bevorsteht – wie viele Tage hab ich wohl noch, bis das hier alles zu Ende aufgezeichnet ist, vielleicht fünf oder sechs? –, dann war dieses Mittagessen in Santiago wie eine Henkersmahlzeit. Den Todgeweihten, das weiß ich aus dem Fernsehen, erfüllt man in Amerika auch noch einen kulinarischen Wunsch, kurz bevor sie auf den elektrischen Stuhl geschnallt werden oder die Giftspritze erhalten. Aber die meisten wollen nur drei, vier Hamburger, um sich vollzustopfen, was Besseres kennen die gar nicht, hab ich festgestellt. Ich tät mir zarten Schweinsbraten wünschen, vielleicht Spanferkel, am liebsten so wie ihn die Mutter machte, mit zwei selbstgeriebenen Kartoffelklöß' oder Schbäddzla und viel Schwarzbiersoße. Hinterher zwei Stück Käsesahnetorte. Oder einmal Käsesahne und einmal Eierlikörcreme. Aber daraus wird nichts, Gott sei's geklagt. Gar nichts darf ich essen, bevor ich in den Tod gehe. Ich muss ja achtgeben, dass mein Magen leer ist, damit die Tabletten schnell wirken. Will dazu das Antibrechmittel schlucken, damit der Körper nicht revoltiert und ich alles hinausspei wie die arme Frau Kienle. Außerdem werde ich noch überlegen, ob ich lieber am Tag oder auf die Nacht aus dem Leben scheiden möchte. Wahrscheinlich ist die Nacht besser, weil man da eh schon miad ist. Ah, wie ich mich freu auf die ewige Ruh!

Aber ich schweife ab, und ich weiß auch, warum. Denn jetzt, also jetzt, muss ich zum fürchterlichsten Teil meiner Geschichte kommen. Das tät ich lieber nicht, du kannst es dir vorstellen, Vinzenz. Das meiste weißt du ja inzwischen, in groben Zügen, aber trotzdem. Das Ganze war ein schreckliches Missverständnis mit noch schrecklicheren Folgen.

Vinzenz, meine Hand tut vom Schreiben so arg weh, dass ich nicht mehr weiterkann. Du weißt ja, wie sehr mich Rheuma und Arthritis plagen, nicht nur in den Knien. Meinen Kugelschreiber kann ich kaum noch halten. Er rutscht mir auf dem Papier aus. In den letzten Tagen ist es immer schlimmer geworden, weil ich kaum aufhören konnte zu schreiben, bis tief in die Nacht. Gestern Abend musste ich gegen zehn Pause machen, es ging einfach nicht mehr. Während ich mir die schmerzenden Finger massierte, überlegte ich, wie es weitergehen sollte. Meinen Tod will ich ja nicht auf den Sankt-Nimmerleins-Tag verschieben, ich warte so sehnlichst darauf. Also hab ich mich heute früh aufgemacht, um einen Kassettenrecorder zu kaufen. Der Verkäufer wollte mir etwas Modernes mit CD-Brennen und so aufschwatzen, ich wusste nicht einmal, wovon der redet. Er behauptete, solch ein Gerät, wie ich es wünschte, sei gar nicht mehr aktuell, total überholt. Aber endlich hab ich doch noch einen altmodischen Recorder bekommen, auch Kassetten dazu. Der Angestellte meinte, ich solle gleich ein paar mehr nehmen, denn die seien bald nicht mehr im Handel. Der gute Mann wusste ja nicht, dass ich die im Jenseits gewiss nicht brauchen werde. So, damit du's weißt: Ab jetzt werde ich auf Band sprechen und die Kassetten nummeriert mit ins Päckchen legen, zu dem bislang Geschriebenen und mit dem gefalteten Dokument, du weißt schon.

Wir saßen noch bei Tisch. Zur Feier des Tages brachte man uns unverlangt einen Kaffee in kleinen Tassen, stark wie Espresso. Ich tat vier Stück Zucker hinein, rührte lange um und freute mich über die zweite Süßigkeit an diesem Tag. Der Wein tat seine Wirkung. Die meisten Leute hatten mit kräftigem Appetit zugelangt, weil sie ja kein Frühstück eingenommen hatten, während mir die Spiegeleier vom Morgen noch im Magen lagen, man ist ja so was nicht gewöhnt.

Die Zunge vom Rotwein gelöst, redeten alle schneller und lauter und stellten ungeniert ihre Fragen. Eine davon ging an die Zwillinge. Sie waren mit ihren fünfundfünfzig Jahren ja fast die Jüngsten in der Pilgerschar, so schien das Anliegen ihres Tischnachbarn, eines weißhaarigen Herrn, ganz normal. Er wollte in Erfahrung bringen, ob die Eltern Stadlmayer noch am Leben seien, denn er meinte, er habe den alten Geschäftsinhaber früher gekannt. Und Cora – oder war es Alma? – antwortete: »O nein, die zwei sind schon seit über zwanzig Jahren auf dem Friedhof. Sie waren ja nicht mehr ganz jung, als wir zu ihnen kamen. Wir sind nämlich adoptierte Kriegswaisen, müssen Sie wissen. Das haben wir aber erst als Erwachsene erfahren. Sie haben es uns niemals spüren lassen, gell, Schwesterherz? Wer unsere leiblichen Eltern sind, das wissen wir gar nicht, wir haben kein Foto, gar nichts. Ja, der böse Krieg, der hat uns alles genommen und dann auch wieder alles gegeben. Wahrscheinlich könnte man es heutzutage sogar in Erfahrung bringen, woher man stammt. Die Ämter haben inzwischen alles im Computer, sagt man, das Rote Kreuz zum Beispiel oder die Einwohnermeldeämter. Irgendwer hat uns schließlich geboren, und irgendwo sind wir sicher eingetragen worden. In Deutschland ist doch immer alles mit preußischer Ordnung vonstattengegangen, oder? Gerade im Dritten Reich.« Dann fragte sie, zu ihrem Zwilling gewandt: »Was meinst du, sollten wir uns mal darum kümmern und Erkundigungen einziehen? Wär doch vielleicht interessant. Man sagt ja immer, dass adoptierte Kinder so eine komische Leerstelle im System haben, wenn sie nicht wissen, wer sie in die Welt gesetzt hat!«

Als ich das hörte, wurde mir schlagartig klar, was ich jetzt zu tun hatte. Wie eine Inspiration kam es über mich. Das sollte meine Wiedergutmachung werden.

Nach dem Mittagsmahl schlenderte ich noch in dem Lokal herum, sah mir die vielen Fotos an den Wänden an, doch in Wahrheit war ich aufgewühlt. Der Gedanke, dass ich den Zwillingen reinen Wein einschenken müsste, um endlich frei zu werden, ließ mich nicht los. Aber wo sollte ich mit den beiden reden? Im Hotelzimmer? Im Café? In der Halle? Das war doch alles viel zu öffentlich. Doch irgendwo, irgendwie musste es passieren, ich hatte es plötzlich eilig, konnte nicht mehr warten.

Wieder einmal kam mir eine Art Zufall zur Hilfe. Ich stand schon auf der Straße und wollte zu Fuß zu unserem Hotel zurück, um mich hinzulegen, denn mir war ein bissle schlecht vor Aufregung, da traten die zwei Frauen hinter mir aus der Glastür und sprachen mich an. »Na, hat's geschmeckt, Frau Eichner?«, sagte die eine. Und die andere: »War doch ein schönes Osteressen, gell? Wir zwei sind ja sonst an Feiertagen immer ganz allein. Und schauen Sie mal, sogar die Sonne ist gerade rausgekommen, da könnten wir eigentlich noch einen Kaffee im Freien trinken. Leisten Sie uns doch gern Gesellschaft. Wir laden Sie ein.«

Ich dachte, ich träume, und weil ich das alles gar nicht für real hielt, sprang ich ins eisige Wasser der Direktheit und erwiderte: »Ja, das ist wirklich freundlich von Ihnen, sehr sogar. Ich hätte auch etwas Wichtiges zu erzählen. Das wird Sie beide bestimmt sehr interessieren.«

Die eine Schwester schaute die andere an, und mir schien, als würde sie ihren Mund spöttisch verziehen. Ich meinte, auch einen Blick zu erhaschen, der so viel besagte wie: »Na ja, lassen wir die komische Alte mal was erzählen, das bringt uns ja nicht um, und es ist auch Ostern, da können wir ruhig nett zu ihr sein.«

Wir taten ein paar Schritte in Richtung Innenstadt und ließen uns alsbald an einem runden Tischchen unter einer gestreiften Markise nieder. »Café con leche oder schwarz? Und wie wär's mit einem Stück Erdbeerkuchen?«, wollte man von mir wissen, dann stand eine von den Zwillingen auf und bestellte an der Theke. Wir zwei anderen machten es uns in den Sesseln bequem, sie hatten weiche Kissen. Die Frau an meinem Tisch, ich weiß nicht, welche von beiden, seufzte vor lauter Wohlbefinden. Und auch ich seufzte, aber vor Anspannung und Furcht vor dem, was ich vorhatte.

Der Kaffee kam, wir tranken ihn schweigend. Meine Torte sah verlockend aus, ich hätte sie liebend gern sofort hinuntergeschlungen; doch ich ahnte, dass ich später, nach meiner Wiedergutmachung, noch etwas Süßes brauchen würde. Krampfhaft überlegte ich, wie ich meine Ouvertüre gestalten sollte. Eines war mir klar: Jetzt oder nie! Mit dem Ort unseres Gesprächs durfte ich nicht mehr wählerisch sein.

Ich saß zwischen den beiden, daher fasste ich mir ein Herz und fragte: »Wer ist denn nun die Alma und wer die Cora?« Dabei lachte ich verschämt und verlegen und fügte hinzu: »Kann's mir leider nicht merken, wissen Sie!« Und das stimmte ja auch.

Meine Geruchsexperimente konnte ich hier nicht so einfach anwenden. Wegen des Feiertags hatten sich die Frauen, die um uns herum saßen und plauderten, stark parfümiert, und ihre Männer rauchten Zigaretten und Zigarren, als hätte es die in der Kirche umsonst gegeben, so beißend billig rochen die. Den Ring und den Armreif zur Unterscheidung herzunehmen war mir vor lauter Aufregung entfallen.

Rechts von mir saß also die Cora und links die Alma. Keine von beiden lehnte sich hinten in die Kissen, aus gutem Grund. Und Alma, von der ich wusste, dass sie die Erste und Kräftigere war, ergriff nach einer Weile die Initiative. »Was wollten Sie uns denn erzählen, Frau Eichner? Wir sind schon ganz neugierig.«

Heuchlerin, dachte ich, aber gleich wirst du staunen, wart's nur ab. Und so stellte ich nach einigem Räuspern und mit viel Herzklopfen meine Gegenfrage: »Sagen Sie, kann es sein, dass Sie beide am Rückgrat eine sehr alte lange Narbe haben?«

Alma wurde bleich und warf Cora einen erschrockenen Blick zu, der ebenso erschrocken erwidert wurde. Ich merkte, dass die beiden sich verständigten: Abstreiten oder nicht? »Um Himmels willen, Frau Eichner, was reden Sie denn da?«, rief Cora. Aber Alma druckste nicht lange herum, sondern wollte mit einer deutlichen Schärfe in der Stimme wissen, was ich damit wohl meinen könnte.

»Eine lange wulstige Narbe, schon immer, seit Sie denken können. Die meine ich.«

Wieder schauten sich die zwei blitzschnell an und kamen zu einem Einverständnis. »Ja, das stimmt schon. Aber wie können Sie denn das wissen?«, äußerte sich Cora nachdenklich, und Alma fügte hinzu: »Wir haben, ehrlich gesagt, nicht die geringste Ahnung, woher die Narbe stammt, und die Eltern haben uns auch nie etwas dazu sagen können. Gefragt haben wir sie natürlich. Aber als wir größer wurden, haben wir uns ausgedacht, dass wir vielleicht als siamesische Zwillinge geboren worden sind, und dass uns ein gnädiger Arzt kurz nach der Geburt getrennt hat.« Und Cora fügte hinzu: »Ja, stimmt, wir haben uns auch immer wie siamesische Zwillinge gefühlt. Wir sind sowieso unzertrennlich, das weiß ein jeder, der uns kennt, und niemand weiß es besser als wir selbst.«

Mein Kopf flog zwischen den beiden nach rechts und nach links.

»Jetzt horchen Sie mal, Frau Eichner, bei aller Liebe, aber Sie können uns doch nicht einfach solche Sachen sagen und komische Fragen stellen ohne guten Grund.« Jetzt hatte Almas Stimme einen gereizten Ton. »Wie kommen Sie dazu? Was wissen Sie, das wir nicht wissen? Raus mit der Sprache!«

Ihre harmoniebedürftigere Schwester sah sie verblüfft und ein wenig entsetzt an und blickte dann kurz über ihre Schulter, wie um sich zu vergewissern, dass unser Gespräch nicht belauscht werden konnte. Doch um uns herum wurde nur ziemlich laut auf Spanisch oder auch Galizisch geschwätzt, da brauchte sie keine Sorge zu haben. Trotzdem beugte ich mich vor und dämpfte meine Stimme, als ich sagte: »Erstens, ob Sie es glauben wollen oder nicht: Ich bin die Frau, die Sie beide als Säuglinge aus dem Lebensborn-Heim nach Günzburg gebracht hat, und zweitens …«

Ich kam gar nicht dazu weiterzureden, denn Alma unterbrach mich, um zu fragen: »Moment mal, Lebensborn-Heim? Was ist denn das? Und die Adoption?«

Also musste ich etwas weiter ausholen, um zu erklären, was es mit dem Lebensborn-Heim in Steinhöring auf sich hatte. Über den Tisch hinweg reichten sie sich die Hände und hielten sich aneinander fest wie Ertrinkende. Aber ich war ja noch lange nicht am Ende. Auschwitz und den Doktor wollte ich möglichst nicht erwähnen, wusste aber nicht, wie ich darum herumkommen sollte.

»Dass ihr adoptiert seid, das ist klar und natürlich belegt. Aber dafür, dass ihr den Stadlmayers zugewiesen worden seid, dafür hat meine Gottin gesorgt, die alte Frau Mengele, meine Tante Wally. Als ich kurz vor Weihnachten 1944 mit euch beiden im Arm am Günzburger Bahnhof ankam, da hatte ich eure Papiere dabei. Ihr wart erst ein paar Monate alt, und ich hatte euch schon lange gepflegt und gefüttert und auch die Narben am Rücken versorgt. Ich war ja Krankenschwester. In meinem Brustbeutel war ein Schreiben, in dem stand, dass man die Mengeles benachrichtigen sollte. Die Tante Wally habt ihr ja nicht mehr kennen können, die ist gleich 1945 gestorben, da wart ihr schon bei den neuen Eltern.«

Fast unbeabsichtigt war ich ins Duzen verfallen, weil ich beim Reden die beiden kleinen Bündel vor Augen hatte, meine Kindle. Alma und Cora schwiegen verängstigt. Und obgleich um uns herum laut diskutiert und gelacht wurde, entstand um uns drei herum eine merkwürdige Stille.

»Ich selber hab euch auch die wunderschönen Namen gegeben, denn in Steinhöring hatten die Säuglinge alle nur Nummern. Ich hab's ausgesucht: Alma und Cora, wie herrlich das klingt. Ihr solltet immer ein Herz und eine Seele sein und etwas ganz Besonderes. Ich hatte euch ja so lieb!«

Die Zwillinge wandten sich mir zu, und ich sah, dass ihrer beider Augen tränenfeucht waren. »Hoi, Frau Eichner«, sagte Cora, »jetzt verstehen wir endlich, warum Sie uns all die Jahre beobachtet haben. Wir fanden das irgendwie komisch, aber Sie, Sie kannten uns ja viel besser, als wir ahnten!« Und Alma rief: »Jetzt müssen wir Ihnen natürlich sehr dankbar sein! Mei, was für ein dickes Osterei Sie uns da schenken! Gewiss haben Sie noch mehr zu erzählen. Soll ich Ihnen eine zweite Tasse Kaffee bestellen? Sonst schmeckt Ihnen ja der Kuchen nicht.« Und schon sprang sie auf und lief an die Theke. Ich wollte aber gar keinen Kaffee, denn mein Herz bumperte bereits gewaltig.

»Unsere Namen«, sagte Cora leise wie zu sich selbst, »die sind wirklich schön. Das haben Sie gut gemacht, vergelt's Gott.«

Ich ergänzte: »Alma mit dem A für die Erstgeborene. Cora dann für dich, denn du warst die Zweite. Ich hab damals schwer gehofft, die Stadlmayer-Leut' würden euch nicht umbenennen, denn getauft worden seid ihr natürlich nicht, nur im Melderegister wurden die Vornamen eingetragen.«

Alma kam zurück, und gleich darauf brachte eine Kellnerin für uns alle neuen Cappuccino. Der Kaffee roch gut, war wohl eine feine Röstung, aber ich hatte nicht vor, ihn anzurühren.

In Almas Gesicht entdeckte ich Sorgenfalten. Wieder bemerkte ich, dass sie ohne Worte das Einverständnis ihrer Schwester einholte, bevor sie zu reden anfing. Doch vorher rief Cora noch ganz aufgeregt: »Stell dir vor, du bist die Ältere, deshalb fängt dein Name mit A an, so hat's mir die Frau Eichner grad erzählt! Und dass wir nie getauft worden sind!«

»Ich weiß auch etwas über eure Eltern, die leiblichen, meine ich. Das ist ein Geheimnis, das niemand kennt außer mir. Ihr wollt's bestimmt wissen, oder?« Ich hörte selber den Triumph in meiner Stimme.

»Unsere Eltern? Wir wissen nur, dass wir Vollwaisen sind, sonst hätte man uns ja nicht adoptieren können.« Alma führte weiter das Wort.

»Also, das war so«, begann ich zu erzählen und wollte weit ausholen, um dem gefährlichen Terrain auszuweichen, »euer echter Vater, der war nämlich ein Pfarrer. Deshalb hätte er auch bestimmt gewollt, dass man euch tauft und ihr gute Christenmenschen werdet. Er war ein evangelischer Pastor und gehörte einer Art Freikirche an. Als eure Mutter mit euch schwanger war, stand er längst an der Ostfront als einfacher Soldat, Kanonenfutter nannte man das, und er hat's vielleicht nie erfahren, dass sie guter Hoffnung war. Die Angehörigen dieser evangelischen Bekenntnisgemeinde waren allesamt gegen die Nazis und ihre Kirchenpolitik eingestellt, das war bekannt. Es war eine Art Geheimbund. Die Pfarrer und ihre Familien wurden deshalb verfolgt. Und eure Mutter hat, als ihr Mann weg war, ein paar Juden im Pfarrhaus versteckt. Ob ihr auch Geschwister hattet, weiß ich leider nicht. Das mit den Juden ist dann aber aufgeflogen, darauf stand damals die Todesstrafe. Wahrscheinlich hat jemand sie verraten, und deshalb hat man die arme Frau abgeholt und als Kriminelle in ein Straflager gesteckt, ich glaube, Dachau.«

Ich musste innehalten und Luft holen, denn ich näherte mich dem Minenfeld.

Im August 1943 bildete sich in Württemberg eine »Pfarrhauskette« von nahezu fünfzig Stationen. Sie gehörten der Kirchlich-Theologischen Sozietät und der Evangelischen Bekenntnisgemeinschaft an. Getragen nicht nur vom Gedanken der Nächstenliebe, sondern auch vom Glauben an die »Heilsbedeutung Israels« scheuten die Beteiligten keine Gefahren für Leib und Leben. Die Hauptlast an Entbehrungen und Ängsten trugen ohne Zweifel die Ehefrauen, darunter besonders jene, deren Männer im Krieg waren und die trotzdem den Mut aufbrachten, Juden in ihrem Pfarrhaus zu verbergen.

Max Krakauer, *Lichter im Dunkel*[51]

Den Zwillingen aber entfuhr ein Schrei des Entsetzens wie aus einem Mund: »O Gott, die Arme! Die Arme!« Wieder ergriffen sich die beiden an den Händen, dann begannen sie zu schluchzen. Um uns herum verstummten die Leute und schauten zu unserem Tisch hin. Es war herzzerreißend. Irgendwie hatte ich nicht damit gerechnet, dass ihnen meine Neuigkeiten so nahegehen würden, hatte gar nicht darüber nachgedacht, was das mit ihren Gefühlen machen würde. So ist das, wenn man selber keine kennt. Ich hatte nicht einmal versucht, mich in die zwei hineinzuversetzen, wollte bloß meine Geschichte loswerden, als Wiedergutmachung und als Teil meiner Buße und Reue, und weil sie sich doch beim Essen gefragt hatten, wer wohl ihre wahren Eltern sein könnten. So nebenbei. Und ich, die Eichner-Burgl, war doch der einzige Mensch auf der ganzen Welt, der Bescheid wusste. Heute gebe ich zu, Vinzenz, ich wollte mich einfach wichtigmachen, wollte die Zwillinge beeindrucken, mich auf diese Weise zu ihrer Freundin und Verschworenen machen, in ihre Intimität eindringen.

Ein Seesturm droht erst noch, bevor er losbricht. Gebäude knistern und knacken erst noch, bevor sie einstürzen; der Rauch kündigt eine Feuersbrunst im Voraus an. Heimtückisch aber ist das Verderben, das vom Menschen kommt, und umso sorgfältiger tarnt es sich, je näher es herankommt.

Seneca, *Briefe an Lucilius*

Alma sprang auf, lief zum Nebentisch, packte einen Korbsessel und stellte ihn neben Cora. Dann fielen sich die beiden in die Arme und weinten noch lauter. Ganz hemmungslos, so dass die Kellner ratlos um uns herumstanden und einige Gäste sich erhoben, entweder um zu zahlen und zu gehen oder um näherzutreten und sich das Schauspiel anzusehen. Zwei identische Frauen, das war schon auffällig genug. Aber dann noch dieses Drama! Mir war das alles ziemlich peinlich. Ich saß stumm daneben. Da nahm ich vor lauter Verlegenheit meine Gabel und aß ein Stück von meiner Torte. Sie war in Ordnung und hatte einen feinen Erdbeerduft, schmeckte mir aber unter den gegebenen Umständen nicht wirklich gut.

Das Schluchzen wollte nicht aufhören, die Gäste verliefen sich nach und nach, das Lokal leerte sich, und es begann schon zu dämmern. Ich streckte meine Hand aus und legte sie auf den Rücken, den Alma mir zuwandte, während sie Cora wie eine Schiffbrüchige umklammert hielt. Da gab sie einen heftigen Schmerzenslaut von sich, drehte sich hell erbost zu mir um und schrie: »Lassen Sie uns gefälligst in Ruhe, Sie altes Scheusal! Und wenn Sie schon reden müssen, dann sagen Sie uns wenigstens noch, woher wir diese Narben haben!«

So kam es, Vinzenz, dass ich am Ende doch noch mit der halben Wahrheit herausrücken musste. Ich berichtete von der Niederkunft der Mutter im Lager und dass man sie kurz darauf getötet hatte, wie es nicht unüblich war. Die gesunden Neugeborenen konnten nur deshalb überleben, weil sie rein arischer Abstammung und auch noch Zwillinge waren und insofern interessant für die Wissenschaft, also für die Genetik. Vererbung wurde ja damals erforscht. Von einem Doktor Josef Mengele, von dem hätten sie ja sicherlich gehört, gell, die Familie sei ja aus Günzburg, aber der Doktor, der wär längst tot. Und dieser Mengele hätte sie zu Zwecken eines medizinischen Experiments im vierten Lebensmonat am Rücken zusammengenäht, allerdings ohne den gewünschten Erfolg. Darum wären sie sechs

Wochen später wieder getrennt worden, und ich hätte sie dann im Lebensborn Steinhöring in diesem Zustand zur Pflege übernommen. Die Narben wären kaum verschorft gewesen. Ich besäße da auch ein Originaldokument, das alles beweisen könnte. Und so weiter und so weiter.

Liquor wird punktiert, Blut in großen Mengen abgenommen. Es wird wechselweise Zwillingen übertragen oder zu serologischen Untersuchungen nach Berlin geschickt.
Die Überlebenden berichten übereinstimmend, unzählige Injektionen bekommen zu haben, Mädchen und junge Frauen auch in die Gebärmutter. Vera Alexander berichtet, sie habe sich erfolgreich bemüht, von Mengeles Zwillingsblock wegzukommen, da sie den Anblick der Versuchsobjekte nicht ertragen konnte. Das schrecklichste sei ein drei- oder vierjähriges Kinderpaar gewesen, ein Mädchen und ein Junge mit einem buckligen Rücken, der erhebliche Schnittwunden von Versuchen aufwies: »Außerdem hatte man... die Kinder im Bereich der Pulsadern zusammengenäht. Der Sinn des Versuches war offenbar der, einen gemeinsamen Blutkreislauf herzustellen. Die beiden Kinder sind noch während meiner Anwesenheit im sogenannten Zwillingsblock verstorben.«

Ernst Klee, *Auschwitz, die NS-Medizin und ihre Opfer*[52]

Den Rest kennst du. Wie ich zurück nach Günzburg gelangt bin, daran kann ich mich kaum erinnern. Ich war wieder erstarrt vor Enttäuschung, Wut, Verwirrung. Nichts von dem, was ich in Santiago erhofft hatte, war eingetroffen. Ich fühlte mich schuldiger als je zuvor. Jetzt war ich aktive Täterin geworden. Meine Opfer saßen keine zehn Meter hinter mir, mein Richter direkt vor mir. Frau Kienle hatte wieder ihren Platz hinter den Stadlmayers eingenommen, denn meine Nähe konnten sie nicht mehr ertragen, nach allem, was man munkelte. Ich weiß nur noch, dass die Zwillinge in einem fort laut heulten, tagelang. Man gab mir die Schuld. Der ganze Bus, genervt und entsetzt, ächtete mich als Grund dafür, ohne Genaueres zu wissen.

Du hast dich dann um Alma und Cora gekümmert. Ich saß drei Reisetage lang auf meinem Platz hinter dir, hatte Angst vor deiner Verachtung, Angst vor Schelte wie ein kleines Kind, das etwas ausgefressen hat und Schläge vom Vater erwartet. Nachts tat ich kein Auge zu, aß alle restlichen Katzenzungen auf einmal auf, hörte noch im Dunkeln das herzzerreißende Schluchzen wie von einer beschädigten Schallplatte, doch mein Herz zerriss es nicht. Denn eigentlich fühlte ich nichts, jedenfalls kein Mitgefühl. Nur Schuldgefühl. Ich war allein mit mir und meinem Fehlverhalten beschäftigt.

Noch sehe ich dein Gesicht vor mir. Du warst rot vor Zorn, hattest Tränen in den Augen. Und zu mir hast du gesagt: »Zum Teufel noch mal, Burgl! Wie konntest du nur, Burgl! Ohne dich vorher mit mir zu besprechen, halsstarrig wie immer, dazu gefühlsdumm und selbstgefällig! Ja, dadurch hast du jetzt wahrhaftig Schuld auf dich geladen. An zwei Menschen, die dir lieb sind, hast du dich versündigt. Ausgerechnet an denen, die dir ein Leben lang am liebsten waren. Hast sie zerstört, aus sogenannter Liebe. Du wolltest doch bloß eigenmächtig deine Geschichte loswerden, sonst gar nichts. Schau dir nun die beiden armen Frauen an. Hatten sie nicht schon genug gelitten in einer Zeit, wo sie noch nicht einmal sprechen konnten? In ihrer Not haben sie mir alles anvertraut. Den Rest ihrer Tage werden sie todunglücklich sein. Untröstlich! Und das geht auf deine Kappe.«

Du hast verzweifelt den Kopf geschüttelt, und ich stand zusammengesunken vor dir wie eine arme Sünderin vor dem Herrgott. »Mutwillig und ganz ohne Not hast du einen heiteren Lebensfrieden zerstört, im Namen der Wahrheit und der Liebe, wo du doch leider von beidem keine Ahnung hast. Schuldgefühle wolltest du loswerden, dich endlich erleichtern, und da hast du dein dummes Leid einfach den Zwillingen wie Salzsäure ins Gesicht geschüttet. Konntest du sie nicht in Frieden alt werden lassen? Sollen sie jetzt so grau und bitter werden wie du?« Du hast dann mein Gesicht in beide Hände genommen und versucht, mir in die Augen zu schauen. »O Burgl, hättest du bloß vorher mit mir geredet, dann hätte ich dir das mit der Wahrheit schon ausgetrieben, im Namen der Barmherzigkeit!«

Und ich: »Abr, abrr … i hab's doch nur guad meind! Dachte, es wär wichtig für die beiden. Und es sollt doch eine Wiedergutmachung sein, so ein Akt der Reue eben, wie's von der Beichte und vom Bußsakrament verlangt wird. Damit ich den Ablass auch wirklich bekomm'.«

Da hast du dich mit gramvoller Miene von mir abgewandt.

Zum Schluss hörte ich dich leise sagen: »Wir sehen uns bald in Günzburg, Burgl, dann besprechen wir alles, hörst! Jetzt brauchen die Stadlmayers mich erst einmal. Und später werde ich mich auch um dich kümmern, meine arme alte Freundin, versprochen. Gott wird dir vergeben. Aber ob ich's auch kann, das weiß ich noch nicht.«

Es ist spät geworden, Vinzenz, schon halber zehn, und meine Tablette hab ich auch noch nicht geschluckt. Na gut, schlafen werde ich noch lang genug, wenn ich sie demnächst alle auf einmal einwerfe. Heut auf die Nacht wird's aber nicht klappen. Das Licht hab ich schon lang gelöscht, die Gardinen sind ganz zugezogen. Im Dunkeln redet sich's leichter. Was ich aufs Band gesprochen hab, das hat mich derart aufgeregt! Mein Herz stolpert schon seit Stunden, ich hab ja kein Nitro mehr. Immerzu geht's mir im Kopf herum, dass die Alma und die Cora jetzt mein Leid tragen müssen, und dabei bin ich's ja gar noch nicht los! Man sagt alleweil: »Geteiltes Leid ist halbes Leid.« Aber das stimmt nicht, jedenfalls nicht für uns, denn jetzt hat sich das Ganze verdreifacht, und du bist auch noch hineingezogen, also geht's auf viere. Ihr alle habt meine Anteilnahme, aber keiner hat Mitleid mit mir. Ich ganz allein bin jetzt die Böse, das Monster. Es war wohl recht blöd von mir zu glauben, nach der Pilgerfahrt und der Beichte würde es mir besser gehen, und ich könnte erleichtert aus dem Leben scheiden.

Heute Abend fühle ich mich schrecklich einsam, ganz als wär ich der einzige Mensch auf der Welt. Das tut richtig weh. Vorher war es ja meine eigene Entscheidung gewesen, mich abzusondern, und ich war nur deshalb allein, weil ich es so wollte, aber nicht so einsam. Jetzt bin ich eine Ausgestoßene, eine Geächtete. Keiner will mehr was mit mir zu tun haben, nicht einmal die Frau Kienle und schon gar nicht du. Ach Vinzenz, so weit hat deine Kinderliebe zu mir doch nicht gereicht, dass du mich versteht und mir vergibst! Erst hab ich dich so arg gehasst, und jetzt fehlst du mir …

Markerschütterndes Seufzen, dann Gähnen …

… Bin so furchtbar miad, und mei Batt'rie tut weh, oje, das Kopfweh ist ja kaum zum Aushalten. Seh schon alles doppelt, komisch, oder? Komusch, dobbel, jetzett hätt i hernach gleich viere von die Zwallungskandle, mei Kandle …

Verwaschenes Murmeln …

… I glaub, i werde jetzett in d' Stub gehen und mi mit d' Almale und d' Corale aufs Schässló hogge. Die nehm ich dann in die Arm und tu sie herze. Vielleicht dass wenn i uns alle dreie mit mei Deppich gut zudecke tu, könne mir einschloffe …

Klopfen …

Lautes Pochen an der Tür …

Was issn do los? Holt mi jetzett d' Polizei? I ga neda na! Ha noi, i ga fei neda na …

Eine weibliche Stimme: »Frau Eichner, Frau Eichner! Machen Sie doch auf! Wir sind's!«

Leise: *Oh, verreck, noi, noi.*

Erneutes lautes Klopfen und Rütteln an der Türklinke. »Bittschön, Frau Eichner, lassen Sie uns nicht draußen stehen! Wir sind's doch nur, die Alma und die Cora! Wir müssen unbedingt noch einmal mit Ihnen reden! Unbedingt, es ist wichtig! Machen Sie die Tür auf! Sie sind doch ganz gewiss daheim!«

… Ha noi, bei mir is fei kois dahoim …

Heftiges, dumpfes Geräusch wie von einem Fall, dazu ein Schrei und dann gequältes Stöhnen und etwas, das klingt wie *sabberlo, abberlo …*, irgendein Gebrabbel.

»Hast du das gehört, Cora? Da stimmt doch was nicht! Frau Eichner, geht's Ihnen nicht gut? Können wir helfen? Was ist Ihnen? Brauchen Sie einen Arzt? Cora, wir suchen jetzt rasch eine Telefonzelle und rufen den Herrn Glaser an, woisch.«

Schritte entfernen sich. Stöhnen, Ächzen. Röcheln.

Vinzenz

Ich spreche diesen Bericht auf das Tonbandgerät, das auf dem Küchentisch lag, und werde ihn den Papieren von Burgl, von Frau Eichner, beifügen. Es scheint mir wichtig, dass ihre Aufzeichnungen einen verständlichen Abschluss finden. Und was ich hier sagen will, ist auch mein eigener Beitrag zu dem stummen Gespräch, das sie mir in ihren letzten Tagen und Stunden angeboten hat.

Kurz vor zehn an einem Sonntagabend, zwölf Tage nach unserer Rückkehr von Santiago de Compostela, läutete mein Telefon. Ich erschrak, denn so etwas kam selten vor. »Kommen Sie schnell, Herr Glaser!« Ich erkannte Almas Stimme, oder war es die von Cora? Ist auch egal. »Hören Sie, der Frau Eichner geht's nicht gut, vielleicht braucht sie Hilfe. Sie macht nicht auf. Wir haben's lang probiert, immer wieder geklopft. Aber drinnen im Haus sind Geräusche, da stöhnt jemand, also ist sie daheim. Bitte kommen Sie. Haben Sie die Adresse? Dann ganz schnell, bitte, eilen Sie sich!«

Während ich in meine Hose stieg und in die Schuhe schlüpfte, rief ich in die Hörmuschel: »Jaja, die Adresse hab ich, das ist in der Mengele-Siedlung bei der Ulmer Straße, aber stellt euch auf den Fußweg, damit ich im Dunkeln sehen kann, wo ich anhalten muss.«

Ich wohne ja nicht in Günzburg, sondern außerhalb der Stadt, südlich Richtung Ichenhausen auf dem Land, nicht weit von meinem Elternhaus entfernt in einer Einliegerwohnung, ganz ruhig. Bis das Taxi kam, dauerte es eine Weile. Es musste erst vom Bahnhof herfahren, und dann waren es noch gut zwanzig Minuten bis zu der Arbeitersiedlung, wo Burgl wohnte. Als die Zwillinge das Scheinwerferlicht sahen, wedelten sie aufgeregt mit den Armen. Ich stieg aus, zahlte und rannte mit ihnen zum Haus. Ich bat den Chauffeur zu warten, aber der lehnte es ab, es habe zu wenig Taxis in der Gegend, und er müsse auf sein Geschäft achten. Auch ich schlug bald mit der Faust gegen die Haustür und rief laut: »Burgl! Burgl! Bischt dahoim? Geht's dir schlecht? Hier isch d' Vinzenz, brauchst kei Angscht neda hobm!« Keine Antwort. Ich legte das Ohr gegen das dünne Türblatt, um zu horchen. Da vernahm ich ein Röcheln und Raspeln, das mich erschreckte. Wenn sie nicht aufmachen wollte, überlegte ich, würde sie sich doch mucksmäuschenstill nach hinten verziehen und nicht direkt vor der Tür solche Geräusche machen. Ich prüfte im Schein der Straßenlaterne meine Chancen, dann trat ich kurz entschlossen ein paar Schritte zurück und wagte es, wie im Krimi mit der Kraft meiner Schulter die Tür aufzubrechen, indem ich dagegenrannte. Es gelang mir erst beim vierten Mal, da flog sie krachend und splitternd auf, und ich flog mit, konnte mich gerade noch fangen, bevor ich über das Bündel gestürzt wäre, das da am Boden lag.

Welch ein Elend! Eine der Zwillinge knipste das Licht an, da sahen wir die Burgl liegen, gekrümmt auf dem kalten Linoleum, das Gesicht verzerrt und die Augen weit offen. Aus ihrem Mund hing ein Speichelfaden. Es war offensichtlich, dass sie einen schweren Schlaganfall erlitten hatte. Aus ihrem Mund quollen pelzige Töne, als sei sie geknebelt, ihre Zunge bewegte sich kaum. Sie kam mir vor wie ein sterbendes Tier. Doch dieser Blick! Todesfurcht und Dankbarkeit, als sie mich erkannte. Sie rollte die Augen immer wieder in eine bestimmte Richtung. Doch ich verstand nicht, was sie mir sagen wollte.

»Cora, hol rasch ein Kissen und eine Decke!«, rief ich, und als sie die Sachen brachte, half mir Alma, meine alte Freundin darauf zu betten. Burgl versuchte, einen Arm zu heben, der andere lag schlaff an ihrer Seite. Da wurde mir erst klar, dass sie linksseitig gelähmt und auch ihr Sprachzentrum beschädigt war. Seit dem Sturz infolge des Schlaganfalls musste inzwischen länger als eine Stunde vergangen sein. In ihren Augen stand eine so grauenerregende Hilflosigkeit, dass ich sie kaum anschauen mochte. Ich konnte ihr ja nicht helfen.

Wieder hob sie ihren rechten Arm. Ich begriff jetzt, dass sie mir etwas zeigen wollte, aber es war auch wie eine Warnung in ihrer hilflosen Geste. Oder vielleicht wollte sie auch nur ein Glas Wasser?

»Bleib bei ihr«, sagte ich zu Cora. »Am besten, du nimmst sie in den Arm wie ein Kind, das Trost braucht. Und du, Alma, lauf zu den Nachbarn, die sollen den Notarzt rufen. Sag auch gleich dazu: Schlaganfall, Namen und Adresse von der Frau Eichner.«

Ich wusste ja inzwischen, dass die Burgl kein Telefon besaß, sonst hätte ich schon längst den Krankenwagen geholt. Auch ihre Anschrift hatte ich nur über eine Nachfrage beim Pilgerbüro herausgefunden, und sogar die hatten sich geziert, wegen Datenschutz.

Ich lief in die Küche, ließ das Wasser laufen und suchte nach einem Becher. Da sah ich auf dem Tisch einen hohen Stapel Papiere liegen und ein Tonbandgerät, dessen Spule sich nicht mehr drehte. Daneben aufgestapelt fünf Kassetten in Hüllen. In pedantisch ordentlicher Beamtenmanier waren sie beschriftet: »Vinzenz Glaser I«, »Vinzenz Glaser II«, »Vinzenz Glaser III« und so weiter. Ich bemerkte auch zwei kindergroße Puppen, die auf der Küchenbank saßen und mich mit ihren Glasaugen anstarrten.

Verwirrt und erstaunt wie ich war, vergaß ich doch nicht, in den Flur zurückzurennen und der Burgl mit einem Kaffeelöffel Wasser einzuflößen, während Cora sie ein wenig aufrichtete. Sie versuchte erneut, etwas zu sagen, doch aus ihrer Kehle drang nur ein armseliges Gurgeln wie von einem schwerbehinderten Kind. Ich sah, wie Cora der alten Frau sachte übers Haar und über die schlaffe Wange strich, und dachte mir: »Das ist bestimmt seit einem halben Jahrhundert das erste Mal, dass jemand die Burgl streichelt.« Und ich beschloss: »Das mache ich auch! Jetzt muss sie es ja von mir annehmen.«

Doch zuerst ging ich wieder in die Küche, warf einen kurzen Blick in die Papiere, anfangs mit der Maschine geschrieben, dann fast genauso akkurat mit der Hand, und ich las, wie sie auf der letzten Manuskriptseite beschlossen hatte, den Rest ihres Berichts auf den Recorder zu sprechen, weil ihr die Finger wehtaten. Selbst bei dieser flüchtigsten aller Prüfungen entdeckte ich auf vielen Seiten immer wieder meinen Namen und erkannte daher ohne Zweifel, dass das alles für mich bestimmt war. Es war eine Art Beichte. Und ein Gespräch mit mir. Endlich ein Gespräch mit mir.

Unter der Spüle fand ich eine Einkaufstüte aus Plastik. Hastig stopfte ich alles hinein, auch die Kassetten und das Aufnahmegerät. Dann war ich zurück im kalten Hausflur und stellte die Tasche bei der Garderobe ab.

Mir fiel ein, dass die arme Frau ja wahrscheinlich noch hören konnte. Deshalb beugte ich mich hinunter, nahm Cora die leichte Last ab. Meine Burgl hielt ich jetzt selber im Arm und ergriff die noch nicht gelähmte Hand. Als sie dann dort an meiner Brust geborgen lag, flüsterte ich ihr ins Ohr: »Burgl, kannst mi hörn? I hab fei alles funde. Aufm Kuchedisch. Wenn's dir recht ist, nehm ich's mit. Drück mir die Hand dreimal, Burgl, damit i woisch, dass du's so willscht!« Ich fühlte sofort, wie sie mir das Zeichen gab.

Dann redete ich weiter mit ihr, wie ich einst mit meinem kranken Schwesterle gesprochen hatte, kurz bevor es an der Tuberkulose starb. Einfach nur tröstend und zärtlich, damit sie verstand, dass sie nicht allein war.

Ganz verlassen zu sterben ist etwas, das ich niemandem wünsche. Unsere Eltern waren damals so voller Schmerz und Kummer, dass sie kaum noch ans Bett der Tochter treten konnten. Sie wandten sich ab und weinten, aber sie spendeten keinen Trost, weil sie selber so viel davon brauchten. Ich gab ihnen Kraft, so gut ich konnte. Dabei war ich erst vierzehn und hatte meine Schwester so sehr lieb. Als sie unter der Erde war, vermisste ich sie ganz arg und denke noch jetzt als alter Mann oft an sie. Mich tröstete damals keiner. Die einzige Lösung zum Überleben von Schmerz schien uns, den Eltern und mir, wie bei so vielen aus der älteren Generation, den bitteren Verlust und das Leid einfach totzuschweigen. Irmelas Name wurde in den folgenden Jahren nie mehr erwähnt, wenn auch eine Fotografie von ihr gerahmt auf der Anrichte stand und ich meine Leut' nicht selten dabei ertappte, wie sie Hand in Hand davor standen und trocken schluchzten. Und an Allerheiligen gingen wir alle Jahr gemeinsam an ihr Grab, um schweigend ein Licht anzuzünden.

Cora war derweil vor die Tür getreten, um nach Alma Ausschau zu halten. Doch die war nirgends zu entdecken. Ich spürte, wie sich auch in ihr eine angespannte Ängstlichkeit entwickelte, so als wäre sie zum ersten Mal von ihr getrennt. Doch ich konnte mich in diesem Augenblick nicht um Cora kümmern. Mir war nämlich etwas eingefallen.

Ganz leise fragte ich die Burgl: »Sag, möchtest du jetzt am

liebsten hinübergehen, ins Jenseits? Ich mein', heut noch? Ist das dein Wunsch? Dann gib mir ein Zeichen!«

Erneut drückte sie drei Mal meine Hand. Sie verstand mich also gut, eine Kommunikation war möglich, wenn auch nur auf diese eingeschränkte Weise. Nun ahnte ich, was meine Aufgabe und mein letzter Dienst an diesem armen lieben Menschen sein könnte. Und ich begann aus dem *Buch der Weisheit* die Stelle zu rezitieren, die man zum Ewigkeitssonntag spricht.

Aber die Seelen der Gerechten sind in Gottes Hand, und keine Qual rührt sie an.
In den Augen der Unverständigen gelten sie als tot, und ihr Abscheiden wird für Strafe gehalten und ihr Weggehen von uns für Verderben. Doch wenn sie auch nach Meinung der Menschen viel zu leiden haben, so sind sie doch erfüllt von Hoffnung
auf Unsterblichkeit. Sie werden ein wenig gezüchtigt, aber viel Gutes wird ihnen widerfahren; denn Gott versucht sie und findet sie seiner wert. Und zur Zeit ihrer gnädigen Heimsuchung werden sie aufleuchten wie Funken überm Stoppelfeld …
Die auf ihn vertrauen, werden seine Zuverlässigkeit erfahren, und die treu sind in der Liebe, werden bei ihm bleiben. Denn Gnade und Barmherzigkeit wohnt bei seinen Heiligen, und er sucht seine Auserwählten gnädig heim.

Buch der Weisheit 3,1-9

Ich habe da so meine Lieblingsstellen, und obschon der Theologe in mir weiß, dass diese Worte nicht vom weisen Salomon sind, bauen sie den Menschen doch auf. Manchmal danke ich dem Herrgott, dass ich nicht zum Priester ordiniert wurde und deshalb nicht als Pfarrer unter kirchlicher Aufsicht stehe. So kann ich auf meine ganz eigene und eigenwillige Art private Seelsorge betreiben, und keiner redet mir drein.

Ich sprach meine Verse ganz langsam, mit leiser, fast hypnagoger Stimme, und als ich fertig war, wiederholte ich das Ganze noch zwei Mal. Ich empfand, dass sich Burgls Blick ein wenig aufhellte, oder vielleicht bildete ich mir das nur ein. Jedenfalls ging von ihr eine Art Vertrauenskraft aus, die ich sonst nicht von ihr kannte. Ich wollte ja so arg gern für sie da sein in dieser Stunde, wo ich es doch ein Leben lang nicht geschafft hatte, ihr nahezukommen. Darüber vergaß ich ganz, auf die Zeit zu achten. Cora wartete im Dunkeln vor der Haustür; die Burgl hatte nämlich keine Beleuchtung am Eingang. Im Schein einer trüben Flurlampe war ich allein mit meinem Kinderliebchen, dieser knochenharten Frau, die sich selber zu Tode geschunden hatte mit lauter Schuldgefühlen und Lebensangst.

Da kam mir die Eingebung, ich könnte ihr die Krankensalbung spenden, die man früher einmal die letzte Ölung oder das Sterbesakrament genannt hat. Natürlich stand mir kein geweihtes Öl zur Verfügung, keine Kerze, kein Kreuz, auch keine Hostie für die letzte Wegzehrung. Aber ich dachte an Jesus Christus, der mit seinem Speichel geheilt hat, und genauso tat ich es nun auch. Natürlich wollte ich mich nicht etwa an die Stelle des Heilands setzen! Aber wenn es eine Nottaufe geben kann, darf es doch auch ein letztes Herzensgeleit sein für einen Menschen, der einem wichtig ist. Ich befeuchtete also meinen Zeigefinger, benetzte die Mitte von Burgls Stirn, ihre Hände, berührte ihre Brust in der Gegend des Herzens, sprach die dazugehörigen Gebete und sagte: »Durch diese heilige Salbung helfe dir der Herr in seinem reichen Erbarmen, er stehe dir bei mit der Kraft des Heiligen Geistes: Der Herr, der dich von Sünden befreit, rette dich, in seiner Gnade richte er dich auf.«

Nun schloss Burgl zum ersten Mal die Augen und atmete tief. Das rasselnde Röcheln beruhigte sich. Ich erinnerte mich an ein Täfelchen Traubenzucker, das ich immer in der Hosentasche trage, weil ich manchmal vergesse zu essen und mir schwindlig wird vor Unterzuckerung. Das holte ich mit einiger Mühe hervor, brach ein Stückchen davon ab und legte es ihr wie eine Oblate auf die Zunge.

Selbstverständlich ist mir bewusst, dass ich nach den Regeln der Kirche das alles nicht hätte tun dürfen. Aber was ich vor meinem Herrgott und vor Jesus Christus mit meinem Gewissen vertreten kann, das tue ich. Wäre es vielleicht barmherziger gewesen, die Burgl einfach so dort liegen zu lassen, ungetröstet? Mir war auch klar, dass sie mit der Kirche auf Kriegsfuß stand, aber das musste mich nicht kümmern, denn der Heiland liebt auch solche Menschen, das ist mir Gewissheit.

[Auf die Frage, welcher Moment ihn als Seelsorger geprägt hat:]
Als ich in einem Flüchtlingslager in Ruanda kurz nach dem Genozid die Messe las. Danach kamen viele Männer zur Beichte, deren Sprache ich nicht verstand, aber ich wusste, es sind wohl auch Mörder darunter. Trotzdem habe ich ihnen die Vergebung Gottes gespendet, weil Gott allein der Richter ist. Und ich habe gehofft, dass sie bereuen.

Pater Peter Balleis SJ[53]

Es tat gut zu erleben, wie das Bündel in meinem Arm sich beruhigte. Ich empfand die Burgl, wie sie da an meiner Brust lag, mit dem Verstreichen der Minuten immer mehr wie einen Säugling und begann, ihre Stirn und ihre Wangen zu küssen, sie zu herzen, wie man es mit einem ganz kleinen, bedürftigen Wesen macht. Nach einer Weile begann sie zu gurren und glucksen wie ein zufriedenes Baby. Immer wieder drückte sie meine Hand, und ich wusste, ich mache das richtig. Mein Gemüt war völlig ruhig, ich fühlte mich fast glücklich. Und sie ließ sich fallen, ihre verkrampften Muskeln lösten sich, und ich bemerkte ein paar tiefe Schnaufer wie von jemandem, der an den Flutsaum des Ozeans tritt und selig den Duft der köstlichen Meeresgischt in seine Lunge saugt. Es schien mir fast, als würde sie an mir schnüffeln, als sei ich ihr Ozean.

Um uns nur tiefe Stille, kein Laut zu hören außer Burgls Atmung, mal ruhig, mal mühselig, und anfangs das Geräusch von meinen zarten Schmätzle. Ich unterbrach nach einer Weile mein beruhigendes Flüstern und machte selber die Augen zu. Es war ja schon späte Nacht. So verfiel ich in einen Dämmerzustand, aus dem mich erst die Rückkehr von Alma herausriss, die eng umschlungen mit Cora ganz atemlos erzählte, warum es so lange mit dem Krankenwagen dauerte. Die Nachbarn hatten sich entweder geweigert, zu nachtschlafender Zeit die Tür zu öffnen, oder wehrten sie, wenn sie als Fremde überhaupt ihr Anliegen vorbringen konnte, unwirsch ab. »Die kenned mir neda, die Frau!« Oder: »Die oide Eichner? Ja verreck, die grüschd uns fei nedamoi, was solled mir der helfe?« Dann knallte die Tür zu. Erst bei einem polnischen Ehepaar hatte sie endlich Glück gehabt und das Telefon benutzen dürfen.

Gemeinsam warteten wir auf den Krankenwagen. Es dauerte und dauerte. Noch lange bevor wir seine Sirene hörten, begann die Burgl zu zucken und sich aufzubäumen wie bei einem Krampfanfall. Es war zum Gotterbarmen, und als das nach Minuten abebbte, wurde sie ganz schlaff und weich. Ich hielt sie weiterhin im Arm und hatte die heimliche Hoffnung, dass sie jetzt gleich sterben könnte, denn ein künstliches Dahinsiechen in der Klinik wünschte ich ihr auf keinen Fall. Aber da schlug sie die Augen wieder auf, nein, jetzt war es nur ein Auge, das andere blieb verhangen. Ich schaute sie an und lächelte. Ich sagte: »Burgl, alles isch guad!« Da lächelte sie mit ihrem Blick zurück und zeigte einen Ausdruck, wie ich ihn nie zuvor bei ihr bemerkt hatte. Sogar die Lippen schienen weniger schmal zu sein. Das erschlaffte Gesicht war voller Vertrauen, voll kindlicher Liebe. So war dies unser allerletzter Kontakt, unsere letzte Begegnung, der Abschied. Kein schlechter Abschied, ein guter sogar.

Alle Worte, die von Herzen kommen, sind gute Worte, und wenn sie mir helfen, so frag ich nicht viel danach, ob es sogenannte »richtige« Worte sind oder nicht.

Theodor Fontane, *Der Stechlin*

Endlich traf der Notarzt ein, Burgl wurde auf eine Bahre gehoben, festgeschnallt und fortgebracht. Dass sie nicht mehr lange zu leben hatte, war mir klar, deshalb sandte ich ein Stoßgebet nach oben, der Herrgott möge sie nicht leiden lassen. Ich blieb mit Alma und Cora zurück. Die Sanitäter hatten, ohne zu fragen, angenommen, dass wir alle zur Familie gehörten. Wahrscheinlich hielten sie mich für den Herrn Eichner. Dass keiner von uns wusste, wo die alte Frau ihre Krankenkassenunterlagen und Ähnliches aufbewahrte, registrierten sie mit Verwunderung. »Na, das regeln wir später. Namen und Anschrift haben wir ja.« Dann waren sie schon fort, mit lautem Sirenengeheul.

Wir drei gingen in die Küche. Seit der Rückreise von Santiago, als die beiden Frauen durch Burgls Geständnis aus heiterem Himmel in abgrundtiefe Not geraten waren, hatten wir ein fast freundschaftliches Verhältnis aufgebaut. Ich hatte ihnen geraten, bald einen Therapeuten aufzusuchen, um ihr frühkindliches Trauma im Lager zu verarbeiten. Denn von den schrecklichen Operationen musste dieses und jenes noch in ihrem Unterbewussten schlummern. An präverbale Ängste kommt man allein nicht heran. Sie wollten es sich überlegen, doch ich vermute inzwischen, dass sie es nicht tun werden und sich in ihrer einsamen Zweisamkeit lieber nur noch fester aneinanderklammern als je zuvor. Immerhin haben sie mich ins Vertrauen gezogen. Und ich konnte sie in einer Reihe von Gesprächen so weit bringen, dass sie ein Minimum an Verständnis für eine alte Frau und ihr letztes Lebensanliegen entwickeln. Wir sind zwar gemeinsam der Ansicht, dass sie die sogenannte Wahrheit lieber hätte für sich behalten sollen, denn Burgls halbes Geständnis hat ja leider keinem auf der Welt etwas genutzt, nicht einmal ihr selber. Doch nun ist es einmal geschehen und nicht mehr zu ändern. Die Stadlmayers wollten aber doch noch nach diesem geheimnisvollen Dokument fragen, das die Frau Eichner am Ostersonntag erwähnt hatte, und mit diesem dringlichen Anliegen waren sie spontan noch spät abends in die Mengele-Siedlung gekommen. Frau Eichners Adresse hatten sie ebenfalls über das Pilgerbüro herausgefunden.

Wir schwiegen. Ich brühte einen Kamillentee für uns auf. Als ich mich umwandte, um die Tassen auf den Tisch zu stellen, sah ich, wie die Zwillinge nebeneinander auf der Küchenbank saßen. Alma hatte eine fast metergroße Puppe auf dem Schoß und Cora ebenfalls. Ich war plötzlich so sehr gerührt, dass ich einen Lachanfall bekam. Am Ende sagte ich: »Die nehmt ihr mit heim, wenn ihr mögt, denn die Burgl, die kommt nimmer zurück, und sie würde das so wollen, das spür ich instinktiv. Ihr wart das Wichtigste in ihrem ganzen Leben, und die beiden dort sind seit Jahrzehnten eure Stellvertreterinnen gewesen. Sie wollte euch halt immer um sich haben.«

Wir löschten die Lichter, ich nahm meine Plastiktüte mit den beschriebenen Blättern und verschloss das Häuschen. Die Zwillinge waren mit den Puppen beschäftigt und achteten nicht darauf, dass ich etwas in der Hand trug. An der Hauptstraße fanden wir die Telefonzelle, von der aus sie mich angerufen hatten, dafür mussten wir recht lange laufen. Inzwischen war es weit nach Mitternacht. Zu reden gab es nichts, jeder von uns hing seinen Gedanken nach. Nur eines sagte ich noch, als das Taxi die beiden in der Innenstadt absetzte, wo sie wohnten: »Kein Mensch kann alles fest im Griff haben, nicht einmal die Burgl, und der Tod wählt sich seine eigene Stunde.«

Noch bevor der Wagen losfuhr, begann ich leise zu weinen, traurig und seltsam selig zugleich. Und während ich mich in den folgenden Tagen durch die Papiere las und dann zum Schluss lange der Stimme einer Burgl lauschte, die nicht mehr war, vergoss ich noch viele, viele Tränen.

Als ich Wochen zuvor die Liste der Mitreisenden überflog und einen Namen las, der mir bekannt vorkam, dachte ich mir erst einmal nichts dabei. In unserer Gegend gibt es viele Leute, die Eichner heißen. Nur wenige Einzelreisende waren unter der Pilgerschar nach Santiago, daher war ich mir recht sicher, dass die alte Dame, die da im Bus so verloren und aufgeregt in der ersten Reihe saß, nur diese Frau Eichner von der Liste sein konnte. Als Reisebegleiter ist man gewohnt und auch fast verpflichtet, sich schnell die Namen der Reisenden einzuprägen und ständig auf alle zu achten wie ein Hund auf seine Schafe. Keiner darf verloren gehen.

Bereits wenige Stunden nach der Abreise spürte ich dann einen seltsam intensiven Strom an Energie und Neugier von dieser Frau zu mir hinfließen, eine ununterbrochene Aufmerksamkeit seitens einer Mitpilgerin, wie ich es sonst nicht kannte. Ich meinte, dass sie mich in einem fort beobachtete und sich mit mir beschäftigte. Es war mir unheimlich, dass sie direkt hinter mir saß. Ihre Gegenwart empfand ich als körperliche Nähe – fast wie eine Berührung, so als würde sie ständig die Hand auf meine Schulter legen –, ohne dass ich sagen könnte, ob mir das angenehm oder unangenehm war. Ich beachtete sie aber während des Tages nicht weiter, denn es gab viele, um die ich mich kümmern musste.

Am Abend hatte ich dann Zeit zum Nachdenken. Ich verglich die Altersstruktur, examinierte ihren Vornamen Walburga und kam endlich zu dem Schluss, dass sie das Mädchen sein könnte, das ich in Kindheit und Jugend gekannt und verehrt hatte. Jetzt ein altes Mädchen. Allerdings, und das war das Schwierigste: Wenn ich die Gelegenheit hatte, unbemerkt in dieses zerfurchte, verbitterte und missgelaunte Gesicht zu schauen, schien es mir doch ganz und gar unmöglich, dass es sich um eine gealterte Version meines Kinderliebchens handeln könnte. Es war mir geradezu undenkbar, dass sich ein Mensch so erschreckend verändert haben sollte – nicht nur, was sein Aussehen, sondern vor allem, was seine Ausstrahlung betraf. Diese verkniffenen, wie zugenäht wirkenden Strichlippen, das nervös mahlende Kinn, dieser durch und durch misstrauische Blick, der zwar nichts zu übersehen schien, aber niemanden direkt anschaute! Eine schlecht gelaunte, schrumpelige Gestalt, die alles daransetzte, von niemandem bemerkt zu werden! Und doch war ich tief im Innern beunruhigt bei dem Gedanken, sie könnte es sein. So beschloss ich, den Stier bei den Hörnern zu packen und die Frau Eichner einfach selber zu fragen: »Kennen wir uns?«

Als ich sie am folgenden Abend beiseitenahm und darauf ansprach, wich sie mir aus. Ich aber durchschaute mit Leichtigkeit ihre kleinen Manöver. Mir wurde klar, dass ich ins Schwarze getroffen hatte. Schließlich hat man ja seine Menschenkenntnis. Sie flüchtete sich alsbald auf ihr Zimmer, rannte regelrecht davon. Ich blieb verblüfft und ein bisschen verletzt zurück. »Oje«, dachte ich, »die Burgl, ein bissle herb war sie ja schon immer. Aber so was! Was ist bloß aus der geworden? Was ist passiert? Sie muss ja todunglücklich sein, die Arme! Aber schön ist es doch, sie in diesem Leben noch einmal zu sehen. Vielleicht ergibt sich ja noch etwas während der Pilgerreise. Sie wird die Fahrt zum heiligen Jakob heuer nicht umsonst gebucht haben, irgendein Ziel wird's schon geben. Gewiss will sie den Ablass. Und was für ein wunderbarer Zufall, dass der Monsignore krank geworden ist und ich ganz unerwartet die Reiseleitung übernehmen konnte.« Vor dem Schlafengehen sprach ich ein Dankgebet.

Ich hatte dann dieses und jenes mit den Passagieren zu tun, musste mich um die Behinderten kümmern und auch vor Ort an unseren Übernachtungsstationen einiges organisieren, so dass ich am folgenden Tag nicht allzu viel Zeit hatte, an diese Wiederbegegnung zu denken, nach Jahrzehnten. Doch jedes Mal, wenn mir die Eichner Burgl einfiel, machte mein Herz einen winzigen Hüpfer, und ich freute mich, weil das so viele Erinnerungen aus Kindheit und Vorkriegszeit in mir emporspülte, frohe und weniger schöne. Der Gedanke an eine warme Augustnacht nach dem Krieg, kurz vor dem abrupten Ende meiner Studien im Priesterseminar, der drängte sich auch in mein Hirn. Ein langer Gang durch sommerliche Felder und ein Kuss.

Am folgenden Tag beobachtete ich die Eichner-Burgl genauer. Und ich stellte fest, dass ich nicht der Einzige war, auf den sie ihre Aufmerksamkeit lenkte. Der andere Fokus ihrer Blicke und Gedanken waren zwei Frauen mittleren Alters, die aus der Masse herausragten, weil sie eineiige Zwillinge waren und daher in Gesicht und Statur gleich ausschauten. Sie waren immer völlig identisch angezogen und gingen auch noch unentwegt Hand in Hand, fast als wären sie zusammengewachsen. Dumpf erinnerte ich mich, sie in den Fünfzigerjahren, als ich noch öfter einmal nach Günzburg heimfuhr, um meine Leut' und die Geschwister zu besuchen, manchmal auf der Straße gesehen hatte, ganz niedliche kleine Mädchen, die ausschauten wie Puppen. Nun musste ich feststellen, dass die Burgl sie immerzu im Auge hatte wie eine Detektivin oder Spionin. Ob wir beim Essen waren oder eine Besichtigungspause machten – wenn sie konnte, richtete sie ihre Aufmerksamkeit auf die beiden Frauen mit einer gewissermaßen sehnsüchtigen Klebrigkeit. Sie war wie ein heimlich Verliebter oder gar ein Stalker, der seinem Opfer bei jeder Gelegenheit auflauert. Ich sah sie aber niemals mit den beiden reden, jedenfalls nicht in den ersten Tagen unserer Reise.

Erneut prüfte ich die Passagierliste. Da waren diese Zwillinge als Alma und Cora Stadlmayer verzeichnet. Alma und Cora, Alma und Cora – so seltene Namen im Zweierpack hatte ich doch schon einmal gehört? Stundenlang dachte ich nach, bis mir des Rätsels Lösung am Ende unter der Dusche einfiel, kurz bevor ich mich ins Bett legte. Ich sah mich in einer Winternacht in der Rotkreuzstation des Günzburger Bahnhofs sitzen, zwei greinende Säuglinge auf dem Schoß, und ich hörte mich flüstern: »Almale, Corale! Almale, Corale! Isch guad, isch fei guad, jetzt schlafft fei schee, ihr zwoa Kloina!«

Das Erinnerungsbild wurde immer deutlicher. Es musste vor dem Bombenangriff auf den Bahnhof gewesen sein, also vielleicht im Dezember 1944 oder Januar 1945. Damals arbeitete ich in der Schreibstube des Roten Kreuzes, war als Sanitäter dienstverpflichtet, nachdem ich nicht mehr an offener Tuberkulose litt und wieder unter die Leute durfte. Keine schöne Zeit damals. Ich sah so viel Leid, dass es mir fast unerträglich wurde. Und kalt war's. Nach ein paar Monaten begann ich wieder, Blut zu spucken. Man schickte mich heim, wegen der Ansteckungsgefahr, und ich war froh darum, auch wenn ich mich trotzdem schämte, dass ich wehruntauglich war und nicht einmal Dienst beim Roten Kreuz schieben konnte. So waren wir ja damals erzogen.

Anstelle einer Jugend, die früher zum Genuss erzogen wurde, wächst nun eine Jugend heran, die erzogen wird zu Entbehrungen, zu Opfern, vor allem aber zur Zucht eines gesunden, widerstandsfähigen Körpers … Das ist das

Wunderbare, daß in euch das Glied der Erziehungskette unseres Volkes geschlossen ist. Mit euch beginnt sie, und erst wenn der letzte Deutsche ins Grab sinkt, wird sie enden!

Adolf Hitler, Rede NSDAP-Parteitag 1937

Am folgenden Morgen schaute ich in die Reiseunterlagen der Pilger, wo wegen der Grenzübergänge auch die Pass- und Geburtsdaten verzeichnet waren. Konnte meine Vermutung mit dem Alter der Zwillinge übereinstimmen? Jawohl, das mussten die beiden sein, kein Zweifel. Ich wurde immer neugieriger. Doch was hatte denn die Burgl bloß mit diesen Frauen zu tun?

Nun, auch dieses Geheimnis konnte ich alsbald lüften. Eine dick in Tücher gehüllte, schwer erkältete junge Frau tauchte aus den Tiefen meines Gedächtnisses auf. Sie hatte die kleinen Kinder in der Station abgeliefert und mir die Papiere übergeben, mitten in der Nacht. War das die Burgl gewesen? Erkannt hatte ich sie nicht, aber es wirkte irgendwie logisch auf mich und fügte sich zu einem Bild. Doch es fehlten auch noch viele Puzzleteilchen, die ich nur finden konnte, wenn ich noch einmal mit der Burgl redete. Das heißt, wenn sie mir nicht erneut aus dem Weg ging. Da hatte ich nun genug zu sinnieren und zu spekulieren. Ich war gespannt auf das, was sich in den folgenden Tagen enthüllen würde, wobei ich an kleine, harmlose Verstrickungen und Geheimnisse dachte. Wie hätte ich auch je auf das gefasst sein können, was sich an Ostern in Santiago de Compostela an existenziellen Dramen abspielen sollte!

Am nächsten Abend im Hotel hielt ich die Burgl fest, gerade als sie mir entwischen wollte. Wir kamen ins Gespräch, sie wurde auch ein wenig zutraulicher, wenn auch nicht viel, muss ich gestehen. Aber am Ende sind wir ganz gut auseinandergegangen, und ich erkannte, dass meine Ahnung mich nicht getrogen hatte. Mit dieser Frau musste etwas Schreckliches passiert sein, und zwar schon vor langer Zeit. Das ließ mir keine Ruhe, weil ich wusste, wie erleichternd es sein kann, sich einem Mitmenschen zu öffnen.

Vergessen verlängert das Exil. Das Geheimnis der Erlösung heißt Erinnerung.

Rabbi Israel Ben Elieser (1699–1760), Inschrift Gedenkstätte Yad Vashem in Jerusalem

Ich hatte nur wenige Stunden geschlummert und war dann, wie fast jede Nacht, kurz vor vier Uhr aufgewacht. Resigniert bezeichne ich diese Schlafstörung im Gespräch mit anderen alten Leuten als senile Bettflucht. So nennt man das inzwischen unter Altersgenossen. Schon seit zwanzig Jahren bin ich gewöhnt, gleich nach dem vorzeitigen Erwachen das Bett zu verlassen, ohne das Licht anzuknipsen, und auf meinem Betschemel niederzuknien oder, wenn ich unterwegs bin, auf dem Kopfkissen. Die Ellenbogen auf die Matratze gestützt, Kopf in die Hände gelegt, spreche ich dann meine Morgengebete. Ich mag die wohltuende Stille, die Innerlichkeit dieser morgendlichen Stunde und nutze sie, so gut ich kann. Ich verstehe sehr wohl, warum die Mönche im Kloster in Allerherrgottsfrühe aufstehen, um den Herrn ein erstes Mal für den Tag zu preisen. Danksagung, Zwiegespräch mit dem Schöpfer, Fürbitten, das Vaterunser. Singen kann ich ja nur daheim, nicht im Hotel. Mein Stundengebet ist sehr privat gestaltet, die Psalmen haben darin eher selten einen Platz. Gegen fünf lege ich mich dann wieder hin, um noch eine gute Stunde zu schlummern. Oft träume ich dann sogar etwas Schönes.

In jener Nacht zwischen vier und fünf nahm ich Walburga Eichner noch mehr in meine Andacht hinein als schon am Tag zuvor. Ich hatte ja zur Genüge mit angesehen, wie menschenscheu und bitter sie war, welch muffige Stimmung sie ausstrahlte, wie sie sich von allem, was wohltun könnte, fernhielt. Fleißige Selbstsabotage könnte man das nennen, eine Angst vor Lebensfreude. Was ist nur aus der fröhlichen kleinen Burgl geworden?, fragte ich mich. Warum verschloss sie sich meiner Anteilnahme ebenso wie der wärmenden Teilhabe an der großen göttlichen Barmherzigkeit? Was war ihr geschehen?

Das unverhoffte Wiedersehen mit ihr hatte mich mehr aufgewühlt als vermutet. Ich spürte instinktiv, wie schlecht es ihr ging, schlechter, als sie selber ahnte. Ich wusste nicht, was sie umtrieb und warum sie diese Wallfahrt angetreten hatte, aber bestimmt war es weder touristisches Interesse, denn sie würdigte die schönsten französischen Kathedralen keines Blickes, noch naiver Volksglaube, denn sie machte keinen bigotten oder frömmelnden Eindruck, eher vermittelte sie das Gegenteil. Das erkennt man, da habe ich Erfahrung.

Irgendetwas Bleischweres drückte ihr aufs Gemüt, das sah ein Blinder. »Ob sie sich mir anvertrauen kann?«, überlegte ich. »Sehr gesprächig ist sie ja nicht gerade, die gute Burgl. Wie soll ich sie zum Reden bringen, ohne dass sie meine Zudringlichkeit abweist und bei der ersten inneren Berührung zuschnappt? Wie kann ich ihr Herz öffnen für ein wenig Nähe zu Mensch und Gott, ohne dass sie gleich zusammenbricht? Ich weiß, dass man eine trockene alte Nuss nicht mit dem Hammer bearbeiten darf, sonst hat man als Ergebnis nur Zerbröseltes. Andererseits bleibt kaum noch Zeit für lockere Gespräche. Ein weiterer Reisetag, dann die Ankunft in Santiago. Am Samstagmorgen wird es bald nach dem Frühstück zur Kathedrale gehen, erst einmal nur zur Besichtigung von außen. Die Beichtlisten sind schon fertig, aber dafür nutzen wir nicht die festliche Kirche. Ohne Beichte und ohne die Messe am Ostersonntag gibt es keinen Ablass, da kann man noch so oft den goldglänzenden Heiligen umarmen und küssen. Und dann ist da noch die Sache mit der wahren Reue und die Absicht zur Wiedergutmachung. Das ist keine Handlung, sondern eine innere Einstellung, die zwar kein Mensch kontrollieren kann, aber ohne tiefe und aufrichtige Reue ist alles nichts. Kein Ablass. Was hat meine Burgl wohl so bitter zu bereuen? Ich bat Gott um Rat, ob und wie ich meiner Kinderfreundin helfen könnte.

Da fiel mir ein, dass ich ja schließlich und endlich nicht nur als Reiseführer, sondern vor allem auch als geistlicher Begleiter in den Bus gestiegen war. Diese wesentliche und eigentliche Aufgabe hätte ich vor lauter Geschäftigkeit, Eintrittskarten und Erklärungen fast übersehen, weil sie praktisch niemals in Anspruch genommen wird. Die Pilger sind es heutzutage gar nicht mehr gewohnt, Rat einzuholen bei einem von der Kirche, außerdem bin ich ja kein Priester. Ich hatte fast vergessen, was meine eigentliche Funktion hätte sein sollen bei den Reisenden, auch weil daheim alles so plötzlich kam: Tasche packen, Blumen gießen, Brote schmieren mit dem Rest Käse und Leberwurst, damit nichts verkommt, Benachrichtigung meiner Nachbarn.

In jener Nacht, neben meinem Bett kniend, glaubte ich plötzlich einen Ruf zu hören: »Du bist Seelsorger! Sorge dich um Burgls Seele!« Ja natürlich, das war es. Ich hatte eine offizielle Stellung inne, verknüpft mit geistlichen Pflichten, und sollte mich nach diskreter Anweisung des Pilgerbüros daher gerade auch um diejenigen Mitreisenden bemühen, die nicht von selber auf mich zukamen. Im Allgemeinen zeigen Wallfahrer aber überhaupt kein Interesse an spirituellen Gesprächen; jeder macht die Dinge mit sich selbst ab, wenn überhaupt. Die Beichtpraxis ist in Deutschland ohnehin nicht mehr sehr aktuell. Sogar fromme Katholiken sind froh, wenn sie an Weihnachten oder kurz vor Ostern die lästigen Formeln hinter sich gebracht und die vorgeschriebenen Rosenkränze heruntergeleiert haben. Und die Nennchristen scheren sich gar nicht mehr darum. Von denen gab es gewiss viele im Bus, da machte ich mir keine Illusionen.

Aber mit der Seelsorge ist es etwas anderes. Ich erkannte, oder meinte zu erkennen, dass die gallige alte Frau, in die sich meine Burgl wie durch einen bösen Zauber verwandelt hatte, mich brauchte. Nicht als Kinderfreund, nicht als Touristenführer, sondern als Seelsorger. Oder bildete ich mir das nur ein? War mein missionarischer Geist erwacht, oder war es reine Eitelkeit? Ehrgeiz? Sehnsucht, etwas wiederzufinden, das ich selber viel zu lange vermisst hatte?

Ich, Vinzenz Glaser, besitze die Befugnis, die Laienbeichte abzunehmen, jederzeit und überall, und habe auch eine entsprechende Ausbildung absolviert. Das machte ich mir in dieser Stunde klar. Für eine Laienbeichte muss man nicht Priester sein, man darf ohnehin keine Absolution erteilen, denn diese Laienbeichte ist lediglich eine ausführliche Vorbereitung auf die formelle Beichte. Viele wissen ja gar nicht, was sie überhaupt erzählen sollen, wenn sie im Beichtstuhl knien. Sie leiern die Formeln aus der Kindheit herunter und dringen zur eigentlichen Wahrheit nicht vor. Da kann man ihnen helfen, indem man in einem ausführlichen Gespräch zur tieferen Klärung des Anliegens beiträgt. Ich dankte dem Herrgott, denn diese Idee mit der Laienbeichte wäre mir im Leben nicht von selbst eingefallen.

Plötzlich begriff ich, dass ich mich der Burgl Eichner nicht als Verehrer aus der Schulzeit nähern durfte, sondern fest in meiner Rolle als ernsthafter spiritueller Berater auftreten musste. Ich hatte meine Autorität in die Waagschale zu werfen, meine Menschenkenntnis, meine therapeutische Erfahrung und gewiss auch ein wenig von der alten Zuneigung. Aber die würde nicht ausreichen, um der störrischen, mürrischen armen

Burgl den Mund zu öffnen, so dass sie ihre Nöte mir anvertrauen konnte. Und daher musste ich klug vorgehen, sogar ein wenig manipulieren. Auf keinen Fall durfte ich sie beim Frühstück oder nebenbei informieren, vielmehr sollte es ganz offiziell wirken. Ich würde also, sobald sich die Gelegenheit ergab, die Frau Eichner persönlich in meine Sprechstunde bitten, eine Sprechstunde, die ich noch niemals zuvor für jemanden abgehalten hatte und von der keiner je erfahren sollte. Sie hatte gewiss keine Ahnung, dass solch ein Termin unüblich war, denn sie redete ja kaum mit den Mitreisenden. Sie um zehn Uhr in einen ruhigen Nebenraum des kleinen Hotels zu bestellen, dazu war ich entschlossen. Ohne Umschweife, einfach so, als könne und dürfe es nicht anders sein. So dachte ich es mir zurecht.

Das war am Karfreitag, und alles Übrige kann man Burgls Bericht entnehmen. Sie erzählte mir am Ende tatsächlich von ihren Monaten als Krankenschwester in einem Konzentrationslager, von ihrer Angst, dass es herauskommen könnte, von ihren lebenslangen Schuldgefühlen, von ihrer Herzkrankheit. Und ich erkannte, was die Epoche des Dritten Reichs, in die wir beide hineingeboren worden waren, ihr angetan hatte. Dazu die Strukturen ihrer eigenen Persönlichkeit, ihre unreifen Vorstellungen von Treue und Ehre und der furchtbare Schweigeeid, den sie einem Verbrecher geleistet hatte. Wie mit einer Autoimmunkrankheit, die die eigenen Zellen auffrisst, zerstörte sie sich nach und nach selber. Und von einem obsessiven Gedanken an eine Schuld, die keine war und dann doch wieder eine war, wollte sie keinesfalls loslassen. Sich damit zu quälen war ihr zum Lebensinhalt geworden. Burgl deutete auch an, was sie mit den Stadlmayer-Zwillingen verband. Die beiden waren ihre zweite Obsession. In den vergangenen fünfundfünfzig Jahren hatte sie die beiden merkwürdigen Frauen nicht aus den Augen gelassen und war noch stolz darauf.

Da hatte ich nun die Mosaiksteinchen, um das Bild wenigstens in groben Zügen zu vervollständigen. Nur von dem sadistischen Arzt hatte sie mir nichts sagen wollen, auch nicht von dem, was sie eigentlich im Lager erlebt hatte, was ihr so schwere Schuld auf den Rücken geladen hatte, nicht einmal, wo sie überhaupt gewesen war. Die Einzelheiten habe ich erst aus ihrer Niederschrift erfahren. Der Name Mengele war ihr im Gespräch aber dann doch an einer Stelle entfahren, als sie gerade in großer Aufregung und unachtsam gewesen war, und den Rest reimte ich mir zusammen. Lager, Mengele, Zwillinge … Inzwischen habe ich ja aus Burgls Lebensbeichte entnommen, was passiert ist. Und wer weiß, was da noch war, und was sie in ihrer Angst und durch die notgeborene Kunst der Verdrängung nicht einmal dem Papier anvertrauen konnte.

Auf seine Ergreifung war die bis dahin höchste Belohnung der Kriminalgeschichte ausgesetzt: insgesamt zehn Millionen Mark. Ungefähr 40 enge Freunde und Familienangehörige wussten inzwischen vom Schicksal Mengeles – eine verschworene Gemeinschaft. Niemand zeigte seinen Tod an.

Guido Knopp, *Hitlers Helfer*[54]

Sie hatte ein schlechtes Gewissen, und sie hatte Angst vor Strafe. Je mehr ich auf der Reise nach Santiago über sie, ihr eisernes Schweigen und ihre Schuldgefühle nachdachte, umso wichtiger wurde es mir, ihr verständlich zu machen, dass kein einziger Mensch ohne Schuld ist, sei sie nun groß oder klein.

Davor kann man sich auch durch Versteinerung nicht bewahren. Schuld gehört zum Wesen des Menschseins genau wie seine Gestalt und sein Geist. Die Genesis versucht das auf ihre unbeholfen-poetische Weise auszudrücken. Natürlich glauben nur noch bibeltreue Amerikaner an die Erzählung vom Apfel am Baum der Erkenntnis und an die Vertreibung aus dem Paradies wegen Evas Schuld. Aber prinzipiell ist etwas dran an dieser Erzelternschaft, symbolisch sozusagen. Schuldig macht sich nun einmal jeder, durch Tun oder durch Unterlassen. Niemand kann ohne Schuld durchs Leben gehen. Wenn dem so wäre, hätte der Christenglaube, der Neue Bund, der ja auf der Idee der Vergebung statt von Vergeltung beruht, nicht Fuß fassen können.

Ich will da gar nicht das Wort Sünde benutzen, es ist mir viel zu eng. Und dass Jesus alle unsere Sünden auf sich genommen hat – da bin ich nicht wirklich sicher, jedenfalls nicht immer. Meine innere Verbindung besteht mehr zu Gott, dem Schöpfer, als zum Messias. Ich hoffe auf Jesus, ganz gewiss, aber ich kann nicht immer und jederzeit glauben, dass er wirklich mehr als ein Mensch war oder mehr Gottes Sohn, als wir alle Gottes Kinder sind. Es wechselt halt.

»Wer glaubt, der fragt« – knapper und präziser formuliert … geht es nicht. Glauben bedeutet fragen, nachfragen, infrage stellen – und sich infrage stellen zu lassen. Das ist etwas anderes als die oft unbewusste, weitverbreitete Erwartung, der Glaube möge sämtliche Lebensfragen lösen, über Schlimmes (mühelos) hinweghelfen, in Krankheit, Elend und Katastrophen weiterhelfen. Glauben imprägniert nicht gegen das Leid. Er verschont nicht davor. Glauben ist gerade kein

Versicherungsabschluss mit Blankovollmacht für ein gelingendes Leben.

Andreas Batlogg SJ[55]

Schuldgefühle zu haben ist ja auch noch etwas ganz anderes, als schwere Schuld auf sich zu laden. Soweit ich das beurteilen kann, haben die Menschen der Antike eher selten unter Schuldgefühlen gelitten. Die haben die fürchterlichsten Dinge getan: Eltern, Geschwister und sogar die eigenen Kinder umgebracht, um sich an der Macht zu halten. Sie haben sich in Blutschande gewälzt, ganze Völkerschaften getötet oder als Sklaven verschleppt. Das fanden sie normal. So wie Hitler. Millionen Menschen wurden seinetwegen geschändet, gefoltert, gedemütigt, vergast, in die Schlacht geschickt. Aber wer hat je von seinen Schuldgefühlen gehört oder gelesen? Stalin musste sich betrinken, um schlafen zu können, aber Schuldgefühle? Nero wurde sogar vom berühmten Philosophen Seneca zu einem gebildeten Kunstkenner erzogen. Doch als Kaiser hatte er einen so schlechten Ruf, dass Tacitus ihm andichten konnte, er habe Rom anzünden lassen, was zum größten Stadtbrand des Altertums führte. Erwiesen ist allerdings, dass er als Erster die neue Sekte der Christen dafür zum Sündenbock machte und so lange verfolgte, bis sie in der Hauptstadt fast völlig ausgerottet war. Wahrscheinlich ganz frei von Schuldgefühlen. Allerdings muss es auch damals genug Menschen gegeben haben, die Schuld im Herzen trugen, die sich einer Schuld bewusst waren und darunter litten – sei es, weil sie die Speisegesetze gebrochen oder Diebstahl und Mord begangen hatten. Wer eines der Zehn Gebote verletzt hatte, war sündig, da gab es keinen Zweifel. Zöllner und Dirnen galten als unrein. Aber statt Lämmer für Opfergaben zu schlachten, vertrauten manche alsbald auf Christus, das Lamm Gottes. Jesus verhieß ihnen Vergebung. Heute frage ich mich: Sind Gnade und Barmherzigkeit des Großen Gottes nicht vieltausendmal stärker als die verstockteste Verstocktheit? Umfassender als alle Schuld und Sünde? Er ist doch unser Schöpfer! Kann es da um Reinheit oder Unreinheit gehen? Er hat uns so geschaffen, wie wir sind und mit allem, was dazugehört, da können die Schriftgelehrten sagen, was sie wollen. Nein, das lasse ich mir nicht ausreden. Und die Erfahrung von Schuldhaftigkeit gehört dazu.

Aber ich schweife ein wenig ab. Mir ging es damals in Santiago darum, Burgl von ihrer ichbezogenen und weitgehend selbstgestrickten Superschuld zu entlasten, wenigstens ein bisschen, indem ich sie mit ihrem Zustand, ihren Ängsten und Selbstvorwürfen einband ins Allgemeinmenschliche. Ich wollte ihr Herz erweichen. Leider muss ich mir eingestehen, dass mir das trotz aller Bemühungen nur zu einem Bruchteil gelungen ist. Weit bin ich mit meiner Vorstellung, ich könnte sie vor ihrem Tod noch ein wenig mit sich selbst versöhnen, nicht gekommen. Aber ich habe es versucht, so gut es ging.

Mut ist nicht, wenn man keine Angst hat, sondern wenn man die Angst überwindet.

Nelson Mandela

Am Abend des Karsamstags, nachdem wir allesamt im Beichtstuhl gekniet hatten und ich, der Fastpriester, dort wieder einmal nicht das preisgegeben hatte, was ich seit meiner Jugend als schwere Last mit mir herumtrug und niemals jemandem aufrichtig erzählt hatte, weil es mir zu schrecklich erschien, um es überhaupt zu formulieren, saß ich mit Burgl zusammen. Wir tranken Wein. Und da sah ich unerwartet die Möglichkeit, mich vor ihr zu öffnen und mich schuldig zu bekennen, damit sie sehen konnte, dass sie mit ihrem Problem nicht allein war. Ich gestand ihr, dass mir ein Mord, sogar ein Doppelmord bleischwer auf dem Gewissen lastete. Es war eine große und schreckliche Schuld, eine Verantwortungslosigkeit, ein Vergehen wider die Liebe.

Du weißt doch noch, Burgl, seinerzeit war ich auf Wunsch meiner Eltern im Dillinger Priesterseminar, auch ein wenig entsprechend meiner eigenen Neigung, mich mit dem zu befassen, was über den Menschen hinausreicht, nenn es das Göttliche. Gesundheitlich ging es mir wieder einigermaßen, inzwischen gab es das Wundermittel Penizillin auch im Nachkriegsdeutschland. Ich wollte also nicht nur versuchen, wie wir alle, die Entsetzlichkeiten von Nazizeit und Weltkrieg von mir abzustreifen und das Leiden hinter mir zu lassen, sondern hatte auch ein wenig Lebensfreude zurückgewonnen. Ich zwang mich, nach vorn zu schauen. Damals entdeckte ich auch zum ersten Mal mit aller Wucht, dass ich doch kein schwächliches Neutrum war, kein Jammerlappen ohne Mumm, weder Schlappschwanz noch Memme, wie mich die Kameraden zuvor tituliert hatten, sondern ein Mann. Ein echter junger Mann mit natürlichen Bedürfnissen nach Nähe, menschlicher Wärme und Sexualität.

Ich war derweil achtundzwanzig. Da hatten andere schon Familie mit Kindern im Schulalter. Das Studium hatte leider nicht eingelöst, was ich mir davon versprochen hatte. Über die Transzendenz wusste ich nicht mehr als vorher, war dafür vollgestopft mit Regeln, Kirchengesetzen, Heuchelei und Dogmen. Von meinen Glaubenszweifeln habe ich schon berichtet. Hinzu kam eine Art existenzielle Verzweiflung am Menschen schlechthin und an der Vorsehung – und eigentlich an allem! Von einer langjährigen Krankheit genesen, während der ich mich ans

Leben geklammert hatte, glitt ich nun ab in eine Depression, wie man das heute nennt, und das Leben wurde mir gleichgültig. Früher sagte man Schwermut dazu, und schwermütig war ich auch. Ich wollte nur noch tot sein, sah keinen Sinn und Zweck mehr in meinem Dasein, keine Lebensfreude, war ohne Hoffnung, sah mit Grausen meinem Amt als Priester entgegen und fürchtete mich vor einer Zukunft in katholischer Verlogenheit. Und während ich noch – wie viele meiner Kollegen vor der Weihe und den Gelübden – darüber nachsann, wie ich wenigstens an eine attraktive Pfarrhaushälterin gelangen könnte, verliebte ich mich in ein blutjunges Mädchen, das den Namen Yvonne trug, denn sein Vater war schon vor dem Krieg einmal in Paris gewesen. Sechzehn Jahre war Yvonne alt, als wir uns begegneten, unschuldig-kokett und ganz entzückend mit ihrem rabenschwarzen Lockenkopf und veilchenblauen Augen. In mir löste sie ein Gewitter von Gefühlen aus, die mir bisher völlig unbekannt waren. Eine wilde Sehnsucht, sie zu küssen, Tag und Nacht, und einen irrwitzigen Trieb, sie zu besitzen. Meine unterdrückte Sexualität erwachte mit einer Macht aus ihrem Dornröschenschlaf, die mich schwindlig werden ließ. Ich konnte an nichts anderes mehr denken. Am liebsten hätte ich die Yvonne vom Fleck weg geheiratet, um sie endlich einmal nackt zu sehen. Doch die Eheschließung mit einem verklemmten Priesteranwärter von schlechter Gesundheit und sehr schlichter Herkunft hätten ihre Eltern wohl kaum gestattet, und ich hätte mein Studium schmeißen müssen, was wiederum meine eigenen Eltern zu Tode betrübt hätte.

Den Mut, mich mit aller Welt anzulegen, mit Lehrern, Beichtvätern, Vorgesetzten und Eltern, den besaß ich überhaupt nicht. Eben doch eine Memme, oder? Als Priester in spe war ich aufgerufen, vorbildlich zu handeln. Aber ich war ja kein Vorbild, sondern nur sündig und feige, das wusste ich damals, und das weiß ich heute.

Mit Yvonne traf ich mich heimlich, und immer öfter, sobald ich das Seminargebäude verlassen konnte. Wir schrieben uns Briefchen, die wir im Astloch einer Ulme verbargen. Jeden Tag flogen unsere Liebesschwüre hin und her. Dann kam ein sanfter Frühling, und ich wurde vollends verrückt nach ihr. Der Mai überraschte uns mit früher Hitze. Ich hatte mich zur Keuschheit verpflichtet, und sie war selbstverständlich noch Jungfrau. Keiner von uns zweien war aufgeklärt – von wem auch? Entsprechend unerfahren packte es uns. Wir landeten im Heu und wollten es beide, und wie sehr wir es wollten! Sie war angesteckt durch mein Sehnen und ganz berauscht von meiner erwachten Leidenschaftlichkeit. Ich raste vor Begehrlichkeit, und für uns zwei wurde es das erste Mal, das berühmte erste Mal, mit allem Leid und aller Lust. Mit köstlicher Wonne und furchtbar schlechtem Gewissen. Ein zweites und ein drittes Mal, als die erste Verlegenheit überwunden war, brachten uns beiden eine ungeahnte Erfüllung. »Vinzenz, o mein Vinzenz!« Ich höre sie heute noch.

Dann dauerte es nicht lange, bis sie mir voller Angst zuflüsterte, sie könnte vielleicht schwanger sein. Schwanger? Auf einen solchen Gedanken war ich noch gar nicht gekommen. Derart versessen auf meine neuen Empfindungen, so besessen von meinen ungewohnten Erfahrungen an Körper und Gefühl war ich, dass ich die Möglichkeit eines neuen Lebens nicht einmal in Betracht gezogen hatte. Ja, der Zusammenhang zwischen Beischlaf und Kinderkriegen schien aus meinem Bewusstsein getilgt. Jetzt aber weckte mich die Wirklichkeit wie eine kalte Schwalldusche.

Noch war Yvonne sich nicht sicher und hatte weder jemanden, den sie dazu befragen konnte, noch wusste sie, welche Anzeichen ihr Körper ihr aufzeigen würde, falls tatsächlich ein Kind unterwegs war. Ich hatte ebenfalls keine blasse Ahnung von diesen Angelegenheiten und konnte ihr nicht helfen. Dann blieb ihre Regel erneut aus; sie nahm das jedoch nicht ernst. Und als sie endlich Veränderungen an ihren Brüsten und die allererste Wölbung ihres kleinen Bauchs bemerkte, da war sie wohl bereits mitten im vierten Monat. So genau konnten wir das nicht berechnen. Ich redete mit ihr und versprach, mich nach einer Engelmacherin umzuhören. Was wir getan hatten, war schon sündhaft genug, und eine Abtreibung wog noch viel schwerer, war außerdem brandgefährlich. Das war mir klar. Ich bebte vor Angst. Ich bereute. Aber ein Kind? Jetzt?

»Abtreibung? Aber warum denn? Das ist gar nicht nötig, Schatzele!«, sagte sie zu mir, als sie in mein erschrockenes Gesicht blickte. »Wir können doch bald heiraten, dafür ist es nicht zu spät. Priester brauchst du ja nicht unbedingt zu werden, es gibt noch viele andere schöne Berufe, oder?«

Ihre junge Stimme klang schmeichelnd und so verführerisch, dass ich in unserem Versteck fast schon wieder schwach wurde und ihren Mund mit Küssen bedeckte. »Musst nur am nächsten Wochenend' mitkommen und meinen Eltern einen Antrag machen. Ich liebe dich so sehr, Vinzenz, ich liebe dich! Und unser Baby, wie süß wird es werden, dieses Kind der Liebe! Jetzt müssen meine Leut' doch notgedrungen Ja sagen, sonst ist es eine arge Schande für alle. Drum haben wir Glück im Unglück. Aber jetzt können wir auf immer und ewig beisammenbleiben. Wenn's ganz schnell geht mit der Hochzeit, merkt nicht einmal der Pfarrer, dass was Kleines unterwegs ist. Huschhusch, das Aufgebot, kurze Zeit später sind wir schon Mann und Frau. Und ich kann sogar noch ein weißes Brautkleid anziehen!«

Sie drehte sich in ihrem Sommerrock mit dem raschelnden Petticoat aus Spitze vor mir im Kreis, wie um mir zu beweisen, dass man von ihrem Bäuchlein noch kaum etwas sah. Dann warf sie sich strahlend an meine Brust und umarmte mich. Selten habe ich mich so elend gefühlt wie in diesem Moment, Burgl. Ich ahnte sofort, dass ich sie unter diesen »Umständen« fallenlassen würde, als sei sie ein Soldatenliebchen, im Vorüberziehen aufgegabelt. Und Minuten später schon wurde es mir zur Gewissheit, dass ich sie niemals heiraten würde. Niemals! Auf Nimmerwiedersehn, mei Mädla!

Ich wusste nicht, was ich zu ihren Hochzeitsträumen sagen sollte, deshalb schwieg ich. Von meiner unerwarteten Reaktion war ich selber völlig überrascht. Ein wenig brüsk stieß ich sie von mir und brummelte: »Das will alles gut überlegt sein, Yvonne! Lass mir ein paar Tage Zeit, bitte. Ich leg dir eine Nachricht in den Baum. Und jetzt muss ich ganz rasch fort, wir haben noch Unterricht, denn der Weihbischof kommt bald zu Besuch.«

Fast hatte ich schon die Landstraße hinterm Heuschober erreicht, da rief sie mir hinterher: »Hoi, Vinzenz, freust du dich denn nicht, gar koi kloins bissle?« Es waren schon Tränen in ihrer Stimme. Ich meldete mich nicht. Ich sah sie niemals wieder.

Es dauerte nur wenige Wochen, dann erreichte mich die grausige Nachricht. Yvonne hatte sich aus der Dachbodenluke ihres Elternhauses aufs Straßenpflaster gestürzt. So bin ich aus Feigheit vor den Konsequenzen meiner Liebestollheit zum Mörder an zwei Leben geworden.

Glaubst du, Burgl, dass eine juristisch nicht strafbare, rechtlich nicht dingfest zu machende Schuld weniger wiegt als eine, für die man ins Zuchthaus kommt? Dass man nicht auch daran ein Leben lang leiden und reuen und büßen kann? Nenn sie moralisch, nenn sie ethisch – Schuld bleibt Schuld, auch wenn niemand davon erfährt. Wie es scheint, hatte Yvonne vor ihrem Tod zu keinem vom Vater des Kindes gesprochen, und vielleicht haben ihre Leut' von der Schwangerschaft nicht einmal etwas mitbekommen. Obduktionen machte man zu damaligen Zeiten nicht bei jungen Mädchen aus gutem Hause. Ihr Vater war Apotheker. Auch der Selbstmord wurde als Unfall beim Fensterputzen vertuscht, damit die Tochter ein christliches Begräbnis erhalten konnte. Nicht einmal auf den Friedhof bin ich damals gegangen, wenn auch seither bald hundert Mal, erfuhr alles nur aus der Ferne, von Dritten und aus der Zeitung. Die berichtete ausführlich von der großen Beerdigung und druckte ein Foto von Yvonne ab, das sie als Kommunionkind mit Kerze zeigte. Das trage ich heute noch bei mir, damit ich nie vergesse, was ich damals verbrochen habe. Ich bin's, der ihr Lebenslicht ausgeblasen hat. Ich bin's, der sich dereinst dafür verantworten muss.

Noch in meinen mittleren Jahren habe ich so schwer daran getragen, dass ich ganz krumm war. Niemand durfte es wissen, keiner je erfahren, was ich für ein Schwein war. Ich bangte anfangs um meine Zukunft in der Kirche. Später um meine Stellung in der Kirchenverwaltung. Ach Burgl, immer bangte ich um meinen guten Ruf. Immer dachte ich nur an mich. Ein Platz in der Hölle war mir ohnehin gewiss.

Ein paar Monate nach diesem Ereignis informierte ich meinen Spiritual, dass ich aus dem Seminar ausscheiden wolle. Man bearbeitete mich wochenlang, ich solle doch bleiben, sei bestens geeignet, könne sogar in der Kirchenhierarchie aufsteigen wegen meiner Intelligenz. Niemand nahm mich in meiner Not ernst. Meine fadenscheinigen Beweggründe wollten sie nicht akzeptieren. »Das geht uns doch allen so, das Zweifeln gehört dazu«, damit wollten sie mich beschwichtigen. Später wurde ich als Laie in den kirchlichen Dienst übernommen, war aktiv in der Gemeinde, weit weg von Dillingen und Günzburg, und wurde für allerlei Tätigkeiten eingesetzt, so wie auch heute noch.

Die Wahrheit konnte ich damals nicht sagen. Als Grund für meinen Entschluss hatte ich den Abfall vom Glauben angeführt. Das war nicht verkehrt. In erster Linie war ich aber vom Glauben an mich selbst abgefallen. Seither quält mich die Reue jeden Tag meines Lebens, Burgl, und ich bitte um Vergebung. Ich war damals so kleinkariert und bigott, so verängstigt und grausam, so unerfahren als Mensch und dumm als Mann! Ich dachte keinen Augenblick darüber nach, was ich dem armen Mädchen antat, bis es tot war. Dann erst habe ich mich in Grund und Boden geschämt.

Wäre ich nicht aufgerufen gewesen, mir selbst meine Fehlbarkeit zu verzeihen? Das ist leicht gesagt! Ach Burgl, in Wirklichkeit fühlte ich mich jeden Tag in meiner abgrundtiefen Sündigkeit bestätigt und gefiel mir darin. Du selber kennst doch dieses Gefühl. Atheist zu werden war auch kein Ausweg für mich, und die Kommunisten lagen mir nicht mit ihrem verlogenen, gottlosen Geschwätz von der Gleichheit aller Menschen, das aber weder Gleichheit vor dem Gesetz noch Gleichheit vor dem Schöpfer meinte. So fühlte ich mich ganz und gar verloren, unzugehörig, ausgestoßen, obgleich ich ständig von Leuten umgeben war.

Du musst wissen, dass ich ja eine Ausbildung zum Theologen hinter mir hatte, und da hatten wir im Markusevangelium gehört, wie Jesus sagte, dass Gott alle Sünden verzeiht, nur die gegen den Heiligen Geist nicht. Jeder Professor versuchte, uns zu erklären, was damit gemeint sein könnte, und jeder kam zu einer anderen Lösung. Wer oder was ist überhaupt dieser Heilige Geist? Und wenn alle Sünden durch den Kreuzestod und die Auferstehung gesühnt werden, wieso dann diese eine nicht, von der keiner genau weiß, worin sie besteht? Jahrelang dachten wir darüber nach und diskutierten und hatten am Ende alle nur die eine furchtbare Angst, dass es uns selber erwischen könnte. Und wenn ich dir jetzt sage, dass ich mir inzwischen meine eigene Meinung gebildet habe, so darfst du nicht glauben, dass ich damit recht habe. Aber ich bin überzeugt, dass mit dem Heiligen Geist die Liebe Gottes gemeint ist, und die verzeiht uns Menschen am Ende alles, egal was in der Bibel steht. Sogar ein verstocktes Herz in der Stunde unseres Todes wird uns vergeben. Darum bin ich nicht mehr bang.

Das alles sagte ich dir damals, auf einem Sofa in Spanien.

Ganz und gar geschafft habe ich es nicht, mir selbst zu verzeihen dafür, dass ich etwas Schlimmes zu verantworten habe, aber heute verstehe ich mein Bemühen als einen Wegweiser zurück zum Vertrauen auf die göttliche Gnade. Ja, ich muss dir erzählen, was mir geschehen ist. Wirst mich schon hören, dort, wo du jetzt bist, Burgl!

Als ich an meinem fünfzigsten Geburtstag auf einer Bank am Wiesenrand saß, vereinsamt und griesgrämig, unfähig zu lieben und nicht bereit, geliebt zu werden, da zog ich Bilanz. Ich musste weinen und hatte allen Grund dazu. Ein verpfuschtes Leben, eigentlich gar kein Leben, so kam es mir vor. Aber jetzt kommt's, und du wirst es nicht glauben, Burgl! Während ich still dort saß, mir die Tränen wütend vom Gesicht wischte und mich bedauerte und auf meine Füße schaute, kam ein Vogel. Er ließ sich nicht weit von mir nieder. Keine weiße Taube, um Himmels willen, nein. Aber eine Taube war es wohl, eine Ringeltaube vielleicht. Sie gurrte und gurrte und pickte nach den Krümeln von meiner Brotzeit, die vor der Bank auf den Erdboden gefallen waren. Also habe ich doch noch etwas zu geben, wunderte ich mich, und wenn es nur dies ist, ein paar Brosamen.

Bitte lach mich nicht aus, Burgl, aber genau in diesem Augenblick wurde ich mir der Gnade einer göttlichen Kraft gewiss. Sie erlöste mich nicht etwa von meiner Verantwortung, sie nahm mir nicht die tägliche Reue. Doch sie verlieh mir eine Zuversicht, die ich seit den schrecklichen Tagen damals nicht mehr gekannt hatte, und wahrscheinlich auch vorher nicht. Ich kann es dir nicht erklären. Es war wie eine mystische Botschaft, eine Weisung, eine Befreiung. Plötzlich konnte ich mich annehmen in meiner Schuldhaftigkeit, in meiner ganzen Menschlichkeit. Mein Gemüt wurde weit. In mir breitete sich eine ungewohnte Helligkeit aus, so als würde ein Sonnenstrahl in ein abgedunkeltes Zimmer fallen. Mein Blick hob sich vom Boden, und ich sah in der Ferne die Berge. Der Vogel blieb noch eine Weile bei mir und schaute mich aus seinen Knopfaugen an, mal von links, mal von rechts. Er wandte den Kopf, so als seien die unterschiedlichsten Perspektiven wichtig. Und das sind sie wohl auch.

Seit Jahrzehnten hatte ich nicht mehr gebetet, und ich wette, ich wäre kaum in der Lage gewesen, das Vaterunser zu sprechen. Aber das war auch nicht nötig. Ich spürte in mir eine Freude und Dankbarkeit, so neu und frisch, dass ich nichts davon in Worte fassen könnte.

Mit vielen Menschen habe ich mich seither umgeben, habe versucht, zu helfen und zu trösten. Und ich habe meine Schützlinge geliebt, so gut es mir möglich war, obgleich ich die meisten Tage meines Lebens selber untröstlich war. Die Liebe war mir immer das Wichtigste, aber wie schwer ist's zu lieben, wenn du dich selber nicht lieb hast! Wie viele Formen und Facetten der Liebe gibt es, wie viele davon muss man erkunden und erleben, und es bleibt doch immer nur ein Kleines!

Seit dem Tag, als ich von Yvonnes Selbstmord erfuhr und erkannte, dass ihr Tod ganz allein meine Schuld war, habe ich keine Frau mehr angerührt. Ich hatte eine Heidenangst. Nur das eine Mal noch, Burgl, nach dem Feuerwehrball in Günzburg, da gab ich dir einen Kuss, das weiß ich wie heute. Ich hatte dich nämlich schon immer gern und ganz anders gern als die Yvonne, so richtig in der Tiefe von Herz und Seele, und ich dachte, das körperliche Begehren komme dann schon von allein, wenn man erst einmal gemeinsam im Standesamt und vor dem Altar gestanden habe. Eigentlich wollte ich überhaupt nicht heiraten, aber wenn schon, dann am allerliebsten dich. Du warst ja kein verwöhntes Backfischchen, sondern ein Mensch mit Persönlichkeit. Hattest Freud und Leid erlebt, den Krieg und den Tod. Wir hätten vieles miteinander teilen können, hätten's gut zusammen gehabt. Doch es hat nicht sollen sein. Als ich dich küsste, da hatte ich den Schock mit der Yvonne schon erlitten und konnte keinen Schritt mehr weitergehen. Das Weibliche war für mich mit Schrecken und Tod verknüpft.

Meine arme Burgl, seit wenigen Tagen weiß ich nun aus dem, was du für mich aufgeschrieben hast, wie sehr dich dieser Kuss damals aufgeregt und gekränkt hat. Vergessen habe ich ihn ja auch nicht, den Kuss, und nur dir zuliebe zog ich mich damals sofort zurück, damit ich dich nicht auch noch ins Unglück stürzen musste wie die Yvonne ein paar Wochen zuvor. Und natürlich aus panischer Angst vor neuer Schuld. Man kann's auch so sehen: Aus Liebe zu dir habe ich mich geweigert, dich zu lieben. So sieht sie aus, die Schattenseite der Liebe. Irgendeiner leidet immer, und oft zwei oder gar drei.

Jetzt bist du unter der Erde, du einsames Weible. Hast im Spital noch zwei Tage leben müssen, bis der Herrgott dich heimholen wollte. Die meiste Zeit war ich bei dir, hielt deine Hand in meiner, hoffte noch auf ein Zeichen von dir. Aber du lagst da schon im Koma. Hirnblutung, hieß es von den Ärzten, Aneurysma und Ähnliches. Keine Hoffnung. Ich war's zufrieden. Dass man dich in Frieden sterben ließe, das war mein Wunsch. Sanft hinübergleiten solltest du, so sanft, wie du's im Leben niemals gehabt hast.

Ich betrachtete dich viele Stunden lang, ein wimmerndes Bündel, wie du in deinem Spitalbett lagst, rechts und links die Gitter hochgezogen. Dein Gesicht war ganz verzerrt, dein Mund stand offen, die Augen waren verdreht. Trotzdem sahst du ein wenig weicher und zugänglicher aus als in den Tagen unserer gemeinsamen Wallfahrt, ja, sogar schöner und menschlicher. Vielleicht lag es daran, dass du die eiserne Kontrolle, die du so viele Jahrzehnte aufrechterhalten hattest, nicht mehr zustande bringen konntest. Ich betrachtete dich und schaute und schaute und dachte an die kleine Burgl, die mit ihrem Schulränzle vor mir nach Günzburg marschierte, und an die Frau mit den zwei schreienden Kindle im Arm und dann wieder und wieder an die große Burgl, die ich im Arm gehalten und geküsst hatte. Aber auch an die hilflos zuckende Sterbende, die ich an meiner Brust wärmen durfte.

Am Ende wurden alle Bilder und Gefühle eins. Du warst ein Mensch, und ich war ein Mensch. Wir begegneten uns und gingen auseinander, um uns erneut zu finden. Zwei alte Leute mit einem verknoteten Leben, gemeinsamen Erinnerungen und der bittersüßen Einsicht, dass nicht ist, was nicht sein soll. Aber alles, was sein sollte, das ist für uns beide geschehen.

Im Nebel ruhet noch die Welt,
Noch träumen Wald und Wiesen:
Bald siehst du, wie der Schleier fällt,
Den blauen Himmel unverstellt,
Herbstkräftig die gedämpfte Welt
In warmem Golde fließen.

Eduard Möricke, *Septembermorgen*

Mörickes sanfte Verse sprach ich mehrmals für dich in dieser ersten Nacht im Krankenhaus. Sie enthielten meine Abschiedsbitte. Wie gern will ich mir vorstellen, dass du wenigstens dort drüben die Welt in warmem Golde sehen kannst, meine Burgl. Nimm's mir nicht übel, wenn ich mich beim Gedanken an dich im Romantischen verliere. Bist halt mein Kinderliebchen gewesen und immer geblieben.

Damit man dich nicht auf die unruhige Intensivstation legte, sondern in ein Einzelzimmer, hatte ich meinen Einfluss geltend gemacht. Am Sterbebett sitzend ging mir über viele Stunden sonst nichts weiter durch den Kopf, und ich fühlte auch nichts, weder Trauer noch überwältigende Liebe. Ich blieb einfach bei dir. Ich war ein Teil von dir. Niemand zweifelte daran, dass ich dein Angehöriger sei. Und Schritt für Schritt ging ich mit dir, begleitete dich auf deinem Übergang ins Alles oder Nichts, und ich folgte deinem Atem, bis der letzte Lebenshauch aus dir entwich, ganz leise, ohne das geringste Aufbäumen.

Immer hatte ich mir vorgestellt, dass der Tod ruckartig einträte, von jetzt auf gleich. In Bruchteilen einer Sekunde von einem Zustand in den anderen. Eben noch lebendig, jetzt eine Leich'. Aber so war es nicht. Es ging bei dir ganz langsam, gegen vier Uhr früh, und auf der Station rührte sich niemand. Ich spürte deine Hand in meiner erkalten und nahm mir alle Zeit, die wir noch brauchten, alle Zeit, die uns noch geschenkt war. Meine Augen waren geschlossen wie deine. Und während sich das Leben von dir löste, tropfenweise, da schien mir, als würde ich mit dir entschweben in ein Nichts, in eine Leere, die von wunderbarer Fülle war. Fast hättest du mich mitgenommen.

Heute, nur heute
Bin ich so schön;
Morgen, ach morgen
Muss alles vergehn!
Nur diese Stunde
Bist du noch mein;
Sterben, ach sterben
Soll ich allein.

Theodor Storm, *Lied des Harfenmädchens*

Vielleicht war ich auch nur eingenickt und dann wieder aufgewacht, jedenfalls allein kam ich von drüben zurück. Du warst fort. Noch immer hielt ich deine Hand und dachte: »Ja, wir gehören zusammen, die Burgl und ich. Wie Alma und Cora, aber ganz anders.« Es kam uns doch gar nicht darauf an, als Eheleut' ein ganzes Leben miteinander zu verbringen. Als wir uns wirklich brauchten, da hielten wir zueinander, obgleich wir's weder gewünscht noch beabsichtigt hatten, und das zählt. Ja, das zählt. Seelen im Sturmwind waren wir, hin und her getrieben. Aber wie zwei goldgelbe Blätter vom selben Baum. Und jetzt ist die Burgl drüben, und ich bin noch hier, aber das macht nichts, nein, das macht überhaupt nichts. Denn getrennt sind wir nicht.

Wie du nicht gewollt, aber schon geahnt hast, liebe Freundin, war ich am End' derjenige, der an deinem Grab stand. Nimm's mir nicht übel.

Nur ein Stein im Rasen, so groß wie ein Blatt Papier, darunter die Urne. Als Inschrift: *W. Eichner † 1999.* Ich hatte mir überlegt, dass es dir so am liebsten gewesen wäre. Fast anonym.

Und die Zwillinge waren auch dabei, zum Abschiednehmen. Die Alma und die Cora! Einst hast du ihnen das Leben gerettet, das erkennen sie dankbar an. Doch beide werden noch Jahre an deinen grauenerregenden Enthüllungen zu leiden haben, vielleicht bis ans Ende ihrer Tage. Mit deiner Wiedergutmachung hast du viel Gutes zerstört. Das darf ich nicht beschönigen, bei aller Liebe. Jetzt müssen sie mit einer Wahrheit leben, die sie weder erfahren wollten noch sollten. Oder doch? Wer weiß denn schon, was und wo und von wem das alles geplant wird – unser Leben, unsere Begegnungen, wo sich die Pfade kreuzen wie auf unserer Pilgerfahrt. Und deine zwei Lieblinge werden dir deine selbstsüchtige Ehrlichkeit eines Tages vergeben. Vielleicht.

Es denkt der Mensch die freie Tat zu tun,
Umsonst! Er ist das Spielwerk nur der blinden
Gewalt, die aus der eignen Wahl ihm schnell
Die furchtbare Notwendigkeit erschafft.

Friedrich Schiller, *Wallensteins Tod*

Indes plagen sich die beiden nun an deiner Stelle mit ganz argen Schuldgefühlen: »Wahrscheinlich wäre sie noch am Leben, die arme Frau Eichner, wenn wir an dem Abend nicht bei ihr angeklopft hätten! Die muss sich ja zu Tode erschrocken haben. Haben wir sie jetzt auf dem Gewissen?« Solche Fragen stellten sie mir auf dem Friedhof. Was sollte ich dazu sagen? Es ist doch möglich, dass sie dir zu einem besseren Tod verholfen haben als deine Tabletten. Nach dem ominösen Dokument aus der Mengele-Akte haben sie aber nicht mehr geforscht, und sie ahnen auch nicht, dass ich es bin, der deine Lebensbeichte in Händen hält. Als ich darin las, war ich erschüttert, und das Schriftstück ist sehr wertvoll, denn es gibt ja immer noch Menschen, die versuchen, solche furchtbaren Ereignisse zu beschönigen und zu verharmlosen. Gott, und wer weiß, was ich, der schwache, feige Vinzenz, für Dinge getan hätte, wenn ich zur Wehrmacht eingezogen worden wäre. Hätte ich gegen Anordnungen Widerstand geleistet? Befehlsnotstand – welch Unwort! Ich ahne, dass ein jeder zu allem fähig ist – im geeigneten Umfeld, aus lauter Angst, nur um selber zu überleben. Auch ich, leider auch ich. Da muss ich meiner Lungenkrankheit noch dankbar sein, die mich vor Schlimmerem bewahrt hat. Aber du weißt ja, dass ich mich hernach, auch ohne Krieg, mehr als schuldig gemacht habe an der kleinen Yvonne und unserem ungeborenen Kind.

Jeder hätte Helfer Hitlers werden können. Jeder ist gefährdet, wenn ein krimineller Staat die Schranken zwischen Recht und Unrecht niederreißt. Die menschliche Natur allein ist schwach. Nein, es gehört nicht viel dazu, damit der Mensch des Menschen Wolf wird.

Guido Knopp, *Hitlers Helfer*[56]

Jetzt werde ich erst einmal Zeit verstreichen lassen. Deine Aufzeichnungen wieder und wieder lesen, um dich immer besser zu verstehen. Im nächsten oder übernächsten Jahr will ich die Unterlagen – alle Blätter, das Schriftstück und die Tonbänder – einer Dokumentationsstelle übersenden, an eine Forschungseinrichtung für Zeitzeugenberichte geben oder Ähnliches. Die sollen dann dein Testament, denn das ist es ja, ins Archiv nehmen. Ich werde es anonym verschicken. Gewiss vergehen Jahrzehnte, bis sich mal irgendein Doktorand deine Lebensblätter zur Erforschung vornimmt. Bis dahin bin ich tot, und die Zwillinge sind es wahrscheinlich auch. Es wird Geschichte. Aber dass du alles aufgeschrieben hast, das ist wertvoll für die Welt.

Von unserer Geschichte bleibt, was wir erzählen.

Theodor Fontane

Und nur damit du's weißt: Deine Tablettensammlung, die habe ich selber eingesteckt. Ich hatte ja den Schlüssel zu deinem Haus und bin gleich hin, als ich gelesen habe, was du damit vorgehabt hast. Auch dies ist nun ganz anders gekommen, als du geplant hattest. Gestorben bist du zwar, wann du wolltest, doch das Wie hat dir einer aus der Hand genommen.

Jetzt bin ich froh, mit den vielen Pillen selber die Möglichkeit zu haben, wenigstens die Möglichkeit, aus dem Leben zu scheiden, wann immer ich glaube, dass es Zeit ist. Bin ja auch nur ein einsamer alter Mann, der sich tagein, tagaus um andere kümmert, weil keiner sich um ihn kümmert. Vielleicht ist das dein Abschiedsgeschenk an mich. Dann sterb' ich dereinst in Gedanken an dich. Vielleicht.

Der Tod bedeutet gar nichts.
Ich bin nur still nach nebenan gegangen.
Ich bin ich, und du bist du.
Und was wir füreinander waren,
das sind wir noch immer.

Henry Scott Holland

Nicht nur drei Schaufeln Erde wollte ich auf deinen Sarg streuen, sondern auch rote und weiße Rosen zum Gedenken an uns zwei, die Burgl und den Vinzenz, und an alles, was hätte sein können. Und noch einen Abschiedsgruß habe ich dir auf die große Reise mitgegeben: ein Fläschchen Walburgisöl. Du weißt schon, das ist das Wasser, das seit über tausend Jahren aus dem Grabstein der heiligen Walburga in Eichstätt austritt. Ich bin nämlich kurz nach unserer Santiago-Pilgerei extra dorthin gefahren, um es für dich zu besorgen, weil sie doch deine Namenspatronin ist. Und ich wollte dir das Öl bei meinem versprochenen Besuch mitbringen.

Die Walburga, die war eine Frau mit Charakter, vielleicht nicht genau so halsstarrig und schweigsam wie du, aber patent und mutig. Eine Königstochter und vorbildliche Äbtissin, für ihre Zeit hochgebildet und eine feine Menschenführerin. Ihr Onkel war der große Bonifatius, und ihre Brüder waren Sankt Willibald und Sankt Wunibald. Eine recht heilige Familie! Doch das wusstest du ja wahrscheinlich. Nach dieser eindrucksvollen Frau bist du benannt, und deine Mutter hat den Namen gut für dich ausgesucht. Die Wally Mengele als Patentante war gewiss nur ein Vorwand, aber schicksalhaft für dich, Gott sei's geklagt.

Wer lenkt unser Geschick? Ist es die Weisheit der Seele, in die kein Lebender einen Einblick hat? Bei dir haben viele daran mitgewirkt, dass alles so gekommen ist, wie es kommen sollte: die Zeitläufte, der Führer, die Zwillinge, der Vater, der Doktor, die Angst, das Schweigen und der Tod. Sogar ich habe mitgemischt, und nicht zuletzt hast du selber es getan. Bist schuldig und unschuldig gleichermaßen, wer wird darüber urteilen wollen?

Die alten Griechen haben die Gerechtigkeit von zwei Seiten betrachtet, und ich glaube, das ist eine gute, wenn auch keine absolute Lösung des Problems, das uns alle umtreibt. Themis, die dem Göttergeschlecht der Titanen angehörte, verkörperte eine absolute, gerechte Weltordnung jenseits des Menschlichen, die ewig und unabänderlich war. Die Göttin Dike hingegen war »Feindin der Ungerechten, doch freundlich gesinnt den Gerechten«, wie ein orphischer Hymnus besagt. Meist wirkte sie aber als unerbittliche und grausame Rächerin. Die griechische Mythologie erscheint mir in gewisser Hinsicht noch recht übersichtlich und einsichtig, wenngleich ich nicht weiß, wie die gelebte Wirklichkeit damals mit juristischer Schuld und ethischer Schuldhaftigkeit umgegangen ist. Ein Scherbengericht war wohl auch nicht so ganz der Gerechtigkeit verpflichtet.

Heute stehen wir zwischen Justitia und Sankt Michael. Die eine verkörpert mit ihrer Waage unsere jeweilige Rechtsordnung, und diese ist bei Gott nicht von der unabänderlichen Art, wie die Gesetzeswillkür des Dritten Reichs uns nur zu deutlich gezeigt hat. Was nun der Erzengel mit seiner Seelenwaage aufwiegt an Schuld und Sühne, an Reinheit und Vergebung, bleibt ebenfalls im Nebel und wird selbst einem Kirchenrechtler bei der Kongregation für die Glaubenslehre ein heiliges Rätsel bleiben. Denn sagt man nicht, Gottes Ratschluss sei unergründlich? Und kennt nicht die göttliche Barmherzigkeit ein unendliches Verzeihen, das sich unserer Menschenlogik entzieht? Das möchte ich gern glauben. Und so stelle ich mir heute vor, dass meine Burgl nicht dafür gestraft wird, dass sie sich das Leben so entsetzlich schwer gemacht hat. Mit einem Mühlstein um den Hals hat sie sich durch ihre Tage geschleppt, und das war grausam genug. Jetzt wünsche ich mir nichts sehnlicher, als dass sie Vergebung erlangt – für alles, was sie getan und nicht getan hat. Dafür bete ich gern. Zumindest darf ich sagen, dass dieser Gedanke mich, den Glaser-Vinzenz, tröstet.

Aber am Ende weiß ich doch gar nichts, rein gar nichts. Wenigstens das ist mir klar. Soll sich keiner anmaßen mit Gewissheit zu sagen, was uns nach dem Tod erwartet. Alles, was ich denke, sind Ideen und Konstrukte unserer Zeit, unserer Gesellschaft und Kultur, unserer religiösen Vorstellungen. Ich wünschte, es wäre anders, und es gäbe etwas Festes, Unerschütterliches, an das ich mich klammern könnte. Wir Menschen hätten es nun einmal gern, dass der Bösewicht einer ewigen Verdammnis anheimfällt. Irgendeine Instanz müsse es doch geben, so meinen wir, die im Jenseits straft, wenn die irdischen Gesetze nicht greifen. So wünschen wir es uns. Doch möglicherweise, ja wahrscheinlich ist dort im Nichts gar niemand, der ein Register der guten und bösen Taten führt, der vergibt oder straft, verwirft und für zu leicht befindet. Niemand, der wie Sankt Michael mit Seelenwaage und Flammenschwert den Eingang zum Paradies hütet, damit sich nur ja keiner dort hineinschleicht, der eigentlich in die Hölle gehört.

Ich allein, ja ich, Fortuna, bestimme über die Sterblichen.
Ich hebe empor, ich stoße hinab.
Ich schenke allen das Gute und das Schlechte.
Ich kleide die Nackten, ich entblöße die Bekleideten.
Wer auf mich vertraut, wird verhöhnt von dannen ziehen.

Fensterrosette der Basilika San Zeno, Verona[57]

Eine Fügung hat mich im Alter mit der Burgl zu guter Letzt noch einmal zusammengeführt. Eine Kette von sinnlosen oder sinnhaften Zufällen. Aber wo bleibt Gott und sein Walten, wenn's um solche Dinge geht? Welche Macht lenkt unser Dasein in Bahnen, die wir selbst nie hätten wählen können? Und ist alles, was geschieht, letztendlich immer zu unserem Heil? Ich möcht's nur zu gern glauben. Es ist aber ein Heil, das kein menschlicher Geist erfassen kann. Gott ist viel zu groß für uns.

Mit dem geweihten Walburgisöl hoffte ich, dir eine kleine Freude zu machen, meine Burgl. Man sagt, es sei heilkräftig. Davon halte ich nicht grad viel, und du hättest mich vielleicht sogar ausgelacht. Aber vielleicht hätte es deiner Seele gutgetan, wer weiß. Was sonst hätte ich dir schenken können? Sogar einen Ausflug nach Eichstätt mit dir hatte ich mir schon ausgemalt. Für deine Seele zu sorgen tat meiner Seele wohl.

Jetzt, da ich dich aus deiner schriftlichen Niederlegung besser kennen gelernt habe, weiß ich, wie illusorisch meine Vorstellungen einer trauten Altenzweisamkeit gewesen sind. Bin eben ein armer, naiver alter Kerl mit Sehnsucht nach Nähe, Austausch und menschlicher Wärme. Will nur das Beste und tappe voll daneben. Ja, ich habe mir wohl sehnlichst gewünscht, wir könnten auf unsere letzten alten Tage gemeinsam unsere Schmerzen mildern und uns mit der Zeit dazu bringen, uns gegenseitig Vergebung und Trost zuzusprechen. Nun muss ich mich damit abfinden, dass es anders gekommen ist. Ade, mei Burgele!

Denn wenn etwas uns fortgenommen wird, womit wir tief
und wunderbar zusammenhängen, so ist viel von uns
selber mit fortgenommen. Gott aber will,
daß wir uns wiederfinden, reicher um alles Verlorene und
vermehrt um jeden unendlichen Schmerz.

Rainer Maria Rilke an die Prinzessin von Schönaich-Carolath, 1908

Abr woisch, Burgl, vielleicht ist es am Ende ja so: Jeder von uns muss mit dem leben und sterben, was er getan und was er versäumt hat. Vergangenes scheint nur vergangen. Es besteht in uns allen weiter. Warum und wozu – das wird ein Größerer wissen. Darauf will ich vertrauen. Wir haben keine Freiheit, über unser Geschick zu entscheiden, sind Versuchskarnickel des Lebens und tragen die Folgen, ob's uns passt oder nicht. Daran lernen wir, wer wir sind. Das gehört zu unserem kleinen Menschsein. Es ist einfach so. So einfach ist es.

Anhang

Nachwort

Während der langjährigen Arbeit an diesem Roman haben Freunde mich gefragt, warum ich meine Zeit einem so schwierigen und belastenden Sujet widme. Eine befriedigende Antwort darauf habe ich nicht. Viele einzelne Motive haben dabei mitgewirkt. Ich wollte von einer alten Frau schreiben und über die Auswirkungen der Nazi-Indoktrination auf ganz durchschnittliche Menschen als Opfer des Zeitgeistes. Der Zwang zu schweigen und die zerstörerische Kunst des Schweigens faszinierten mich. Auch die Thematik von Zwillingen bewegte mich seit meiner Jugend, denn in unserer Familie wurden mehrfach Pärchen geboren. Vage Erinnerungen an einen Tod als Dreijährige im Konzentrationslager, die mich seit meiner Kindheit mit Albträumen quälten, wollten bewältigt werden.

Doch mein Hauptanliegen war es, die Gratwanderung des Menschen zwischen Schuld und Unschuld zu beschreiben. Schuld ist eines der großen Menschheitsthemen. Es gibt ethische Schuld, juristische Schuld, imaginäre Schuld. Meine eigene *Priester*-Seele hatte durch das Schreiben großen Gewinn davon, sich mit Sünde, Beichte, Reue, Buße, Vertrauen, Vergebung, Gnade und Barmherzigkeit zu beschäftigen.

Im Laufe meiner medialen Arbeit – besonders im Zusammenhang mit den sieben Urängsten und den vielen Stufen seelischer

Entfaltung während des Inkarnationszyklus* – war immer wieder die Rede davon, dass es einer *Reifen Seele* möglich sei, die Trennung von Schuld und Unschuld aufzuheben und das Urteil einer transzendenten Instanz vertrauensvoll zu überlassen. Es geht dabei um das Eingeständnis menschlicher Fehlbarkeit und Begrenztheit, um Demut vor einem Größeren, das wir nicht verstehen, um das Ablassen von harscher Verurteilung. Denn wir wissen nicht und ahnen nicht einmal, was eine inkarnierte Seele zu ihren Taten treibt und welche Gründe eine Psyche zu Handlungen veranlassen, die der menschlichen Gerichtsbarkeit verwerflich erscheinen.

So wenig wie ich zwischen mir als Hausfrau und mir als neutral-empfangendem Trance-Medium trennen kann, denn es sind Rollen ein und derselben Person, so wenig ist es mir auch möglich, meine tiefe Vertrautheit mit den Archetypen der Seele** abzuspalten von meinem Wunsch, als Schriftstellerin etwas Eigenes, von mir Erdachtes und Erarbeitetes zu Papier zu bringen***. Deshalb wurden die literarischen Gestalten der *Seelenwaage* als Vertreter seelischer Archetypen konzipiert. Ich stellte mir Walburga Eichner als *Gelehrte* mit den Ängsten *Selbstsabotage* und *Starrsinn* vor, Vinzenz Glaser hingegen als *Priester* mit *Selbstverleugnung* und *Märtyrertum*. Glaube und Zweifel treiben beide um. Walburga hat das Entwicklungsziel *Ablehnen*, Vinzenz lernt *Akzeptieren*.

Entscheidend aber sind die seelischen Entfaltungsaufgaben:

* Ein Buch, in dem das gesamte Panorama seelischer Entfaltung von der ersten bis zur letzten Inkarnation ausführlich mit Botschaften der »Quelle« dargelegt wird, erscheint im Frühjahr 2016.

** *Archetypen der Seele. Eine Anleitung zur Erkundung der Seelenmatrix* (Lehrbuch, Goldmann, 1993).

*** *Die Seele der Papaya* (Roman, Goldmann, 2000) und *Aus lauter Liebe* (Sieben Erzählungen, Goldmann, 2013).

»Einem schlechten Herrn treu dienen« ist die einem Außenstehenden oft absurd scheinende Lebenslast, die Walburga zu bewältigen hat (*Reife Seele Stufe 3*). Vinzenz setzt sich auseinander mit der oben angedeuteten seelischen Notwendigkeit, die »Trennung zwischen Schuld und Unschuld aufzuheben« (*Reife Seele Stufe 6*).

In dieser Hinsicht ist *Die Seelenwaage* ein Roman über *Reife Seelen*, deren Hauptanliegen es ist, bewusst Verantwortung für ihr Sein und Tun zu übernehmen und sich mit ihren Urängsten auseinanderzusetzen. Die Fähigkeit zur kritischen Selbstreflexion und schmerzhaften Innenschau ist *Jungen Seelen* noch nicht gegeben; sie haben andere, ebenso wichtige Aufgaben.

Vielleicht sind Walburga und Vinzenz Seelengeschwister, Mitglieder einer Seelenfamilie. Vielleicht verbindet sie eine Herzensliebe, die nicht weniger wertvoll ist. Ich habe das offengelassen.

Für jene, die sich gern mit den Botschaften der »Quelle« beschäftigen, füge ich einen Text zum Thema Schuld und einen zum Thema Sünde bei, die gewiss zum Nachdenken anregen. Sie wurden noch nicht veröffentlicht.

Wirklichkeit und Illusion menschlicher Schuld

Eine Botschaft der »Quelle«, empfangen vom Trance-Medium Varda Hasselmann im August 2006

Schuld ist Wirklichkeit. Und Schuld ist Illusion. Schuld ist untrennbar mit Leben, Handeln, Wirken und inkarniertem Sein verknüpft. Denn der Seinszustand in Zeit und Raum und in der Auseinandersetzung mit gleichzeitig inkarnierten Menschenseelen führt unausweichlich zu Schuld in ihren unterschiedlichsten Ausprägungen.

Jeder Mensch muss handeln und Entscheidungen treffen, um dem Sinn seines inkarnierten Zustands zu entsprechen. Das Ziel seines Inkarniertseins in Zeit und Raum besteht zu einem wesentlichen Teil darin, die Wirkung seines Handelns und seiner Entscheidungen zu erleben, um sie daraufhin zu überprüfen, welche Ernte sie ihm an Liebe und Erkenntnis einbringen können. Dass viele dieser Taten zu Schuld führen, versteht sich von selbst und gehört zu der Wirklichkeit dieses irdischen Erlebens. Zugleich ist Schuld Illusion: Weil Schuldhaftigkeit nicht vom Inkarniertsein zu trennen ist und niemand ohne Schuld durchs Leben gehen kann – er müsste ja tot sein, um schuldlos zu existieren –, ist Schuld in einem ersten, transzendenten und übergeordneten Sinn illusorisch.

Eine andere irdische Illusion besteht aber ganz besonders darin, dass viele Menschen sich schuldig fühlen, obgleich sie einfach nur leben und zugleich einen illusorischen Wunsch nach Schuldlosigkeit in sich hegen. Sie sind nicht bereit oder in der Lage, ihre existenzielle Schuldhaftigkeit anzuerkennen, und wiegen sich in der Illusion, ein schuldfreies Leben führen zu können. Die Illusion besteht auch darin, dass das Prinzip der Schuldhaftigkeit, von dem das Menschsein nun einmal unausweichlich geprägt ist, nicht als solches akzeptiert wird, sondern wiederum als schuldhaft empfunden wird.

Wir sind uns darüber im Klaren, dass ihr diese existenzielle Schuldhaftigkeit verwechselt mit einem Konzept von Erbsünde und Erbschuld, das euch in vereinfachter Form und mit einer vergleichsweise schlichten Möglichkeit der Entschuldung durch eure Religionen vermittelt wird. Solche Konzepte ähnlich der christlichen Erbsünde gibt es in anderen Zusammenhängen in den meisten Glaubensgemeinschaften eurer Erde, denn der Mensch ist geneigt, die Wirklichkeit seiner Schuld und die Illusion seiner Schuldhaftigkeit auf ein System zu übertragen, das ihm sein Erleben und seine Gefühle erklärt und verspricht, ihn auf die eine oder andere Weise von dem, was auf seinen Schultern drückt, zu entlasten.

Wir sagten: Schuld ist irdische Wirklichkeit. Es gibt nur eine einzige schuldfreie Dimension, und diese kennt ihr Menschen auch. Denn ihr erinnert euch an einen Seinszustand, in dem es weder Ursache noch Wirkung, weder Handeln noch Erleiden, weder Schuld noch Unschuld gibt. Aber erst beim Tod, wenn ihr ein schuldbefrachtetes Leben abgeschlossen habt, kehrt ihr erneut in diesen schuldfreien Seinsbereich zurück. Später werden eure Seelen sich dann in einer weiteren Inkarnation bereitfinden, wieder in die wechselseitige Dynamik der irdischen Dimension mit ihrer Schulderfahrung und Sehnsucht nach Unschuld einzugehen. Es ist diese Sehnsucht nach einem Zustand, der nicht mit dem irdischen Menschsein vereinbar ist, die euch immer aufs Neue nach Freiheit von Schuld streben lässt. Aber allein schon euer seelischer Lernweg durch die Inkarnationen hindurch, die vielen Entfaltungsaufgaben, die unterschiedlichen Seelenalter, die eure Seele erlebt, die Gesetzmäßigkeiten also, unter denen ihr als inkarnierte Wesen angetreten seid, bedingen Schuld unter anderem deshalb, weil das Bestreben einer Seele, Karma auf sich zu laden und sich davon wieder zu entlasten, nicht ausgeschaltet werden kann.

Wir sprechen diese Worte zu euch aus einer nichtmenschlichen Perspektive. Dies bedeutet jedoch nicht, dass wir kein Verstehen von eurem Schulderleben besitzen oder gar kein Verständnis für eure vielfältigen Wege, damit umzugehen. Aber auf jeden Fall müssen wir in Kommunikation mit euch darauf bestehen, dass ihr die menschliche Perspektive auf Schuld nicht mit der seelischen Perspektive auf diesen übergeordneten Themenkomplex verwechselt. Trennt also so sauber, wie es geht, zwischen dem, was die Seele braucht, will und im inkarnierten Daseinszustand vorfindet, und der Art und Weise, wie eine menschliche Gemeinschaft mit der Wirklichkeit ihres Schuld- und Unschulderlebens umgeht.

Selbstverständlich braucht ihr Gesetze, Richter und Gerichte, ihr braucht Strafvollzug und Freispruch. Es ist nicht denkbar, dass eine Gesellschaft auf Dauer einen Verstoß gegen ihre Gesetze duldet. Sie muss das Zusammenleben ihrer Mitglieder regeln und schützen, und niemand kann sie davon befreien, denn auch dies gehört zu den Bedingungen des Inkarnationswegs. Ein Kollektiv hat Pflichten gegenüber seinen Mitgliedern. Aber ihr wisst auch aus den Erkenntnissen, die euch die Menschheitsgeschichte vermittelt, dass Schuld ein äußerst variabler, nahezu willkürlich erscheinender Begriff ist. Und außer einer juristischen Schuld gibt es auch eine moralische oder ethische Schuld, die nicht ohne Weiteres mit Gesetzen und Vorschriften erfasst werden kann.

Wir werden euch jetzt mit einer scheinbar absurden Feststellung überraschen: Menschen haben ein Bedürfnis, sich schuldig zu fühlen, das weit über ihre Neigung, sich schuldig zu machen, hinausreicht. Dieses Bedürfnis entwickelt sich in dem Maße, wie konkrete tat-sächliche und tat-ursächliche Schuldhaftigkeit abnimmt. Denn der Vorgang der Verschuldung, sowohl im seelischen als auch im juristischen Sinne, betrifft in erster Linie die ersten drei Seelenalter, also die Säugling-Seele, die Kind-Seele und die Junge Seele. Eine Reife Seele ist bewusst oder unbewusst bestrebt, nach und nach ihren Schuldberg abzutragen, und sucht immer neue Wege, um sich aus der Verquickung von existenzieller Schuldhaftigkeit und gelebtem Streben nach Unschuld zu befreien. Reife und Alte Seelen fühlen sich für Zusammenhänge schuldig, die sie nicht wirklich beeinflussen können. Sie ersetzen den Begriff Schuld gern mit dem Wort Verantwortung, und in der Tat sind dies zwei unterschiedliche Aspekte ein und derselben Thematik. Während es also zum Not- und Pflichtprogramm der ersten drei Seelenalter gehört, in vielfacher Weise Schuld auf sich zu laden und Schuldhaftes zu erleiden, beginnt mit dem Eintritt der Seele in ihren Reifezustand eine innere Auseinandersetzung sowohl mit der unbewussten Erinnerung an frühere Schuld als auch mit der Reduzierung von grober Schuld hin zu einer differenzierten Art und Weise, sich mehr im Kleinen als im Groben schuldig zu machen. Dieses »Kleine« – das, was nicht durch Anklage und Freispruch, durch Gesetze, Richter und Gerichte definiert werden kann – rückt nunmehr in den Fokus des Erlebens. Es erfordert ein gewisses

Maß an Bewusstheit, sich dazu zu bekennen oder ungerechtfertigte Schuldgefühle abzustreifen. Auch die Unbekümmertheit und die Möglichkeit, tatsächliche Schuld umzuinterpretieren, zu verdrängen oder zu leugnen, ist wichtiger Aspekt der späteren Seelenalter.

Wir geben euch ein simples Beispiel wie eine Denkaufgabe, deren Lösung ihr selbst und jeder für sich finden mag. Ein Familienvater sitzt sonntags mit seinen Angehörigen zu Tisch und verzehrt mit großem Appetit ein Steak. Macht er sich dadurch am geschlachteten Rind schuldig? Bliebe er unschuldig, wenn er sich vegan ernähren würde? Während des Essens ärgert er sich mehrmals heftig über die Tischmanieren seiner Kinder, über das, was sie erzählen, und die Erwartungen, die sie in ihm enttäuschen. Ist dies ein Aspekt seiner Schuld? Machen die Kinder sich schuldig an ihm, indem sie sich so verhalten, dass sie in ihm sogenannte negative Gefühle produzieren? Während des Essens denkt er an seine Geliebte und deren jüngst geborenes gemeinsames Kind, von denen seine Frau nichts weiß, und er empfindet Schuldgefühle, weil er nicht gleichzeitig bei seiner ersten Familie und seiner zweiten sein kann. Hat er sich seiner Frau gegenüber durch die Verlagerung seiner Liebesfähigkeit auf einen anderen Menschen schuldig gemacht? Sind seine Schuldgefühle berechtigt? Sind sie Ausdruck eines Realkonflikts oder seiner Angst? Während des Essens versucht er, ruhig und freundlich zu bleiben und den Anschein eines friedlichen Familiensonntags zu wahren. Lädt er damit Schuld auf sich oder nicht? Seine Frau spürt das Gekünstelte und die Spannung, die in dieser Situation liegt, spricht sie jedoch weder jetzt noch später an. Sie versucht ihre Kinder vor Problemen zu schützen und auch sich selbst. Ist diese Entscheidung mit Schuldgefühlen zu Recht belastet, oder tut sie das Rechte?

Wir könnten dieses Beispiel noch lange ausführen. Ihr selbst könnt euch die Situation ausmalen. Stellt euch nun anhand dieses Beispiels vor, dass es sich einmal bei dem Familienvater um eine Reife Seele handelt, deren wesentliche Lernaufgabe im Übernehmen von Verantwortung und Leben von Gerechtigkeit besteht – oder um eine Alte Seele, die aus einer veränderten Perspektive einen scheinbar egoistischen, in Wirklichkeit aber für jüngere Seelen kaum verständlichen Lernweg geht, nämlich den der zunehmenden Authentizität und des Leidens am eigenen Unvermögen, die als Potenzial in ihr angelegte Liebesfähigkeit in der gelebten Wirklichkeit umzusetzen. Zwar wird nichts die Reife und Alte Seele vor ihrem irdischen Schuldpensum bewahren. Aber es nimmt jetzt andere Gestalt an als zuvor. Es bezieht sich weniger auf massive juristisch zu ahnende Straftaten oder gar als karmisch zu bezeichnende Schädigungen anderer Seelen. Vielmehr tritt jetzt der moralische und ethische Aspekt immer stärker in den Vordergrund – und dies sowohl im bewussten Leben und Streben als auch in der Tiefe des Unbewussten, das ja die Erinnerung an schuldbeladene frühere Leben und auch an die schuldfreien Phasen zwischen den Leben und an den schuldlosen Ursprung in der seelischen Heimat, der astralen Welt, bewahrt.

Schuld entsteht immer dann, wenn ein Mensch einem anderen Leid zufügt; und manchmal macht ein Mensch sich auch an sich selbst schuldig. Wir sprechen hier von Schuld in ihren vielfachen Ausprägungen, nehmen davon jedoch vorerst jene Schuld aus, die wir als karmisch bezeichnen. Diesen Begriff reservieren wir für eine menschliche Handlung, die einem anderen Menschen (aus angstvoll-destruktiven Motiven) entweder das Leben nimmt oder ihn auf andere Weise an der Erfüllung seines Inkarnationsplans hindert. Die Schuld, die jeder Mensch in jedem Leben auf sich lädt, kann alle möglichen Gewichte und Dimensionen annehmen. Wir möchten eine weitere Unterscheidung anbringen: Ihr werdet unmittelbar nachvollziehen können, dass eine Schuld umso größer ist, je absichtlicher und bewusster die sie auslösende Tat begangen wird. Aber gerade in höherem Seelenalter sollte unbewusste Schuld nicht so bewertet werden, dass sie scheinbar kein Gewicht trägt.

Wir gehen also von einem Leid aus, das einem anderen Menschen zugefügt wird, absichtlich, bewusst oder unbewusst. Dieses Leid kann durchaus ganz objektiv sein. Die Tat mag einen anderen gesundheitlich, materiell oder auch psychisch schädigen, oder die Schuld kann subjektiv empfunden werden, zum Beispiel weil ein Mensch sich durch Lieblosigkeit, durch Verrat oder ein Geheimnis leidvoll geschädigt fühlt. Die Motivation, die die Taten lenkt und ihre Ausführung gestaltet, ist von wesentlicher Bedeutung, wenn es darum geht, aus seelischer Perspektive und zuweilen auch aus juristischer Sicht das Gewicht einer Handlung zu werten. Die Seele erleidet im inkarnierten Zustand Unrecht und Schmerzen in ganz anderem Maße, wenn ihr solches unabsichtlich oder unbewusst zugefügt wurde. Sie leidet oft mehr unter der bösen Absicht als unter den Folgen der Tat. Oft kann die Tat als solche verziehen und vergessen werden; aber die böse Absicht gräbt sich tief in das Gedächtnis eines Menschen ein, und das Misstrauen, das dadurch entsteht, wird zuweilen sogar auf Begegnungen in einem späteren Leben übertragen.

Fest steht, dass niemand dem Inkarnationsfaktor Schuld entgehen kann. Selbst wenn ein heiligmäßiger Mann Jahrzehnte in Isolation in einer Höhle meditiert, wird er doch seiner Familie, seiner Frau und seinen Kindern durch seine Abwesenheit Leid zugefügt haben. Er mag dies nicht als Schuld empfinden, und er weiß auch, dass er sich selbst gegenüber schuldig geworden wäre, hätte er sein Bedürfnis, sich zurückzuziehen, nicht erfüllt. Wir wollen mit diesem Beispiel lediglich zeigen, dass niemand ohne Schuld bleiben kann, wenn mit Schuld das Leid, das ein anderer durch wie auch immer motivierte Taten, Entscheidungen und Handlungen erleidet, gemeint ist.

Wenn ihr diese Tatsache eures Soseins und Daseins bewusst akzeptiert, werdet ihr euch und euer Leben von vielen Schuldgefühlen entlasten können. Denn Schuldgefühle enthalten ein reichliches Maß an Abwehr. Bejahung existenzieller Schuldbereitschaft hingegen macht euch eurer Existenz und ihren Bedingungen gegenüber demutsvoll und weich. Ihr werdet aufhören, mit aller Kraft gegen eure Schuldgefühle zu kämpfen und verzweifelt zu vermeiden, neue Schuld auf euch zu laden. Wie ihr es auch dreht und wendet, ihr könnt dieser Gesetzmäßigkeit nicht entgehen. Umso wichtiger erscheint es uns, dass ihr euch dem widmet, was eure Lebenswirklichkeit ist, und euch dafür von mancherlei Illusionen, die dieses Schuldthema betreffen, befreit. Denn dass ihr auch noch Schuld auf euch nehmt, die euch nicht zusteht und nicht zugehörig ist, halten wir für eine psychische Verirrung.

Eine Reife oder Alte Seele kann unterscheiden lernen, ob ein bestimmtes Schuldgefühl berechtigt ist, eine Anmaßung oder gar eine Illusion. Die Antwort ist jedoch nicht leicht zu finden. Wenn eine Seele im Reifen und Alten Stadium sich bemüht, zunächst einmal für sich zu klären, wo und ob faktische Schuld vorliegt – und das ist durchaus möglich, gerade in diesen Stadien, denn faktische Schuld durch Betrug, Diebstahl, massive Lieblosigkeit, Verlassen eines Angehörigen oder Unterlassen einer wichtigen Hilfe, ist im Bewusstsein eines Menschen deutlich präsent –, dann kann sich etwas verändern und heilen. Wenn aber jemand Schuldgefühle sozusagen schon im Voraus hat, weil er sich fürchtet, einem anderen ein Leid zuzufügen, das dieser andere aber höchstwahrscheinlich erstens gut verkraften könnte und zweitens es ihm in seinem eigenen Wachstumsprozess behilflich wäre und drittens dieser Akt die eigene Entfaltung fördern würde, dann handelt es sich um sozusagen überflüssiges und angstvolles Schuldempfinden, das wenig oder nichts mit der gelebten Wirklichkeit zu tun hat.

Wir geben euch ein weiteres Beispiel: Eine Frau möchte aus vielerlei Gründen ihre Berufstätigkeit wieder aufnehmen. Ihr Sohn ist zwanzig Jahre alt, ihre Tochter achtzehn. Ihr Mann ist gesund und verdient gut. Diese Frau hat ihre Familie und ihren Haushalt bislang so geführt, dass die drei anderen Familienmitglieder möglichst wenig Verantwortung und Arbeit daran übernehmen mussten. Sie hatten kaum Pflichten und haben nur selten das Allernötigste dazu beigetragen. Der Vater hat immerhin die Finanzierung ermöglicht und bleibt in unserem Beispiel daher nur teilweise berücksichtigt. Die Frau leidet nun im Voraus unter schweren Schuldgefühlen ihrem Sohn, ihrer Tochter und ihrem Mann gegenüber, weil sie befürchtet, ihnen Unzumutbares zuzumuten durch mehr Beteiligung am Familienleben und am Haushalt. Sie hat große Angst, ihre Entscheidung oder auch nur ihren Wunsch nach einer Berufstätigkeit bekanntzugeben, weil sie glaubt, ihre Angehörigen vor Belastungen und Konflikten schützen zu müssen. Sie merkt nicht, wie sehr sie sich selbst schützt vor den Konsequenzen ihrer Entscheidung. Sie vergisst, wie wichtig es für Sohn und Tochter wäre, mehr Pflichten und Verantwortung zu übernehmen, und wie sehr sie diese zwei jungen Leute ohne böse Absicht lange daran gehindert hat, wirklich erwachsen zu werden. Sie hat auch kaum ein Bewusstsein davon, wie oft sie ihren Mann an einer von ihm durchaus angestrebten Beteiligung an der Familienarbeit gehindert hat und wie gern er mehr dazu beitragen würde, wenn man ihn nur ließe. Schuldgefühle also allenthalben – nur nicht an der richtigen Stelle. Wir überlassen es euch, dieses Beispiel weiterzudenken und weiterzufühlen.

Ein vielbeschäftigter Geschäftsmann, dessen Ehefrau ebenfalls berufstätig ist, besorgt seinem alten Vater einen Heimplatz, weil weder er noch seine Frau willens und in der Lage sind, den Vater gut zu versorgen. Der Mann leidet nicht unter Schuldgefühlen, die Ehefrau jedoch in erheblichem Maße. Der Mann vergisst nach kurzer Zeit seinen Vater so weit, dass er nur noch selten an ihn denkt und ihn noch seltener besucht. Damit lädt er Schuld auf sich, nicht aber durch die Unterbringung im Heim. Die Frau hat Schuldgefühle, und um diese abzubauen, ruft sie den Schwiegervater täglich an und besucht ihn häufiger. Ihr Bestreben ist aber hauptsächlich darin zu suchen, eine Schuld abzubauen, die nicht sie selbst auf sich geladen hat, sondern ihr Mann. Hier kommt es zu einer Verquickung und Verflechtung von Schuld und Schuldzuweisungen. Die Frau lädt ihrerseits dadurch Schuld auf sich, dass sie den Gefühlen ihrem Mann gegenüber keinen Ausdruck verleiht.

Innerhalb eines Lebens und in der Kommunikation zwischen den Beteiligten an einem Schuldgefüge ist es möglich, Schuld abzutragen. Aufrichtige Reue und aufrichtiges Verzeihen sind Bestandteil der Inkarnationsfähigkeiten, und diese bestehen unabhängig vom Seelenalter. Eine Kind-Seele kann durchaus vergeben, dass jemand ihren Bruder getötet hat, wenn dies nicht aus böser Absicht geschah. Eine Junge Seele kann verzeihen oder bereuen, wenn ein Diebstahl begangen wurde oder ein Betrug zu Geschäftsschädigung geführt hat. Ob sie es dann tut oder nicht, ob sie ihre Rachegelüste pflegt oder sich von ihnen entlastet, ist eine Frage der menschlichen Entscheidungsfreiheit.

Reife und Alte Seelen haben ein zunehmend empfindsameres Energiesystem und neigen daher dazu, sich von allem, was sie belastet, zu entlasten. Sie spüren, dass Rachegefühle, Vergeltungsbedürfnisse und scheinbar gerechter Ausgleich durch bittere Strafen ihrem Seelenalter nach und nach nicht mehr gemäß sind. Deshalb ist es für sie leichter, zu bereuen und zu verzeihen, weil sie durch diese Entlastung Energie freisetzen, die sie in anderen Bereichen ihres Lebens fruchtbarer einsetzen können. Wir sagen in diesem Zusammenhang ausdrücklich, dass ein solches Vorgehen sie nicht zu besseren Menschen macht, denn oft sind sie recht blind für das psychische Leid, das sie ihren Mitmenschen zufügen. Erst nach langer Zeit geht ihnen oft auf, was sie in ihrem eigenen Interesse getan und entschieden haben, unbekümmert um das, was sie in den Gefühlen ihrer Lieben angerichtet haben. Sie laden zwar keine karmische Schuld mehr auf sich, denn das Reife und Alte Stadium der Seele ist dem Abbau und der allgemeinen Wiedergutmachung gewidmet.

Aber Wiedergutmachung außerhalb karmischer Verstrickungen kann nur dann vonstattengehen, wenn eine von Herzen kommende, gute Tat innerhalb eines Lebens an demselben Menschen vollzogen wird, an dem auch eine weniger gute Tat begangen wurde. Und wenn es sich um eine erneut inkarnierte Seele handelt, der in einem früheren Leben in anderer Gestalt ein Leid angetan wurde, so kann dies keineswegs einseitig ungeschehen gemacht werden; aber es kann ausgeglichen werden bei einer neuerlichen Begegnung eben dieser zwei inkarnierten Seelen durch einen unterschwelligen Akt des Vergebens – das Vergangene muss nicht bewusst in Erinnerung sein – oder durch eine deutliche Wohltat des ehemaligen Leidverursachers, die das Vergangene sozusagen neutralisiert.

Hinzu tritt, dass gerade im Zyklus der Alten Seele ein gesteigertes Bedürfnis entsteht, diejenigen zu suchen, die der eigenen Seele einst Schaden zugefügt haben, um ihnen die Möglichkeit zur Wiedergutmachung anzubieten. Gerade aus dieser Form von Beziehung und Kommunikation entstehen oft überwältigende Liebesgefühle, die unabhängig sind von irgendeiner Form erotischer Anziehung. Denn derjenige, der noch irgendeinen uralten Groll mit sich herumträgt, fühlt sich durch sein Vergeben befreit. Auch der ursprüngliche Verursacher eines Leids ist über die Maßen dankbar für seine Entlastung von Schuld.

Wir möchten zum Abschluss raten, dass ihr immer dann, wenn jemand euch etwas Gutes tun möchte, diese Gabe annehmen solltet, ohne euch zu »revanchieren«. Es mag sein, dass ihr aus Angst eine Wohltat, ein Geschenk, eine Zuwendung am liebsten ablehnen möchtet, um nicht erneut in der Schuld eines Menschen zu stehen. Lasst euch etwas geben! Ihr wisst nicht, wozu es dienen kann. Wenn ihr selbst das Bedürfnis habt, zu schenken, zu belohnen, zu helfen, auch wenn euch die Gründe nicht logisch einsichtig erscheinen wollen, dann tut dies, denn ihr könnt nicht beurteilen, ob es sich dabei nicht um eine Wiedergutmachung alten Leids handelt. Und wir fordern euch auf, denen, die euch wehtun, nicht allzu böse zu sein, sondern ihnen nach euren Möglichkeiten die Hand zu reichen, um nicht mit Schuldpaketen belastet durch das Leben zu gehen. Es kostet euch so wenig zu verzeihen, und es kostet euch so viel, eure Vorwürfe zu pflegen. Es gibt noch genug zu tragen, selbst wenn ihr nach Kräften vergeben habt.

Sünde

Eine Botschaft der »Quelle«, empfangen vom Trance-Medium Varda Hasselmann im Mai 1997

Was ist Sünde? Ist sie menschliche Wirklichkeit, ein Konstrukt der Religionen oder ein universelles Prinzip?

Wir würden es vorziehen, nicht von Sünde zu sprechen und diese Bezeichnung zu meiden, wenn wir euch mit den Konzepten, die wir an die Stelle der Vorstellung von Sünde setzen würden, erreichen könnten. Aber wir sehen kaum Möglichkeiten, euch, die ihr in der Dualität gefangen seid, davon zu überzeugen, dass alle gedanklichen Vorstellungen, die euch mit Schuldgefühlen belasten und damit an der Erkenntnis von Liebe hindern, von Nachteil sind. Sie fesseln euch dort, wo ihr ohnehin gefangen liegt. Aber ihr könntet euch daraus befreien, wenn ihr das Prinzip der Sünde und der Schuld umwandeln wolltet in das Prinzip der verantwortlichen Liebe oder ihrer Abwesenheit.

Trotz der erwähnten Vorbehalte wollen wir dennoch weiter in eurer Sprache und mithilfe eurer Vorstellungen auf die Frage nach der Sünde eingehen. Wollt ihr beurteilen, was Sünde ist, so fragt immer nach den Beweggründen jenes Menschen, der tut, was ihr in eurer Kultur als Sünde bezeichnet. Die Seele wächst an der Liebe. Und sie wächst an der Erkenntnis, wann Liebe waltet und wann nicht. Gäbe es die Abwesenheit von Liebe nicht, gäbe es kein Bewusstsein von Liebe.

Seelen wachsen nicht nur an der Liebe, wenn sie sich im Körper eines Menschen inkarnieren. Auch auf anderen Planeten gibt es Seelen, und auch an anderen Orten im Kosmos existiert das Prinzip von Liebe und ihrer Abwesenheit. Es gibt keinen besseren Weg als die Erfahrung von Liebe und dem Mangel an Liebe in einem materiellen Körper, wie immer er auch gestaltet sein mag.

Die Abwesenheit von Liebe ist ebenso wie die Liebe selbst ein kosmisches Prinzip. Dennoch manifestiert sie sich nur dort, wo eine Seele sich verkörpert und die Freiheit besitzt, gegen die Freiheit eines anderen Körpers zu handeln. Denn Abwesenheit allein bewirkt noch nichts, sie beschreibt vielmehr einen neutralen Zustand.

Der Austausch von Liebe zwischen lebendigen Menschen ist von so großer Intensität, dass Seelen an ihm in besonderem Maße wachsen können. Erst wenn die Abwesenheit von Liebe durch Denken, durch Agieren oder durch Zerstören Konsequenzen hat, kann von Sünde die Rede sein. Sünde – um diese Bezeichnung vorläufig zu verwenden – ist also die manifeste Abwesenheit von Liebe; und in diesem Sinne kennt Sünde viele Facetten. Umgekehrt kann auch gesagt werden, dass jede Übertretung eines menschlichen Gesetzes, die nicht mit einer Abwesenheit von Liebe einhergeht und diese Abwesenheit manifest macht, keine Sünde wider die Liebe ist.

Liebe bedeutet auch, einen Mensch dort an jenem inneren Ort zu respektieren, an dem er sich befindet. Wenn ihr den Anspruch hegt, jeder von euch sollte sein wie ein Heiliger oder wie einer, der bereits die meisten Entfaltungsstufen körperlicher Existenz durchlaufen hat, also eine sehr alte Seele, dann tut ihr euch nichts Gutes. Denn damit verkennt ihr die Realität und den Sinn eurer jeweiligen Inkarnation und eurer Grenzen. Aber gerade die Realität des menschlichen Daseins zu leugnen ist, wie ihr euch vorstellen könnt, gewissermaßen eine Sünde wider die Liebe. Euch bleibt damit nichts anderes übrig, als jemanden, der in euren Augen gegen das verstößt, was ihr als die höchste Erfüllung der Liebe bewertet, zu verachten und zu strafen.

Bringt ihr das Sündenkonzept darüber hinaus mit einer Vorstellung von Karma zusammen, wird euch deutlich werden, dass der Begriff Sünde nur dann sinnvoll ist, wenn ihr ihn nicht auf ein einziges Leben auf Erden beschränkt und auf eine einzige Gelegenheit, mit der Zeit wiedergutzumachen, was die Seele als lieblos eingesehen hat.

Das Gesagte gilt auch für das, was ihr Erbsünde nennt. Dieser Begriff bezeichnet den Zustand von Verwirrung und Angst, von Lieblosigkeit und Verzweiflung, der alle Seelen zu Beginn ihres Erdenwegs peinigt – auf diesem langen Weg zu Erkenntnis und Liebe hin zu Reinigung und Befreiung durch Bewusstwerdung, auf den sie sich so mutig aufgemacht haben. Es ist unausweichlich, dass eine Säugling-Seele sich in ihrer Verwirrung und Angst noch nicht der großen Verantwortlichkeit stellen kann, die am Ende ihrer Inkarnationsreise zur Selbstverständlichkeit wird. Warum also jemanden bestrafen und verachten für etwas, das unvermeidlich ist und unausweichlich zum Menschsein gehört?

Wir wissen, dass eure gesellschaftlichen Strukturen nicht arbeiten können, wie es notwendig ist, wenn ihr den Verstoß gegen das Gesetz oder die Gesetze und die entsprechende weltliche Strafe nicht zu euren alltäglichen Leitlinien macht. Vergehen, die gegen Vorschriften verstoßen, die eine jede Gesellschaft oder Kultur sich setzt, um funktionieren zu können, müssen auf die eine oder andere Weise geahndet werden. Dennoch täte es euch wohl, wenn ihr in eurer Rechtsprechung ein wenig mehr Liebe walten lassen würdet. Es wäre von großer Bedeutung für eure Erkenntnisfähigkeit, würde es euch gelingen, die Verstöße gegen die Liebe und das liebende Bewusstsein und damit gegen das göttliche Prinzip zu trennen von den Verstößen eines Menschen gegen die Regeln seiner jeweiligen Gesellschaft.

Was vor dem göttlichen Prinzip als Verantwortungslosigkeit und Lieblosigkeit gilt und im karmischen Sinne durch Einsicht und Läuterung ausgeglichen werden muss, ist meist so fundamental verschieden von dem, was eure Kulturen – und damit meinen wir auch eure Religionen – als Sünde bezeichnen, dass darauf zwei verschiedene Kategorien angewandt werden müssen. Wir warnen euch auch vor einem allzu großen Sündenbewusstsein. Denn wer sich ständig an die Brust schlägt und ruft: »Ich bin sündig – *mea culpa!*«, der stärkt sein Ego oft auf ungute Art und Weise und ist ebenso selbstgerecht wie einer, der glaubt, er trage keinerlei Schuld, und sich damit jeglicher Verantwortung entledigt.

Beide Haltungen entspringen der Angst. Die *Mea-culpa*-Position erkennt eine grundsätzliche und menschlich bedingte Fehlbarkeit an und ist in ihrer geistigen Prägung ein wenig bewusster als die andere. Dennoch hilft sie der Seele nur selten darin weiter, ihren Weg ohne zu viel Angst zu beschreiten. Angst als Quelle und Folge eines Irrglaubens an die allgegenwärtige Sündhaftigkeit verstößt wiederum gegen die Gesetzmäßigkeiten der liebenden Bewusstheit und kann deshalb in keiner Weise hilfreich sein. Da aber sowohl eure Gesellschaft als auch eure religiöse Kultur die Angst und besonders die Angst vor der Sünde in den Mittelpunkt ihrer Machtansprüche stellen, versündigen sie sich selbst – um eure Sprache zu gebrauchen – gegen die Liebe.

Nur das Individuum ist in der Lage, sich im Verlauf seiner Inkarnationen von einem grundsätzlichen Sündenempfinden zu befreien. Damit meinen wir die irrige Vorstellung, dass ein Mensch nicht anders kann, als sich täglich und stündlich zu versündigen – in Gedanken, Worten und Taten, allein dadurch, dass er lebt. Es zeichnet doch den Menschen vor allen anderen Lebewesen aus, dass er die Wahl hat, nicht zu lieben oder zu lieben.

Der Mensch kann sehr wohl anders. Er kann lieben, statt aus Angst das Falsche zu tun, und er kann sogar lernen, sich für seine Fehlbarkeit zu lieben. Wenn ein Mensch diesen Schritt einmal getan hat, wird es ihm ein Leichtes sein, auch anderen ihre Fehlbarkeit zu verzeihen und ihnen Taten zu vergeben, die sie aus Mangel an Liebe begangen haben.

Bestraft niemanden für seinen Mangel an Liebe, denn das wird ihn tiefer und tiefer in die Lieblosigkeit hineintreiben.

Die Beichte, wie sie von einigen eurer christlichen Konfessionen praktiziert wird, wäre in diesem Sinne ein sehr positiv wirkendes Angebot, wenn sie nicht mit Sühne und Strafe verkoppelt wäre. Menschen scheuen sich, eine aufrichtige Beichte abzulegen und sich dadurch von Angst und Selbsthass zu entlasten, weil sie sich oft zu Recht vor einer spirituellen Verachtung durch die Priesterschaft fürchten.

Lernt, euch selbst eure Fehlbarkeit zu vergeben! Wenn ihr dazu einen Menschen braucht, dem ihr Gedanken oder Taten, die eurer Meinung nach gegen die Liebe verstoßen haben, beichten könnt, dann sucht euch einen Freund, der wirklich auf eurer Seite steht, euer Wachstum fördern will und ein Bewusstsein von Liebe entwickelt hat, das dem euren ein wenig voraus ist. Die Beichte hat nur dann eine gute und heilsame Wirkung, wenn ihr euch anschließend leicht und liebend fühlt. Wenn ihr bereit seid, von vorn zu beginnen, wenn sie eure Einsicht in neue Möglichkeiten gestärkt hat und euch liebevollere Wege aufgezeigt hat, ist sie hilfreich.

Weil Jesus verzeihen konnte, hat er den Menschen mit seinem Beispiel neue Hoffnung geschenkt und eine neue Weltsicht erschaffen, die damals und heute von der Angst befreit, für immer und ewig verdammt zu sein durch Handlungen, die lediglich gegen die Gesetze der Menschen verstoßen. Damit meinen wir vornehmlich die Gesetze des gläubigen Judentums, die als ehernes Gesetz Gottes galten. Viele davon hat er infrage gestellt oder abgelehnt. Ohne die Kunde, dass Jesus seinen Leib am Kreuz dahingegeben hat, um die Sünden der Welt auf sich zu nehmen, wären Menschen weiterhin in Hoffnungslosigkeit, Verrohung oder Gleichgültigkeit versunken. Aber auch der Gekreuzigte kann keinen Einzigen von seiner Verantwortung der Liebe gegenüber lossprechen. Deshalb heißt es, es gibt nur eine Sünde: die Sünde wider den Geist Gottes. Dieses Wort wurde missverstanden im Sinne derer, die den Geist Gottes mit den Gott zugeschriebenen Gesetzestexten in eins setzten.

Jeder von euch hat seine eigene Verantwortung zu tragen und wächst an eben dieser Verantwortung. Niemals wäre Jesus auf den Gedanken gekommen oder bereit gewesen, euch diese seelische Wachstumsmöglichkeit zu nehmen. Im Gegenteil, er wollte euch eine neue Möglichkeit schenken, Verantwortung im Sinne der Liebe selber zu tragen, statt alles den Vorschriften der Religionshüter zu überlassen. Nicht das Gesetz soll entscheiden, was richtig und was falsch ist vor Gott, sondern der Mensch selbst nach seinem Vermögen.

Und wenn auch der Mensch Jesus als Kind seiner Zeit noch von Strafe und Verdammnis sprach, erreichte er damit diejenigen, die in anderen Kategorien weder fühlen noch denken konnten. Darüber hinaus meinte er das kosmische Gesetz des Ausgleichs, das unausweichlich dort zur Geltung kommt, wo ein Mensch sich gegen die Liebe stellt. Die ewige Verdammnis gibt sich den Anstrich einer grausamen Bestrafung, doch wird deutlich, was der Gekreuzigte am eigenen Leib erfuhr: Die eigentliche Vergeltung besteht nicht in den Qualen der Hölle, sondern darin, dass die Verantwortung, die ein Mensch durch den Verstoß gegen die Liebe auf sich lädt, in jedem Fall ausgeglichen und gesühnt werden muss, bis eine Harmonie hergestellt ist, die dem Wachstumsgrad der Seele entspricht.

Anmerkungen

1 Lucette Matalon Lagnado/Sheila Cohn Dekel, *Die Zwillinge des Dr. Mengele. Der Arzt von Auschwitz und seine Opfer*. Reinbek, 1994, S. 11.
2 Guido Knopp, *Hitlers Helfer. Täter und Vollstrecker*. München, 1998, S. 7.
3 Joachim Gauck, in: Stefan Locke, »Opa Achim erzählt vom Krieg«, *Frankfurter Allgemeine Sonntagszeitung*, 14.3.2010, S. 51.
4 Lagi Gräfin Ballestrem (1909–1955), Tochter von Hanna Solf; als Mitglied der Widerstandsgruppe Solf-Kreis zusammen mit ihrer Mutter inhaftiert im KZ Ravensbrück und in verschiedenen Zuchthäusern; angeklagt wegen Hochverrat, Feindbegünstigung und Defätismus; gestorben an den Folgen der Folterhaft.
5 Witold Pilecki, *Freiwillig nach Auschwitz. Die geheimen Aufzeichnungen des Häftlings Witold Pilecki*. Zürich, 2013, S. 201.
6 Knopp, *Hitlers Helfer*, S. 21.
7 Lagnado/Dekel, *Die Zwillinge des Dr. Mengele*, S. 60.
8 Nachwort von Margita Schwalbová, »Alma Rosé in Auschwitz«, in: Anita Lasker-Wallfisch, *Ihr sollt die Wahrheit erben. Die Cellistin von Auschwitz*. Reinbek, 2001, S. 249.
9 Hans-Jochen Vogel, in: Guido Knopp, *Hitlers Kinder*. München, 2000, S. 62.
10 Lagnado/Dekel, *Die Zwillinge des Dr. Mengele*, S. 49.
11 Lagnado/Dekel, *Die Zwillinge des Dr. Mengele*, S. 55.
12 Knopp, *Hitlers Helfer*, S. 326.
13 Lagnado/Dekel, *Die Zwillinge des Dr. Mengele*, S. 15f.
14 Knopp, *Hitlers Helfer*, S. 312.
15 *Gotteslob*, Bistum Regensburg, 1975, S. 97.
16 Gottfried Benn, *Doppelleben. Zwei Selbstdarstellungen*. Stuttgart, 1984, S. 136f.
17 Dirk Pilz, »Der Sünde Lohn«, in: *Berliner Zeitung*, 20./21.3.2010, S. 31.
18 Peter Longerich, Historiker, im Gespräch mit Christian Staas, »Die Wahrheit der Propaganda«, in: *Die Zeit*, Nr. 30, 2011, S. 17.
19 Gottfried Benn, *Doppelleben*, S. 140.
20 Knopp, *Hitlers Kinder*, München, 2000, S. 80.
21 Hans Negel, in: Knopp, *Hitlers Kinder*, S. 159.

22 Lagnado/Dekel, *Die Zwillinge des Dr. Mengele*, S. 236.
23 Liane Dirks, »Die Macht der Missbrauchten«, in: *Die Welt*, 19.3.2010, S. 25.
24 Knopp, *Hitlers Kinder*, S. 87.
25 Norbert Frei, »Gerichtstag halten über uns selbst«, in: *Die Zeit*, Nr. 48, 2013, S. 22.
26 Reinhard Müller, »Ein Zeichen gegen Völkermord«, in: *Frankfurter Allgemeine Zeitung*, 20.12.2013, S. 1.
27 Witold Pilecki, *Freiwillig nach Auschwitz. Die geheimen Aufzeichnungen des Häftlings Witold Pilecki.* Zürich, 2013, S. 18.
28 Fürbitte in bedrängter Zeit von Papst Leo XIII., empfangen mit einer Schreckensvision während der Messe am 13. Oktober 1884; bei der Liturgiereform 1969 ersatzlos gestrichen.
29 *Bhagavadgita. Der Gesang Gottes. Eine zeitgemäße Version für westliche Leser* (Hrsg. Jack Hawley). München 2002, 5/15.
30 Rudolf Höß, *Kommandant in Auschwitz. Autobiographische Aufzeichnungen* (Hrsg. Martin Broszat). München, 24. Aufl. 2013, S. 197f.
31 Norbert Frei, »Gerichtstag halten über uns selbst«, in: *Die Zeit*, Nr. 48, 2013, S. 22.
32 Alexander Haneke, »Fritz Bauers große Tat«, in: *Frankfurter Allgemeine Zeitung*, 20.12.2013, S. 10 (Zum 50. Jahrestag des Beginns des Ersten Auschwitz-Prozesses am 20.12. 1963).
33 Dietrich Strothmann, »Auschwitz-Prozess: Schwarze Wand und Hasenjagd« (Auszug aus seinem Bericht vom 31. Januar 1964), in: *Die Zeit*, Nr. 48, 2013, S. 23.
34 Erich Hackl, *Die Hochzeit von Auschwitz. Eine Begebenheit*. Zürich, 2004, S. 60.
35 Knopp, *Hitlers Helfer*, S. 318f.
36 Lagnado/Dekel, *Die Zwillinge des Dr. Mengele*, S. 193.
37 Romain Leick, »Zauberer des deutschen Geistes«, in: *Der Spiegel*, 2014, Heft 11, S. 118.
38 HJ-Fahnenlied »Vorwärts, vorwärts«, Text: Baldur von Schirach, Melodie: Hans-Otto Borgmann, 1933 (Musik des Propagandafilms *Hitlerjunge Quex*).
39 Klaus Harpprecht, Vorwort zu Anita Lasker-Wallfisch, *Ihr sollt die Wahrheit erben. Die Cellistin von Auschwitz*. Reinbek, 2001, S. 7.
40 Lagnado/Dekel, *Die Zwillinge des Dr. Mengele*, S. 242.
41 Harald Focke/Uwe Reimer, *Alltag unterm Hakenkreuz*. Hamburg, 1979, S. 38f.
42 Peter Christoph Düren, *Der Ablass in Lehre und Praxis. Die vollkommenen Ablässe der katholischen Kirche*. Augsburg, 4. Aufl. 2013, S. 36, 39.
43 Volkstümlich, nach einem Pilgerlied aus dem frühen 16. Jahrhundert, Tegernsee (deutschsprachige Handschriften des Mittelalters, Bayerische Staatsbi-

bliothek, München), das wohl für eine Wallfahrt nach Santiago de Compostela gedacht war.
44 Eberhard Schockendorff, »Ein schlechtes Gewissen kann ein guter Freund sein«, in: *chrismon*, 2012, Heft 7.
45 Joseph Kardinal Ratzinger, *Bilder der Hoffnung. Wanderungen im Kirchenjahr*. Freiburg, 3. Aufl. 1997, S. 99.
46 Karl-Heinz Janßen, in: Focke/Reimer, *Alltag unterm Hakenkreuz*, S. 45f.
47 Daniel Deckers, »Krise einer moralischen Instanz«, in: *Frankfurter Allgemeine Zeitung*, 17.7.2010, S. 1.
48 *Gotteslob*, Bistum Regensburg, 1975, S. 99.
49 »Ich walle in der Fremde« (Pilgerlied), Text: Carl Brockhaus (1822–1899), Melodie: Wilhelm Brockhaus (1819–1888).
50 Inge Scholl, *Die weiße Rose*. Frankfurt, 13. Aufl. 2009, S. 14.
51 Max Krakauer, *Lichter im Dunkel. Flucht und Rettung eines jüdischen Ehepaares im Dritten Reich* (Hrsg. Gerda Riehm/Jörd Thierfelder). Stuttgart 2007, S. 7f.
52 Ernst Klee, *Auschwitz, die NS-Medizin und ihre Opfer*. Frankfurt a. M. 1997, 4. Aufl., S. 478, FN 123*: Aussage Alexander vom 3.5.1963, Verfahren 4 Js 1031/61 LG Ffm).*
53 Evelyn Finger, »Wer bringt die Hoffnung? Ein Gespräch mit Peter Balleis vom Flüchtlingsdienst der Jesuiten«, in: *Die Zeit*, Nr. 48, 2013, S. 72.
54 Knopp, *Hitlers Helfer*, S. 368f.
55 Andreas Batlogg SJ, in: *Jesuiten*, Heft 2013/4, S. 2.
56 Knopp, *Hitlers Helfer*, S. 22.
57 Inschrift auf der Nabe der Rota Fortunae (Übers. G. Binder), Fensterrosette der Basilika San Zeno in Verona, um 1130, Meister Brioloto.

Adressen

www.vardana.de
www.septana.de
mail@vardahasselmann.de